BLUE BOOK

智库成果出版与传播平台

教育蓝皮书

BLUE BOOK OF EDUCATION

中国中小学校长发展报告
（2023~2024）

ANNUAL REPORT ON PRIMARY AND SECONDARY SCHOOL PRINCIPALS DEVELOPMENT IN CHINA(2023-2024)

教育家型校长成长
The Professional Development of Educationalist−oriented Principals

郅庭瑾　邓　睿　杨全印　等／著

社会科学文献出版社
SOCIAL SCIENCES ACADEMIC PRESS（CHINA）

图书在版编目（CIP）数据

中国中小学校长发展报告.2023-2024：教育家型校长成长／郅庭瑾等著.--北京：社会科学文献出版社，2025.1.--（教育蓝皮书）.--ISBN 978-7-5228-4074-1

Ⅰ.G637.1

中国国家版本馆 CIP 数据核字第 20241H20R4 号

教育蓝皮书

中国中小学校长发展报告（2023~2024）
——教育家型校长成长

著　　者／郅庭瑾　邓　睿　杨全印 等

出 版 人／冀祥德
责任编辑／陈晴钰
责任印制／王京美

出　　版／社会科学文献出版社·皮书分社（010）59367127
　　　　　地址：北京市北三环中路甲 29 号院华龙大厦　邮编：100029
　　　　　网址：www.ssap.com.cn
发　　行／社会科学文献出版社（010）59367028
印　　装／三河市东方印刷有限公司

规　　格／开 本：787mm×1092mm　1/16
　　　　　印 张：32　字 数：482 千字
版　　次／2025 年 1 月第 1 版　2025 年 1 月第 1 次印刷
书　　号／ISBN 978-7-5228-4074-1
定　　价／188.00 元

读者服务电话：4008918866

编　委　会

主编简介

郅庭瑾 华东师范大学教育学部教授、博士生导师，教育部中学校长培训中心副主任。兼任国务院学位委员会第八届学科评议组成员，教育部基础教育教指委专委委员，中国教育学会教育管理学分会副主任委员，上海市领导科学学会副会长。入选"教育部新世纪优秀人才""上海市曙光学者"、国家留学基金委"高级研究学者"、全国教育扶贫和乡村振兴专家人才库专家。主要研究方向为教育管理与政策。主持完成9项国家或省部级课题，出版专著7部，主编丛书5套，主编著作5部，译著3部。在《教育研究》《光明日报》等报刊发表论文100余篇，学术获奖9项。

邓　睿 管理学博士，华东师范大学教育学部讲师，教育部中学校长培训中心主任助理。主要研究方向为教育评价、教师专业发展、名校与名校长，主持完成省部级课题一项、委托课题两项，独立发表论文20余篇。

杨全印 教育学博士，华东师范大学教育学部讲师，教育部中学校长培训中心主任助理、培训部主任，全国中小学校长国家级培训专家库人选。主要研究方向为学校文化、教师教育、校长专业发展研究，出版专著《学校文化研究》等，在《教育发展研究》《教师教育研究》等刊物发表学术论文十余篇。

教育强国，校长何为？（代序）

李政涛

在锚定教育强国，通向教育强国的征途中，校长何为？

之所以提出这样的问题，原因在于校长是"关键人物"。

首先，校长是教师发展的关键人物。人才培养，关键在教师，教师培养，关键在校长。以"强教必先强师"为依据，校长不仅是教师的一部分，更是教师群体和推动教师发展的关键人物：校长强，则教师强。

其次，校长是高质量教育体系建设的关键人物。高质量教育体系离不开一所所学校的高质量发展，高质量的学校教育体系是高质量教育体系的基础性构成。作为学校高质量发展的第一责任人，也是带头人和指挥员，校长自身的能力水平和发展状态是首要的决定因素。

最后，校长是教育强国建设的关键人物。要在建设教育强国的过程中，"突出一条主线"："推进党组织领导的校长负责制，构建大思政课体系，坚持五育并举，守好意识形态阵地"，并且"守住两条红线"，即"守住安全管理的红线、守住规范办学的红线"，最终都要落实到校长身上，他们"有何作为，应当何为，如何作为"至关重要：校长强，则学校强，校长强，则教育强，校长强，则国家强。

明确了校长的关键角色之后，接下来的关键问题在于，什么样的校长才能发挥关键作用，成为真正的关键人物？

如果以能力为核心，教育强国背景下的校长，需要具备"教育强国胜任力"，也可以称之为"教育强国校长胜任力"，其中至少包括 7 大关键

能力。

第一，规范管理力。教育强国需要"强规范"。近期，教育部基础教育"规范管理年"行动启动，打开了通向教育治理现代化和教育强国的"规范新通道"，它不仅是向规范提要求，更是向日常规范要质量。同时，也意味着，作为宏伟目标的教育强国，需要有规范和规范管理的筑基，特别需要强调规范、强化规范，提升"规范管理"在教育强国建设中独特、不可替代的价值和地位。为此，校长应对照国家规范要求，严守规范办学的底线和红线，基于普遍存在的"三违问题"（"违法、违规和违背教育规律"），以及"三失问题"（"安全底线失守""日常管理失序"和"师德师风失范"）等，反思和改变学校内部的"老规范"，是否存在"规范不明""规范不全""规范不实""规范不细"等问题，进而基于教育强国和高质量教育体系的新目标，构建新的规范和相应的规范机制。换言之，校长需要有基于管理规范的反思力、重建力和贯穿其中的针对失范问题的解决力等，这是一种面向教育强国的基础性胜任力。

第二，精神感召力。教育强国需要"强精神"，即"教育家精神"。教育家精神属于包括校长在内的每一位教育者。虽然不是人人都能成为教育家，但人人都可以用教育家精神要求自己、滋养自己、鞭策自己和推动自己的专业成长。作为学校发展的第一责任人，校长不仅要将"教育家精神"中的"理想信念""道德情操""育人智慧""躬耕态度""仁爱之心"和"弘道追求"等核心要素融入自我的可持续发展之中，变为自身的精神底色和底蕴，更要用自身的教育家精神，来感召和激发更多教师教育家精神，进而走入和融入教育家精神。这种感召力的强度，取决于校长自己的教育家精神的强度：校长强，则教师强；校长弱，则教师弱。

第三，思想创生力。教育强国需要"强思想"。对于校长来说，就是基于"办学思想"的"教育思想"。苏霍姆林斯基曾说过："学校的领导首先是思想的领导"。校长的活力，也来自思想的活力，有思想的活力，才会有办学的活力，校长的创造力，还在于新思想持续创生的能力：能否基于变动不居的教育实践和治理实践，源源不断地涌现新思想？以"培养什么人，怎么培养人，为谁培养人"等三个教育的根本问题为出发点和依据，校长能否创生"育人思想"（育出什么样的人?）、"教育思想"（什么是理想的教育?）、"学校思想"（什么是适应"育好人"与做"好教育"的理想学校?），以如上思想为基础，校长还要有相应的"课程思想""教学思想""教研思想""评价思想"和"技术思想"等。

第四，变革领导力。教育强国需要"强变革"。美国哈佛大学领导学教授科特在《变革的力量——领导与管理的差异》一书中指出，有效领导在现代复杂企业中最通常的功能是"朝着某一有用的方向引起变革，经常是剧烈的变革引领"。就校长而言，在整体上，变革领导力是校长引领学校整体转型与变革的能力。从不同的角度，可以分为不同的类型。例如，在"成事"的意义上，校长要有课程变革领导力、教学变革领导力、教研变革领导力、评价改革领导力和数智技术变革领导力等。在"成人"的意义上，校长要有价值变革领导力、思维变革领导力等。所谓的"成人"，不仅是成就教师、学生等意义上的"他人"，也包括"自我"。这是经常被遗忘的"自我变革力"：校长有没有自我变革的底气、勇气和锐气?这意味着校长要处理好"他向变革"与"我向变革"的关系，即促进并引领他人变革，需要先从自我变革开始。

第五，协同育人力。教育强国需要"强协同"。这是一个协同育人的大时代，首先，是"校家社协同育人"，之所以把"学校"放在首位，是为了凸显学校在协同育人共同体中的导向或主导地位：导育人理想、导育人目标、导育人方式、导育人机制等。其次，是"双师协同育人"，即"人师"与"机师"的协同育人，后者是"智能教育机器人"，它们已经进入课堂，和"人师"共上一堂课，和"人师"共同承担教师的责任、发挥教师的功能。与此相应，一种新的可能正在出现——"双校协同治理"，智能管理机器人参与到学校办学与治理的过程之中，开始承担校长的职责、发挥校长的作用，形成了"人校"与"机校"协同办学、协同管理，进而协同治理的新格局。如果说，在"双师协同育人"体系里，教师需要有和"机师"协同教学、协同教研、协同评价的能力，那么在"双校协同治理"的新体系内，校长则要有和"机校"协同进行学校管

理和治理的能力，包括协同决策、协同组织、协同实施和协同评价等。

第六，辐射引领力。教育强国需要"强引领"。近年来，全国各地兴起"名校长工作室"，其主要目的之一在于充分发挥名校长的带动作用，扩展校长办学思想与经验的辐射空间，提升校长的思想引领力和实践引领力。其中最重要的是，校长要有凝聚团队、培育团队、带领团队，在"共情共鸣，共生共赢"中共同发展的能力，不仅要自己强，还要让大家、团队和自己一起强。这里的团队，既有自己领导的"小团队"，还有来自其他区域、由其他学校的校长组成的"大团队"，在大、小团队的培育、建设与发展中，通过校长自身的学识、能力、情感、道德的影响，从"以身立学""以身立校"，走向"以身带校""以身引校"，带领和引领更多校长共生共长，在更大范围内，真正实现"立己达人""成己成人"。

第七，贯通学习力。教育强国需要"强学习"。通过创建学习型社会，走向学习型大国，是建设教育强国的必由之路。作为学校这一"学习中心"的负责人，"学习"是校长的"第一责任"，更是校长的"第一示范"和"第一引领"：只有教师热爱学习，学生才能热爱学习，只有校长热爱学习，教师和学生才能热爱学习，才能更好地学习。面对丰富的学习内容和学习资源，校长需要具备贯通能力：将政策学习、理论学习与实践学习贯通起来，将回归历史传统的学习、直面现实问题解决的学习与朝向未来发展的学习贯通起来，将学习过程中所经历的阅读、思考、实践和表达贯通起来，形成一个前后相继的长程性转化式链条，即把读出来、想出来、悟出来的做出来，再把做出来的说出来、写出来。

只有具备了以上七大关键能力的校长，才能拥有"教育强国胜任力"，才能在建设教育强国这一"目标新赛道"上，走出"能力新赛道"，发挥出只有校长群体才能发挥的作用，才能"有所为"，并且"也能为"。

（作者系教育部中学校长培训中心主任，华东师范大学基础教育改革与发展研究所所长）

摘　要

《中国中小学校长发展报告（2023-2024）》是教育蓝皮书年度研究报告。校长是教育强国的关键人群，建设教育强国的过程必然是教育家型校长大量涌现，并引领教育高质量发展的过程。本报告以中小学校长为研究对象，以教育家型校长专业成长为主题，通过对校长队伍和校长办学治校的研究，审视基础教育改革与发展的关键问题，对发现和培养教育家型校长及提升基础教育育人质量具有重要意义和价值。

报告分为总报告、专题篇、发展篇、调查篇、案例篇五大板块。通过数据画像对中国中小学校长队伍的多维特征进行描述，基于理论研究和实证调研，构建中小学校长的专业核心素养框架及专业成长支持系统，结合普通校长的治校经验和管理实践，观照教育家型校长的成长路径和培养方式。报告聚焦如何推动校长朝向教育家型校长成长问题，将校长的核心专业素养聚焦于学校管理决策、课程建设与教学领导、科研引领学校发展三项能力；将校长专业成长的支持系统概括为社会资本、培训研修和制度环境三个方面。研究发现：在核心专业素养方面，大多数校长展现了较强的学校管理决策能力，但在经费分配和资源整合方面仍面临挑战；校长们普遍积极引领课程教学改革，但城乡不均衡及改革动力不足等问题不容忽视；科研评价体系不完善和专业力量不足成为制约中小学校科研发展的主要因素。在成长支持系统方面，校长的社会资本积累受到政策支持、区域发展及家校合作等因素制约；各级校长培训力度不断加大，培训体系趋于完善，但内容重复、优质资源不足问题仍亟待解决；校长职级制、轮岗制等制度实施有较大的完善

空间。

在案例部分，通过文本分析、田野调查、深度访谈或口述、观察，对"人民教育家"于漪、"全国最美教师"张人利等六位大先生或卓越校长的办学治校及成长历程进行个案研究，揭示教育家型校长成长中的关键经验与规律启示，为培养更多的教育家型校长，弘扬教育家精神和落实教育家办学，实现2035年建成教育强国发挥校长关键群体的力量，提供专业依据和研究支撑。

关键词： 中小学校长　校长专业发展　校长发展报告　教育家型校长

前　言

建设教育强国，是当下中国教育改革发展的最强音。在建设教育强国的战略背景下，倡导弘扬教育家精神，是新的历史时期国家和社会发展对教育培养更高质量人才的时代要求。尤其是在教育改革进入深水区，学生学业负担重等难题依然根深蒂固，极端功利内卷等观念行为依然大行其道的今天，弘扬教育家精神，倡导教育家办学，对于引领教育回归本原、遵循教育规律、破解人才培养痛点难点问题意义重大。

学校是教育改革发展和人才培养的最基本单元，也是引领和影响校长、教师践行教育家精神的最基本组织。学校是建设教育强国的关键载体，也是践行教育家精神的重要平台。教育强国建设成效和人才培养质量，很大程度上取决于每一所学校的办学质量和组织活力。截至 2023 年，我国共有各级各类学校 49.83 万所。加快建设教育强国，就是要通过精神引领和制度创新，释放和激发这些学校管理者的活力、动力和创造力，让他们成为新时代的教育家精神的践行者，推动教育高质量发展。

基础教育学校承担的育人功能是相同的，但每所学校所处的区域环境、面临的改革发展任务、拥有的资源环境禀赋、师资生源特征、办学条件保障等却存在较大差异。再加上建设教育强国的宏观战略和教育高质量发展的国家政策到了学校层面有可能出现"信息转换"或"选择性执行"问题，很难照搬照用或直接落实。在此背景下，唯有充分激发学校管理主体的创造活力，才能在宏观统筹和顶层设计的同时生成基层创新，既自上而下描绘蓝图和标示路径，又自下而上探索生成丰富多样的个性化办学方案。因此，弘扬

教育家精神，需要把学校作为践行教育家精神的关键层级，把中小学书记、校长作为培育和践行教育家精神的关键主体，归根结底是把办学质量和育人水平作为践行教育家精神、推行教育家办学的核心目标。

理论和实践表明，无论多么创新引领的教育理念、雄心勃勃的宏观规划、强势动员的政策设计，都必须落实转换到实践的教育场景和真实的育人过程之中，这样才能够实现教育培养人的核心目标和终极价值。否则，理想和理念终将流于空泛，规划和政策可能归于悬置，研究和思想只能束之高阁。而在落实和转换的过程中，学校领导者，也就是书记和校长，无疑是发挥衔接、融通、转化、践行等作用最为关键的一个独特群体。

关于校长的研究可谓一个历久弥新的领域，围绕校长专业发展、校长领导力、校长办学育人等议题的研究虽称不上汗牛充栋，但至少也扎实丰富，凝聚了一批很有影响力的优秀研究者，积淀了深厚的相关研究基础。全国49.83万所学校，如果算上书记、校长和副职，意味着中小学校领导者群体数以百万计。如何成为一名好校长？如何培养造就更多的好校长？与这个群体越是相近和熟悉，对这个群体的研究越是深入和全面，就越感觉到这样的问题，无论对于百万校长个人的专业成长，还是对于两亿多中小学生的健康成长，对国家教育事业的高质量发展，都更凸显其极端重要的意义。

教育部中学校长培训中心，作为培养培训校长的一个专门机构，一直有优秀校长成长的"黄埔军校"之称，被时任教育部部长陈宝生命名为培养优秀中小学校长的"抗大"。由教育部中学校长培训中心领衔牵头，开展"基于校长、关于校长、为了校长"的研究，既有得天独厚的资源优势，也是贡献支撑基础教育高质量发展的责任担当。在教育部中学校长培训中心陈玉琨、代蕊华、李政涛三任主任不同形式的大力支持下，我们确立并组建了关于中小学校长发展报告的课题组，并联合国家教育宏观政策研究院、华东师范大学马克思主义学院、教育管理系、职业教育与成人教育研究所、上海师范大学、联合国教科文组织教师教育中心等不同机构的研究者、硕士博士研究生、一线校长等，组成跨部门跨学科的联合研究团队，每月定期研讨，定期进入全国各地城市和乡村学校开展实地调研，正式启动以中小学校长为研究对象，以校长成长和专业发展为研究主题，以教育家型校长发现和培养为目标，以文献、数据、政策、案例为多种支持证据，以年度发展报告蓝皮书为成果形态的项目研究。

关于本研究还需要特别说明以下三个问题。

第一，之所以最终将主题确定为"教育家型"校长成长，既是回应宏观层面教育强国建设进程中教育高质量发展对"教育家型校长办学"的国家需求，也是呼应微观层面校长培训研修过程中一大批卓越校长潜心办学育人、努力追求成长为"教育名家"的实践需求。

第二，之所以主题为教育家型"校长"成长而未将"书记"单列，是因为研究开展的过程适逢中小学校党组织领导的校长负责制全面落实推开阶段，一些省份先行实施了书记和校长单列，一些省份仍在试点推进的过程中；一些地方明确了书记是中小学校领导管理的"一把手"，一些地方仍将校长作为学校的第一责任人。因此，本研究采用理论和实践中长期袭用的"教育家型校长"这一概念，事实上涵盖当前中小学校领导管理体制变革过程中"书记"和"校长"两种角色身份的领导和管理者。

第三，之所以通过对普通校长工作经验和实然现状的调查与访谈去研究教育家型校长的成长问题，并非所调查和访谈的对象皆为教育家，而是我们认为校长最了解何谓好校长，校长最清楚成长为一名好校长需要具备什么、成为好校长应该何为。不容否认的事实是，"教育家"既有政府评选、文件命名的楷模校长和典范校长，也有实践中同行认可、师生喜爱的口碑校长和草根校长。因此，确切地说，本研究通过问卷和访谈所调研的，与其说是理论政策层面或评价标准方面的教育家型校长，更可能是校长眼中的教育家型校长，是校长心目中最想成为的那个"最好的我自己"的优秀校长或卓越校长。

基于上述观点，我们以教育蓝皮书所努力彰显的原创、实证、专业、连续、前沿、实效等特色为学术标准，将管理决策能力、课程教学改革能力、科研引领学校发展能力作为教育家型校长最核心的三项专业素养，将社会资本、培训研修、制度环境作为教育家型校长最需要的三个支持系统，通过对

千余名校长的问卷调查，以及对"人民教育家"于漪和"全国最美教师"张人利等六位大先生或卓越校长的案例研究，尝试回答教育家型校长成长的关键要素与可能路径。

本项研究由我牵头发起和主持完成，最终呈现给大家的是一部团队成果。写作分工在各部分均有注明，此处不再赘述。我确定了研究的设计实施及全书的框架结构，在数易其稿反复修订的过程中事实上不同程度地参与了各章节的撰写。部分章节的修改多达十几稿。我要特别感谢所有团队成员对此项研究所付出的努力和投入的精力。研究前后历时三年多，课题组举行过近十轮学术交流会，教育部中学校长培训中心全体科研人员组织专题研讨会，尤其在近一年中，团队成员相互交流辩论、启发借鉴、校对修正，我们因本书而共同经历了收获和成长的学术之旅。

古斯塔夫·勒庞在《乌合之众》一书中写道，"领头人并不总是思想者，而是行动者"。这句话对校长群体非常适用，因为校长毫无疑问首先是教育培养人的行动者，高质量的教育需要一大批优秀卓越的校长通过行动去把它做出来。这句话也同样适用于研究者，尤其作为距离校长最近的我们这些研究者，如何帮助和推动校长成长，如何支持和支撑更多的校长成长，我们应有这样的情怀和使命，行动起来，把研究扎根在校长队伍中，把论文著作撰写在校长与教育高质量发展的中国实践征程上。

郐庭瑾

2024 年 8 月 8 日于上海

目　录 ⟍

I　总报告

II　专题篇

III　发展篇

Ⅳ　调查篇

Ⅴ　案例篇

皮书数据库阅读**使用指南**

总报告

B.1

中国中小学校长队伍专业素养
及支持系统调查报告

郅庭瑾　钱冬明　姜蓓佳　王维昊　刘文萍　沈玉顺*

摘　要： 本报告通过数据画像的方式，对中国校长群体的一些特征数据进行描述，利用数据分析技术揭示校长队伍的多维特征；基于理论研究和实证调研，厘定我国中小学校长专业核心素养的构成与校长专业成长支持系统的维度，针对校长的学校管理决策、课程建设与教学领导、科研引领学校发展等核心素养及校长的社会资本、制度环境、培训研修等支持系统开展调研与分析，梳理校长专业素养及支持系统的现状，概括存在的主要问题；以"人民教育家"于漪等大先生或名校长为案例，对校长的成长路径及经验启

---

* 郅庭瑾，华东师范大学教育学部教授、博士生导师，教育部中学校长培训中心副主任，国务院学位委员会第八届学科评议组成员，主要研究方向为教育管理与政策；钱冬明，华东师范大学教育学部研究员，国家教育宏观政策研究院副院长，主要研究方向为评价与决策、数字化教与学、教育信息化标准和干部网络教育；姜蓓佳，管理学博士，华东师范大学职业教育与成人教育研究所博士后，主要研究方向为教育管理；王维昊，华东师范大学教育学部博士生，主要研究方向为教育管理、教育测量与评价等；刘文萍，华东师范大学教育学部博士研究生，主要研究方向为教育政策与管理；沈玉顺，华东师范大学教育学部教授，教育部中学校长培训中心学术委员会主任，主要研究方向为教育评价与学校改进。

示进行梳理和挖掘。研究发现，我国校长专业素养与支持系统各维度整体呈积极发展态势，但各维度之间表现不够协调，面临政策支持不足、经费分配不均、要素发展不均衡、评价体系僵化、专业力量薄弱以及优质资源匮乏等困难或挑战；案例研究发现，优秀校长成长的不同路径对校长专业发展具有重要启示意义。建议从提升校长学校管理决策水平、引领学校课程教学改革、促进科研引领学校发展、拓展校长社会资本、优化校长培养培训等方面，推动并引领教育家型校长专业成长。

关键词： 中小学校长　教育家型校长　教育家精神　校长专业发展　校长支持系统

　　教育家办学和教育家型校长成长是当前我国建设教育强国的关键主题。党的十八大以来，党中央、国务院坚持把教师队伍建设作为基础工作，习近平总书记先后作出了"四有"好老师①、"四个引路人"②"大先生"③ 等重要论述，阐明了新时代教师队伍建设的发展方向、方针原则和工作举措。围绕教育家培养主题，国家层面出台了多份政策文件，旨在加强我国基础教育高层次人才队伍建设，培养造就一批具有较大社会影响力的教育家型校长，推进教育家办学。2023 年，我国共有大、中、小、幼、职、特等各级各类学校 49.08 万所。当前我国加快建设教育强国的关键，就是通过精神引领和制度创新，释放和激发这 49 万余所学校管理者的活力、动力和创造力。校

---

① 《习近平：做党和人民满意的好老师——同北京师范大学师生代表座谈时的讲话》，中华人民共和国中央人民政府门户网站，2014 年 9 月 10 日，https：//www. gov. cn/xinwen/2014-09/10/content_ 2747765. htm，最后检索时间：2024 年 8 月 4 日。
② 《习近平在北京市八一学校考察时强调全面贯彻落实党的教育方针 努力把我国基础教育越办越好》，央广网，2016 年 9 月 9 日，https：//news. cnr. cn/native/gd/20160909/t20160909_523126256. shtml，最后检索时间：2024 年 8 月 4 日。
③ 《习近平在清华大学考察时强调 坚持中国特色世界一流大学建设目标方向 为服务国家富强民族复兴人民幸福贡献力量》，央广网，2021 年 4 月 20 日，https：//china. cnr. cn/news/20210420/t20210420_ 525466016. shtml，最后检索时间：2024 年 8 月 4 日。

长是建设教育强国的关键人群，同时建设教育强国的过程也必然是教育家型校长大量涌现，并自觉引领教育实现高质量发展的过程。

一　问题的提出

近年来，为了促进教育家型校长成长，我国在政策体系、实践支持、理论研究等方面都有大量投入和明显成效。

第一，确立了促进教育家办学的顶层设计和宏观政策体系。近年来，我国国家层面更加关注校长的专业能力与素养，出台系列政策朝向培育高素质、专业化的校长队伍的建设目标。2006年政府工作报告中，首次以中央政府文件形式提出"要造就一批杰出的教育家"[①]。2010年，《国家中长期教育改革和发展规划纲要（2010-2020年）》提出，创造有利条件，鼓励教师和校长在实践中大胆探索，创新教育思想、教育模式和教育方法，形成教学特色和办学风格，造就一批教育家，倡导教育家办学[②]。2018年，中共中央、国务院发布《关于全面深化新时代教师队伍建设改革的意见》，提出"营造教育家脱颖而出的制度环境"。[③] 2019年，中共中央、国务院在《关于深化教育教学改革全面提高义务教育质量的意见》中强调，"倡导教育家办学，支持校长大胆实践，创新教育理念、教育模式、教育方法，营造教育家脱颖而出的制度环境。"[④] 2020年，教育部等八部门联合印发《关于进一

---

① 《2006年国务院政府工作报告》，中华人民共和国中央人民政府门户网站，2009年3月16日，https://www.gov.cn/test/2009-03/16/content_ 1260216_ 2. htm，最后检索时间：2024年8月4日。

② 《国家中长期教育改革和发展规划纲要（2010-2020年）》，中华人民共和国中央人民政府门户网站，2010年7月29日，https://www.gov.cn/jrzg/2010-07/29/content_ 1667143. htm，最后检索时间：2024年8月4日。

③ 《中共中央 国务院关于全面深化新时代教师队伍建设改革的意见》，中华人民共和国中央人民政府门户网站，2018年1月31日，https://www.gov.cn/xinwen/2018-01/31/content_ 5262659. htm，最后检索时间：2024年8月4日。

④ 《中共中央 国务院关于深化教育教学改革全面提高义务教育质量的意见》，中华人民共和国教育部门户网站，，http://www.moe.gov.cn/jyb_ xxgk/moe_ 1777/moe_ 1778/201907/t20190708_ 389416. html，最后检索时间：2024年8月4日。

步激发中小学办学活力的若干意见》,强调完善校长考核管理与激励机制,鼓励校长勇于改革创新,不断推进教育家办学治校。① 2022 年,教育部等八部门印发《新时代基础教育强师计划》,实施新周期名师名校长领航计划,培养造就一批引领教育改革发展、辐射带动区域教师素质能力提升的教育家。②

第二,形成了促进教育家型校长成长的实践支持体系。一是推行校长职级制改革。20 世纪 90 年代开始,上海、山东、广东、吉林、陕西、北京等地纷纷试点校长职级制改革,促进校长专业发展、拓展职业空间,引导校长专心办学治校、不断提升办学水平。从名校长的教育理念与办学实践经验中提取教育家型校长发展路径。二是构建形成国家、省、县三级校长培训体系。《"国培计划"中小学名师名校长领航工程》("双名工程")与《关于实施新时代中小学名师名校长培养计划(2022—2025)》("双名计划")在培养目标上一以贯之,通过健全名师名校长遴选、培养、管理、使用一体化的培养体系和管理机制,既回应了时代对教育家型校长的呼唤,同样也对当下教育改革发展的推动具有重要意义,为全面落实立德树人根本任务、推动基础教育高质量发展提供有力支撑,营造教育家脱颖而出的环境。③

第三,开展了多维理论探讨并取得丰硕成果。近年来,专家学者围绕"教育家""教育家型教师""教育家型校长"等概念内涵和政策依据、群体特质、培养遴选,同时兼顾典型案例和示范人物的凝练总结,包括"教

① 《教育部等八部门关于进一步激发中小学办学活力的若干意见》,中华人民共和国教育部门户网站,2020 年 9 月 22 日,http://www.moe.gov.cn/srcsite/A06/s3321/202009/t20200923_490107.html,最后检索时间:2024 年 8 月 4 日。
② 《教育部等八部门关于印发〈新时代基础教育强师计划〉的通知》,中华人民共和国中央人民政府门户网站,2022 年 4 月 2 日,https://www.gov.cn/zhengce/zhengceku/2022-04/14/content_5685205.htm,最后检索时间:2024 年 8 月 4 日。
③ 《教育部启动"国培计划"中小学名师名校长领航工程》,中华人民共和国中央人民政府门户网站,2018 年 5 月 15 日,https://www.gov.cn/xinwen/2018-05/15/content_5291129.htm,最后检索时间:2024 年 8 月 4 日;《教育部办公厅关于实施新时代中小学名师名校长培养计划(2022—2025)的通知》,中华人民共和国教育部门户网站,2022 年 8 月 12 日,http://www.moe.gov.cn/srcsite/A10/s7011/202208/t20220819_653904.html,最后检索时间:2024 年 8 月 4 日。

育家精神"及弘扬培育等主题，开展了多维的理论探讨并取得了丰硕的成果。具体到教育家型校长这一领域，已有的研究可大致概括为关于教育家型校长的内涵特质、成长过程和典型个案三类，大致呈现了教育家型校长的精神样貌、群体特征、培养路径等初步的形态和框架，但仍有广阔的研究空间。

综上所述，2035 年建成教育强国的战略目标迫切需要一大批教育家型校长引领教育实现高质量发展，但究竟什么样的校长才堪称教育型校长，如何识别、发现、遴选教育家型校长，尤其是如何采用有效的策略真正推动实现一大批校长朝着教育家型校长方向成长，这些关系教育家型校长培养成长的关键问题在理论构建和实践认同方面都尚未形成共识。基于此，本研究将问题聚焦在教育家型校长应有怎样的核心素养，教育家型校长的成长需要怎样的外部支持系统两个方面，针对校长群体开展广泛调研和深入访谈，对现有的校长队伍在上述两个方面的现实状况进行把握和分析，并结合大先生或优秀校长的典型案例开展校长成长路径的个案研究，在此基础上试图回答应然层面的教育家型校长核心素养构成及专业成长支持系统情况，以期为研究教育家型校长成长这一核心问题提供依据。

二　中国校长数据画像

通过数据画像的方式，对中国校长群体的一些特征数据进行描述，利用数据分析技术揭示校长队伍的多维特征。校长特征数据主要但不限于包括：个人背景、职业经历、管理风格、领导能力、教育观念、工作挑战、成就与认可以及所在学校的类型和特点、社会网络、政策适应性等。如个人背景：校长的年龄、性别、教育背景、专业资质、学科背景等；职业经历：校长的教龄、工作经历、曾任职务、职业发展路径等；管理风格：校长的领导方式、决策模式、团队协作能力和冲突解决策略等；领导能力：校长在学校管理、资源配置、师资队伍建设、校园文化建设等方面的能力等；教育观念：校长

对教育的理解、教育理念、对学生全面发展的看法等；工作挑战：校长在日常管理中面临的主要问题和挑战，如教育政策变化、预算限制、学生多样性等；成就与认可：校长获得的荣誉、奖项、学术成就、社区服务等；所在学校的类型和特点：校长所在学校的类型（如公立或私立）、学校规模、地理位置、学生构成等；社会网络：校长在教育界和社会中的影响力、合作伙伴等；政策适应性：校长对教育政策的适应能力和政策执行情况。

（一）校长数据抽样

我们采用了抽样调查的方式开展本项工作，过程和方式如下。

第一，在全国 31 个省份（不包括港澳台地区）分别抽样了幼儿园、小学、初中、高中的校长，本次统计调查覆盖的校长范围包括：幼儿园园长、小学校长、初中校长和高中校长，不包括副校长。

第二，为观察不同区域校长的区别，我们把 31 个省份分为四大区域，分别是：东三省（黑龙江、吉林、辽宁）、东部地区（北京、天津、河北、上海、江苏、浙江、福建、山东、广东、海南）、中部地区（山西、安徽、江西、河南、湖北、湖南）和西部地区（内蒙古、广西、重庆、四川、贵州、云南、西藏、陕西、甘肃、青海、宁夏、新疆）。

第三，由于校长存在职称和职级的双重属性，为方便统计，我们进行合并处理，分为以下几个级别。高级：职称为高级（包括正高级），专业技术岗位为 1 级到 7 级，管理为 3 级到 6 级；中级：职称为一级教师，专业技术岗位为 8 级到 10 级，管理为 7 级到 8 级；初级：职称为二级、三级教师，专业技术岗位：11 级到 13 级；其他：上述以外的。

第四，部分师范学校在学校合并等变迁过程中发生了名称变更，有的师范大学现有名称中已经没有了"师范"两字，同时部分师范学校中，又分为非师范专业和师范专业，为方便起见，我们将校长的毕业学校中带有"师范"字样的统计为师范生。

第五，由于中小学的学科比较多，为便于统计校长的学科背景，我们把学科按照语文、数学、英语、物理化学、思品和其他进行分类；一个校长如果存在承担多个学科教学的情况，我们取前两名学科，并且赋予 50% 的权重。此外，对幼儿园的园长不统计学科。

（二）校长基础数据画像

数据画像，又被称为用户画像或人物画像，是一种将数据和统计分析应用于个体或群体特征的详细描述方法。它通过收集、整合与分析个人或群体的特征数据来构建一个全面的"画像"，目的是更好地理解、预测和分类目标对象。本部分将从概述、年龄、性别、学历、职称和学科等方面对校长展开数据画像分析。

1. 概述

本研究从教育部校长数据库随机抽取 37193 名校长。抽样数据统计表明，从年龄上看，全国幼儿园和中小学校长平均年龄为 46.6 岁。从性别上看，女性校长占比为 57%，超过一半。从学历上看，近六成的校长拥有本科及以上学历，受教育程度整体较高。以职称上看，超七成的幼儿园和中小学校（园）长（以下简称校长）拥有中高级职称，其中中级职称占 41%，高级职称占 33%。从学科背景看，近五成的校长来自语文和数学学科。在各学科中，有思品学科背景的校长占比最高。

2. 年龄

抽样数据统计表明，全国幼儿园和中小学校长平均年龄为 46.6 岁。分地区看，各区域的校长平均年龄都在 45 岁以上，由高到低依次为东三省、东部地区、中部地区、西部地区。其中，东三省的校长平均年龄最高，为 48.4 岁；西部地区最低，为 45.5 岁；东部地区和中部地区分别为 47.6 岁和 46.7 岁。

分性别看，女性校长比男性校长更加年轻，这与男女不同的退休年龄有关。全国层面，男性校长的平均年龄为 47.8 岁，比女性校长（46.2 岁）大 1.6 岁。各区域的男性校长平均年龄也都高于女性校长。其中，东三省的女性校长和东部地区的男性校长平均年龄为全国最高，分别为 47.6 岁和 49.5 岁；西部地区的男性校长和女性校长的平均年龄都是全国最低，男性校长平均年龄（45.8 岁）比女性校长（45.4 岁）大 0.4 岁；东部地区的男女校长年龄差距最大，男性校长的平均年龄为 49.5 岁，比女性校长（47.0 岁）大 2.5 岁；中部地区的男女校长平均年龄差距也较大，男性校长的平均年龄为 48.4 岁，比女性校长（46.0 岁）大 2.4 岁（见图1）。

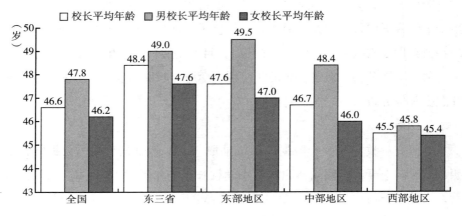

图1　全国幼儿园和中小学校长平均年龄（分地区）

资料来源：华东师范大学教育宏观决策数据库，下同。

分学段看，校长年龄随着学段提升呈现了先提升后下降趋势，幼儿园园长年龄最小，初中校长年龄最大。全国层面，幼儿园园长的平均年龄为 44.4 岁，小学校长的平均年龄为 48.5 岁，初中校长的平均年龄为 52.3 岁，高中校长的平均年龄为 51.6 岁。从幼儿园到初中学段，各区域的校长平均年龄都呈现"学段越高、年龄越高"的特征，高中学段校长平均年龄略低于初中学段。东三省各学段的校长平均年龄都是全国最高，西部地区各学段的校长平均年龄都是全国最低（见图2）。

分城乡看，全国层面，乡村学校校长比镇区学校校长更加年轻，城区学校校长平均年龄为 49.0 岁，镇区学校校长的平均年龄是 49.5 岁，均高于乡村学校校长的平均年龄（48.2 岁）。中部和西部地区的乡村学校校长平均年龄都低于镇区和城区学校校长。东三省和东部地区的乡村学校校长平均年龄低于镇区学校校长，但高于城区学校校长（见图3）。

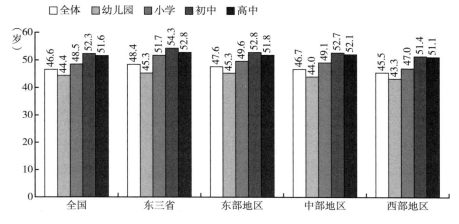

图 2　全国幼儿园和中小学校长平均年龄（分学段）

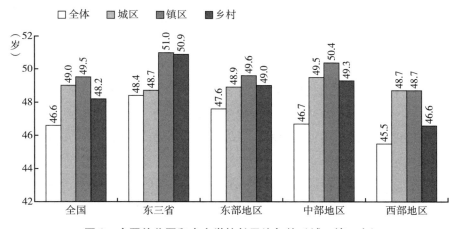

图 3　全国幼儿园和中小学校长平均年龄（城、镇、乡）

3. 性别

全国幼儿园和中小学校长中的女性比例为 57%，超过一半。

分学段看，全国不同学段校长中的女性占比存在明显差异，由高到低依次为幼儿园、小学、高中、初中。其中，幼儿园女园长的占比高达 93%，显著高于其他学段。各区域的幼儿园女园长比例均超过 90%，东三省最高（96%），中部地区（92%）和西部地区（92%）较低。从全国情况来看，

小学、初中和高中阶段,女校长的占比均不足两成,且各区域的中小学女校长比例相差较大,东三省最高,中部和西部地区较低(见图4)。

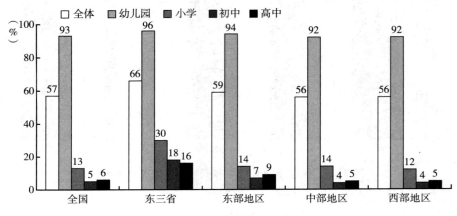

图4 女性校长比例(分学段)

分城乡看,城区女性校长比例显著高于镇区和乡村。全国层面,城区学校有近一半的校长为女性(49%),镇区学校女性校长的比例不足三成(25%),乡村学校女性校长的比例为两成(23%)。东三省的城区、镇区、乡村的女性校长比例均为全国最高。中部地区的城区、镇区、乡村的女性校长比例均为全国最低(见图5)。

分年龄结构看,男性校长以45岁以上者偏多、中青年校长偏少,女性则相反(见图6)。这种年龄结构上的性别差异,将导致我国校长女性化的趋势愈加明显。这与专任教师的性别年龄结构类似。20世纪90年代之前,免学杂费、发放补助、统招统配等优惠政策吸引了大批优秀青年,特别是男青年报考师范类学校,加入教师队伍。如今很多中年教师都是当时的中等师范学校、高等师范专科学校、师范大学的毕业生。随着高等教育普及化,师范教育体系逐步解体,师范类院校向综合性大学发展,毕业生的就业选择更加多元,且随着市场经济的发展,其他行业的收入待遇逐渐超过教师行业,导致教师职业对男性的吸引力逐渐降低。女性劳动者愿意放弃部分货币收入换取就业稳定性和保障性,使教师职业对女性仍具有较强的吸引力。在此背

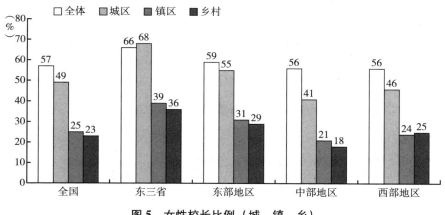

图5 女性校长比例（城、镇、乡）

景下，中老年男教师比例较高，女教师群体更加"年轻化"。相应地，校长队伍也呈现女性化趋势。

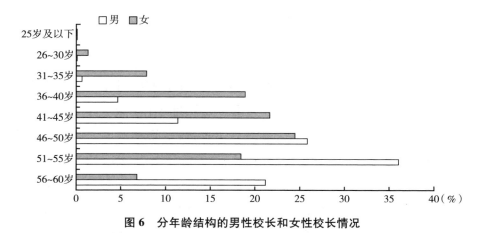

图6 分年龄结构的男性校长和女性校长情况

4.学历

分学历看，近六成的校长拥有本科及以上学历，受教育程度整体较高。全国层面，校长群体中，大专以下学历占比11%，专科学历占比33%，本科学历占比55%，硕士研究生及以上学历占比1%。东三省和东部地区的校长学历显著高于中、西部地区。其中，东三省拥有本科学历的校长比例

（61%）和拥有硕士研究生及以上学历的校长比例（3%）均为全国最高。东部地区拥有本科学历的校长比例（60%）和拥有硕士研究生及以上学历的校长比例（2%）仅次于东三省。中部地区上述两项指标数值都为全国最低（见图7）。

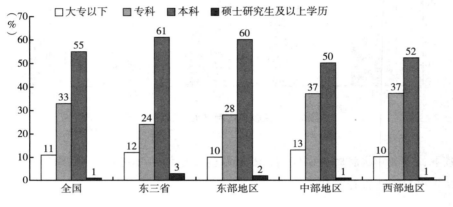

图7　校长学历情况

5. 职称

全国层面，超七成的幼儿园和中小学校长拥有中高级职称，其中中级职称占41%，高级职称占33%。分地区看，校长拥有中高级职称的比例由高到低依次为东三省（79%）、中部地区（76%）、东部地区（73%）、西部地区（71%）。其中，东三省校长的高级职称占比为全国最高（51%），也是唯一突破50%的地区。中部地区校长的中级职称占比为全国最高（46%），但高级职称占比为全国最低（30%）。东部地区校长的中级职称、高级职称比例分别为40%、33%。西部地区校长的中级职称、高级职称比例分别为40%、31%（见图8）。

6. 学科

全国层面，46%的校长来自语文和数学学科。在各学科中，有思品学科背景的校长占比最高（25%），其次是有数学学科背景的校长（24%）。其他各学科背景的校长占比由高到低依次为语文、其他、物理化学和英语。可以看出，校长

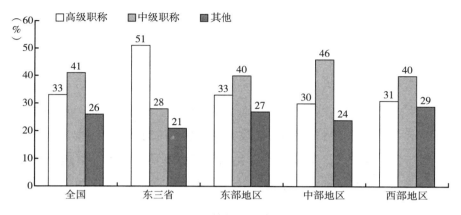

图8 校长职称情况

群体仍主要来自传统意义上的中小学"主科"。各学段的校长学科背景还是有一定的差异性。小学的校长主要来自语文、思品和数学等，其他学科的占比22%。初中和高中的学科比较多，其他类别中包括了历史、地理、信息技术等，加上校长往往会兼任2门或以上学科教学，所以在初中和高中，拥有其他学科背景的校长比例最高。除其他学科背景外，在初中学段语文和思品学科是所占比例最高的校长教学学科；而到了高中，来自物理化学学科的校长比例仅次于其他学科，思品学科的校长比例也只比英语学科高一点（见图9）。

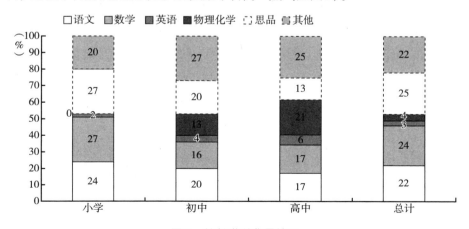

图9 校长学科背景情况

（三）校长主要属性数据桑基图分析

桑基图（Sankey Diagram）是一种特殊类型的流图，它通过宽度不等的箭头直观地表示数据的流向和数量变化。桑基图中的箭头宽度与其代表的流量成正比，使得观看者可以快速识别出不同路径中流量的大小。这种图非常适合展示不同数据或信息在不同阶段或系统中的流动和转化情况。

本部分，我们选择了与校长有关的年龄、学历、职称、区域、城乡等主要数据，用桑基图的方式来展示这些数据之间的关系。比如年龄学历职称：桑基图可以展示不同年龄校长的学历情况，以及对应的职称分布情况。学历城乡职称：桑基图可以展示不同学历的校长在城乡的分布情况，以及对应的职称分布情况。学历区域职称：桑基图可以展示不同学历的校长在四大区域中的分布情况，以及对应的职称情况。桑基图因其直观性和表现力，在数据可视化领域中是一个非常有用的工具，在校长队伍的数据分析中，桑基图可以帮助教育决策者和研究人员更有效地理解和解释复杂的数据集。

1. 年龄学历职称

随着年龄的增长，校长队伍的学历水平逐渐提高。40 岁以下的校长基本是本科及以上学历，40 岁及以上的校长仍有相当比例是专科学历，其中很多是中师毕业生身份。20 世纪 80 年代到 90 年代，由于免费入学、毕业后包分配工作、包当干部、早参加工作的年龄优势、无须考虑高考升学风险等相对有利因素，中等师范学校吸引了大批优质生源。特别是在城乡二元结构背景下，中等师范教育通过解决城市户口、免学费、发补助等政策倾斜，对农村学生具有很大的吸引力。

中高级职称的校长大多数是本科及以上学历。职称等级反映教师的综合业务水平，教师的职称等级越高，其工作业绩通常越好，教育教学的专业技术水准越高。一般情况下，学历水平反映出个体不同的学习能力、文化资本，是学校招聘教师时的重要参考依据（见图 10）。

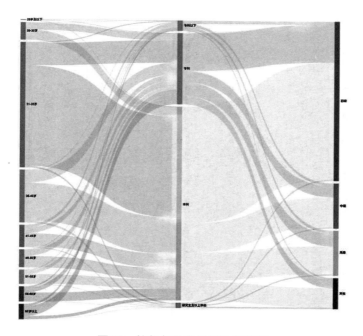

图10 校长年龄学历职称桑基图

2.学历城乡职称

桑基图可以展示不同学历的校长在城乡的分布情况，以及对应的职称分布情况。从本科及以上学历的校长分布可知，本科学历的校长主要在乡村学校，研究生学历的校长主要在城区学校。中高级职称的分布上，高级职称校长主要来自城区和镇区，中级职称校长主要来自乡村（见图11）。

3.学历区域职称

桑基图可以展示不同学历的校长在四大区域的分布情况，以及对应的职称情况。研究生学历的校长主要分布在东部地区，本科学历的校长主要分布在中西部地区。高级职称的校长主要分布在中西部地区（见图12）。

三 研究设计

首先，本报告使用国家教育事业统计数据，从全国、城乡和民办三个维

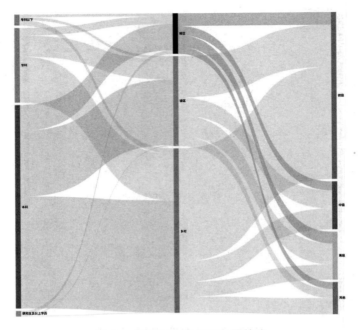

图 11　校长学历城乡职称桑基图

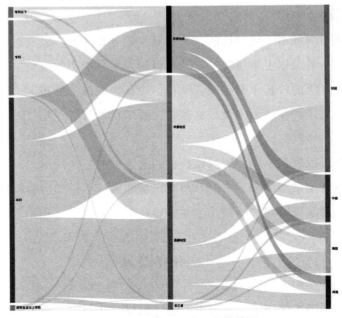

图 12　校长学历区域职称桑基图

度，呈现了中小学校长队伍建设与发展状况。其次，通过自研问卷，对涵盖全国东中西部 11 个省（区、市）的 833 名校长，进行了校长专业素养、校长成长支持系统的问卷调查。再次，以教育部中学校长培训中心近五年来参加过"国培班"的学员为对象，进行了包括培训整体满意度、培训类型、培训内容、培训形式、培训目标的达成等方面内容的校长培训现状调查，共收回问卷 650 份。最后，以"人民教育家"于漪和"全国最美教师"张人利等 6 位教育家型校长或卓越校长为典型案例进行剖析与研究，呈现了教育家型校长的成长故事。

（一）校长队伍发展现状调查

本研究对来自我国上海、北京、江苏、浙江、河南、江西、湖南、安徽、内蒙古、重庆等 11 个省区市的中小学校长展开问卷调查。问卷设计和数据收集工作自 2023 年 7 月启动，至 2023 年 12 月结束，持续近 6 个月。具体包括如下步骤：第一，以文献研究和前期调研为基础，构建了一套包含校长决策能力、校长学校课程与教学领导能力、校长科研引领能力、校长社会资本、校长培训研修、校长成长制度环境等六个主观测量维度的调查问卷。第二，共进行了两轮问卷发放，第一轮收回 193 份有效问卷，第二轮收回 640 份有效问卷，共收回 833 份有效问卷。

从性别来看，男性校长占比 69.3%，女性校长占比 30.7%。从年龄来看，仅有 1.2% 的校长低于 30 岁，19.2% 的校长年龄为 30～39 岁，年龄在 40～49 岁的校长占 64.1%，还有 15.5% 的校长年龄为 50～59 岁。从校长政治面貌来看，84.4% 的校长有中共党员身份，1.4% 的校长有民主党派身份，1.4% 的校长有无党派人士身份，12.8% 的校长是群众身份。从学校所在地区来看，来自地级市（城区）的校长占 17.8%，来自县城的校长占 47.9%，来自镇区的校长占 31.9%，来自乡村的校长占 2.4%。从校长从教科目来看，24.0% 的校长从教科目为语文，22.2% 的校长从教科目为数学，6.4% 的校长从教科目为英语，10.2% 的校长从教科目为道德与法治，1.7% 的校长不在一线从事学科教学，另有 35.5% 的校长从教科目为历史、地理等其

他学科。有 21.8% 的校长担任学校所在地县级或以上党代表、人大代表或政协委员,有 8.1% 的校长获得过国家级个人荣誉称号,有 32.9% 的校长获得过省部级个人荣誉称号,有 81.9% 的校长获得过市县级个人荣誉称号。参与调查的校长平均任职年限为 3.12 年,有 130 名在当前学校担任校长的年限未超过 1 年,有 6 名校长在当前学校担任校长的年限超过 20 年;参与调查的校长平均任教年限为 22.16 年(Std. =6.74),最短任职年限为 2 年,最长任职年限为 45 年。从校长所在的学校来看,平均在校学生规模为 2055.63 人(Std. = 1736.68),专任教师规模平均数为 140.50 人(Std. = 1736.68)。

1. 校长的专业素养与指标

教育部于 2013 年和 2015 年分别发布了《义务教育学校校长专业标准》和《普通高中校长专业标准》,从优化内部管理、引导课程教育、引领教师发展等六个方面对校长群体的专业能力进行了规范。① 校长是履行学校领导与管理工作职责的专业人员,其专业化程度关乎学校内涵建设和学校品质的提升。显然,校长作为学校的领导者,其专业素养对于学校整体发展起到了举足轻重的作用,探究校长职业素养的提升机制和路径对学校改革和教育高质量发展具有深远的影响。本研究在校长专业标准的基础上,结合校长管理实践,将校长最为核心的专业素养聚焦在学校管理决策能力、学校课程建设与教学领导能力、科研引领学校发展能力等方面。

第一,校长学校管理决策能力。校长决策可视为在微观层面上校长治理一所学校的政治行为,校长的管理决策能力对学校的发展改革具有重要影响。校长的决策能力是其专业素养的核心组成部分,直接关系到学校管理的质量和学校发展的方向。在追求学校高质量发展的背景下,校长的决策能力

---

① 《教育部关于印发〈义务教育学校校长专业标准〉的通知》,中华人民共和国教育部门户网站,2013 年 2 月 16 日,http://www.moe.gov.cn/srcsite/A10/s7151/201302/t20130216_147899.html,最后检索时间:2024 年 8 月 4 日;《教育部关于印发〈普通高中校长专业标准〉〈中等职业学校校长专业标准〉〈幼儿园园长专业标准〉的通知》,中华人民共和国教育部门户网站,2015 年 1 月 12 日,http://www.moe.gov.cn/srcsite/A10/s7151/201501/t20150112_189307.html,最后检索时间:2024 年 8 月 4 日。

显得尤为重要，其复杂性在于，它不仅涉及学校行政决策过程和学校日常管理等横向行政工作，更体现在课程、教学、财务、人力资源、学生等多个方面的学校纵向综合事务中。校长决策力可以分为个人层面的决断力和学校组织层面的决断力。个人层面的决断力指校长的判断力、领导力和执行力，学校组织层面的决断力则指校长调动整合学校内部资源的影响力和执行力。

本研究将校长的学校管理决策能力分为学校发展规划制定、资源配置、中层组织管理、学校经费配置及学校核心竞争力五个维度，并从五个方面测评中小学校长的决策现状。问卷包括"我领导制定的学校发展规划，能为学校提供明确的发展方向指引""我在学校各项资源配置方面的管理能使大多数师生感到满意""学校中层认为他们的岗位工作是高效和快乐的""我在学校经费、设备购置等方面的安排能够满足学校发展要求""我学校的核心竞争力和影响力越来越高"五道题目。选项为李克特5点量表（非常不符合、不太符合、一般、比较符合、非常符合），被调查对象得分越高，表明受访校长对于自我决策的认同程度就越高，意味着受访的校长对自我决策的自信程度也就越高。信度分析结果显示，校长学校管理决策能力的题目可靠性 Cronbach's α 值为 0.874，表明具有较好的信度。

第二，校长学校课程建设与教学领导能力。校长的学校课程建设与教学领导能力是校长专业素养的重要维度，其关键在于不断优化提升学校的课程和教学品质，促进教师的教与学生的学朝向高质量发展。校长的课程领导和教学领导是教育研究与一线教育实践的焦点领域，被视为学校课程教学改革的关键因素。校长教学领导力的内涵已由最初的与教师教学或学生学习直接相关的行为或活动，拓展至所有支撑教学或影响学生学习的全部领导行为。校长课程领导力则产生于学校校本化管理和校本课程开发运动中，旨在凸显学校在课程开发上的自主权和创造性。校长的课程领导力不仅包括技术指导，更强调愿景引领、民主合作、价值投射和意义建构。

本研究将校长的学校课程建设与教学领导能力分为校长课程体系建设、教改机制建立、教研体系创设三个维度，并从三个方面对校长引领学校课程建设与教学改革现状进行评价。问卷包括"我创设了具有独特风格的学校

课程体系""我引领学校形成了比较成熟的教学改革模式""我创建了规范而富有活力的学校教研体系"三道题目。选项为李克特5点量表(非常不符合、不太符合、一般、比较符合、非常符合),得分越高的校长代表其对自身课程建设与教学改革能力与成效的认可度越高,表明了受访者对自身课程建设与教学改革水平的认同。为提升问卷的可靠性,对相关问题进行信效度检验。信度分析结果显示,反映题目可靠性的Cronbach'α值为0.658,说明具有一定的信度。

第三,校长科研引领学校发展能力。科研兴校已成共识,校长的科研能力以及通过科研引领学校发展的能力无疑对学校发展至关重要。校长需要具备前瞻视野和战略思维能力,以教育科研为引擎引领和推动学校整体发展。校长应构建一个有利于教育创新和科研发展的环境,引导全校师生共同参与,形成学校独特的科研文化和氛围,引领学校通过不断探索、创新及时识别并解决学校内外的教育问题,推动学生、教师和整个学校的持续发展。

本研究设置"您认为学校科研工作对教师哪些方面促进作用最大""学校的科研主要集中在哪些方面""学校的课题结项后学校通常会怎么做""您觉得学校科研遇到的最大的困难是什么""您觉得目前的学校科研工作最需要哪些支持"五道多选题,针对教育科研对一线教师的影响、学校科研的具体内容和重点、学校对科研成果的应用和转化、学校科研过程中面临的普遍挑战和当前中小学校教育科研工作的需求等方面进行调查,通过深入剖析一线学校教育科研的发展现状,对校长科研引领学校发展的理念和实践进行观照。五个多选题之间呈逻辑递进关系,学校科研成效的评估、科研重点的把握、科研课题结项后的处理方式、科研过程中面临的困难、当前科研最需要的支持,这些问题之间构成了一个完整的研究链条,帮助全面了解学校教育科研的目标、定位和实施以及相互之间的适切性。

2. 校长成长的支持系统与指标

让每一位校长都成为教育家、大先生的目标或许只是个理想,但让教育家精神成为每一位教育工作者的职业追求,却是当下教育改革发展的迫切需要。如何更好地促进校长的成长?高质量的校长成长支持系统对于保障校长发展和校长队伍建设至关重要。本研究从校长的社会资本、培训研修和校长成长的制度环境建设三个方面，探究校长成长支持体系的现状、问题及优化路径。

第一，校长的社会资本。校长的社会资本源自校长在人际关系网络中所建立的信任、权威、义务和期望表现。这种资本能够增强校长获取稀有资源赋能管理的能力，被视为一种生产性资本。校长的社会资本主要来源于学校内外部的关系网络，包括与上级教育行政部门、社区、大学、科研机构、家长以及其他学校的联系。外部关系网络为校长提供了物质或非物质的稀缺性资源，直接影响个人和组织的发展；内部关系网络则涉及校长与教师、学生的关系，体现为学校内部凝聚力和向心力的无形资本。

综合既往研究和相关政策文件，本研究对校长与中层管理者、一线教师、上级教育行政部门、社区（高校）等科研机构、校长同行以及相关企事业单位等学校内部和外部6个群体的联系频率，对校长的社会资本展开调研分析。同时针对校长关于社会资本对学校发展影响的认知，以及对自身社会关系网络质量的评价进行了解，涉及主观认知题项"积极的社会交往是否可以帮助学校获取更多的教育资源"。

第二，校长的培训研修。接受培训研修是校长专业成长的重要途径。各种层次和形式的校长研修与培训，旨在通过系统的任职资格、管理能力、办学思想等培养，帮助校长更新教育理念，提升校长领导力等专业素质。20世纪80年代以来，中国的中小学校长培养培训工作快速发展，从重视数量和规模转向质量和规模并重。国家出台的一系列政策，如"双名工程""双名计划""领航工程"等，旨在培养政治坚定、情怀深厚、学识扎实、视野开阔的教育家型校长，以引领区域乃至全国的教育改革发展。

本研究从"培养培训课程模块""个人专业发展所需的支持类型""培训研修与个人需求匹配程度"等方面，考察中小学校长参与培养培训的现状与需求。通过参加培训为了"提升办学治校水平""凝练个人教育思想""引领学校课程教学""出版个人教育专著""申报教育科研课题"

五道单选题，探究校长对培养培训课程模块的需求；通过参加培训期望实现"规划学校发展""引领教师成长""领导课程教学""营造育人文化""优化内部管理""调适外部环境"六道单选题，探究校长个人专业发展所需的支持类型；通过"专家送培进校""影子校长""名校长工作室""双导师制"四道多选题，探究不同的培养培训模式与校长实际需求相匹配的程度。

第三，校长成长的制度环境建设。校长成长的制度环境为校长成长提供了有利条件和政策支持。自 2010 年以来，国家通过推行校长职级制、交流轮岗制、中小学校党组织领导的校长负责制等制度改革，为校长专业发展和教育家型校长的培养创设了日趋完备的制度体系。

本研究从职级制、交流轮岗制、党组织领导的校长负责制实施和运行情况，以及整体的政策支持满意情况等方面测评校长对制度环境的感知与认同水平。问卷包括"通过选拔（选任制）有利于发现教育家型校长""通过任期年限设置，可以促进教育家型校长成长""通过交流轮岗，可以促进教育家型校长成长""实施职级制管理，可以促进教育家型校长成长""实施党组织领导的校长负责制，有利于促进实现教育家办学""通过各类校长培养/培训工程可以促进教育家型校长成长""目前的政策和制度，在支持校长实现教育家办学方面是令人满意的"等七道题目。选项为李克特 5 点量表（非常不同意、不同意、一般、比较同意、非常同意），被调查对象得分越高，表明受访校长对于制度环境的认同度就越高。

除了系统调查校长的专业素养和成长支持系外，本研究还通过询问校长年龄、性别、政治面貌、专业技术职称、学历、政治地位、获得"个人荣誉称号"情况等题项，对校长个人统计学特征进行观照；通过校长工作年限、任职年限、执教年限、任教科目、学校规模、学校学段、区位、性质等题项对校长的专业工作特征进行统计。

（二）校长培训现状调查

校长培训现状调查以教育部中学校长培训中心近五年来参加过"国培

班"的学员为对象，围绕校长培训的整体满意度、培训类型、培训内容、培训形式、培训目标的达成、培训教师队伍的建设等几个维度展开，发放问卷650份，回收有效问卷605份，回收率为93.08%。从性别来看，男性校长占比为75.7%，女性校长占比为24.3%。从年龄来看，50～59岁的校长最多，占比57.2%；其次是40～49岁的校长，占比39.2%；再次是30～39岁的校长，占比2.5%；60岁及以上的校长占1.2%。从教龄来看，教龄在21～30年的人数最多，占比48.93%，其次是教龄在30年以上的校长，占比42.31%，再次是教龄在11～20年的校长，占8.43%，10年及以下教龄的校长人数最少，仅占0.33%。从校长最高学历分布情况来看，从师范类普通高校获得最高学历的人数最多，占比59.01%，第二是以函授的学习方式获得最高学历，占比19.67%，第三是通过自考，占比10.08%，第四是在非师范类普通高校学习获得，占比6.45%，第五是在党校学习获得，占比2.31%，第六是在电大学习获得，占比2.1%，通过夜大学习获得的人数最少，占比0.33%。

（三）大先生或名校长的专业成长历程及启示

在问卷调查的基础上，本研究从校长成长路径的视角出发，采用个案研究，对于漪、张人利、邵志豪、刘京海、杨培明、李百艳等六名大先生或名校长的专业成长历程进行探查，以他们为典型案例，挖掘教育家型校长的成长路径和所需的条件支持。案例研究的数据通过生涯史研究、深度访谈和实物资料搜集的方式获取。对每位校长的教育背景、工作经历、成就和反思等生涯史资料进行详细梳理，构建其职业生涯的完整史料，以获得关于其成长历程的第一手资料。对每位大先生或名校长开展深度访谈，梳理提炼他们的教育理念、管理风格、遇到的挑战和解决方案等；同时对他们的同事、下属、学生和家长进行补充访谈，以获取更多维度的信息和评价。通过实物资料搜集，收集与校长相关的新闻报道、出版物、奖项证书、教学资料、校园文化建设项目等实物资料，以及相关的视频和图片资料，为研究提供更丰富的背景和证据支持。

四 结果与发现

经过深入调研发现：在校长的专业素养方面，大多数校长展现出了较强的学校管理决策能力，但在经费分配和资源整合方面仍面临一定的挑战。在课程与教学改革的推进过程中，虽然校长们普遍表现出积极的引领态度，但改革不均衡、城乡差异大以及改革动力不足等问题仍不容忽视。在科研引领方面，校长对科研的重视程度日益提升，然而，科研评价体系的不完善和专业力量的不足成为制约其进一步发展的主要因素。此外，校长的社会资本积累在一定程度上受到政策支持、地区发展以及家校合作等因素的制约。在校长专业成长的支持系统方面，尽管培训力度不断加大，培训体系建设趋于完善，但培训内容重复、优质资源不足等问题仍亟待解决。而制度环境方面则表现为，职级制、轮岗制等具体制度的实施仍有较大的完善空间。这些发现为我们思考如何为校长成长提供更有效的支持、促进教育家型校长成长提供了宝贵的依据。

（一）校长学校管理决策能力总体良好，但面临资源配置能力的挑战

研究发现，第一，资源配置和经费管理是中小学校长学校管理决策过程中面临的最大挑战，仅有47.8%的校长认为自己在经费和设备购置上的安排能满足学校发展需求；第二，得益于经验积累、知识深化和社会关系网络的拓展，中小学校长决策自信和认同度随年龄增长而提升，50~59岁年龄段校长得分最高。年长的校长经历更多教育场景和挑战，积累了丰富的理论知识、管理经验和技能，能更快速识别问题、评估风险和预测结果，做出高水平决策；第三，高学历和师范教育背景的校长在决策过程中展现出更高的自信和认同度，凸显了专业的教育知识对提升校长决策能力的重要性。师范教育和高学历背景为校长提供了丰富的教育理论知识、科学的管理技能、深厚的知识储备和广阔的视野，为校长解决复杂问题和应

对挑战提供了坚实基础，增强了其在学校管理决策中的专业性和有效性；第四，学校办学水平与校长决策能力密切相关。研究表明，校长在发展规划、资源配置、中层管理、经费分配和核心竞争力方面的决策能力与学校办学水平呈显著正相关。这意味着校长在这些领域的决策水平越高，学校办学水平往往也越高。其中存在办学水平高的学校更易吸引高水平校长和校长的有效决策提升了学校办学水平的双向因果关系。此外，实施有针对性的决策培训和校长轮岗制度，有助于提升校长管理水平，并可能提升相对弱势学校的办学水平。这一发现也为优化教育管理和提升学校整体质量提供了新视角和策略。

（二）校长引领学校课程与教学改革面临发展不均衡、城乡差异大、改革使命感不强等问题

校长引领学校改革，核心是引领学校的课程教学改革，其实质是校长发挥其在课程教学方面的专业影响力和领导力，促进教师的教与学生的学过程协调和谐，落脚于课程体系建设、教改机制建立、教研体系创设三个方面。研究发现，第一，校长在课程教学领导力方面存在发展不均衡现象，尤其体现在课改机制建设意识薄弱上。问卷分析结果显示，仅有不到一半的校长对课改机制建设水平持积极评价，相较于课程体系和教研体系建设的重视度低。这主要是因为部分校长过于保守，不愿与领导层和教师交流分享教改经验，导致学校设计教改机制的意愿和能力不足。在当前中小学校党组织领导的校长负责制改革背景下，校长需进一步理清自身权责，并将教学改革经验有效传递给学校领导层和教师队伍。这是提高中小学课程建设与教学改革效率、减轻校长负担的关键。第二，乡村校长在课程建设与教学改革方面的能力相对薄弱，亟待提升。这主要是因为乡村学校经费不足、缺乏社会环境支持、缺乏科学的教育理论指导。乡村校长培训中存在的内容杂乱与质量不高等问题，进一步阻碍了校长课程建设与教学领导能力的提升。第三，校长引领课程教学改革的使命感不强是当前教育实践的一大挑战。随着时代变革和教育改

革的不断深入，国家和社会对人才培养的需求早已超越考试成绩和升学率，但大部分校长仍十分看重学校的升学率和应试成绩，缺乏改革创新的动力和意愿。问卷分析结果显示，多数校长认为安全稳定是学校发展的首要任务，将考试升学视为衡量学校实力的重要标准。这种应试教育的办学偏好影响了学校真正实施课程建设与教学改革的取向，导致育人方式的改革难以在学校教育实践中真实发生。因此，教育家型校长成长过程中，迫切需要校长成为具有强改革使命感的示范者，以高质量育人为目标，扎扎实实推动学校层面的课程真建设与教学真改革。

（三）校长引领学校科研发展态势积极，但存在评价体系短视、专业力量缺乏、动力不足等困境

学校教育科研因富有革新性已然成为提升教育质量和推动教育创新的核心动力。研究发现，当前校长领导的学校教育科研发展态势积极，绝大多数校长认同科研和教研对学校发展的积极影响；通过校长的引导，教师们通过科研活动，不断反思创新，提升教学水平、科研能力和团队合作力，争相为教育事业发展积极贡献力量；学校教育科研实践在校长的领导下，由虚向实转向，注重回应一线教育教学实践中出现的真问题、急问题；整体教育科研发展呈多元化发展趋势。但在学校教育科研蓬勃发展的同时，尚存在一定的困境。第一，创新性困境成为制约学校教育科研深入发展的关键难题，研究主题缺乏前瞻性和独创性。第二，缺乏专业的团队，导致学校在教育科研方面的知识储备和实践经验不足，难以产生高质量的研究成果。第三，教师参与科研积极性不够。现行的教育评价体系未能充分认可教师科研成果，导致教师更关注短期教学成果，忽视科研带来的长远有益的影响。此外，教育科研的复杂性和挑战性也限制着教师参与。许多教师缺乏研究方法和技能，面对科研任务感到力不从心。第四，经费有限导致实验设备不足、科研资料匮乏，限制了研究范围和深度，缺乏经费支持也导致有潜力的项目难以启动或持续，限制持续创新。经费短缺还影响科研团队建设，一线教师压力大、时间紧，缺乏动力投入科研。

（四）校长注重社会资本的拓展，但存在意识或能力等方面的阻碍

校长的社会资本对学校全面发展起到举足轻重的作用。研究发现，一些校长在学校内部管理和教学工作中展现出高效的资源整合与动员能力，促进了学校管理效率和质量的提升，但在面向外部世界时，却显得相对被动和适应性不足。特别是在与上级教育行政部门、科研机构、社区组织及其他机构的互动中，存在明显不足。一些校长存在"重内部关系维护，轻外部关系建设"的情况。主要原因如下：第一，认知水平不足是限制校长社会资本拓展的一大障碍。比如校长对学习国家宏观政策的重要性认识不足，同时对宏观政策存在传递不畅、执行不力的问题，导致校长在引领发展的前瞻规划和布局方面常常处于后知后觉的被动状态，难以有效利用政策资源推进学校发展。第二，地区发展水平差异影响着校长社会资本的构建，教育资源、地理环境及经济发展水平制约着校长拓展社会资本的可能性，尤其是在资源匮乏地区，校长面临更大挑战，更凸显了优化资源分配和加强外部合作对提升办学水平的迫切性和重要性。第三，家校合作与社会隔阂的挑战使校长在构建和利用社会资本时面临困境。

（五）校长培养培训支持体系建设进入深水区，存在低水平重复、成效有限等亟待解决的问题

校长培养培训是一项事关我国基础教育改革目标实现的全局性、基础性工作。本研究通过"教育家型校长是培养出来的吗""培养培训在教育家型校长成长过程中发挥着怎样的功用""是否具有规律可供遵循"三个问题，对校长培养培训的价值、需求与趋势进行探究。调查发现，校长在办学治校水平提升、教育思想凝练和引领学校课程教学改革方面的需求较为突出；同时，如何规划学校发展、引领教师成长和领导课程教学是受访校长最为关注的三项内容。研究也发现了当前校长培养培训过程中亟待解决的问题。第一，存在交叉重复问题，不同层级的培训缺乏有效衔接，导致资源利用效率低下，培训内容缺乏针对性和实用性，忽视校长个体需求与成长规律；培训

课程内容同质化现象严重，陈旧的传统内容难以跟上教育变革的节奏；第二，面临优质资源供给不足的问题，高水平师资主要集中在少数地区，难以满足广泛需求，机构间缺乏协同合作和资源整合机制，师资力量分散浪费，偏远地区校长接受高质量培训的机会受限；第三，以集中式、主题式培训为主，虽效率可观但成效有限，不同地区的校长面临资源差异，诉求分化，影响培训态度和动力；校长日常管理任务繁重，难以全情投入培训，培训成果难以得到有效转化。

（六）校长成长的制度环境建设成效显著，但职级制、轮岗制和党组织领导的校长负责制均有待完善

校长队伍的整体成长需要科学的制度保障和有力的政策推进。通过问卷调查和半结构式访谈发现，多数校长认为职级制管理、校长选拔制度、交流轮岗机制、各类校长培训项目以及党组织领导的校长负责制，均对教育家型校长的培养和成长具有积极作用，并认为当前的政策和制度供给在支持校长实现教育家办学方面展现出令人满意的作用。与此同时，各项政策在实施过程中仍然存在需要完善的地方。第一，教育家型校长的评定标准尚未完善，缺乏明确的指标体系和行动方向，导致校长对教育家型校长的认可度不高；评价导向的问题尤为突出，应试教育和单一的评价指标，如"清北率"和"升学率"仍然主导着教育评价，虽然校长们普遍认同育人为先的教育理念，但在实际操作中，升学率仍是衡量学校发展的关键指标，这导致校长在育人与办学之间出现背离，教育理想难以实现。因此，要促进教育家型校长的发展，需要完善政策指导、评定标准、任期制度和评价体系，确保教育评价多元化，真正实现以育人为本的教育目标。第二，校长交流轮岗政策在推进过程中存在明显的执行偏差问题。一些地区交流覆盖面窄、力度不足，激励保障措施不完善，导致工作流于形式。因此，完善政策执行、加强激励机制、优化资源配置，成为推动校长交流轮岗工作深入开展的关键。第三，中小学校党组织领导的校长负责制急需明晰权责清单。部分教育行政部门和

学校领导对制度优势理解不够，导致在实施中出现偏差，如书记与校长职责不协调，教师"站队"现象，以及党建与教学管理相脱节，影响了制度优势的发挥；权责界定不清晰，书记与校长的职责划分模糊，决策程序不完善，导致工作配合不畅，效率低下；不同地区对权责划分存在差异，增加了管理层的工作难度，影响了教育改革的实施。为解决这些问题，需要进一步明确校长和书记的权责划分，加强党政人才队伍建设，减少形式主义工作，确保党的领导在中小学得到有效贯彻，同时保障教学质量和学校管理效率。

五 思考与建议

（一）学校管理决策水平提升的策略

第一，需要打破传统观念，强化校长在财务管理和资源配置方面的决策能力培养。这需要校长转变传统观念，加强相关学习，参与实际案例研究，建立交流平台以促进经验共享；需要培养校长的成长性思维，通过反思和对话提升决策能力，正确评估和总结自己的决策，通过开放性对话不断学习。第二，实施校长管理决策能力的专题培训，分层分类对校长实施管理决策的专题培训，关注校长教育管理理论学习和管理决策实践技能提升，以提高校长的决策水平，拓宽校长治校视野、丰富学校管理经验，激发创新思维，促进不同学校间的管理经验传播，提升校长的决策能力。第三，升级学校管理制度，引入数字技术，赋能校长管理决策。通过建立反馈评估机制、实施民主化决策以及应用数字技术，提升校长决策的科学性和有效性。

（二）引领学校课程教学改革的建议

提高校长在学校课程和教学改革中的领导力，关键在于培养校长多维度、持续性、团队性改革能力。第一，校长应强化专业权威角色，专注于塑造学校整体价值观和课程体系。深入理解课程开发、课堂教学与教育研究之

间的关系，提升专业引导能力，树立学校变革观念，致力于建立一种常态化、长效性的课程创新和教学改革机制。第二，确保乡村学校获得必要的资源以进行课程和教学改革，通过特色化本土化的专题培训帮助乡村校长提升在课程建设与教学改革方面的能力。第三，激发校长参与教育改革的使命感，唤醒校长的改革意愿，通过情景化教育和榜样示范，强调课程建设与教学改革的重要性；建立课程和教学改革激励机制，对校长课程和教学改革工作进行考核奖励，提升校长课改、教改重视度和积极性。

（三）通过科研引领学校发展的策略

校长作为学校发展的引领者，需要通过以下六个方面实现科研引领学校走向更高水平。第一，校长需要构建一种研究赋能教学的学校文化，明确政策导向、营造学术氛围、加强外部合作以及树立榜样作用等，推动学校科研氛围的形成。第二，校长应制定学校科研发展规划，从学校现状的分析和理解出发，明确学校科研的优势与不足，合理设定学校科研计划的短期目标和长远目标，细化具体的实施策略和步骤，建立有效的监督机制和评估机制，确保规划得到有效执行。第三，校长应重视科研团队的人才引进和培养，提供持续、专业的培训和发展机会，促进教师科研团队内部的交流与合作，组织定期的学术交流活动，注重科研团队的可持续发展。第四，校长应建立促进科研成果转化的有效机制，推动科研成果与教学实践的深度融合，探索科研成果在教育教学中的创新应用。第五，校长应建立符合本校教情的科研评价标准，设计具有吸引力的激励机制，关注教师的个性化需求和发展阶段，强化反馈作用，营造公平公正的科研环境。第六，校长应强化自身科研引领作用，提升自身的科研素养和能力，积极参与科研工作，发挥示范和榜样作用。

（四）拓展社会资本的策略

校长社会资本提升的瓶颈不仅源于个人能力，还涉及更广泛的外部因素。为更好地提升校长的社会资本，加强校长的内部管理和外部沟通，应重视以下四个方面的工作。第一，在外部策略方面，校长应主动融入教育政策的讨论和制定过程，与地方政府建立稳定而深入的合作关系，争取到更为丰富的政府政策和资源支持。通过参与政策研讨会、座谈会等形式，校长能够为政策制定提供专业建议，提高个人及学校的声望，并促进政策更加贴近教育实际需要。第二，在内部策略方面，校长应构建开放协作的学校文化，通过鼓励教师的专业发展、促进学术交流和优化学校资源配置，提升教育教学质量。为教师提供专业发展机会，更新教育教学理念和方法。第三，在个人成长方面，校长应不断更新自身的教育理念、专业知识，不断提升自身的领导管理能力。通过参与教育专题思想讨论会、专业培训和学术会议，加强与校长同行和学界学者的交流与合作。第四，在拓展社会资本方面，校长应积极探索多元化合作路径，与企业、社会组织、公益机构和媒体建立合作关系。通过校企合作，提高学生实践能力和竞争力，优化专业设置和课程体系。参与社区服务项目，培养学生的社会责任感，增强学校与社区的联系。利用媒体资源提升学校的社会知名度，吸引潜在的合作伙伴。与公益机构合作，参与公益项目，为师生提供福利和发展机会。

（五）优化培养培训的建议

新时期校长培养培训工作需在理论研修、思想凝练、实践创新、辐射引领等方面渐进提升、贯通互联，为教育家型校长的成长筑牢根基。第一，强化"校长成长本位"的培养意识，丰富培训资源供给。培训项目应以校长的实际需求为核心，通过预先调研确定培训内容，实施动态调整，确保培训的针对性和实用性。推动跨区域合作，共建共享优质培训资源，打破地域壁垒，搭建区域间的校际合作平台，整合优质教育资源，优化师资力量配置。第二，提供个性化的"菜单式"培训内容。根据校长专业标准要求，设计递进式培养培训课程，提供多层次、个性化的可选主题课程，赋予校长自主选择权，满足个性化学习需求，并配备专属导师进行个性化指导。第三，以教育家精神为引领，注重校长思想凝练提升。通过学习共同体的建设，开展课题研究，提升教育思想和理论素养，引导校长总结办学经验，凝练办学理

念。第四，创新赋能评价模式，提升培养成效。引入项目制、探究式培训活动模式，建立多维培养评价体系，加强数字化转型运用，利用大数据技术收集分析学习数据，构建培训成效转化的跟踪评估系统。第五，遵循校长成长规律，树立典型榜样示范。加强校长成长规律与路径研究，开展教育思想研讨会，举办名校长论坛，通过专题培训与研修活动，解决办学育人的实际问题，切实提升校长治校能力和学校教育教学水平。

专题篇 ⟩⟩

B.2
以中国特有的教育家精神引领基础
教育高质量发展

郅庭瑾　吴　晶　姜蓓佳　谢昊伦*

摘　要：　教育家精神是优秀的教育工作者在长期教育教学实践中积累的宝贵财富。中华文明是教育家精神独有的根脉，蕴含着中国传统文化对卓越教育者的要求与期许，为教育家精神内涵提供了价值之根、育人之能及德性之本。从学术视角看，已有研究多聚焦爱国、创新、科学、育人等精神；从实践视角看，已有经验以教育家型名师名校长培养为重点，兼顾案例示范和提炼总结；从政策视角看，核心理念主要以师德师风建设为基础，彰显高标意识和正向引领。在教育强国建设的新发展阶段，弘扬教育家精神是办好人民满意教育的重要抓手，是深入实施人才强国战略的应有之义，是加快建设科技强国的重要推动力。弘扬践行教育家精神，需要价值引领，建立教师对教

---

* 郅庭瑾，华东师范大学教育学部教授、博士生导师，教育部中学校长培训中心副主任，国务院学位委员会第八届学科评议组成员，主要研究方向为教育管理与政策；吴晶，华东师范大学国家教育宏观政策研究院副研究员，管理学博士，主要研究方向为基础教育政策、教师教育等；姜蓓佳，管理学博士，华东师范大学职业教育与成人教育研究所博士后，主要研究方向为教育管理；谢昊伦，华东师范大学教育学部硕士研究生，主要研究方向为教育政策与管理。

育事业的共同追求；需要能力建设，涵养科学与人文相统一的时代精神；需要制度供给，营建教育家成长的秩序体系；需要合力机制，实现自我驱动与外部推动相结合。

关键词： 传统文化　教育家精神　教育强国

人类社会的发展从来离不开精神的力量，人唯有在精神上觉醒，才能迸发出持续的创造性活力。不同的时代有不同的问题和相应的精神，不同领域也有不同的特征和相应的精神。教育作为全面建成社会主义现代化强国的战略先导，教育者既要成为思想的引领者，又要成为精神的塑造者和变革者。

2023年9月9日，习近平总书记在致信全国优秀教师代表时，首次提出并深刻阐释了中国特有的教育家精神内涵，即"心有大我、至诚报国的理想信念，言为士则、行为世范的道德情操，启智润心、因材施教的育人智慧，勤学笃行、求是创新的躬耕态度，乐教爱生、甘于奉献的仁爱之心，胸怀天下、以文化人的弘道追求"，构建了教育家发展的理论体系，[1] 勾勒了新时代的教育家形象。精神的诞生离不开文化的根基，教育家精神的创造性提出，是新时代对中华民族传统文化的独特演绎，[2] 是古圣贤智慧与新时代思想交织而成的精华。从中国传统文化溯源教育家精神发生发展的脉络，有助于探寻新时期弘扬践行并培育传承教育家精神的有效路径。

一　中国特有的教育家精神之传统文化内核

习近平总书记对教育家形象的刻画，建立在党和国家对时代的考量、我国深厚的文化土壤上。中国是世界上唯一保有文化连续性、长期保有文化独

---

① 潘玉腾：《教育强国视域下弘扬教育家精神的逻辑理路》，《国家教育行政学院学报》2023年第10期。
② 李森：《教育家精神的文化逻辑》，《教育科学研究》2023年第11期。

特性的国家,① 中华文明是中国教育家精神独有的根脉,是教育家精神之所以"中国特有"的文化依凭。中华传统文化中的师者形象是中国文脉对教育家的要求与期待,其从价值之根、育人之能及德性之本三个层面为中国特有的教育家精神赋予了文化内核（见图1）。

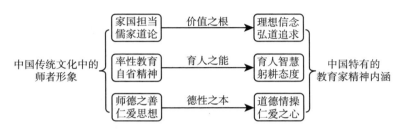

图1 教育家精神的传统文化内核

（一）中国传统的家国担当与儒家道论,赋予了教育家特有的价值之根

价值追求是教育家心系教育的精神支柱,是教育家宏阔视野与高远情怀的内核。② 中国特有的教育家精神价值取向,扎根于中国传统师者的价值理念。

心有大我、至诚报国的理想信念,根植于中国教育传统中的家国担当。虽然"大我"一词来源于佛教,但教育家"大我"思想的精神内核却源于儒家的报国情怀。《论语·子罕》中的"子绝四,毋意,毋必,毋固,毋我",阐释了孔子修身的四条原则,而其中的"毋我"便是超越自我之意,这是"大我"精神的文化起点。《礼记·大学》将"毋我"精神加以延伸:"古之欲明明德于天下者,先治其国;欲治其国者,先齐其家;欲齐其家者,先修其身;欲修其身者,先正其心;欲正其心者,先诚其意;欲诚其意

---

① 郭万超:《"中国道路"特有的发展环境》,《求是》2012年第20期。
② 郅庭瑾、尚伟伟:《以教育家精神引领教师队伍高质量发展》,《教师发展研究》2023年第4期。

者，先致其知"。对儒家而言，"毋我"的目的正是"治国""平天下"，①即以"大我"成就自身的胸怀，把国家的发展作为毕生事业，这便提出了大我精神的实践路径。明代王阳明提出了"身之主宰便是心"的观点，辨析了将自身与万物相联系的"大我"与关心自身个体生命的"小我"之间的关系，并提出以"诚"为手段，破除对"小我"的执着，以实现对"大我"的复归，② 为大我精神提供了理论补充。颜元更是直抒胸臆："人必能斡旋乾坤，利济苍生，方是圣贤"，提高了大我精神的境界，即以天下苍生为己任，做报效国家的真"圣贤"。到了近代，"大我"精神成为爱国教育家救国存亡的核心精神：北大校长蔡元培作为爱国教育家，将自身的教育事业与中华复兴紧密联系。当北大学生有感于国运艰辛，在北大成立国民杂志社之时，蔡元培盛赞此举"志在拯救国家于危亡，深堪嘉尚"，并寄语学生"为救国而读书"，学成后"大效于国"，可见其时刻不忘通过教育传承"大我"精神，实现了"大我"精神在一代代中国人身上的延续。心有大我、至诚报国的理想信念将个人与国家、社会相联系，是教育家育人事业的精神基石，③ 蕴含着教育家的家国担当。

胸怀天下、以文化人的弘道追求，根植于中国教育传统的儒家道论。儒家对弘道精神的论述进行了一番演进，《论语·卫灵公》中的"人能弘道，非道弘人"，提出了"道"的概念，向教育者提出了以身弘道的要求。但孔子的弘道仍停留于用道提升自身修养以及影响学生的境界上，尚未要求教育者对"道"进行主动弘扬。教育家应用自身思想惠泽世人的号召自孟子始。《孟子·梁惠王章句下》中"自任以天下之重、乐以天下，忧以天下"的表述，强调了表达自身主张，用自身理念教化天下。此时胸怀天下、以文化人的弘道精神已初具雏形。汉代《礼记·大学》中所提出的"大道之行也，天下为公"，则将自身的"修道"与为天下的"弘道"紧密相连，提高了弘

---

① 张文勋：《儒、道、佛的自我超越哲学——孔子的"四毋"、庄子的"三无"和佛家的"破二执"之比较》，《中国文化研究》2006 年第 4 期。
② 龚晓康：《阳明心学视域下的身心合一论》，《中州学刊》2023 年第 3 期。
③ 于维涛：《中国特色教育家精神及其哲学基础》，《教师教育研究》2023 年第 5 期。

道的目标。明末面对国家危亡的景象，黄宗羲提出了"必使治天下之具皆出于学校"的主张，将教育的地位拔高为国家发展的支柱，号召以文化教育来带动整个国家的兴盛，将弘道与教育紧密联系。中华的教育家的视野并不局限于眼前的三尺讲台，而是意图弘天下之道，这也成就了胸怀天下、以文化人的弘道追求这一教育家终极的价值境界。[①]

（二）中国传统的率性教育与自省精神，赋予教育家特有的育人之能

育人本领是教育家进行教育实践的物质基础与思想基础。中国特有的教育家精神育人本领，蜕变于传统师者的人才培养智慧。

启智润心、因材施教的育人智慧，根植于中国教育传统中的率性教育。率性教育是儒家教学方法论的核心，其概念源于《礼记·中庸》："天命之谓性，率性之谓道，修道之谓教"。所谓的率性教育，就是以学生的天性、个性、社会性为凭依，[②] 为学生提供适切的教育。《论语·先进》中子路、冉有分别问孔子"闻斯行诸"，孔子回答各异。究其缘故，在于"求也退，故进之；由也兼人，故退之"，这体现了率性教育最早的思想轮廓。基于儒家的育人目标与理念，《礼记·学记》对率性教育下教育者的应然做出了总结："君子既知教之所由兴，又知教之所由废，然后可以为人师也"，教育者应在了解教育规律的基础上，采用恰当的教育方法启发学生的心智。明代教育家陈献章创立白沙心学，在教育上提倡自得教育，认为学习者要"自得于道"，[③] 对率性教育观进行了创造性发展：学习者的道皆为"自得"，教育者必须从学习者的本性出发，在激发学习者自觉的基础上进行教育。随着时代发展，率性教育成为近代教育家的行动指南：叶圣陶先生传承率性教育，提出导学教学论，认为当今教学目的应是"为了不教"，因此教学的本

---

① 庞立生、李铁铮：《中国特有的教育家精神的本质内涵与价值旨趣》，《东北师大学报》（哲学社会科学版）2023 年第 6 期。
② 于伟：《"率性教育"：建构与探索》，《教育研究》2017 年第 5 期。
③ 何静：《论湛甘泉的自得之学》，《浙江社会科学》2016 年第 11 期。

质和功能就在于"引导自学"。① 传统的率性教育思想为当代教育家的教学实践提供了可遵循的方法论。②

勤学笃行、求是创新的躬耕态度，根植于中国教育传统中的自省精神。孔子的"万世师表"美誉，蕴含着中国社会对教育者的价值期待：教育者必须凭借自身能力与品行，成为世人的表率。而这就需要教育者具有自省精神，时刻保持自身学识修养的优势地位。《论语·子张》提出："百工居肆，以成其事，君子学以致其道"，指出求道的路径即"学"，这便是自省精神的开端。《礼记·学记》中"虽有嘉肴，弗食，不知其旨也；虽有至道，弗学，不知其善也。是故学然后知不足，教然后知困。知不足，然后能自反也；知困，然后能自强也。故曰：教学相长也"对教育者为什么需要自省精神进行了论述：不仅学生要从教育者处学习，教育者也应以自省的精神开展教育、提升自己，这便是所谓的"勤学"与"笃行"。如果说"勤学""笃行"是中华文脉对教育者的自省劝诫，那"求是"与"创新"则是中华文脉向教育者指明的自省之路。"周虽旧邦，其命维新"是我国教育对创新性学习这一自省方法最古老的表述。对于不仅自身有学习需要，还承担育人任务的教育者而言，在自省中突破自我的创新尤为重要，正如陶行知所述，一流的教育家要敢探未发明的新理、敢入未开化的边疆。人民教育家于漪在其 2000 节公开课中，"即使是同一篇课文教第二、第三遍，也绝不重复"，③ 体现了当代教育家在教育中对自省方法的实践。"勤学"与"笃行"相结合的自省精神、"求是"与"创新"相结合的自省方法，为教育家的学习提供了"道"与"器"，铸就了教育家的学习品格。④

① 任苏民：《试论叶圣陶教育思想里的"中国教育学"》，《中国教育科学》（中英文）2020年第5期。
② 张志勇、史新茹：《"中国特有的教育家精神"的演进逻辑、本质内涵和时代价值》，《中国教育学刊》2023年第11期。
③ 余慧娟、赖配根、李帆等：《人民教育家于漪》，《人民教育》2019年第20期。
④ 罗生全：《教育家精神的价值谱系及塑造机制》，《南京社会科学》2023年第10期。

（三）传统师者的师德之善与仁爱思想，赋予了教育家特有的德性之本

师者德性是教育家从事教育事业的本心与初心。中国特有的教育家精神德性导向，源自对传统师者德性观的认可与传承。

言为士则、行为世范的道德情操，根植于中国教育传统中的师德之善。言为士则、行为世范出自《世说新语·德行》："陈仲举言为士则，行为世范"，是对陈仲举崇高道德操守的肯定。将这一评语作为对教育者师德层面的要求，源于传统道德体系中师德的核心地位，是对教育者行为规范的期待与约束。[1] 春秋时期，《论语·子路》中"其身正，不令而行；其身不正，虽令不从"虽是对执政者的劝诫，但也初步体现了对教育者的要求，即教育者需将师德修养作为自身发展的根基。到了汉代，《礼记·文王世子》中明确了教育者的职能是"教之以事而喻诸德"，以自身的师德师风为基础带动学生提高道德修养，明确了对师者德性的要求。宋明时期，儒家学者通过对义理、人心等概念的探讨，带动了教育者道德观的发展：程朱理学从外部规制入手，以"三纲五常"为基础，将教育者的地位及师德立于至高的地位，建立了基于外部规范的礼教师德观；陆王心学以自身本心为遵循，提倡"心外无理""心理合一"，认为教育者弘扬自身德性教化世人是无须外部规则限制的，教育者要做的是"致良知"，即在挖掘自身善性的同时，引导出学生的善性，建立了基于自我发掘的心学师德观。在外规与内德的双重规制下，我国明代已形成了完善的师德体系。到了近代，陶行知先生的"学高为师，身正为范"，也体现了教育家对传统师德观念的认可与继承。言为士则、行为世范的道德情操，根植于我国的师德体系，是教育家教书育人的道德根基。[2]

乐教爱生、甘于奉献的仁爱之心，根植于中国教育传统中的仁爱思想。

---

[1] 蒋亚星：《中华传统师德研究》，西南大学博士学位论文，2023。
[2] 张志勇、史新茹：《"中国特有的教育家精神"的演进逻辑、本质内涵和时代价值》，《中国教育学刊》2023 年第 11 期。

"仁爱"是儒家思想的核心词语,体现了儒家以人为本的价值追求。乐教爱生与甘于奉献,是仁爱思想在教育家这一群体上的具体表现。《孟子·尽心章句上》曾言:"君子有三乐,而王天下者不与存焉。父母俱在,兄弟无故,一乐也;仰不愧于天,俯不怍于人,二乐也;得天下英才而教育之,三乐也",这是乐教思想的起源:教育本身就是师者快乐的根源,乐教是师者的根本。唐代韩愈在《师说》中的"师者,所以传道受业解惑也"是对这一思想的人文传承:教书育人是教育者最基础的职能,也应是其毕生追求。在乐教爱生的基础上,为教育奉献是教育者的宏愿。"士不可以不弘毅,任重而道远。仁以为己任,不亦重乎?死而后已,不亦远乎",是《论语·泰伯》中奉献精神的体现,我国教育者对其的传承延绵不断。陶行知的"捧着一颗心来,不带半根草去"即是近代教育家对奉献教育思想的传承。以乐教爱生、甘于奉献为表征的仁爱之心,体现了古往今来教育家甘于献身教育的崇高情怀。①

二 多维视角下的教育家精神

一种精神,标志着一个领域、一个群体在特定时代发展的观念性表达,代表着人的主观能动性对社会实践发展所具有的关键性作用。本文从学术视角、实践视角和政策视角,对教育家精神的已有认识和实践进展进行梳理评述。

(一)学术视角:聚焦爱国、创新、科学、育人等精神

教育家精神既是显性的知识理论,也是隐性的情感特质,更是教育家的素养、能力、经验与品性的综合表达。② 目前,关于教育家精神的深入研究

---

① 李紫娟:《习近平关于教育家精神重要论述的重大意义、科学内涵和实践要求》,《思想理论教育导刊》2023 年第 10 期。
② 吴叶林、徐涵、高凌希:《教育家精神融入高校教师教育:逻辑、功能与模式》,《黑龙江高教研究》2023 年第 4 期。

较为缺乏，本文以"教育家精神"为主题在知网共检索到 108 条结果，大致可以分为关于定义、特质和个案三类主题的研究。

第一是关于教育家定义的研究。"家"的基本属性，是"从事专门活动、具备专业知识和技能并且具有一定影响的专业人士"。① 《辞海》中，"家"指的是"经营某种行业、掌握某种专门学识技能或从事某种专门活动的人"。《教育大辞典》中，教育家是指"在教育思想、理论或实践上有创见、有贡献、有影响的杰出人物"。② 《西方教育词典》中，教育家（educationalist）是指"教育领域中知名的研究者或理论家，和比教师威望更高的人，他可能不再当教师或甚至从未当过教师"。③ 总体而言，教育家是指从事教育工作并在教书育人、教育研究工作中有较高的造诣或取得一定成就的人，既包括教育思想家也包括教育实践家，或者集两者于一身。至于如何判别教育家，不同学者对教育家给出了不同的标准。例如，通过亲力亲为的教育实践创造出重大教育业绩，对一定时期、一定范围内的教育思想和实践产生重要影响的优秀教育工作者。④ 有教育的专门才能，懂得教育规律，有自己的教育思想和见解，创造性地从事某一方面教育工作的教育工作者。⑤ 有实践、有素质、有创造、有成就、有影响的教育工作者。⑥ 拥有超越世俗的教育情怀，自觉担负起教育使命。⑦

第二是对教育家特质的研究。与教师、教育劳动模范、教育管理者相比，教育家具备五个特征，一是热爱教育，全身心奉献教育；二是立志改革，以实验推动教育改革；三是提出理论，把实践经验上升为理论；四是钻研教育名著，指导学校改革；五是发表出版系统性、代表性的教育论述。⑧

---

① 王湛：《教育家办学：校长的角色、使命与成长》，《中国教育报》2007 年 6 月 26 日。
② 教育大辞典编纂委员会编《教育大辞典》（第 1 卷），上海教育出版社，1990。
③ 〔英〕德·朗特里编《西方教育词典》，陈建平等译，上海译文出版社，1988。
④ 沈玉顺：《"教育家"评价标准建构及其内涵解析》，《上海教育科研》2010 年第 9 期。
⑤ 柳海民主编《现代教育理论与实践》，东北师范大学出版社，2009。
⑥ 刘庆昌：《论教育家》，《山西大学学报》（哲学社会科学版）2001 年第 5 期。
⑦ 魏宏聚：《教育家核心价值：超越世俗的教育情怀》，《中国教育学刊》2013 年第 1 期。
⑧ 刘道玉：《大学校长必须是教育家》，《中国地质大学学报》（社会科学版）2007 年第 5 期。

教育家精神是教育家在从事教育研究、追求教育理想、践行教育理念的过程中体现出来的对教育的态度情感、价值取向和职业操守，它决定了教育家对教育的看法和行为取向。① 教育家精神是教育家在办学实践中所体现出的对于教育工作的基本态度和职业操守，是一个人能否成为教育家的前提条件。通过对陶行知、张伯苓、廖世承、经亨颐、林砺儒等民国时期教育家进行分析，可将教育家精神归纳为五个方面，一是敢于探索、勇于创新，二是倾情教育、心系家国，三是追求本真、成就学生，四是直面困难、奋勇向前，五是敏于洞察、勤于思考②。也有学者参考科学精神，将教育家精神的内涵归纳为四个方面，一是无差别性，即对所有学生一视同仁；二是真诚性，即坦白而直率地展现自己；三是导引性，即指导受教育者的价值与道德的向善；四是反思性，即不断反思并自我提升。这种精神是教育工作者的共同气质。③

第三是对某位教育家个人的生平事略、教育思想、教育实践等进行类似人物传记式的探究，从教育家的个体禀赋和意志品质等方面解读教育家精神的内涵。"伟大的人民教育家"陶行知身上的教育家精神包括大爱精神、民主精神、科学精神、大丈夫精神、创造精神、开辟精神等。④ 晏阳初、梁漱溟、卢作孚等乡村教育家身上的教育家精神可总结为强国富民的教育理想、坚定的教育信仰、探索研究的革新精神等。⑤

综合来看，学者认为教育家是教育工作中有较高造诣、成就、影响，有教育才能、思想、见解，懂得教育规律的教育工作者。依据对教育家的特征品质的研究，学者们认为教育家精神特质包括教育态度情感、价值取向、职业操守；也体现在教育者敢于探索、勇于创新、倾情教育、心系家国、追求

① 王翠、刘娣：《教育家精神与教师精神长相的塑造》，《教育评论》2016年第7期。
② 张晓峰：《教育家精神特质研究——以民国时期著名教育家为例》，《教师教育研究》2014年第5期。
③ 吴刚：《教育家与教育精神》，《教育发展研究》2019年第24期。
④ 周洪宇：《学习陶行知办学经验，充分发挥教育家办学主体作用》，《南京晓庄学院学报》2018年第4期。
⑤ 郝德贤：《论民国时期乡村教育家精神特质及其当代启示》，《宁波大学学报》（教育科学版）2017年第5期。

本真、成就学生等方面；还体现在教育者直面困难、奋勇向前、敏于洞察、勤于思考等方面。我们赞同已有研究对于教育家精神品质特征的描绘。然而，学者们研究教育家精神的一个理论预设是，只有教育家具备的优秀精神品质才能被称为教育家精神。这一认知狭隘了我们对教育家精神的认识。传统哲学对"精神"内涵的论辩强调，精神包含着感性确定性、知觉和知性的一般意识，也包含对作为自在自为的存在拥有理性的意识，是大脑神经活动所派生的觉知现象。教育家精神是优秀教育工作者在教育活动中所具备并展现出来的精神品质，但是这种精神或品质不应该仅为拥有"教育家"身份者的专属，也并非只能在冠名"教育家"头衔的人身上才表现出来。在教育教学活动中，任何展现杰出的精神价值或卓越的品质内涵的教育工作，所弥散出来的自在自为的影响人的行为和为人师者典范，皆可对其进行教育家精神的观照。

（二）实践视角：以教育家型名师名校长培养为重点

精神是在实践行为上的升华，不仅不能脱离实践独立存在，而且还要能看得见、摸得着。教育家精神源于教育家，是优秀的教育者在长期实践活动中积累的宝贵精神财富。教师是推进教育高质量发展、实现中国式教育现代化的第一资源。截至 2023 年底，我国共有基础教育专任教师 1610.49 万人，比 2012 年增加约 370 万人，支撑起世界最大规模的教育体系[①]。同时，教师队伍素质不断提高，为加快教育现代化、建设教育强国、办好人民满意的教育提供了坚强保障。为推动高素质、专业化、创新型教师队伍建设，营造"教师终身学习、教育家脱颖而出"的良好氛围，21 世纪以来各地和国家层面大力开展不同名目的教育家型名师名校长培养工作。

党的二十大对加强教师队伍建设作出了明确战略部署，要求加强师德师风建设，培养高素质教师队伍，弘扬尊师重教的社会风尚。近年来，教师思想政治和师德师风建设持续强化。国家出台新时代教师职业行为十项准则、

---

① 教育部发展规划司：《2023 年全国教育事业发展基本情况》，2024 年 3 月 1 日。

加强和改进新时代师德师风建设的意见等多份政策文件，强化师德师风的制度体系日趋完善。通过成立全国师德师风建设专家委员会、打造师德师风建设基地、持续举办教师国情教育研修班等举措，师德师风建设持续强化。在此基础上，要将教师队伍建设的工作重心转向对全体教师的正面教育引导，培育广大教师追求卓越的内生力量，强化教育家精神弘扬和培育，引领教育迈向高质量发展。

地方层面陆续开展的教育家或名师培养工程主要有：2004 年，山东省启动"齐鲁名师建设工程"；2005 年，上海市启动"双名工程"；2006 年，重庆市启动首届"重庆名师"评选活动；2009 年，江苏省启动"江苏人民教育家培养工程"；2010 年，广东省 90 位省名师正式成为名师工作室首批"掌门人"；2012 年，浙江省启动"浙派名师名校长培养工程"，北京市启动"中小学名师发展工程"；2015 年，吉林省启动"长白山教学名师培养工程"等。①

在地方先行先试的基础上，国家层面启动名师名校长培养的"双名工程"，培养造就引领新时代基础教育高质量发展的教育家。为落实《关于全面深化新时代教师队伍建设改革的意见》，实现到 2035 年培育数以万计的教育家型教师的目标，2018 年，教育部统筹名师、名校长培养，正式启动实施"中小学名师名校长领航工程"（简称"双名工程"）。2023 年 2 月，新时代中小学名师名校长培养计划正式启动，旨在培养造就一批具有鲜明教育理念和成熟教学模式、能够引领基础教育改革发展的名师名校长，培养为学、为事、为人示范的新时代"大先生"。从实践角度看，教育家型教师或校长的精神包括理想信念坚定、道德情操高尚、创新教育理念、扎根教育实践、勇担社会责任。

（三）政策视角：彰显典型示范和正向引领

教育家精神的实践最终落脚在"教育家型校长"培养，围绕教育家培养主题国家层面出台了多份政策文件。2006 年，温家宝在政府工作报告中

---

① 赵静、陈睿、鲁春秀：《培养引领基础教育的"大先生"》，《中国教育报》2023 年 3 月 8 日。

首次以中央政府文件形式，提出"要造就一批杰出的教育家"。2010 年，《国家中长期教育改革和发展规划纲要（2010—2020 年）》提出，创造有利条件，鼓励教师和校长在实践中大胆探索，创新教育思想、教育模式和教育方法，形成教学特色和办学风格，造就一批教育家，倡导教育家办学。2018 年，中共中央、国务院发布《关于全面深化新时代教师队伍建设改革的意见》，提出到 2035 年培养造就"数以万计的教育家型教师"的目标任务。2020 年，教育部等八部门发布《关于进一步激发中小学办学活力的若干意见》，强调完善校长考核管理与激励机制，鼓励校长勇于改革创新，不断推进教育家办学治校。2022 年，教育部等八部门发布《新时代基础教育强师计划》，提出实施新周期名师名校长领航计划，培养造就一批引领教育改革发展、辐射带动区域教师素质能力提升的教育家。

党的十八大以来，党中央、国务院坚持把教师队伍建设作为基础工作，提出"四有好老师""四个引路人""四个相统一""六要"、做"经师"和"人师"统一的"大先生"等，阐明了新时代教师队伍建设的发展方向、方针原则和工作举措。中国特有的教育家精神，更是为新时代高素质教师队伍建设指明了前进方向。以习近平总书记重要讲话指示精神为指引，在教师队伍建设政策中，尤其注重师德师风的培养，既明确红线底线，又突出正向引导。一方面，是以师德师风建设为基础，明确教育工作者底线。2018 年，教育部印发《新时代高校教师职业行为十项准则》《新时代中小学教师职业行为十项准则》《新时代幼儿园教师职业行为十项准则》，进一步增强教师的责任感、使命感、荣誉感，规范职业行为，明确师德底线，引导广大教师努力成为有理想信念、有道德情操、有扎实学识、有仁爱之心的好老师。另一方面，强化"人民教育家"等典型示范引领。2019 年，教育部等七部门发布的《关于加强和改进新时代师德师风建设的意见》提出，依法依规在作出重大贡献、享有崇高声誉的教师中开展"人民教育家"荣誉称号评选授予工作，健全教书育人楷模、模范教师、优秀教师等多元的教师荣誉表彰体系，将其作为激励教师地位提升、激发教师工作热情的重要举措。

通过对教育家精神的多维视角梳理可以发现：首先，教育家精神的内涵与"四有好老师""四个引路人""四个相统一""大先生"等党和人民满意的好教师标准高度契合。已有研究关于教育家精神的内涵可总结为爱国，如于漪的"师者的根在祖国，师者的魂是民族"；育人，如苏霍姆林斯基的"教育首先是人学"；科学，如高铭暄的"教育乃我之事业，科学乃我之生命"；仁爱，如陶行知的"捧着一颗心来，不带半根草去"等，这些精神品质与新时代对教师提出的新要求高度一致。其次，教育家精神源于教育实践，是教育家在长期实践活动中积累的宝贵精神财富。已有研究多从教育家个人的教育实践出发，凝练精神品格。最后，教育家精神是在师德师风建设基础上的进一步提升。教育家的养成具有阶段性特征，需要在坚守教师职业道德底线的基础上培育精神追求。

已有研究对于教育强国建设进程中弘扬教育家精神的时代价值还应进一步挖掘，尤其是对践行教育家精神的实践路径研究尚不够深入。精神应具有鲜明的时代性，相比科学家、企业家，教育家同样是中国特色社会主义新时代的先锋。时代越是向前，知识和人才的重要性就愈发突出，教育的地位和作用就愈发凸显。因此，结合时代背景对教育家的精神品质进行凝练升华，形成被教师和校长广泛认可且自觉追求的教育家精神，有助于丰富和拓展中国共产党人精神谱系。同时，以教育家的精神品质为引领，能够更好发挥教育在全面建设社会主义现代化国家中的基础性战略性支撑作用。

三　教育强国建设中弘扬教育家精神的时代价值

到2035年建成教育强国的历史进程中，国家对教育给予了新定位，提出了更高要求，亟须教育家精神引领和一大批能够支撑起建设高质量教育体系的"大国良师"。课题组以千余份来自全国各地名校长的调查数据及20多位名校长的深度访谈材料为基础，从教育发展面临的挑战及以教育家精神引领教育高质量发展等方面，分析总结弘扬教育家精神对办好人民满意的教育、实施人才强国战略、加快建设科技强国等的时代意义和价值，并提出培育教育家精神引领教育实现高质量发展的路径建议。

（一）教育家精神是办好人民满意教育的重要抓手

弘扬教育家精神，有助于坚定社会主义办学方向。党的二十大报告提出，培养什么人、怎样培养人、为谁培养人是教育的根本问题。育人的根本在于立德。全面贯彻党的教育方针，落实立德树人根本任务，培养德智体美劳全面发展的社会主义建设者和接班人。学校是培育和践行社会主义核心价值观的主阵地，以教育家精神为思想指引、价值指引，可引导教师、校长提高政治站位、强化责任担当，巩固和发展马克思主义的思想阵地和组织阵地，确保社会主义办学方向不动摇。

弘扬教育家精神，有助于加快建设高质量教育体系，发展素质教育，促进教育公平。党的二十大报告坚持以人民为中心发展教育，围绕普及有质量的学前教育、实现优质均衡的义务教育、全面普及高中阶段教育、职业教育服务能力显著提升、高等教育竞争力明显提升、残疾儿童少年享有适合的教育等领域，提出了办好人民满意教育的系列重点举措。当前，我国教育领域综合改革已进入攻坚阶段，教育评价改革、"双减"等重大改革举措的落地落实，需要变革教育治理方式，使教育管理体制和制度体系更加系统完备、科学规范、运行有效，形成政府、学校、社会依法共同参与教育治理的制度保障。这需要以教育家精神的更高智慧和勇气冲破思想观念的障碍，以更具担当的魄力和定力引领教育改革实现创新发展。

弘扬教育家精神，有助于破解长期制约教育事业发展的体制机制障碍。在我国教育改革已进入深水区的当前阶段，"办好人民满意的教育"仍面临很多现实难题。"深水区"标示着教育事业改革进入了充满不确定性与风险增加的后改革时代，危机意识凸显了改革本身的焦虑。如何取得教育改革攻坚阶段的胜利，突破教育改革深水区的藩篱，是党中央关注，也是决定我国教育事业发展的重大议题。在这个阶段，教育发展的内外部环境更加复杂，教育决策的复杂性增强，改革举措实施和创新探索的难度增加。[1] 迫切需要

---

① 钟秉林：《如何涉过教育改革"深水区"》，《中国教育学刊》2013 年第 9 期。

教育家发挥个体禀赋，以他们的教育经验和智慧为"攻坚期和深水区"的教育改革探寻发展新机遇。因此，"攻坚期和深水区"的教育改革更加需要弘扬教育家精神。例如，教育评价改革持续推进，"五唯"的顽瘴痼疾仍待破除，亟须纠正短视化、功利化做法，建立健全立德树人落实机制；学龄人口向城镇持续流动，乡村空心化加剧，造成"城市挤、乡村空"的义务教育学校现状，乡村教育振兴存在隐患；人口出生率下降，导致家庭规模小型化，呼唤更高水平的家庭学校社会育人；"双减"实施过程中，高考焦虑重心下移至中考，高中多样化尚未真正解题；等等。这些难点、痛点问题都是摆在教育现代化面前的艰巨任务，涉及面广、关联度高，难以通过常规方式、固有思维进行破解，必须发挥教育家的突破和先导作用，大力推进教育理念、体系、制度、内容、方法、治理现代化等，以敢为人先的勇气魄力和创新思维在实践中探索、完善。以更加宏阔的视野和深远的眼光，从更为全面整体的视角审视教育工作的全过程，握紧教育工作前进的命脉，形成教育改革创新的新经验新办法，为攻坚阶段的深水区难题找寻破解之道。

（二）教育家精神是深入实施人才强国战略的应有之义

弘扬教育家精神，有助于加快建设国家战略人才力量。培养造就大批德才兼备的高素质人才，是国家和民族长远发展大计。党的二十大报告提出，加快建设国家战略人才力量，努力培养造就更多大师、战略科学家、一流科技领军人才和创新团队、青年科技人才、卓越工程师、大国工匠、高技能人才。对上述七类人才的培养离不开高质量的教育，而高质量的教育离不开教育家精神的支撑。何以如此？归根结底在于高质量教育本身是一个动态、嬗变、对质量追求永无止境的过程。实现这一过程需要教育工作者对教育事业发展有持续探索、勇于革新和奋勇向前的意志品质，这些品质既体现为教育家精神的知觉、知性的一般意识，也包含教育家自在自为的理性的意识。因此，弘扬教育家精神，既是培养教育领域大师的重要举措，也是激励青年教师在教育事业上拼搏奋斗、培养各行各业优秀人才的关键。

1978年，邓小平在全国科学大会开幕式上的讲话中指出，"科学技术人才的培养，基础在教育"。培养德才兼备的高素质人才，需建立在科学的基础之上，而科学的教育观还未真正树立，背离教育规律的情况在实际教育教学工作中还时有发生，这需要以教育家精神为指引，依靠懂教育、爱教育的教育家型教师和校长，遵循教育规律、回归教育本真。同时，新时代对人才培养提出更高的要求，要求教育为建设强国提供强劲人才支撑和发展动力，这同样需要以教育家精神为指引，让教师有信心、有意志、有能力肩负起历史重任，真正实现"让优秀的人培养更优秀的人"。

弘扬教育家精神，有助于引导广大人才爱党报国。德国思想家雅斯贝尔斯（Karl Jaspers）曾指出："教育需要信仰，没有信仰就不成其教育，而只是一种教学技术而已。"人民教育家于漪将"树中华教师魂，立民族教育根"作为奋斗目标和精神追求，教育家是教师队伍中最有信仰、最有道德的优秀人才，他们坚定信仰马克思主义，坚持中国共产党领导，坚定共产主义远大理想和中国特色社会主义共同理想，全面贯彻党的教育方针，为党育人、为国育才。党的二十大报告提出，引导广大人才爱党报国、敬业奉献、服务人民。以教育家精神为指引，让有信仰的人来讲信仰，有道德的人来讲道德，让最优秀的人培养更优秀的人，真正把各方面优秀人才集聚到党和人民事业中来。

（三）教育家精神是加快建设科技强国的重要推动力

科技需要人才，教育培养人才。教育家精神与科学家精神在内涵上高度契合，弘扬教育家精神，有助于使科学家同时成为教育家，提高科技人才自主培养质量。

2019年，中共中央办公厅、国务院办公厅印发《关于进一步弘扬科学家精神加强作风和学风建设的意见》，对新时代科学家精神的内涵进行了概括，包括胸怀祖国、服务人民的爱国精神；勇攀高峰、敢为人先的创新精神；追求真理、严谨治学的求实精神；淡泊名利、潜心研究的奉献精神；集智攻关、团结协作的协同精神；甘为人梯、奖掖后学的育人精神。可以看出，科学家精神与教育家精神存在诸多共性，在内涵上高度契合。事实上，

高校、科研院所的科研工作者，很多同时也是教育工作者，承担本科生、研究生的培养工作。弘扬教育家精神，就是要在引导高等学校高层次人才遴选和培育中突出教书育人，让科学家同时成为教育家，培育具有国际竞争力的青年科技人才后备军，支撑科技强国建设。

四　弘扬践行教育家精神的路径

为发挥教育在实现中国式现代化及强国建设中的战略支持作用，需要充分激发教师和校长这一关键群体的示范引领作用，支持名师名校长在创新教育理念、教育模式、教育方法的基础上，及时总结办学经验，形成育人主张，凝练教育思想，造就一批拥有先进育人理念和办学思想的教育家，为实现中国式教育现代化和强国建设提供有力支撑。

（一）价值引领：建立教师对教育事业的共同追求

通过思想引领，激发教师发展的愿望和动力，帮助其明确发展方向、坚定理想信念、陶冶道德情操。一是充分发挥教师党支部的战斗堡垒作用和党员教师的先锋模范作用，坚持正确办学方向。以教师党支部为阵地，涵养高尚师德。以党员教师为示范，践行高尚师德。深入推进习近平新时代中国特色社会主义思想学习教育的系统化、常态化，使广大教师学懂弄通，以其立场观点方法指导教育实践工作。强化教师对党史、新中国史、改革开放史、社会主义发展史的学习教育，使教师带头践行并将社会主义核心价值观融入教育教学全过程。

二是完善师德建设长效机制，端正教师队伍思想。明确教师行为底线，增强教师的法治素养和规则意识，推动教师职业规范与教师自律。协同推进教育、宣传、考核、监督、激励、惩处师德建设长效机制，全面提升教师队伍思想政治素质和师德素养。将师德考核作为教师考核的首要指标，探索多主体多元评价，强化考核结果的运用。

三是构建和完善以"人民教育家"为代表的表彰奖励和选树宣传体系，

作为树立教育家精神的重要载体。突出教师榜样典型的时代价值，重视"人民教育家"、全国教书育人楷模、"最美教师"等教育家典型的精神凝练，提升教育家精神高度，激发教师群体的思想认同和效仿意愿。创作优秀文艺作品，将教育家精神融入影视剧、戏剧、美术、动画、微视频等作品的创作中，塑造新时代教师的正能量形象，讲好教育家故事，激发教师思想共鸣。

（二）能力建设：涵养科学与人文相统一的时代精神

教育是培养人的工作，既是科学，更是艺术。要成为真正的教育家，必须兼顾科学与人文，坚持"经师"和"人师"相统一。

一是涵养潜心治学、求是创新的科学精神。增强教育教学能力，善于学习先进的教学理念、探究新知，以扎实学识教育学生，传播科学知识、科学思想、科学真理，以求是精神影响学生，积极培养拔尖创新人才。增强教育教学研究能力，遵循教育规律和学生身心发展规律，探索教育教学方法，潜心教育教学研究。增强教学创新能力，鼓励教师校长在课堂教学、人才培养、学校管理模式等方面大胆探索，积极推动教育教学改革，创新教育思想、教育模式、教育方法，凝练育人智慧。

二是涵养报国为民、无私奉献的人文精神。坚定爱国主义精神，心怀"国之大者"，把爱国之情、报国之志融入培养德智体美劳全面发展的社会主义建设者和接班人的培养工作中。培养仁爱之心，涵养"捧着一颗心来，不带半根草去"的情怀，以人格魅力影响学生，引导教师认真上好每一堂课，尊重关爱每一个学生，让学生"亲其师""信其道"。发扬弘道精神，以开放包容的心态，传承中华文明，吸纳世界文明，培养学生全球意识、全球责任。弘扬自由、民主、公平、正义、和平等全人类共同价值，为实现中华民族伟大复兴的中国梦和构建人类命运共同体作出教育贡献。

（三）制度供给：构建教育家成长的秩序体系

制度是规则，也是规范；是流程，也是秩序。教育家培育需要制度供给和制度创新，以此为教育家提供稳定的成长环境，减少机会主义和不确

定性。

一是鼓励创新的制度理念,激发教育家成长活力。制度体制虽为教育家成长提供了基础规则,但制度供给的稳定性与教育家成长的嬗变性却是一对不可忽视的矛盾。制度的一体两面性体现在,当制度体制与教育家成长路径相适应时,制度规则会为教育家成长提供体制空间;当现有制度体制不能满足教育家成长需要时,制度体制则会对教育家成长形成空间制约。社会对教育家内涵的理解以及教育家成长的路径在不同的历史时期有着不同特征和要求。为教育家成长营造相向而行的、与教育家成长相适应的体制空间,一方面需要创新教育家培育制度的理念,以制度创新赋能教育家成长;另一方面需要打破原有的体制机制,要不断更新、迭代和创新教育家成长过程中的制度供给。

二是鼓励从经验中生成方案的制度举措,激发教育家实践改革的积极性。"经验治国"是中国自古以来推进社会治理最为重要的手段和措施。将基层治理中的有效经验或被实践证明了的好办法及时转化为新举措和新方案,是改革发展成本最低、效率最高的方式,这种治国理政的路径也是经过中国千百年历史验证的最佳选择。从国际范围来看,各个国家虽然体制不同,但是在依靠先进经验推动社会治理方面具有共同性。教育改革发展在过去几十年中积累了不少实践中的创新举措,许多方面甚至出现了实践发展超越理论研究和理念认识的状况。加之我国各地教育资源和发展阶段差异巨大,无论在教育发达区域或教育资源匮乏的地区,都形成了不少基于现实问题导向的基层经验或区域创新。把经验展示出来、传播出去,总结为举措、凝练为思想,无论对教育家精神的生成培育,还是对教育改革发展的推动,都是极富意义的。目前看,一些得到了实践验证的创新经验在全国范围的推广应用也取得了不错的效果,甚至成为样板或标杆,对推动发展和教育治理能力提升发挥了重要作用。但总体看基层经验创新的活力释放和价值彰显还远远不够。应激励区域教育行政首长、校长和教师带头改革、积极创新、勇于探索,在落实落地国家层面教育政策的过程中不断产出区域的创新经验,发现新问题、提出新方案、总结新思路;建立并强化基层政府间的横向协调机制，确保不同地区的工作经验、典型做法不断发展和成熟，发挥积极的社会效益和价值。

三是构建有利于教育家精神培育的政策制度。围绕科学家精神和企业家精神，党中央专门出台了《关于营造企业家健康成长环境弘扬优秀企业家精神更好发挥企业家作用的意见》（中发〔2017〕25号）和《关于进一步弘扬科学家精神加强作风和学风建设的意见》（中办发〔2019〕35号），明确了两类精神的地位价值、总体要求和主要任务。作为借鉴，可聚焦教师从培养到管理、评价的职业生涯发展全周期，建立健全有利于教育家精神培育的政策制度。建立以价值追求和道德底线正反相结合的管理政策，完善以立德树人为导向的评价政策，综合考虑教师教书育人和科研创新的全过程，提高考核评价的整体性，加强对合作创新、自我反思等教师软实力的评估考核，激励教育工作者钻研育人工作，调动教书育人的积极性。

（四）合力机制：自我驱动与外部推动相结合

一是建立完善教师追求卓越的激励机制，激发教师自觉学习践行教育家精神的主动性与能动性。深化教师评价改革，扭转轻教学、轻育人等倾向，突出对教师能力、实绩和贡献的评价。不断推动教育"放管服"改革，提升校长办学治校能力，使各级各类学校办学风格、办出水平、办出品质。在教师入职、晋升、荣休等职业生涯全过程浸润教育家精神，使崇尚和践行教育家精神成为每位教师的职业生活常态，为教师职业生涯发展注入不竭动力。

二是开发教育家精神系列课程，纳入教师职前培养和全员培训体系。通过理论型、实践型和体验式等不同形式的课程，加深教师对教育家精神内涵的理解，深化教育家实践体验，并内化形成行动自觉。将教育家精神融入教研日常，促进教师专业发展，提升育德育人能力。利用国家智慧教育公共服务平台，开展教育家精神专题研修，数字化赋能教育家精神培育。

三是营造有利于教育家成长的外部生态。减轻教师非教育教学的负担，统筹规范对教师开展的督查检查，规范社会事务进入中小学校园，加强信息

管理系统建设，实现在线报送、信息共享，避免多头填写、重复上报。依法保障教师履行教育职责。维护教育惩戒权，保障和支持教师依法行使教育权利、履行教育义务，积极管教，敢于实施教育惩戒。将弘扬教育家精神纳入我国国际传播话语体系，积极开展对外宣传工作，探索开展围绕教育家精神的对话研讨，向世界讲述中国教育家的故事，传播中国特有的教育家精神之声音。

发展篇 ⟨⟩

B.3
城乡中小学校长队伍建设
发展报告

王维昊　李廷洲*

摘　要：　城乡教育差异阻碍了教育强国建设。校长作为教育政策的执行者和学校高质量发展的领航员对于提升学校教育教学质量有着举足轻重的作用。本报告通过对城乡校长结构、治校能力、专业发展和科研兴趣等方面的综合分析，揭示了我国城乡校长队伍发展的差异。研究发现，当前我国城乡校长群体存在城市校长教育资源优化配置能力有待提高、城市学生的多样性为校长带来更为复杂的教学和管理难题、教学改革与课程创新为城市校长带来了学校变革的困难、县镇和乡村校长优质教育资源短缺、县镇和乡村校长提升学校教育质量的难度较大、县镇和乡村校长更难获得先进的教育理念和教育技术等问题。建议从优化城乡校长队伍结构、进一步完善学校党组织的建设、提升乡村校长学校治理能力、差异化培养城乡校长科研管理能力等方面入手建设校长队伍，缓解

---

* 王维昊，华东师范大学教育学部博士生，主要研究方向为教育管理、教育测量与评价等；李廷洲，上海师范大学国际教师教育中心（联合国教科文组织教师教育中心）研究员，上海市领导科学学会教育领导学专委会副秘书长，主要研究方向为教育政策。

城乡教育差异，促进基础教育高质量发展，有效推进基础教育强国建设。

关键词： 校长　城乡差异　校长专业素养　校长专业发展

全体人民共同富裕是中国式现代化的关键特征和本质要求，城乡基础教育均衡发展是促进全体人民共同富裕的重要基础。习近平总书记在 2023 年中央政治局第五次集体学习中强调"把促进教育公平融入到深化教育领域综合改革的各方面各环节，缩小教育的城乡、区域、校际、群体差距，努力让每个孩子都能享有公平而有质量的教育，更好满足群众对上好学的需要"。[1] 2024 年《政府工作报告》也指出要"开展基础教育扩优提质行动，加快义务教育优质均衡发展和城乡一体化"。[2] 校长作为学校领导和运营的关键人物，在推动教育政策落地、区域教育质量提升方面扮演着至关重要的角色。然而，由于教育资源配置、城乡在地文化等多种因素的差异，城乡校长队伍在个人背景、学校管理与教育理念、教育与科研资源获取、专业发展等方面存在明显差异。这反映了我国城乡教育发展的不均衡，也揭示了我国在推进教育强国过程中面临教育公平、教育质量、教育现代化等诸多挑战。因此，深入探究我国城乡校长队伍差异，分析其成因和可能带来的影响，对于缩小城乡教育差距、促进教育公平、推动教育发展具有重要的理论价值、政策价值和实践意义。

一　城乡中小学校长队伍建设的主要特征

本报告选取 640 名来自我国多个地区的中小学校长作为样本进行调查和

---

① 《习近平主持中央政治局第五次集体学习并发表重要讲话》，中华人民共和国中央人民政府门户网站，2023 年 5 月 29 日，https：//www.gov.cn/yaowen/liebiao/202305/content_6883632.htm，最后检索时间：2024 年 8 月 4 日。

② 《政府工作报告》，中华人民共和国中央人民政府门户网站，2024 年 3 月 12 日，https：//www.gov.cn/yaowen/liebiao/202403/content_6939153.htm，最后检索时间：2024 年 8 月 4 日。

分析。经数据清洗后，保留 637 名校长样本，其中 189 名校长来自城市学校，359 名校长来自县镇学校，89 名校长来自乡村学校；433 名为男性校长，204 名为女性校长；校长平均教龄为 21.52 年。本报告进一步对城市、县镇、乡村校长队伍结构、专业发展、治校能力和理念整体情况和区域差异进行分析。

（一）城市校长年龄普遍高于乡村校长

本报告通过"您的年龄"这一题项，调查校长年龄分布情况，其中 1 代表校长年龄在"30 岁以下"，2 代表校长年龄在"30～39 岁"，3 代表校长年龄在"40～49 岁"，4 代表校长年龄在"50～59 岁"，5 代表校长年龄在"60 岁及以上"。从全体样本来看，有 410 名校长年龄在 40～49 岁（64.36%），仅有 8 名校长年龄在 30 岁以下（1.26%），没有"60 岁及以上"的校长。

本报告进一步探索城市、县镇、乡村校长年龄分布特征，描述性统计详见表 1。从图 1 可知，城市区域学校的校长年龄全部分布在 30～59 岁，其中有 125 名校长的年龄在 40～49 岁，分别有 30 名和 34 名校长来自"30～39 岁"组和"50～59 岁"组；县镇校长也主要分布在 30～59 岁年龄段，但是与前者不同的是，在县镇中出现了 30 岁以下的青年校长；乡村校长与前面两者的差异主要表现为中老年校长较少，整体年龄分布在 30～49 岁，仅分别有 5 名和 4 名校长年龄位于 30 岁以下和 50～59 岁年龄段。不难发现，城市学校的校长年龄分布呈中年化发展趋势，而县镇区域和乡村区域校长呈中青年化发展趋势。

表 1　城市、县镇、乡村中小学校长年龄描述性统计

区域	个案数（名）	平均值（年）	标准偏差	最小值（年）	最大值（年）
城市	189	3.02	0.583	2	4
县镇	359	2.86	0.6	1	4
乡村	89	2.63	0.664	1	4
总计	637	2.88	0.616	1	4

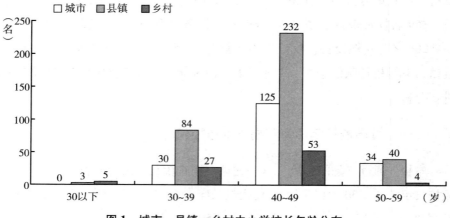

图1 城市、县镇、乡村中小学校长年龄分布

本报告采用单因素方差检验，探索城市、县镇、乡村校长年龄分布是否存在显著差异。由于调查中校长年龄以有序类别变量汇报，为了更好地观测城市、县镇、乡村校长的年龄分布可能存在的差异，本报告将年龄变量视作连续变量带入单因素方差分析。由表2可以得知，城市、县镇、乡村校长在年龄分布上呈现显著差异（P<0.001，F=12.979）。

表2 城市、县镇、乡村中小学校长年龄分布的单因素方差检验

指标	平方和	自由度	均方	F	显著性
组间	9.487	2	4.743	12.979	P<0.001
组内	231.716	634	0.365		
总计	241.203	636			

进一步通过莱文方差同质性检验发现，城市、县镇、乡村校长在年龄方面的分布离散情形有明显差别（Levene=7.806，P<0.001），详见表3。经Tamhane T2检验发现，城市校长的年龄显著高于县镇校长和乡村校长；县镇校长的年龄显著高于乡村校长。

表3　城市、县镇、乡村中小学校长年龄平均值的多重比较

基于平均值的方差齐性检验：Levene＝7.806，P<0.001

评估方法	（I）区位	（J）区位	平均值差值（I-J）	标准误	显著性	95%置信区间下限	95%置信区间上限
Tamhane T2	城市	县镇	0.160*	0.053	0.008	0.03	0.29
		乡村	0.392*	0.082	0.000	0.19	0.59
	县镇	城市	−0.160*	0.053	0.008	−0.29	−0.03
		乡村	0.232*	0.077	0.010	0.04	0.42
	乡村	城市	−0.392*	0.082	0.000	−0.59	−0.19
		县镇	−0.232*	0.077	0.010	−0.42	−0.04

（二）校长以男性为主，县镇和乡村学校男性校长占比更高

本报告通过"您的性别"这一题项，调查校长性别分布情况，其中1代表校长性别为"男性"，0代表校长性别为"女性"。从全体样本上来看，有433名男性校长，有204名女性校长。

本报告进一步探索城市、县镇、乡村校长性别分布特征，描述性统计详见图2。从图2可知，城市、县镇、乡村校长中男性校长的占比均超过60%，相较于城市学校，县镇学校和乡村学校中男性校长的比例更高。

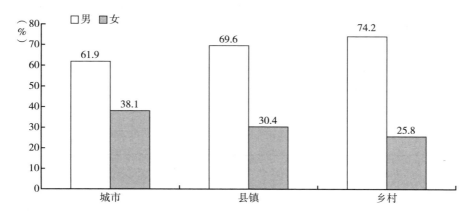

图2　城市、县镇、乡村中小学校长性别分布

（三）城市校长党员比例高于县镇和乡村

本报告通过"您的政治面貌"这一题项，调查校长政治面貌分布情况，其中1代表"中共党员"，2代表"民主党派"，3代表"无党派"，4代表"群众"。从全体样本来看，有536名校长属于共产党员，有9名校长来自民主党派，有11名校长属于无党派人士，有81名校长属于群众。

本报告进一步探索城市、县镇、乡村校长政治面貌分布特征，描述性统计详见表4。从图3可知，城市学校的校长政治面貌主要为中共党员（N=174，92.1%），仅有15名校长属于民主党派、无党派和群众；县镇校长的政治面貌与城市校长有略微差异，绝大部分也为中共党员（N=307，85.5%），但也出现一定比例的群众身份校长（N=42，11.7%）；乡村校长与前两者的差异主要表现为群众身份校长比例较大，同时乡村校长中并没有民主党派人士。不难发现，城市、县镇和乡村校长在政治面貌方面存在一定差异。

表4　城市、县镇、乡村中小学校长政治面貌描述统计

单位：名

变量	城市	县镇	乡村
中共党员	174	307	55
民主党派	4	5	0
无党派	2	5	4
群众	9	42	30
总计	189	359	89

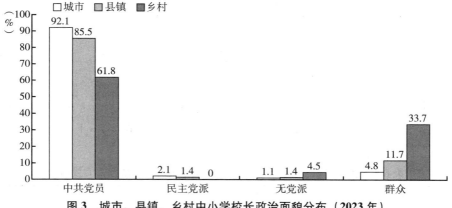

图3　城市、县镇、乡村中小学校长政治面貌分布（2023年）

（四）城市、县镇、乡村校长任职年限没有明显差异

本报告通过"您在本校担任校长职务＿＿年"这一题项，调查校长任职年限分布情况，以连续变量带入分析。从全体样本来看，本报告共纳入637名校长，平均任职年限为2.96年（Std. =3.539），其中有113名校长为新手校长（任职年限不满1年），仅有28名校长任职年限超过10年。

表5　城市、县镇、乡村中小学校长任职年限描述性统计

变量	样本数(名)	平均值(年)	标准偏差	最小值(年)	最大值(年)
城市	189	3.00	3.531	0	26
县镇	359	2.87	3.507	0	24
乡村	89	3.24	3.705	0	20
总计	637	2.96	3.539	0	26

本报告进一步探索城市、县镇、乡村校长任职年限分布特征，描述性统计详见表5。城市校长任职年限的平均值为3.00年（Std. =3.531），最短任职年限不足1年，最长任职年限为26年；县镇校长任职年限的平均值为2.87年（Std. =3.507），最短任职年限同样不足1年，最长任职年限为24年；乡村校长任职年限的平均值为3.24年（Std. =3.705），最短任职年限也不足1年，最长任职年限为20年。不难发现，从平均值来看，城市、县镇、乡村校长在任职年限方面

的表现差异并不大，差异主要体现在校长最长任职年限的分布上。

本报告采用单因素方差检验，探索城市、县镇、乡村校长任职年限分布是否存在显著差异。由于调查中校长任职年限由其输入汇报，为了更好地观测城市、县镇、乡村校长的任职年限分布可能存在的差异，本报告将任职年限变量视作连续变量带入单因素方差分析。由表6可以得知，城市、县镇、乡村校长任职年限分布在5%水平上差异不显著（P=0.675，F=0.393）。

表6　城市、县镇、乡村中小学校长任职年限分布的单因素方差检验

变量	平方和	自由度	均方	F	显著性
组间	9.868	2	4.934	0.393	P=0.675
组内	7956.151	634	12.549		
总计	7966.019	636			

（五）城市校长的教学年限普遍高于县镇校长和乡村校长

本报告通过"您任教____年"这一题项，调查校长教学年限分布情况，以连续变量带入分析。从全体样本来看，本报告共纳入637名校长，平均教学年限为21.52年（Std.=6.891），其中从教时间最短的校长仅参与教学2年，从教年限最长的校长参与教学时间长达45年（见表7）。

表7　城市、县镇、乡村中小学校长教学年限描述性统计

变量	样本数（名）	平均值（年）	标准偏差	最小值（年）	最大值（年）
城市	189	22.78	5.994	6	38
县镇	359	21.39	6.916	2	45
乡村	89	19.35	7.973	4	36
总计	637	21.52	6.891	2	45

本报告进一步探索城市、县镇、乡村校长教学年限分布特征，描述性统计详见表7。城市校长教学年限的平均值为22.78年（Std.=5.994），最短教学年限为6年，最长教学年限为38年；县镇校长教学年限的平均值为21.39年（Std.=6.916），最短教学年限为2年，最长教学年限为45年；乡村校长

教学年限的平均值为 19.35 年（Std. = 7.973），最短教学年限为 4 年，最长教学年限为 36 年。不难发现，从平均值来看城市、县镇、乡村校长在教学年限方面存在一定差异，城市校长从教年限长，乡村校长从教年限短，城市、县镇、乡村差异还体现在城市、县镇、乡村校长从教年限的离散程度上。

本报告采用单因素方差检验，探索城市、县镇、乡村校长教学年限分布是否存在显著差异。由于调查中校长教学年限由其输入汇报，为了更好地观测城市、县镇、乡村校长的教学年限分布可能存在的差异，本报告将教学年限变量视作连续变量带入单因素方差分析。由表 8 可以得知，城市、县镇、乡村校长教学年限分布在 5% 水平上差异显著（P<0.001，F=7.795）。

表 8　城市、县镇、乡村中小学校长教学年限分布的单因素方差检验

变量	平方和	自由度	均方	F	显著性
组间	724.804	2	362.402	7.795	P<0.001
组内	29474.273	634	46.489		
总计	30199.077	636			

进一步通过莱文方差同质性检验发现城市、县镇、乡村校长在教学年限方面的分布离散情形有明显差别（Levene = 9.386，P<0.001）。经 Tamhane T2 检验发现，城市区域校长的教学年限显著高于县镇校长和乡村校长；但县镇校长的教学年限并不显著高于乡村校长（见表9）。

表 9　城市、县镇、乡村中小学校长教学年限平均值的多重比较

评估方法	(I)区位	(J)区位	平均值差值(I-J)	标准误	显著性	95%置信区间下限	95%置信区间上限
			基于平均值的方差齐性检验：Levene = 9.386，P<0.001				
Tamhane T2	城市	县镇	1.388*	0.569	0.045	0.02	2.75
		乡村	3.429*	0.951	0.001	1.13	5.73
	县镇	城市	−1.388*	0.569	0.045	−2.75	−0.02
		乡村	2.042	0.921	0.083	−0.19	4.27
	乡村	城市	−3.429*	0.951	0.001	−5.73	−1.13
		县镇	−2.042	0.921	0.083	−4.27	0.19

（六）城市校长的专业技术职称整体高于县镇和乡村校长

本报告通过"您的专业技术职称"这一题项，调查校长专业技术职称分布情况。其中 1 代表"未定级"，2 代表"员级"，3 代表"助理级"，4 代表"中级"，5 代表"副高级（高级）"，6 代表"正高级"。从全体样本来看，本报告共纳入 637 名校长，有 21 名正高级职称校长，392 名副高级职称校长，209 名中级职称校长，12 名助理级职称校长，2 名员级职称校长，1 名职称未定级校长。

本报告进一步探索城市、县镇、乡村校长专业技术职称分布特征。城市校长专业技术职称主要分布在中级至正高级职称之间，其中有 139 名校长拥有副高级职称，13 名教师拥有正高级职称；县镇校长专业技术职称主要分布在中级至副高级职称之间，其中 214 名校长拥有副高级职称，132 名校长拥有中级职称；乡村校长专业技术职称集中在中级至副高级职称之间（见图 4）。

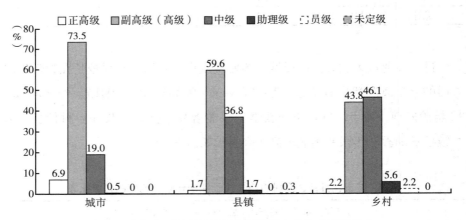

图 4　城市、县镇、乡村中小学校长专业技术职称分布

本报告采用单因素方差检验，探索城市、县镇、乡村校长专业技术职称分布是否存在显著差异。由于调查中校长专业技术职称以有序类别变量输入，为了更好地观测城市、县镇、乡村校长专业技术职称分布可能存在的差异，本报告将专业技术职称视作连续变量带入单因素方差分析。由表 10 可

以得知，城市、县镇、乡村校长的专业技术职称分布在5%水平上差异显著（P<0.001，F=23.345）。

表10 城市、县镇、乡村中小学校长专业技术职称分布的单因素方差检验

变量	平方和	自由度	均方	F	显著性
组间	16.094	2	8.047	23.345	P<0.001
组内	218.537	634	0.345		
总计	234.631	636			

进一步通过莱文方差同质性检验发现，城市、县镇、乡村校长在专业技术职称方面的分布离散情形有明显差别（Levene=25.739，P<0.001）。经Tamhane T2检验发现，城市校长的专业技术职称显著高于县镇和乡村校长；县镇校长的专业技术职称显著高于乡村校长（见表11）。

表11 城市、县镇、乡村中小学校长专业技术职称平均值的多重比较

评估方法	(I)区位	(J)区位	平均值差值(I-J)	标准误	显著性	95%置信区间下限	95%置信区间上限
Tamhane T2	城市	县镇	0.26327*	0.04844	0	0.1471	0.3794
		乡村	0.48570*	0.08603	0	0.2776	0.6938
	县镇	城市	-0.26327*	0.04844	0	-0.3794	-0.1471
		乡村	0.22243*	0.08337	0.026	0.0205	0.4244
	乡村	城市	-0.48570*	0.08603	0	-0.6938	-0.2776
		县镇	-0.22243*	0.08337	0.026	-0.4244	-0.0205

基于平均值的方差齐性检验：Levene=25.739，P<0.001

（七）乡村校长学历水平普遍低于城市和县镇校长

本报告通过"您的学历"这一题项，调查校长学历分布情况。其中1代表"博士研究生"，2代表"硕士研究生"，3代表"非师范本科"，4代表"师范本科"，5代表"非师范大专"，6代表"师范大专"，7代表"高中（中专）"。从全体样本来看，本报告共纳入637名校长，绝大部分校长

拥有高等教育学习经历，有 418 名校长拥有师范本科学历，有 55 名校长拥有研究生学历。

本报告进一步探索城市、县镇、乡村校长学历分布特征。不难发现，城市、县镇校长的学历分布情况大体类似，绝大多数校长的学历属于师范本科类型，但也存在一定比例的研究生学历校长；乡村学校存在缺乏高学历校长的情况（见图 5）。

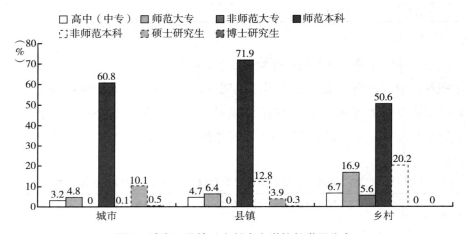

图 5　城市、县镇、乡村中小学校长学历分布

本报告采用单因素方差检验，探索城市、县镇、乡村校长学历分布是否存在显著差异。由于调查中校长学历以有序类别变量输入，为了更好地观测城市、县镇、乡村校长学历分布可能存在的差异，本报告将学历视作连续变量带入单因素方差分析。由表 12 可以得知，城市、县镇、乡村校长学历分布在 5% 水平上差异显著（$P<0.001$，$F=15.807$）。

表 12　城市、县镇、乡村中小学校长学历分布的单因素方差检验

变量	平方和	自由度	均方	F	显著性
组间	36.423	2	18.212	15.807	P<0.001
组内	730.45	634	1.152		
总计	766.873	636			

进一步通过莱文方差同质性检验发现，城市、县镇、乡村校长在学历方面的分布离散情形有明显差别（Levene = 15.817，P<0.001）。经 Tamhane T2 检验发现，城市区域校长学历表现显著优于县镇校长和乡村校长；县镇校长的学历显著高于乡村校长（见表13）。

表13　城市、县镇、乡村中小学校长学历平均值的多重比较

基于平均值的方差齐性检验：Levene = 15.817，P<0.001

评估方法	(I)区位	(J)区位	平均值差值(I-J)	标准误	显著性	95%置信区间下限	95%置信区间上限
Tamhane T2	城市	县镇	−0.39433 *	0.09931	0	−0.6327	−0.156
		乡村	−0.73188 *	0.15112	0	−1.0963	−0.3674
	县镇	城市	0.39433 *	0.09931	0	0.156	0.6327
		乡村	−0.33755 *	0.136	0.043	−0.6669	−0.0082
	乡村	城市	0.73188 *	0.15112	0	0.3674	1.0963
		县镇	0.33755 *	0.136	0.043	0.0082	0.6669

（八）城市校长的政治地位显著高于县镇、乡村校长

本报告通过"您是不是当地县或以上级别党代表、人大代表、政协委员"这一题项，调查校长的政治地位。其中，1 代表"是"，2 代表"否"。从全体样本上来看，本报告共纳入637名校长，有116名校长担任了当地县或以上级别党代表、人大代表、政协委员。

本报告进一步探索城市、县镇、乡村校长在当地政治地位的差异（见图6）。城市校长中有27.0%担任当地县或以上级别党代表、人大代表、政协委员；县镇校长中也有16.2%担任当地县或以上级别党代表、人大代表、政协委员；而在乡村校长中仅有7.9%担任当地县或以上级别党代表、人大代表、政协委员。不难发现，从任职比例来看，城市校长的政治地位普遍高于县镇和乡村校长。

本报告采用单因素方差检验，探索城市、县镇、乡村校长政治地位是否

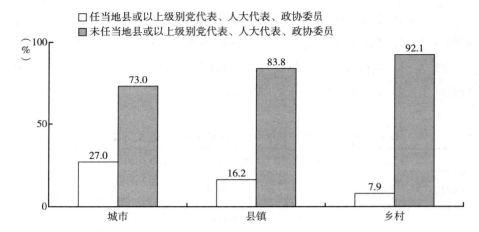

□ 任当地县或以上级别党代表、人大代表、政协委员
■ 未任当地县或以上级别党代表、人大代表、政协委员

图6 城市、县镇、乡村中小学校长的政治地位情况

存在显著差异。由于调查中校长任当地县或以上级别党代表、人大代表、政协委员由其输入汇报，为了更好地观测其中可能存在的差异，本报告将担任当地县或以上级别党代表、人大代表、政协委员变量视作连续变量带入单因素方差分析。由表14可以得知，城市、县镇、乡村校长担任当地县或以上级别党代表、人大代表、政协委员分布在5%水平上差异显著（P<0.001，F=8.787）。

表14 城市、县镇、乡村中小学校长政治地位的单因素方差检验

变量	平方和	自由度	均方	F	显著性
组间	2.559	2	1.279	8.787	P<0.001
组内	92.317	634	0.146		
总计	94.876	636			

进一步通过莱文方差同质性检验发现，城市、县镇、乡村校长政治地位的分布离散情形有明显差别（Levene=36.945，P<0.001）。经 Tamhane T2 检验发现，城市校长的政治地位显著高于县镇校长和乡村校长；但县镇校长的政治地位并不显著高于乡村校长（见表15）。

表 15　城市、县镇、乡村中小学校长政治地位的多重比较

基于平均值的方差齐性检验：Levene＝36.945，P＜0.001

评估方法	(I)区位	(J)区位	平均值差值(I-J)	标准误	显著性	95%置信区间下限	95%置信区间上限
Tamhane T2	城市	县镇	0.108 *	0.038	0.013	0.018	0.199
		乡村	0.191 *	0.043	0.000	0.087	0.295
	县镇	城市	−0.108 *	0.038	0.013	−0.199	−0.018
		乡村	0.083	0.035	0.053	−0.001	0.167
	乡村	城市	−0.191 *	0.043	0.000	−0.295	−0.087
		县镇	−0.083	0.035	0.053	−0.167	0.001

（九）城市校长在学校实践过程中面临更多的学校治理困境，县镇和乡村校长则陷入党组织力量薄弱的困境

本报告通过"您认为党组织领导的校长负责制在当前学校实践中存在哪些困难？"这一题项，调查校长在学校日常经营过程中碰到的困难情况，一共分为八个选项，"领导班子对党组织领导的校长负责制的认识不统一（第一题）""党组织与校长职责边界尚不明晰、角色划分不清（第二题）""党员人数不够，队伍不强，难以支撑党组织全面领导的职能（第三题）""党组织决策和校长执行机制不清晰（第四题）""党组织的职权受到政府有关部门的制约太多（第五题）""实施过程中缺乏有效的监督机制（第六题）""校长对于党组织的领导不够积极（第七题）""党组织对于校长的工作要求过高（第八题）"，以多选题形式体现在问卷中，在后期处理的时候处理成八项单选题，其中 1 代表"选择该选项"，0 代表"未选择该选项"。各选项全体校长选择情况详见表 16。

表 16　学校实践中碰到的困难

题项	样本量（名）	最小值	最大值	均值	标准偏差
第一题	637	0	1	0.38	0.485
第二题	637	0	1	0.64	0.480

题项	样本量（名）	最小值	最大值	均值	标准偏差
第三题	637	0	1	0.21	0.409
第四题	637	0	1	0.42	0.494
第五题	637	0	1	0.25	0.433
第六题	637	0	1	0.23	0.420
第七题	637	0	1	0.06	0.246
第八题	637	0	1	0.07	0.248

本报告为探索城市、县镇、乡村校长在学校实践中碰到困难时的差异，分别对八个选项进行分析。本研究对上述八个选项进行方差分析后发现，城市、县镇、乡村校长在"党组织与校长职责边界尚不明晰、角色划分不清""党员人数不够，队伍不强，难以支撑党组织全面领导的职能""党组织决策和校长执行机制不清晰"等三道题上回答存在一定的异质性。

具体来说，在回答"党组织与校长职责边界尚不明晰、角色划分不清"一题时，有72%的城市校长认为当前学校日常经营过程中存在党组织与校长职责边界尚不明晰、角色划分不清的问题，在县镇和乡村学校中仅分别有63.2%和51.7%的校长感受到此类问题。

在回答"党员人数不够，队伍不强，难以支撑党组织全面领导的职能"一题时，有40.5%的乡村校长认为当前学校日常经营过程中存在党员人数不够、队伍不强、难以支撑党组织全面领导的职能的问题，在城市和县镇学校中仅分别有13.8%和20.3%的校长感受到此类问题。

在回答"党组织决策和校长执行机制不清晰"一题时，有50.8%的城市校长认为当前学校日常经营过程中存在党组织决策和校长执行机制不清晰的问题，在县镇和乡村学校中仅分别有41.2%和27.0%的校长感受到此类问题。

（十）城市校长的决策与管理能力普遍高于县镇、乡村校长

本报告中"校长决策与管理能力"维度由"我领导制定的学校发展规

划，能为学校提供明确的发展方向指引""我在学校各项资源配置方面的管理，能使大多数师生感到满意""学校中层认为他们的岗位工作是高效和快乐的""我在学校经费、设备购置等方面的安排，能够满足学校发展要求""我学校的核心竞争力和影响力越来越高"五道题构成，选项由1~5组成，分别指向"非常不符合""不太符合""一般""比较符合""非常符合"。经过因子分析KMO达到0.863；克隆巴赫α系数为0.874，说明"校长决策与管理能力"维度具有较好的信效度和拟合度。运用这一测量工具，将本维度各题得分相加后求平均值，得到校长决策与管理能力得分，以连续变量带入分析。在全体样本中校长决策与管理能力平均得分为3.585（Std. =0.784），最小值为1，最大值为5。

本报告采用单因素方差检验，探索城市、县镇、乡村校长决策与管理能力分布是否存在显著差异。由表17可以得知，城市、县镇、乡村校长的决策与管理能力分布在5%水平上差异显著（P<0.001，F =7.687）。

表17　城市、县镇、乡村中小学校长决策与管理能力分布的单因素方差检验

变量	平方和	自由度	均方	F	显著性
组间	9.257	2	4.628	7.687	P<0.001
组内	381.719	634	0.602		
总计	390.975	636			

进一步通过莱文方差同质性检验发现，城市、县镇、乡村校长在决策与管理能力方面的分布离散情形有明显差别（Levene = 3.381，P =0.035）。经Tamhane T2检验发现，城市校长的决策与管理能力显著高于县镇和乡村校长；但县镇校长的决策与管理能力并不显著高于乡村校长（见表18）。

表 18 城市、县镇、乡村中小学校长决策与管理能力平均值的多重比较

评估方法	(I)区位	(J)区位	平均值差值(I-J)	标准误	显著性	95%置信区间下限	95%置信区间上限
基于平均值的方差齐性检验:Levene = 3. 381,P = 0. 035								
Tamhane T2	城市	县镇	0. 108 *	0. 038	0. 013	0. 018	0. 199
		乡村	0. 191 *	0. 043	0. 000	0. 087	0. 295
	县镇	城市	−0. 108 *	0. 038	0. 013	−0. 199	−0. 018
		乡村	0. 083	0. 035	0. 053	−0. 001	0. 167
	乡村	城市	−0. 191 *	0. 043	0. 000	−0. 295	−0. 087
		县镇	−0. 083	0. 035	0. 053	−0. 167	0. 001

（十一）城市校长的课程建设与教学改革能力显著高于县镇、乡村校长

本报告中"校长课程建设与教学改革能力"维度由"我创设了具有独特风格的学校课程体系""我引领学校形成了比较成熟的教学改革模式""我创建了规范而富有活力的学校教研体系"三道题构成，选项由 1～5 组成，分别指向"非常不符合""不太符合""一般""比较符合""非常符合"。经过因子分析 KMO 达到 0. 754；克隆巴赫 α 系数为 0. 917，说明"校长课程建设与教学改革能力"维度具有较好的信效度和拟合度。运用这一测量工具，将本维度各题得分相加后求平均值，得到校长课程建设与教学改革能力得分，以连续变量带入分析。在全体样本中校长课程建设与教学改革能力平均得分为 3. 397（Std. = 0. 848），最小值为 1，最大值为 5。

本报告采用单因素方差检验，探索城市、县镇、乡村校长课程建设与教学改革能力分布是否存在显著差异。由表 19 可以得知，城市、县镇、乡村校长的课程建设与教学改革能力分布在 5%水平上差异显著（P<0. 001，F = 12. 734）。

表 19　城市、县镇、乡村中小学校长课程建设与教学改革能力分布的单因素方差检验

变量	平方和	自由度	均方	F	显著性
组间	17.644	2	8.822	12.734	P<0.001
组内	439.247	634	0.693		
总计	456.891	636			

进一步通过莱文方差同质性检验发现，城市、县镇、乡村校长在课程建设与教学改革能力方面的分布离散情形没有明显差别（Levene＝0.789，P＝0.455）。经 LSD 检验发现，城市校长的课程建设与教学改革能力显著高于县镇和乡村校长；而县镇校长的课程建设与教学改革能力并不显著高于乡村校长（见表 20）。

表 20　城市、县镇、乡村中小学校长课程建设与教学改革能力平均值的多重比较

评估方法	(I)区位	(J)区位	平均值差值(I-J)	标准误	显著性	95%置信区间下限	95%置信区间上限
			基于平均值的方差齐性检验：Levene＝0.789，P＝0.455				
LSD 检验	城市	县镇	0.26714*	0.075	0.001	0.087	0.447
		乡村	0.51418*	0.115	0.000	0.237	0.791
	县镇	城市	−0.26714*	0.075	0.001	−0.447	−0.087
		乡村	0.247	0.105	0.061	−0.008	0.502
	乡村	城市	−0.51418*	0.115	0.000	−0.791	−0.237
		县镇	−0.247	0.105	0.061	−0.502	0.008

（十二）城市校长的公共关系密度显著高于县镇和乡村校长

本报告通过"您与以下对象的交往频率是____"这一题项，调查校长在学校日常经营过程中与同行校长、行政官员、一线教师等群体的社会交往频率，一共分为六个选项，"中层管理者""一线教师""上级主管部门""社区、高校等科研机构""其他校长同行""相关企事业单位"，在后期处

理的时候处理成六项单选题，选项有"每天至少一次""每周多次""每月一次""每季度一次""不定期""几乎没有交往"，得分越高代表校长与该群体交往越频繁。

为探索城市、县镇、乡村校长在日常社会交往中的差异，分别对六个选项进行分析。对上述六个选项进行方差分析后发现，城市、县镇、乡村校长在"中层管理者""社区、高校等科研机构""其他校长同行""相关企事业单位"等四道题中回答存在一定的异质性。总的来说，在学校日常经营过程中，城市校长与中层管理者、社区、高校等科研机构、兄弟学校校长、相关企事业单位的交流频率要显著高于县镇和乡村校长。

（十三）城市校长在教育科研选题方面的需求显著高于乡村校长

本报告通过"您觉得目前的学校科研工作最需要哪些支持"这一题项，调查校长在学校科研过程中需要的支持，一共分为五个选项，"科研经费支持""课题申报技巧指导""研究方法培训""科研规划研制"和"研究问题确定"，以多选题形式体现在问卷中，在后期处理的时候处理成五个单选题，其中1代表"选择该题项"，0代表"未选择该题项"。按全体样本来看，分别有59.8%、39.4%、46.0%、32.5%和17.0%的校长认为他们需要科研经费支持、课题申报技巧指导、研究方法培训、科研规划研制、研究问题确定等方面的支持。

本报告为探索城市、县镇、乡村校长在科研需求方面的差异，分别对五个选项进行分析。对上述五个选项进行方差分析后发现，城市、县镇、乡村校长仅在"研究问题确定"方面的需求存在一定的异质性。城市校长在研究问题确定方面的需求显著高于乡村校长。

（十四）城市校长更期望获得个人发展的晋升，县镇和乡村校长更期望学校教学和治校水平的提升

本报告通过"您个人的专业发展最需要在以下哪些方面得到支持"这

一题项，调查校长在专业发展中碰到的困难，一共分为五个选项，"凝练个人教育思想""提升办学治校水平""引领学校课程教学""出版个人教育专著""申报教育科研课题"，以多选题形式体现在问卷中，在后期处理的时候处理成五项单选题，其中1代表"选择该题项"，0代表"未选择该题项"。全体校长中，分别有80.78%、82.97%、81.25%、15.94%、18.44%的校长认为他们需要凝练个人教育思想、提升办学治校水平、引领学校课程教学、出版个人教育专著、申报教育科研课题方面的帮助。

本报告为探索城市、县镇、乡村校长在专业发展中碰到的困难，分别对五个选项进行分析。本研究对上述五个选项进行方差分析后发现，城市、县镇、乡村校长在"提升办学治校水平""引领学校课程教学""出版个人教育专著"三道题中回答存在一定的异质性。具体来说，县镇和乡村校长在"提升办学治校水平""引领学校课程教学"方面的需求显著高于城市校长；而城市校长则在"出版个人教育专著"方面的需求显著高于县镇和乡村校长。

二 城乡校长队伍建设中的关键问题

本报告以我国中小学校长抽样调查数据为基础，详细分析了我国城乡校长发展现状及存在的问题，主要得出以下结论。

（一）城市校长教育资源优化配置能力有待提高

首先，城市学校教育资源丰富性和复杂性为校长合理管理教育资源带来了挑战。相较于县镇和乡村学校，城市学校往往拥有更多的优质教育资源，包括先进的硬件设施、丰富的教学资料、优质的师资队伍和充裕的财政支持。然而，这些丰富的资源也给校长的资源管理和配置能力提出了更高的要求。城市校长需要在多种资源之间做出合理的配置，不仅需要校长有精准的判断力，还需要综合运用管理知识和策略，确保优质资源不被闲置和发挥最大的效用。其次，教育公平的诉求为城市校长合理配置教育资源带来了压

力。城市学校优质资源相对充足，如何平衡各种资源以满足不同学生、兄弟学校的需求，确保每个学生都能享受到公平的教育机会，对校长的资源配置能力提出了较高的要求。校长需要在拔尖与扶弱之间找到平衡点，既要推动优生拔尖创新水平的提升，又要关注弱势学生的教育需求。最后，科学教育和创新教育的开展给校长带来新时代的新要求和新挑战。城市校长不仅需要关注传统教育资源的利用效率，还需积极引入新型教育资源，这包括最新的教学用具、数字平台以及创新实践基地，以促进学生的科学素养和创新能力的提升。同时，还要求校长打通学校与高校、科研机构和产业界之间的通道，开拓科学教育和创新教育的新场域，为学生提供更广阔的学习、实践平台。这不仅需要校长具备前瞻性的教育观念，还要求其具备跨界合作的能力和资源整合的智慧，以适应科学教育和创新教育发展的新趋势，满足新时代对基础教育的新要求。

（二）城市学生的多样性为校长带来更为复杂的教学、管理难题

在城市学校中，学生群体的多样性在教育强国建设大背景下日益明显，给城市校长在日常教学和管理上带来了不少难题。首先，学生能力和需求多样化意味着校长需要在教学策略和资源分配上作出细致的调整，以满足不同学生的学习需求。城市学生社会、经济和文化背景更为复杂，学习能力、兴趣更是有所不同。这就要求教学内容和体系必须具有足够的弹性和包容性，以适应学生的多样化需求。其次，学校特色教学项目的建设也为城市校长的管理工作带来了挑战。城市学校为了体现自身发展的特点和优势，组织和发展独具学校特色的教育项目，如国际交流课程、艺体班、科创班、航空班等，为了建设、运营和宣传这些特色项目，要求校长具备前瞻的规划能力，还需要校长在师资培训、资源配置等方面进行合理的投入。再次，升学路径的多样化也对城市校长的管理策略提出了新的要求。随着职业教育的扩张和教育国际化进一步发展，越来越多的城市学生考虑职业教育或出国留学等非传统升学路径。此时，校长不仅要关注学生的学业成绩，还要对学生的个人发展和未来规划提供指导和支持，这就需要校长和教师进一步理解多元升学

路径的优劣，以帮助不同需要的学生获得更为适切的发展。又次，城市学校学生的多样性还为学校社交和心理教育带来了更多的挑战。在应试教育盛行的当下，学生间因家庭背景、兴趣和价值观的差异可能产生更多的隔阂和冲突，校长需要在日常管理中采取更为多样的措施促进学生间的理解和尊重，缓解学生学业压力，营造更为包容和谐的校园氛围。这就要求校长不仅要通过引导教师和家长建立正确的学生发展观点，还要通过合适的教学内容和学校管理，营造一个多元、包容、和谐的学校氛围，鼓励学生发挥特长和全面发展，缓解学生压力。最后，城市校长也面临着更为严重的党组织与校长职责边界不清问题。部分学校党政领导在学校治理过程中官本位思想作祟，纠结于"谁才是学校'一把手'"问题，在日常主持工作时，互相掣肘、互相内耗，严重影响学校日常工作，无法充分发挥党组织领导的校长负责制的制度优势。

（三）教学改革与课程创新为城市校长带来了学校变革的困难

城市学校处在教学改革与课程创新的前沿，往往扮演着"先行者"的角色，而校长作为学校的"领航员"，需要在学校经营过程中梳理、总结和凝炼自身的教育主张和经验。在推动学校进步和凝练经验的过程中不可避免地会面临诸多困难和挑战。首先，教学改革和课程创新本身就是一个充满挑战的过程，需要校长具备一定的教学改革和课程创新能力。这不仅涉及教育、教学理念的更新，还包括对先进教育技术的应用、前沿教学方法的变革等多个方面。城市校长需要不断学习和探索，以保持学校教育的先进性和竞争力，这给日常事务较为繁忙的校长带来了不小的压力。其次，校长推动教师团队接受新的教育理念和教学方法往往需要大量的时间和精力。教师作为教学改革和课程创新的直接执行者，其态度和能力直接影响改革的效果。然而，传统的教育观念和惯用的教学方法可能在教师教学过程中已经根深蒂固。校长需要通过培训、研讨和实践、对话等方式，引导教师逐步转变观念，掌握新技能，这一过程往往充满挑战。

（四）县镇和乡村校长面临优质教育资源短缺的问题

首先，县乡校长需要面对的就是教师队伍稳定性不强、优质师资留不住等教师队伍建设问题。在县乡学校，优质教师的留存问题尤为严峻。受待遇、职业发展前景、生活条件等方面的限制，优质教师往往难以在这些地区长期工作。这种流动性不仅影响教学质量，也给学校的长期发展造成了阻碍。其次，县乡地区优质社会资源短缺对校长和教师的日常工作造成了一定困难。县乡地区的学校往往难以获得与城市学校相同的社会资源支持，如高校助益、企业合作、社区参与等。这种资源的短缺限制了县乡学校教育的多样性和实践性。校长政治地位往往代表着校长在社会中为学校获取优质教育资源的能力之一，而本研究发现，县镇和乡村校长的政治地位明显低于城市校长。因此，与城市学校相比，县乡学校和教师试图与社会资源进行利益交换时，往往处于不利地位，导致教师在职业发展上获得感和社会尊重感失衡，进一步推动了县乡优质教师流向社会资源高地。再次，优质生源的流失阻碍学校进一步发展。由于教育资源分布的不均衡，许多有条件的家庭倾向于将孩子送往资源更丰富的城市学校就读，导致县乡学校优质生源流失。这一现象不仅影响学校的教学质量和学校升学率，也削弱了优质教师留校的动力，形成了一个恶性循环。面对这些挑战，县乡校长需要发挥极大的智慧和勇气。他们可能需要通过创新教育模式、提升教师福利等方式来吸引优质教师，同时也需要寻找创新的方法来提升学校的吸引力，阻止优质生源的流失。最后，政府和社会的支持也是解决这一问题的关键，需要通过政策倾斜、资源下沉等方式，增强县乡学校教育资源的获取能力，为学生提供更加公平和高质量的教育机会。

（五）县镇和乡村校长提升学校教育质量的难度较大

县镇和乡村校长在努力提升学校教育质量的过程中遭遇了诸多挑战，除了优质师资流失导致的教育质量止步不前外，教师专业发展失速、教学研究交流功能失效、与科研机构和相关企事业单位的交流频率较低等问题在县乡学校中尤为突出。本报告发现，县镇和乡村校长的决策与管理能力和课程建设与教学改革能力较弱。首先，教师专业发展的失速是一个不容忽视的问题。在乡村地区，教师往往面临着专业发展机会的缺乏，难以获取最新的教育理念和教学方法的培训。这种情况不仅限制了教师个人能力的提升，也阻碍了教学质量的整体提高。乡村校长往往难以为教师提供足够的专业成长支持，导致教师的教育热情和创新能力受到抑制。其次，教学研究交流功能的失效是乡村学校提升教育质量面临的另一个难题。由于地理位置偏远，乡村学校往往与外界的教育研究和教学实践相隔绝，缺乏有效的交流平台。这不仅限制了教师接触新知识、新理念，也阻碍了教学经验的相互借鉴。县乡校长面临着如何打破信息孤岛、建立有效交流机制的挑战。此外，县镇校长还面临着党员人数不够、队伍不强的问题。

（六）县镇和乡村校长更难获得先进的教育理念和教育技术

本报告发现，县镇校长和乡村校长的技术职称和学历显著低于城市校长，与此同时，县镇和乡村校长也更倾向于寻求办学治校水平提升和引领学校课程教学方面的帮助。显然，县镇和乡村校长在学校经营过程中面临着"先进教育理念和教育技术隔离"的问题。县乡学校教学实践与优秀教育经验和先进教育科研的脱节是县乡校长面临的一大难题。由于地理位置偏远和信息获取渠道有限，县镇和乡村校长与同行校长的交流显著少于城市校长，因此，县乡校长往往难以紧跟教育实践和研究的最新进展，导致了校长和教师在教育理念、教学方法和学习工具应用上的落后。一些新兴的教育技术和教学方法，如在线学习、翻转课堂等，可能难以在县乡地区的学校中得到有效应用，限制了教育、教学的革新和多样性。

总的来说，城乡校长在学校治理和教学过程中面临的实际问题存在显著差异。城市校长面临的困难更多指向学生的全面发展、教育质量的进一步提升、优质教育资源的有效配置等"幸福"的烦恼，而县乡学校校长面临的问题则更多是由城乡教育差异导致的优质教育资源短缺造成的。

三　进一步加强城乡校长队伍建设的建议

当前我国城乡校长队伍仍面临领导能力差异、优质教育资源短缺或配置不均、先进教育理念及技术获取困难等问题。基于此，本报告提出如下建议。

（一）优化城乡校长队伍结构

首先，优化城乡校长年龄结构。鼓励城市校长团队年轻化发展。鉴于城市校长普遍年龄较高，建议通过制定相关政策和措施，鼓励年轻教师担任校领导职务，参与到学校日常治理中，设立青年校长项目，为城市年轻校长提供培训和发展平台，以促进管理层的更新和创新。建立城乡校长经验交流和互助机制，帮助乡村中青年校长、中层干部从城市校长那里学习更为先进的学校管理和教学领导经验。其次，优化乡村校长性别结构。实施女性校长培养计划。鼓励和支持更多乡村学校女教师竞聘校长、校领导职务，通过设立女性专项校长孵化项目和女性领导力发展课程，加强女性校领导在教育管理领域的能力培养和职业发展。制定和实施性别平等的校长招聘和学校职级晋升政策，消除职业晋升性别天花板，确保女性在校长职位上的比例逐渐增加，实现学校领导团队的性别平衡。再次。建立乡村校长学业提升帮扶机制。建立乡村校长继续教育和学历提升计划，鼓励地方高校搭建乡村校长学历提升渠道，帮助乡村校长通过假期进修、网络课程等方式，提升学历和专业水平。最后，实施校长队伍质量整体提升战略。激励和支持城市校长进县镇、乡村学校交流机制。对于愿意到乡村地区任职、挂职、帮扶的城市校长，教育行政机构应提供额外的奖励措施，并在课题申请、个人专业发展等方面提供有力支持。搭建校长专业发展成长通道。规划从教师到校长的职业成长蓝图，为有潜力的教育工作者提供成为学校领导的机会和专业培训。定期评估与反馈。建立科学的校长工作评估机制，定期对校长的工作进行评估，并提供反馈和建议，帮助校长不断提升学校治理和教学领导能力。

（二）进一步完善学校党组织的建设

首先，进一步完善中小学校党组织领导校长负责制，制定明确的学校规章制度，界定党组织和校长职责的边界，确保学校管理的高效性和有效性，充分发挥校长在学校日常管理中的作用，同时确保党组织在重大决策和方针政策的制定中发挥领导核心作用。其次，加强乡村学校党员教师队伍建设。鼓励更多的城市党员教师或校领导到乡村学校挂职、任职，带去先进的教育理念和管理经验，提升乡村学校的教育教学水平。最后，扩大乡村学校党员教师和校领导覆盖面。通过各种形式，吸引更多乡村教师加入党组织，参与到党内生活中，增强乡村学校党组织的凝聚力和战斗力。鼓励乡村校长和教师更加积极地参与到地方政治生活中，提升校长和基层教师政治参与度，通过参政议政，为当地教育发展建言献策，提升教育的社会影响力，推动教育政策落地。

（三）提升乡村校长学校治理能力

首先，实施乡村校长学校治理能力提升项目。针对县镇和乡村校长的实际需求，开展区域性校长专业发展培训，涵盖决策与管理、课程建设与教学改革等关键领域，以增强他们的专业能力。其次，搭建城乡校长交流与学习平台。搭建城乡校长交流网络，创建城市、县镇和乡村校长之间的交流平台，如在线论坛、定期研讨会等，促进校治校和教学领导经验分享和互助学习。再次，开展城乡校长互访计划。鼓励城市校长与县镇、乡村校长进行互访交流，通过实地考察和面对面交流，增进彼此之间的了解，促进办学经验与科研资源的共享。最后，改革完善教育资源配置和使用机制。为县镇、乡村校长提供必要的治校、教学、专业发展资源，以促进其专业发展和学校管理政策的有效实施。

（四）差异化培养城乡校长科研管理能力

首先，提升城乡校长科研资源共享水平。建立城乡校长科研合作平台，

鼓励城市校长与县镇和乡村校长建立科研合作关系，共享科研资源、信息和经验，探寻城乡教育发展新样态。通过在线平台或定期科研交流会，增进城乡校长之间的科研合作和资源共享。其次，拓展科研合作渠道。疏通基础阶段学校与高校、研究机构的联系，鼓励校长主动与高等院校、科研机构、企业建立联系，探索校校合作、校企合作的可能性，为学校带来更多科研合作机会，激活学校科研活力。再次，鼓励科研成果转化与分享。建立科研成果转化和分享机制，鼓励校长将科研成果运用到学校管理过程和教学实践中，促进教育教学创新。同时，通过学术发表、研讨会等渠道分享教学一线科研成果，提升科研影响力。开展科研问题识别和凝练培训，组织专门的培训课程或工作坊，帮助校长们提升在教学和学校管理过程中对问题识别和凝练的能力。最后，鼓励校长对个人教育理念进行总结与出版。对于追求个人科研发展的校长，应鼓励他们凝练和总结自己的教育理念和实践经验。

B.4
民办中小学校长队伍建设发展报告

吴　晶*

摘　要： 　党的十八大以来，我国民办教育从恢复发展、快速扩张到依法治教，再到提质创优，已呈现多样化高质量发展态势。校长在民办教育发展中的重要性愈加凸显。新时代的教育需求为民办中小学校长专业化发展带来许多新任务新挑战。为持续推进民办中小学校长的专业化发展，需要在政策上给予足够的关注与扶持，同时校长自身也需在确保学校教育质量的基础上，不断探索教育创新，以适应快速变化的社会需求，推动民办中小学提供更多元、更个性的教育服务，促进我国教育事业的整体发展。

关键词： 　民办中小学　校长　民办事业

党的十八大以来，我国教育改革发展成就显著，作为国民教育体系中的重要组成部分，民办教育也经历了一个快速发展的黄金时期。2016年11月，第十二届全国人大常委会第二十四次会议审议通过了《关于修改〈中华人民共和国民办教育促进法〉的决定》，从法律层面为民办教育发展的制度设计和政策完善奠定了基础，为新时代深化民办教育改革发展提供了法律保障。同年12月，国务院出台《关于鼓励社会力量兴办教育促进民办教育健康发展的若干意见》（国发〔2016〕81号），教育部联合人力资源和社会保障部、民政部、中央编办、工商总局等有关部委联合印发了《民办学校分类登记实施细则》（教发〔2016〕19号），以分类管理改革为基础，为民

---

* 吴晶，华东师范大学国家教育宏观政策研究院副研究员，管理学博士，主要研究方向为基础教育政策、教师教育等。

办教育健康发展指明方向。一系列重要法律法规和政策文件的出台，为我国民办教育事业发展提供了政策支持，营造出良好的发展环境。

在一系列法规政策的引导下，我国民办教育呈现蓬勃发展的势头。2024年3月1日，教育部召开新闻发布会，公布了2023年全国教育事业发展基本情况。2023年，全国共有各级各类民办学校16.72万所，占全国学校总数的比例为33.54%；在校生4939.53万人，占全国在校生总数的比例为16.96%。其中，民办幼儿园14.95万所，在园幼儿1791.62万人。民办义务教育阶段学校1.01万所；在校生1221.99万人（含政府购买学位609.46万人）。民办普通高中4567所，在校生547.76万人。[1] 我国民办教育用1%的公共财政资源提供了将近20%的公共教育服务。

一　我国民办教育事业的发展历程

改革开放以来，我国民办教育从无到有、快速发展，已成为促进我国教育事业改革发展的重要力量。民办教育的兴起和发展，是教育领域改革开放的一项标志性成果，在弥补公共教育经费不足、增加教育服务供给能力、提供多样化教育服务、扩大人民群众受教育机会、推进办学体制改革、构建有中国特色的社会主义教育体系等方面发挥了重要作用。[2]

（一）改革开放以来我国民办教育的发展阶段

1. 恢复发展阶段（1978~1991年）

新中国成立初期，国内已有一定规模的民办教育。为了稳固政权，教育领域也开始了社会主义改造，国家对私立中小学进行改造，由政府全面接管，将其改为公立学校。随着1956年社会主义改造完成，教育开始全部由政府举办。党的十一届三中全会过后，"以经济建设为中心"成为国家发展

---

① 中华人民共和国教育部发展规划司：《2023年全国教育事业发展基本情况》，中华人民共和国教育部新闻发布会网站，2024年3月1日。
② 方建锋：《面向2030，办优质民办教育》，《教育家》2017年第40期。

的重心，教育领域也必然要作出相应变革。一方面，有限的政府财力无法很好地满足广大人民群众对教育的需求，进而无法很好地满足社会经济建设对人才的需求；另一方面，国家对教育事业"包得过多"、政府对办学实体"统得过死"的局面亟待解决。为此，国家开始逐渐下放管理权力，拓宽社会力量办学渠道，同时鼓励社会力量捐资助学与集资办学，民办教育开始发挥其独特作用。1978 年 3 月，邓小平同志在《在全国科学大会开幕式上的讲话》中强调，"教育事业，绝不只是教育部门的事，各级党委要认真地作为大事来抓。各行各业都要支持教育，大力兴办教育事业"。

改革开放后的前几年，民办教育主要是以职业培训班或文化补习班的形式出现，中央政府对民办教育采取静观其变的态度，随着民办教育的影响力不断扩大，政府也开始在相应的法规中予以回应。① 1982 年颁布的《中华人民共和国宪法》第十九条第四款规定"国家鼓励集体经济组织、国际企业事业组织和其他社会力量依照法律规定举办各种教育事业"，开始实施公办教育和民办教育"两条腿"办教育的方针。1985 年 5 月，中共中央发布《关于教育体制改革的决定》，明确提出"地方要鼓励和指导国家企业、社会团体和个人办学"。这些法律法规和政策文件，让民办教育在法律制度上取得了与其他教育同等发展的地位，我国民办教育开始有了合法地位。

2. 快速扩张阶段（1992~2002年）

这一时期是以邓小平同志南方谈话为标志的。1992 年 10 月，在邓小平南方谈话的同年，中国共产党第十四次全国代表大会胜利召开，大会报告中明确提出"鼓励多渠道、多形式社会集资办学和民间办学，改变国家包办教育的做法"。这表明我国以往那种大包大揽式的办学体制的局限性，已经得到中央层面的高度关注。1993 年 2 月，中共中央、国务院制定并印发了《中国教育改革和发展纲要》（中发〔1993〕3 号），首次提出"改变政府包揽办学的格局，逐步建立以政府办学为主体、社会各界共同办学的体制"

---

① 刘胜男：《我国民办教育制度演变中的路径依赖困境及出路——从制度变迁的视角分析》，《现代教育管理》2013 年第 5 期。

"国家对社会团体和公民依法办学，采取'积极鼓励、大力支持、正确引导、加强管理'的方针""要加快步伐，改革包得过多、统得过死的体制，初步建立起与社会主义市场经济体制和政治体制、科技体制改革相适应的教育新体制"。在这种改革背景下，我国各级各类民办教育得到快速发展，民办教育推进到中、高等职业教育和职业培训领域，特别是高等教育领域。1998年8月通过的《中华人民共和国高等教育法》，以法律形式确认了民办高校的地位，其中第六条明文规定"国家鼓励企业事业组织、社会团体及其他社会组织和公民等社会力量依法举办高等学校，参与和支持高等教育事业的改革和发展"。形成了以政府办学为主体、公办学校和民办学校共同发展的高等教育发展新目标。在国家鼓励的前提下，社会办学的势头不断发展，民办学校逐渐增多。

1997年7月，国务院颁布《社会力量办学条例》，这是新中国第一个规范民办教育的行政法规，标志着中国民办教育进入了依法办学、依法管理、依法行政的新阶段。1997年9月，党的十五大报告明确提出实施"科教兴国"战略，把发展教育和科学作为文化建设的基础工程，政府进一步加大教育改革与发展的力度。1999年6月，党中央、国务院召开了全国教育工作会议，提出要大力发展民办教育，民办教育的定位首次从"对公办教育的补充"转为"与公办教育并重"，在我国第十个五年计划期间，要基本形成以政府办学为主体，公办学校与民办学校共同发展的教育格局。截至2002年底，全国各级各类民办学校（教育机构）已经发展到6.13万所，在校生总规模已达1147.95万人。其中，民办幼儿园4.84万所，在园幼儿400.52万人；民办小学5122所，在校生222.14万人；民办普通中学5362所，在校生305.91万人；民办职业中学1085所，在校生47.05万所；民办高等学校133所，在校生31.98万人；民办高等教育机构1202所，注册学生140.35万人。① 民办学校在数量和在校生总量上，都已远远超过了新中国成立初期的私立学校，发展势头强劲。

---

① 中华人民共和国教育部发展规划司编《中国教育统计年鉴2002》，人民教育出版社，2003。

3. 依法治教阶段（2003~2017年）

2003年9月1日，《中华人民共和国民办教育促进法》（以下简称《民促法》）正式实施，我国民办教育举办者、教育者、受教育者的各项合法权益开始得到法律保障，标志着我国民办教育发展进入依法治教的法治化新时期。《民促法》的正式实施，标志着国家对民办教育从"加强管理"转变为"依法管理"。[①] 该法的出台，明确了民办教育的定位是社会主义教育事业的组成部分，让长期以来困扰我国民办学校发展的几类核心问题得到了解决，比如民办学校的性质、产权及回报，以国家法律形式肯定了民办学校的公益性地位，从法律上明确了民办学校与公办学校同等的权利和待遇。《民促法》的出台为民办教育发展提供了法律保障，促进了行业的规范化发展，为公办民办协同发展的办学体制奠定了基础，使民办教育进入法治化发展的新阶段。

2016年11月，根据《全国人民代表大会常务委员会关于修改〈中华人民共和国民办教育促进法〉的决定》第二次修正中对营利性和非营利性的重新定位，细分了市场，放开了营利性学校的手脚，有利于两类民办学校的发展。民办学校从过去的强调数量上的发展，转为强调质量上的发展，整个市场规模正在逐步扩大，教学质量和学校环境成为民办学校相互比拼的核心竞争力。此后，国家层面相继出台《关于鼓励社会力量兴办教育 促进民办教育健康发展的若干意见》（国发〔2016〕81号）、《关于加强民办学校党的建设工作的意见（试行）》（中办发〔2016〕78号）、《民办学校分类登记实施细则》（教发〔2016〕19号）、《营利性民办学校监督管理实施细则》（教发〔2016〕20号）等系列政策文件，与《民促法》的修正案一同形成政策叠加效应，进一步完善了我国民办教育发展的顶层制度设计。

4. 提质创优阶段（2018年至今）

自2018年开始，各地推行义务教育"公民同招"政策，即民办学校和公办学校同步招生。"公民同招"政策实施之前，民办学校的招生录取时间

---

① 吴霓：《我国民办教育发展的现状特点、问题及未来趋势——基于统计数据和政策文本的比较分析》，《教育科学研究》2015年第2期。

往往早于公办学校，借助这一优势，民办学校可以提前"掐尖"，损害了教育生态。"公民同招"政策实施后，民办学校的招生录取与公办学校处在同一起跑线，提前"掐尖"的行为得到遏制，为各类学校创造了更加公平的竞争环境。2018年，上海市在"幼升小"阶段率先实施"公民同招"，包括统一入学信息登记、同步网上报名、同步进行公办小学第一批验证和民办小学面谈等环节。

2019年6月，中共中央、国务院印发《关于深化教育教学改革全面提高义务教育质量的意见》（中发〔2019〕26号），这是中共中央、国务院印发的第一个聚焦义务教育阶段教育教学改革的重要文件。在"深化关键领域改革，为提高教育质量创造条件"部分，明确提出"民办义务教育学校招生纳入审批地统一管理，与公办学校同步招生；对报名人数超过招生计划的，实行电脑随机录取"，以此完善招生考试制度，将"公民同招"以党政联合发文的形式加以确认，在提升政治站位的同时加大了改革力度。在国家政策的指导下，全国各省份在中小学招生入学具体实施细则中，均明确提出全面推行公办学校和民办学校同步招生，如果报名人数超过了招生计划，将通过电脑摇号的形式随机录取。2021年4月修订的《中华人民共和国民办教育促进法实施条例》将"实施义务教育的民办学校应当在审批机关管辖的区域内招生，纳入审批机关所在地统一管理"和"实施义务教育的民办学校不得组织或者变相组织学科知识类入学考试，不得提前招生"等列为重点修改内容，义务教育阶段公办学校和民办学校的平等法律地位得到进一步凸显。2023年7月，教育部、国家发展改革委、财政部联合印发《关于实施新时代基础教育扩优提质行动计划的意见》（教基〔2023〕4号），将"公民同招"政策范围进一步延伸至普通高中阶段，提出"落实普通高中属地招生和'公民同招'"。

在此背景下，家长更谨慎地综合衡量是否报考民办学校，普通民办学校的招生受到较大冲击。特别是那些新成立的普通民办学校，知名度不高、影响力不强。在"公民同招"政策出台后，家长选择这类学校的风险进一步加大，但优质民办学校的招生未受太大影响。从上海市的招生情况来看，

"公民同招"实施后，全市优质民办学校的生源质量并未受较大影响，特别是郊区生源报考中心城区民办学校的数量并没有明显减少，优质民办学校对全市生源仍有较强的吸引力。公民同招政策施行后，很多优质民办学校只招收第一志愿考生，通过政策淘汰掉那些态度本就不坚定的"跟风"生源后，入学竞争依然非常激烈。随着"公民同招"政策的全面落地，基础教育阶段的入学格局发生重大变化，这标志着公办和民办学校进入公平竞争、相互促进的良性发展时代。民办学校需在规范办学的基础上进行提质创优，与公办学校之间从生源竞争转向办学特色与教育质量的竞争。

（二）改革开放以来我国民办教育发展的基本经验

改革开放以来，我国民办教育发展迅速，取得了瞩目的成就。在成就背后，是中国特色社会主义民办教育发展的有效经验。

1. 坚持党的领导是民办教育健康持续发展的根本保障

长期的实践表明，民办教育和公办教育都是我国教育事业的重要组成部分，都必须在党的领导下举办。学校作为立德树人、培养社会主义建设者和接班人的主阵地，无论在体制内还是体制外，都应该充分贯彻党的教育方针。2016年，《全国人民代表大会常务委员会关于修改〈中华人民共和国民办教育促进法〉的决定》，在《民促法》的第一章特别新增一条内容："民办学校中的中国共产党基层组织，按照中国共产党章程的规定开展党的活动，加强党的建设。"从法律层面为在民办学校开展党的基层组织活动提供了重要依据。此后，《关于加强民办学校党的建设工作的意见（试行）》（中办发〔2016〕78号）等多份中央文件要求，按照全面从严治党要求，加强党对民办学校的领导。在国家政策的引导下，全国很多省份制定出台了加强民办学校党建的政策文件，成立了民办高校党建工作办公室或工作委员会。为提升民办学校的党建工作水平，部分省份精挑细选党员干部赴民办高校任职党组织负责人。鼓励社会力量和民间资本提供教育服务，是我国的政策方向。但与普通的行业产业不同，教育肩负立德树人的重要使命，培养的是社会主义建设者和接班人，因此民办教育的发展不能片面地强调市场手

段，单纯追求经济收益，而必须严格贯彻党的教育方针，遵循教育规律和人才成长规律。

2. 政府支持是民办教育健康发展的重要动力

党的二十大报告强调要"引导规范民办教育发展"。民办教育的蓬勃发展，离不开地方政府的重视与大力支持，从目前的实际情况看，广东深圳、浙江温州等国内民办教育发展较快较好的地区，地方政府对民办教育都是高度重视，且对民办学校的发展给予了很大的扶持，这些都推动着民办教育快速发展。近年来，全国不少省市加大对民办教育的财政支持力度，如上海市对民办高校按照生均 500~2000 元给予扶持，陕西省 2012~2016 年对民办高等教育投入的专项资金已达 15 亿元，重庆市 2016 年对民办教育财政补助达 19.08 亿元，明显改善了民办学校办学条件。[1] 除了财政支持外，多地政府还在民办学校用地和建设、保护民办学校教师合法权益等方面给予支持保障，为促进民办学校发展提供动力。

3. 规范管理是民办教育健康发展的必要条件

民办学校的健康发展离不开政府的有效监督管理。教育事关社会民生，不能任由其自由发展，缺乏政府监管的后果就是民办教育无序发展，造成教育市场的混乱。近些年，民办教育违规办学的现象层出不穷，严重损害了家长和学生利益、破坏了良好的教育生态，其背后便是政府监管的不到位。民办教育领域的乱象丛生，亟须加强监管。为此，全国诸多省市开始构建规范本地区民办教育管理的长效机制，例如，北京市制定了《北京市民办教育培训机构办学标准（暂行）》；上海市印发《上海市民办培训机构设置标准》《上海市非营利性民办培训机构管理办法》《上海市营利性民办培训机构管理办法》；重庆市落实民办学校法人财产权，加强年检和财务审计；江苏省出台《江苏省民办非学历教育机构设置和管理办法》。诸多管理举措促进了民办学校的规范发展和良善治理。[2]

---

① 阚明坤：《民办学校发展步入新时代》，《教育》2018 年第 1 期。
② 阚明坤：《民办学校发展步入新时代》，《教育》2018 年第 1 期。

二　我国民办教育事业发展的主要特征

在我国各级各类教育的发展中，民办教育都发挥了独特的作用，对公办教育进行了较好的补充，对人民群众的教育需求作出了较好回应。我国民办教育在改革开放后成长迅速，与公办教育共同发展，逐渐成为国民教育体系中的重要部分。

在义务教育领域，民办教育较好地对公办教育进行了补充，为社会提供了一种在公办教育之外的可供选择的教育服务。在义务教育阶段，民办学校以较低的学校数量占比，满足了相对较多学生的入学需求，说明民众对于民办义务教育学校的认可度较高。民办教育在义务教育阶段为社会提供了多样化的选择，较好地满足了人民群众对高质量教育服务的需求，弥补了公办教育的不足。

普通高中教育领域，民办教育很好地促进了我国高中阶段教育的普及。尽管民办普通高中在全国高中总数中的占比不高，但其在普及高中阶段教育、促进高中教育多样化发展方面，起到了积极作用。与民办义务教育学校不同，民办普通高中的数量在全国占比更高，但相较于学校数量，在校生在全国占比较低，说明民众对民办高中的认可度没有民办义务教育学校高。尽管如此，我国民办高中还是对普及高中阶段教育起到了一定的作用。

综合来看，改革开放以来，我国民办教育的规模和质量均有大幅扩大和提高，在大中城市，民办幼儿园、小学、初中甚至成为很多家长的首选；各地因地制宜发展民办教育，形成了民办公助模式、教育储备金模式、扶贫模式等多样化的体制机制。当前，我国教育事业发展的总体形势，已经从过去的粗放式扩张发展逐渐转向市场化集约型发展。在这种大背景下，国家对民办教育进行了规范化分类管理，特色优质发展成为民办学校发展的新目标。

2022 年，国家进一步支持和规范民办教育健康发展。持续深化民办教育分类管理改革，完善民办学校分类扶持、分类管理的政策举措。积极稳慎推进规范民办义务教育发展专项工作，加快优化义务教育结构。推动地方提高并落实普惠性民办园生均补助标准，研制加强对民办学校全方位督导的指导文件，引导民办教育有序健康高质量发展。全国各级民办教育总规模小幅缩减，民办学前教育和民办小学教育规模持续缩小，民办高中阶段教育与高等教育规模略微扩大。

（一）民办中小学教育总体状况①②

2022 年，全国共有各级各类民办学校 17.8 万所，比上年减少 7451 所，占全国各级各类学校总数的比例为 34.4%，比上年减少 0.7 个百分点。各学段民办学校数量增减不同，其中民办义务教育学校比上年减少 1626 所，占义务教育学校总数的比例下降 0.6 个百分点；民办普通高中比上年增加 292 所，占普通高中的比例提高 1.1 个百分点（见表 1）。

表 1 2021 年、2022 年全国民办中小学学校数量③及占比变化情况

学段	学校数（所）			占同级学校总数的比例（%）		
	2021 年	2022 年	增加	2021 年	2022 年	增加（个百分点）
普通小学	6009	5056	-953	3.9	3.4	-0.5
初中	6152	5479	-673	11.6	10.4	-1.2
普通高中	4008	4300	292	27.5	28.6	1.1

民办普通高中在校生规模扩大，民办义务教育在校生规模缩小。2022 年，民办普通高中在校生数量增长较快，比上年增长了 10.5%；民办义务教育在校生数量下降幅度最大，其中民办初中在校生和民办小学在校生分别下降了 19.3% 和 18.7%。民办高中阶段规模占民办教育总规模的比例持续提高。2022 年，民办义务教育占比 25.7%，比上年下降 4.1 个百分点；民办普通高中占比 9.4%，比上年提高 1.4 个百分点。

---

① 中华人民共和国教育部发展规划司编《中国教育统计年鉴 2022》，中国统计出版社，2023。
② 中华人民共和国教育部发展规划司编《中国教育统计年鉴 2021》，中国统计出版社，2022。
③ 此处不包含民办工读学校和民办特殊教育学校。

2022 年，民办普通小学和民办初中在校生占相应阶段教育在校生总规模的比例较上年分别下降 1.6 个百分点和 3.0 个百分点；民办普通高中这一比例达到 18.3%，比上年提高 1.0 个百分点（见表 2）。

表 2　2021 年、2022 年全国民办中小学在校生占各级教育在校生比例及变化情况

单位：%

分类	2021 年	2022 年	增加（个百分点）
普通小学	8.8	7.2	−1.6
初中	14.4	11.4	−3.0
普通高中	17.3	18.3	1.0

（二）民办高中阶段教育

2022 年，全国高中阶段有民办学校 6373 所，比上年增加 387 所；在校生 774.0 万人，比上年增加 56.1 万人，占全国高中阶段[①]在校生总数的比例为 19.1%，比上年增加 0.8 个百分点；民办普通高中与民办中职在校生规模之比为 64.3∶35.7。

民办普通高中学校数持续增加，在校生数量较快增长。2022 年，全国有民办普通高中 4300 所，比上年增加 292 所。民办普通高中在校生 497.8 万人，比上年增加 47.4 万人，增长 10.5%。东部地区增长最快，达 11.0%，中、西部地区分别增长 10.2% 和 10.3%。2022 年，全国普通高中在校生中，民办普通高中在校生的占比为 18.3%，比上年提高 1.1 个百分点；中部地区该比例高于东、西部地区，达到 21.4%。各省份中，河北该比例最高，达到 30.2%，其次是河南、浙江、海南、安徽、山东、湖南和江西，均超过了 20%。相比上年，有 5 个省份该比例下降，其中山西降幅最大。

---

① 此处高中阶段仅包含普通高中和中职学校数据。

（三）民办义务教育

2022 年，义务教育阶段民办学校规模与占比均持续下降。民办小学在校生数量下降，占小学在校生总数比例下降。2022 年，全国有民办普通小学 5056 所，比上年减少 953 所。民办小学在校生 774.9 万人，比上年减少 178.0 万人，降幅为 18.7%。

分区域看，东部地区民办小学在校生规模最大，达 427.8 万人，相比上年下降了 16.3%；中部地区规模居中，为 247.7 万人，但相比上年下降了 68.2 万人，减幅达到 21.6%；西部地区规模较小，为 99.3 万人，比上年下降 21.1%。分地区看，有 28 个省份民办小学在校生数量下降，其中西藏降幅最大，为 100.0%，其次是吉林和新疆，降幅均超过了 45%。青海规模与上年持平。仅有宁夏和甘肃数量略有增长。

2022 年，民办小学在校生占全国小学在校生总数的比例下降，为 7.2%，比上年下降 1.6 个百分点。分区域看，东部地区民办小学在校生比例最高，为 9.7%，中、西部地区该比例分别为 7.7% 和 3.2%。分地区看，广东该比例最高，达 19.5%，河南次之，达 13.6%，海南和上海也均超过了 10%，超过 5% 的省份共有 13 个。有 28 个省份该比例较上年下降，其中降幅最大的为浙江、陕西和河北，较上年均下降了 3 个百分点以上。

民办初中在校生规模首次出现缩小，占初中在校生总数比例持续下降。2022 年，全国有民办初中 5479 所，比上年减少 673 所。在校生 582.0 万人，比上年减少 139.3 万人，下降 19.3%。分区域看，2022 年东部地区规模最大，民办初中在校生数量达到 282.2 万人，比上年下降 16.2%；中部地区数量下降最明显，降幅为 22.1%，为 211.2 万人；西部地区规模最小且降幅也较明显，为 88.6 万人，比上年减少 21.9%。分地区看，2022 年有 28 个省份民办初中在校生数量同比上年下降，数量下降最大的是青海，减幅达 56.9%，另外陕西减幅也超过了 40%。

全国民办初中在校生占初中在校生总数的比例继续小幅下降，2022 年为 11.4%，比上年下降 3.0 个百分点。分区域看，东部、中部地区降幅基本一致，西部地区下降了 1.8 个百分点。分地区看，该比例超过 5% 的有 25 个省份，只有广东超过 20%，山西、安徽、河北、河南和上海该比例均超过 15%。

三 民办中小学校长面临的新任务及新挑战

（一）民办教育发展的新任务

习近平总书记强调，"要坚持系统观念，统筹推进育人方式、办学模式、管理体制、保障机制改革"。民办学校校长应充分发挥学校自身优势，推动民办教育在未来社会扮演积极角色。[①] 新时代下，我国民办教育发展的总体目标应以分类管理为抓手，形成有利于促进民办教育发展的完善的体制和法治环境，使民办教育成为教育事业发展新的增长点；推进教育体制改革和制度创新，提升民办教育机构的办学质量和办学特色，致力于满足社会多样化需求；大力吸引社会资源投入教育领域，积极探索具有中国特色的民办教育发展模式，形成公办教育与民办教育共同发展的格局。[②] 具体来说，民办教育发展面临以下几个新任务。

一是加快完善管理体制，规范民办发展环境。从中央到地方的各级教育行政部门应设立起专门机构，负责统筹、规划、管理和协调民办教育发展。以非营利性民办学校为重点，完善民办教育监管制度，对民办学校的组织机构、教育教学、财务资产、信息公开等方面展开全方位监督管理。目前，国家鼓励倡导社会慈善捐赠，相应的税收优惠政策也在不断完善中，可以预见我国用于教育的捐赠金额将会出现较快增长。民办教育具有善于积聚社会慈善资源的优势，需要发挥好这一优势，提供更多更好的各类公益性教育服务。

---

① 朱永新：《教育，需要民间的力量》，《中小学校长》2023 年第 12 期。
② 方建锋：《面向 2030，办优质民办教育》，《教育家》2017 年第 40 期。

二是充分落实扶持政策，用好政府倾斜资源。近年来，国家层面出台的一系列政策为民办教育发展提供了有力保障。为将各项扶持政策真正落实到位，地方政府可以采取多种举措扶持当地民办学校，具体包括购买服务、助学贷款、奖助学金和出租、转让闲置国有资产、税收优惠等。在建设学习型社会、学习型大国的背景下，需要充分发挥民办教育资源丰富、类型多样的办学优势，着力打造多样化、多层次、多类型的终身学习资源供给体系。让民办教育在助推服务全民终身学习教育体系的构建过程中，逐步扩大自身的生存空间，实现学校的转型发展。

三是推动教学质量提升，突出人才培养功能。引导并扶持一批办学规范、质量过硬、特色鲜明的民办教育机构，将其作为正面典型，为民办教育发展树立榜样。发挥民办教育在办学资源、办学机制上的优势，积极参与拔尖创新人才的全链条培养。以教育评价制度改革为突破口，加快构建拔尖创新人才"选拔—培养—评价"一体化贯通的制度。参与健全创新素养和创新能力培养生态链，做好拔尖创新人才的早期发现与培养工作。

四是积极探索创新制度，发挥民办教育优势。在条件相对成熟的地区，可开展多元主体参与办学的试验，探索民办教育在制度创新和内涵发展上的成功模式。发挥民办教育组织形态灵活的优势，应用现代教育技术和学分银行体系，推动建设多样化学习中心。体现教育新理念、反映教育新生态，实现人人皆学、处处能学、时时可学的学习型社会场景，推动国家人力资源开发水平全面提升。

（二）民办教育发展的新挑战

现阶段，我国民办教育在管理制度建设、扶持政策落实、学校内部发展等方面还存在一些现实困境，民办校长在工作中面临一些新挑战，具体如下。

一是存在管理越位和缺位现象。在现行的教育管理体制下，民办学校的自主权受到较大的束缚。尽管《民促法》中明文规定，民办学校有权自主决定课程设置、学科专业、教育教学等内容，但在实践中，政府对民办学校的管理包括专业设置、招生及教科书选用、招生广告和简章的备案，同时对民办学校的学科专业设置、教学计划、教育教学方式等进行管理。这种管理方式存在合理性，但同时也让民办学校的自由与灵活性在一定程度上受到约束和限制。政府对民办教育的管理采取的是与公办教育相似甚至完全相同的方式，没有做到具体问题具体分析。办好各类教育的根本保证，在于加强党对教育工作的全面领导。2022年1月，中共中央办公厅印发《关于建立中小学校党组织领导的校长负责制的意见（试行）》（中办发〔2022〕7号），针对中小学校的领导体制作出重大改革。其核心的改革内容，是保证党的教育方针和党中央决策部署能在中小学校得到充分贯彻落实，作为我国基础教育的重要组成部分，民办中小学校党的工作也按照有关规定执行。但在建立和实施党组织领导的校长负责制过程中，民办学校面临诸多困难。例如，对于学校党组会和校长办公会、书记和校长的权责界限，国家和地方教育部门已出台系列政策文件予以说明，但在实践过程中对此仍然难以清晰界定。调研发现，84.6%的民办学校校长认为"党组织与校长职责边界尚不明晰、角色划分不清"，远高于公办学校校长（63.8%）。此外，民办教育领域存在政府监管缺失的现象。行政管理部门的监督不力，导致民办教育乱象丛生。民办学校相关事务繁多，除了设置审批、年检等外，还有各类活动的授予权，这让一些相关部门无暇顾及，放松了对其的监督。政府无法实行有效监管，监督权无法下放至其他组织，来自民间的监督没有得到补充，势必造成民办教育监督的缺失。

二是扶持政策落实不到位。一方面，在实际应用过程中，民办教育的相关法律和条例缺乏实施细则。例如，在税收和用地优惠、捐赠奖励、信贷优惠、资金扶持、合理回报、奖励表彰方面，还没有出台更加具体的政策，影响政策的落实。另一方面，各地发展不平衡，立法快慢也不统一，导致各地对政策的落实不平衡。有些地方政府按照《民促法》的相关内容已经出台了相关法规，有些地方相对滞后，仅出台了一些行政规章制度，甚至还有少数地区从未下发过民办教育相关的具体文件。扶持政策落实的不到位，在很大程度上是由于民办学校的合法地位未得到落实。与公办教育一样，民办教

育也是我国教育体系的重要组成部分，民办教育与公办教育不应相互对立、恶性竞争，而应在公平竞争的原则下实现优势互补和共同发展。在当前的政策上，民办教育与公办教育的相互关系仍未理顺，彼此的界限与功能仍有进一步明确的空间。尽管在北京、上海等大城市，民办初中、小学和幼儿园已经成为越来越多家长的首选，民办学校成为优质教育的代名词，但社会对民办教育依然存在歧视性的思维，这也成为民办教育相关政策落实情况不理想的重要阻碍。

三是民办学校内部面临发展危机。民办学校的办学特色不够鲜明，办学质量也有待提高。在"公民同招"背景下，家长更谨慎地综合衡量是否报考民办学校，普通民办学校的招生受到较大冲击。在我国，民办学校办学都是自筹经费，学校主要的经费来源是学费，社会捐助也并不稳定。受经费制约，我国大部分民办学校只能简单地维持正常运行，难以持续改善办学条件。生源方面，民办学校的生源质量整体上弱于公办学校，而学生的学业成绩、个人发展情况是影响学校声誉的重要因素，较差的生源会给学校带来恶性循环。民办学校，特别是民办高中的生源多是受成绩限制无法进入公办学校的学生，这些学生的底子薄、基础差，不可避免地对民办学校树立形象造成障碍，不利于学校发展。为了招到好的生源，一些民办学校不惜代价，在给自己带来压力的同时，也容易与公办学校产生恶性竞争，不利于教育事业的整体健康发展。[①] 师资方面，受体制机制影响，民办学校在编制和职称上相较公办学校没有优势，很难吸引人才从教，其教师来源主要是公办学校的退休教师，或者从公办学校聘用兼职教师。这种师资结构，使得民办学校的教师队伍远没有公办学校稳定。民办学校教师在地位和享受的政策待遇上也与公办学校教师存在较大差异。在专业发展上，公办教育有系统的教师培训体系和评优评先体系，对教师的成长予以保障；而民办教育的教师职后培训存在很强的随意性，没有系统而专业的培训体系，评优评先的机会也非常少。在薪酬待遇上，民办学校教师的经济收入不像公办学校那样依靠政府财

① 张国印：《民办教育发展的困境与对策研究》，西南大学硕士学位论文，2013。

政，而是与学校收益挂钩，因此缺乏保障。养老保险类别的不同使公办学校和民办学校教师退休后的待遇差距明显。此外，选择了民办学校的教师想要再回公办学校面临着较高门槛，影响其职业发展，这些因素都加剧了教师队伍的不稳定性。不少民办学校管理者将自己与教师的关系看作雇主与雇工的关系，导致价值观出现偏差，金钱利益成为维系学校与教师的唯一纽带，对教师缺乏尊重。[①] 民办学校科研发展亦缺少专业指导，调研发现，69.2%的民办学校校长认为本校科研存在"理论知识不足"的困难，远高于公办学校校长（42.7%）。30.8%的民办学校校长认为本校科研工作最需要的支持是"研究问题确定"，远高于公办学校校长（16.6%）。一些民办学校内部治理结构还不够完善，特别是在权力制衡与风险防范上缺乏必要的机制，存在家族化管理现象。

四　推进民办教育发展的政策建议

近年来，随着科技革命和产业的快速发展，我国的社会形态和教育需求正发生深刻变革。面对新形势，为使民办教育在未来社会获得更好的发展，民办学校校长就必须全面把准时代脉搏，以创新性观念、创造性实践回应快速变化的教育需求，在推进中国教育现代化和建设教育强国的伟大进程中扮演更好的角色，发挥更大的作用。

（一）不断完善法规体系，继续推进管理服务改革

依法办学是民办教育的基本遵循，也是民办学校管理法治化的前提和基础。新修订的《中华人民共和国民办教育促进法实施条例》，新增了若干项民办学校依法办学的条款，进一步强化了依法管理的治理理念，建立健全了保障民办学校依法办学的事前、事中和事后全流程监督处置机制。当前，民

[①]　张裕用：《改革开放以来我国民办教育制度变迁分析》，广西师范大学硕士学位论文，2008。

办中小学仍存在一些问题，例如非法挪用和转移学校资产和办学经费，非法招聘、解聘教师和拖欠教师工资，未能为教师缴纳医疗、养老等基本保险等。民办中小学的校长必须依法依规办学，依法建立健全学校资产和经费使用管理规章制度。依法建立学校章程，严格按照章程依法办学。校长依法独立行使教育教学和行政管理职权，建立学生学籍和教学管理制度。实施集团化办学的民办中小学须依法保障集团内的所有学校独立开展办学活动，独立依法管理和使用学校资产，严禁通过改变集团内所属学校的办学类型和办学性质而获取办学收益，严禁通过兼并收购、加盟连锁、协议控制等方式开展集团化办学。①

《民促法》的出台及修正，从法律层面对民办教育健康发展做出明确规定，但在各类扶持政策上，仍然显得很宏观。鉴于各地发展的不均衡性，今后应充分调动各地的积极性，对民办教育法规体系进行补充、调整、完善，进一步创设公平发展的制度环境。为增强民办教育法规执行的有效性，需统筹考虑民办教育法律法规与其他法律法规，加强彼此之间的衔接与协调，减少冲突和矛盾。鼓励出台民办教育地方性法规，以更好地适应本地区民办教育发展实际。建立公开透明的信息披露制度，促进民办学校内部管理，实现决策权、执行权、监督权的分离与相互制衡。

完善考试招生制度，进一步明确"公民同招"的政策导向，营造更加公平的招生环境，遏制公办学校与民办学校之间的生源恶性竞争。通过电脑随机摇号、优质高中录取名额向不挑生源的学校倾斜等组合政策，最大程度地避免民办学校与公办学校之间恶性抢夺生源，破坏良好的教育生态。根据各地的实际情况，确定不同的摇号比例，在"择校"问题严重的地区可逐步将摇号比例提升至100%。在考试招生制度改革过程中，鼓励并支持民办学校积极参与，进一步探索创新招生选拔机制、改进招生录取方式。

完善税收优惠政策。根据民办学校的不同性质，分类确立税收优惠幅

---

① 吴霓、杨立昌：《新规施行，民办中小学如何高质量发展》，《中国教育报》2021年9月1日。

度。对于营利性民办学校，允许其享受一定的税收优惠；对于非营利性民办学校，允许其享受与公办学校同等的税收优惠。对于社会力量捐资办学的行为，在土地征用、组织建设、列入投资计划等方面给予优先安排，对捐赠者给予企业所得税或个人所得税减免优惠。政府部门可划拨配比资金，作为对社会捐资办学行为的支持和鼓励。

拓宽民办教育的投融资渠道。在社会力量出资办学的具体方式上，既可以依法独立办学，也可以用股份制合资合作，或者以实物、土地使用权、知识产权等作为办学出资形式。鼓励社会力量为民办教育提供捐赠，设立民办教育发展基金，引导鼓励企业、公民个人、社会团体等方面的社会资金进入教育领域举办学校或者项目建设。

建立健全督导评估机制。以规范办学行为为重点，开展民办学校督导评估，引导民办学校提高办学水平、提升服务质量；设计体现民办学校特点的评估指标，包括教学软硬件、行政管理、教学效果与反馈等各方面；注重督导评估结果的运用，建立有利于促进民办教育发展的激励和制约机制，那些评估结果达到一定高水平的学校享受相应的扶持政策，包括人事调动及职称评定上的优惠、在教育部门和物价部门审批同意的前提下适度提高学杂费、免除一些单项评估等。通过多种形式向社会公布督导评估结果，形成有效的督导评估公示公告制度。

（二）稳步推进分类管理，建立健全预警退出机制

对民办学校实行非营利性和营利性分类管理，让民办学校举办者自主选择，进一步明确民办学校发展定位，规范民办教育持续健康发展。对民办学校按不同类型管理，对不同阶段的民办学校再细分差别化管理，不得设立实施义务教育的营利性民办学校，促进各类扶持政策落实到位。

根据民办教育的不同发展阶段和不同类型分类施策。从发展阶段看，我国各地民办教育发展大致分为发展起步、规范发展、鼓励与规范并重等三个阶段。在发展起步阶段，举办民办学校存在较大的营利空间和灵活性，民办学校对师资、生源均有很强的吸引力。对于处于该阶段的地区，

应在持续提高公办学校教师待遇、加大公共教育资源供给的同时，加强对民办学校的规范管理。在规范发展阶段，政府开始规范民办教育领域，同时逐步提高公办学校教师待遇，增强公办学校对生源的吸引力。对处于该阶段的地区，要积极支持民办教育发展，保障教师待遇。在鼓励与规范并重阶段，政府确立了积极鼓励、依法规范的方针，公办、民办学校发展趋于协调。对处于该阶段的地区，要构建统一的政策体系，保障公办、民办教师具有实质相同的法律地位。从学校类型来看，我国民办学校大致分为面向外来务工子女的民办打工子弟学校、面向有一定经济基础家庭的特色化民办学校两类。对于前者，要以支持为主，通过加大各类扶持力度，改善办学条件、提高教师待遇、补贴生均公用经费，保证民办打工子弟学校的办学方向和办学质量；对于后者，要支持与规范并重，既要构建支持体系，也要严格规范学校办学行为，特别是对于那些面向高收入家庭的所谓民办国际化精英学校，需在核算学校办学成本的基础上合理确定其收费标准，严格外籍教师的资格认证，建立教师信息管理系统，依法规范学校办学行为。

在群众关注的收费方面，通过市场化改革试点，推动实行非营利性民办学校收费的市场调节价，综合考虑民办学校的实际办学成本、当地公办教育保障程度等因素，确定非营利性民办学校收费的具体政策。可参照高新技术产业、现代制造业等鼓励投资工业项目的政策，设计营利性民办学校土地过户中的税收减免政策，完善相关配套政策。

实施预警监测和退出机制，定期对非营利性和营利性两类民办学校进行督导评估，及时掌握其办学条件、教学质量、经费管理等方面的情况。对非营利性学校隐瞒营利性行为、在账目上不体现营利性的行为，责成整改。引导营利性学校依法规范办学，避免盲目投资。对办学质量较差、办学条件不足、出现长期亏损的学校，引入有序退出机制。政府应根据民办学校的具体发展状况，结合实地调研结果，科学合理地对分类管理学校启动预警监测和退出机制，定期向学校、社会公示民办学校的督导评估结果。采取渐进式的变迁方式推进民办学校分类管理，避免急于求成所引发的不良后果。

（三）提升民办学校质量，承担教育公共服务职能

改进民办学校的办学思想和理念，借助高校及科研院所相关专家学者的力量，逐步培养民办学校树立负责任、有担当的办学理念，树立更加明确的办学目标、学生培养目标。避免民办教育陷入只重经济效益、只追求名利、不顾学生发展的危险境地。

建立合理的学校法人管理制度。优化民办学校董事会成员构成，除学校股东以外，积极吸纳学校中层骨干、教师，同时邀请家长代表和社会热心人士等办学利益相关者。探索将学校的管理工作和监督工作分开，在法人管理制度方面，民办学校应贯彻董事长制度和校长治校的原则，建立起规范的董事会，完善校长选聘制度，保障校长的管理权。校长负责日常事务的管理，对董事会负责，以集体讨论形式进行决策，避免决策的武断性和片面性。规范民办学校的财务管理，严格学校财务人员的选聘要求和选聘程序，强调持证上岗，避免任人唯亲。完善民办学校的内部管理，建立健全学校教职工代表大会制度、财务制度、招生制度、重大事项报告制度等。

不断强化师资队伍的建设。教师是民办教育的重要资源，直接关系民办学校的生存发展。民办学校教师与公办学校教师的同等地位、同等待遇尚未充分实现，导致民办学校对教师的吸引力有限，在民办学校教师队伍建设上政府需给予足够的指导与帮助。地方政府要改正以前漠视或轻视民办教育的态度，参照同类公办学校教师的标准，解决民办学校教师的待遇和社会保障问题，从制度上逐步消除民办学校教师与公办学校教师在身份上的差异。为民办学校教师构建顺畅的职业发展渠道，保障其学习进修、教学研究、评优评先等权利，为其提供与公办学校教师同等的培训机会和资源，同时可针对民办学校管理人员的需要开展专门培训。构建常态化的教师流动制度，促进优秀教师在公办学校和民办学校之间的合理流动，促进共同发展。借助多种渠道宣传民办学校的优秀办学成果，肯定其办学价值，改变民办教育在群众中的固有不良印象。

有重点地扶持部分民办学校。在"公民同招"新背景下，为实现公办、

民办义务教育协调发展，需要进一步确立以公办为主体、民办为补充的义务教育办学格局。持续扩大优质公办教育资源供给，对民办教育采取支持和规范并举的措施。以"公民同招"政策为契机，引导民办学校跳出过度依赖生源竞争的局面。通过"公民同招"政策，淘汰教学质量欠佳的民办学校，筛选出教学质量过硬、不依靠生源的民办学校，对其予以重点支持，鼓励其培育优质课程、师资、管理，打造一批具有影响力和竞争力的民办教育品牌。

B.5
我国校长专业化的制度脉络和发展路径

陈悠然　杨全印*

摘　要： 　本报告梳理了 21 世纪以来校长队伍建设的重大政策或事件，围绕推行校长选聘制度、校长职级制度、校长专业标准，施行校长国培计划、校长交流轮岗、中小学校党组织领导的校长负责制，建立校长交流平台及启动培养教育家型校长等方面逐一呈现了制度脉络。

关键词： 　校长队伍建设　校长专业化发展　校长国培计划

　　校长是履行学校领导与管理职责的专业人员，是学校改革与发展的领航人物，是党和国家的教育方针在中小学校得以全面贯彻落实的直接领导者、组织者和实施者，在发展我国社会主义教育事业中担负着重要责任。2000 年以来，我国愈发重视校长队伍建设，中共中央、国务院和教育部等出台了一系列政策文件，围绕改革校长人事管理制度、出台校长专业标准及管理办法、优化校长培训制度、实施党组织领导的校长负责制等一系列制度建设，着力促进校长专业化发展，努力造就一支政治过硬、品德高尚、业务精湛、治校有方的高素质专业化的校长队伍，培育教育家型校长（见表 1）。

---

* 陈悠然，华东师范大学教育学部硕士生，主要研究方向为教育政策；杨全印，华东师范大学讲师，教育学博士，教育部校长培训中心主任助理，主要研究方向为学校文化管理等。

表 1　关于校长队伍建设关键政策文件

序号	发布时间	文件名	发文机构	文号
1	2003 年 9 月 17 日	《关于深化中小学人事制度改革的实施意见》	人事部、教育部	国人部发〔2003〕24 号
2	2010 年 7 月 29 日	《国家中长期教育改革和发展规划纲要（2010—2020 年）》	国务院	中发〔2010〕12 号
3	2013 年 2 月 16 日	《关于印发〈义务教育学校校长专业标准〉的通知》	教育部	教师〔2013〕3 号
4	2013 年 9 月 17 日	《关于进一步加强中小学校长培训工作的意见》	教育部	教师〔2013〕11 号
5	2014 年 6 月 11 日	《关于启动实施中小学校长国家级培训计划的通知》	教育部办公厅	教师厅函〔2014〕9 号
6	2014 年 8 月 15 日	《关于推进县（区）域内义务教育学校校长教师交流轮岗的意见》	教育部等三部门	教师〔2014〕4 号
7	2015 年 1 月 12 日	《关于印发〈普通高中校长专业标准〉〈中等职业学校校长专业标准〉〈幼儿园园长专业标准〉的通知》	教育部	教师〔2015〕2 号
8	2017 年 1 月 13 日	《关于印发〈中小学校领导人员管理暂行办法〉的通知》	中共中央组织部、教育部	中组发〔2017〕3 号
9	2022 年 1 月 26 日	《关于建立中小学校党组织领导的校长负责制的意见（试行）》	中共中央办公厅	中办发〔2022〕7 号
10	2022 年 8 月 12 日	《关于实施新时代中小学名师名校长培养计划（2022—2025）的通知》	教育部办公厅	教师厅函〔2022〕18 号

　　综观 21 世纪以来的上述校长政策，有 4 项关注校长专业标准的制定，3 项着眼于校长的培养培训，3 项聚焦校长的人事管理制度，可见以培训和制度并举为手段，铸就专业化的校长队伍是国家对校长发展的期待。在纵向层面审视上述校长队伍建设政策，以校长专业化发展为视角，可将我国校长政策划分为三个阶段：第一阶段为 2000~2013 年，校长政策以《关于深化中小学人事制度改革的实施意见》《义务教育学校校长专业标准》为代表，其主要目的在于初步构建起校长队伍专业化的基本框架，为合格校长成长提供参照；第二阶段为 2014~2020 年，该时期的校长政策以《普通高中校长专业标准》《中等职业学校校长专业标准》《幼儿园园长专业标准》以及《中

小学校领导人员管理暂行办法》为代表，其重心在于依托以往政策所搭建的校长专业化框架，为校长的专业发展提供更加细化的指引，促进专业校长的成长；第三阶段为 2020 年以后，以《关于实施新时代中小学名师名校长培养计划（2022—2025）的通知》为代表，将校长专业发展的目标指向了具有各项拔尖素质的教育家型校长的培养。可见，21 世纪我国校长队伍建设的政策制定，总体呈现从合格校长走向专业校长进而展望教育家型校长的趋势，愈益深化对校长专业化的认识，逐步构建起校长专业发展的体制机制。基于此，本研究筛选出校长专业发展领域的 8 个关键事件，覆盖了校长专业成长的选拔机制、职级制度、专业标准、培训体系等方面，试图呈现 21 世纪以来校长队伍不断走向专业化的路线和轨迹。

一　校长选任从委任制、终身制走向聘任制、任期制，强化校长专业人员身份

新中国成立以来，我国的校长任用主要采用委任制，即由上级行政机关直接考评并任用校长、一旦任用则终身任职的制度。进入 21 世纪，以聘任制、任期制为中心的校长选任制度改革逐步推进，校长任职合格资格和程序逐渐明晰和规范。2001 年，《国务院关于基础教育改革与发展的决定》首次正式提出："推行中小学校长聘任制，明确校长的任职资格，逐步建立校长公开招聘、竞争上岗的机制。实行校长任期制，可以连聘连任。"[①] 2003 年，《关于深化中小学人事制度改革的实施意见》以"实行聘用（聘任）制和岗位管理为重点"，要求："积极推行中小学校长聘任制。中小学校长的选拔任用要扩大民主，引入竞争机制。逐步采取在本系统或面向全社会公开招聘、平等竞争、严格考核、择优聘任的办法选拔任用中小学校长。"[②] 同年

[①] 《国务院关于基础教育改革与发展的决定》，中华人民共和国教育部网站，2001 年 5 月 29 日，http：//www.moe.gov.cn/jyb_ xxgk/moe_ 1777/moe_ 1778/201412/t20141217_ 181775.html。

[②] 《关于深化中小学人事制度改革的实施意见》，中华人民共和国教育部网站，2003 年 9 月 17 日，http：//www.moe.gov.cn/jyb_ xxgk/moe_ 1777/moe_ 1779/201412/t20141209_ 180779.html。

发布的《关于进一步加强农村教育工作的决定》也指出"积极推行校长聘任制""坚持把公开选拔、平等竞争、择优聘任作为选拔任用校长的主要方式"。①《2003—2007年教育振兴行动计划》则强调:"在普通中小学和中等职业学校,全面推行校长聘任制,建立公开选拔、竞争上岗、择优聘任的校长选拔任用机制。"② 2006年修订的《中华人民共和国义务教育法》第二十六条明确规定"校长由县级人民政府教育行政部门依法聘任"。③

在国家政策的指导下,自2003年起,以上海市嘉定区、浙江省舟山市、江苏省徐州市等地为先驱,各省市与地区相继出台通知、意见与办法,积极推进校长聘任制改革。以上海市嘉定区为例,其2003年开始推行校长聘任制、竞聘制和任期目标考核制,颁布《嘉定区中小学校长聘任办法(试行)》,从任职条件、聘任主体、聘任程序、职责和权力、聘任合同等方面对校长聘任制度的实施作出了明确规定,由区教育局领导建立校长遴选聘任委员会,按照公布岗位及要求—申请应聘—初审—复审—拟聘与公示—受聘—备案与签订合同的程序聘任校长,规定校长三年任期,从而强调校长聘任的规范公开、严格考核、竞争择优与双向选择。此后,嘉定区不断完善校长聘任制度,如强调区教育工作党委对校长聘任的全面领导,校长任期延长为五年,选聘程序更加凸显科学性、综合性和民主性,④ 等等。

随着校长聘任制与任期制在全国范围内全面推行,2017年,中共中央组织部、教育部颁发《中小学校领导人员管理暂行办法》,首次在国家层面对校长聘任制与任期制做出了详细规定⑤:其一,在列出多种中小学校长

---

① 《国务院关于进一步加强农村教育工作的决定》,中国政府网,2003年9月17日,https://www.gov.cn/gongbao/content/2003/content_ 62440.htm。
② 《国务院批转教育部2003—2007年教育振兴行动计划的通知》,中国政府网,2004年3月28日,https://www.gov.cn/zhengce/content/2008-03/28/content_ 5687.htm。
③ 《中华人民共和国义务教育法》,中国政府网,2018年12月29日,https://www.gov.cn/guoqing/2021-10/29/content_ 5647617.htm。
④ 《那一年,嘉定率先推校长聘任制,一批有理想的新校长脱颖而出》,上海市嘉定区人民政府网站,2018年10月18日,http://www.jiading.gov.cn/zwpd/zwdt/content_ 531510。
⑤ 《中共中央组织部 教育部关于印发〈中小学校领导人员管理暂行办法〉的通知》,中华人民共和国教育部网站,2017年1月23日,http://www.moe.gov.cn/jyb_ xwfb/s6319/zb_ 2017n/2017_ zb02/17zb02_ wj/201701/t20170123_ 295587.html。

选拔聘用方式的基础上，强调"加大聘任制推行力度""在条件成熟的中小学校可以全部实行聘任制"；其二，对聘任制的实施提出了具体要求，包括下发聘任通知、聘任书、聘任合同，实施提任公示和任职试用期制度等；其三，规定中小学校长任期制和任期目标责任制，"校长、副校长每个任期一般为三至六年""领导人员在同一岗位连续任职一般不超过十二年"。从"推行"到"积极推行"，再到"全面推行"，从地方层面个别试点到广泛实施再到国家层面明确管理办法，我国校长聘任制与任期制改革逐渐推进与深化，在选任标准上由校长任职资格要求转向更加凸显校长的专业要求，在选任程序上更加突出公平公开、竞争择优、考核监督，以选拔任用制度改革逐步强化校长专业人员身份，不断促进校长职业专业化。

二　实行职级制，推动校长从"职务"向"职业""专业"转变

我国校长职级制改革遵循从自上而下到上下协调推进的路径。1993 年，上海率先提出建立中小学校长职级系列的设想，并于次年在卢湾区、静安区试点实施，至 2001 年全面实行校长（书记）职级制。[①] 1999 年，中共中央、国务院发布《关于深化教育改革全面推进素质教育的决定》，提出"试行校长职级制"[②]，首次从国家层面提出了校长职级制的改革方向。同年，北京市西城区、山东省潍坊市高密试行了校长职级制度。

21 世纪以来，校长职级制在国家和地方层面都更受重视。2001 年《国务院关于基础教育改革与发展的决定》提出"积极推进校长职级制"，[③]

---

① 李永智：《深化中小学校长职级制改革的"上海经验"》，《中小学管理》2020 年第 2 期。

② 《中共中央国务院关于深化教育改革全面推进素质教育的决定》，中国教育学会网站，1999 年 6 月 13 日，https：//www.cse.edu.cn/index/detail.html？category＝129&id＝2281。

③ 《国务院关于基础教育改革与发展的决定》，中华人民共和国教育部网站，2001 年 5 月 29 日，http：//www.moe.gov.cn/jyb_ xxgk/moe_ 1777/moe_ 1778/201412/t20141217_ 181775.html。

《全国教育事业第十个五年计划》提出"积极试行校长职级制"。① 2010 年，《国家中长期教育改革和发展规划纲要（2010—2020 年）》指出"推行校长职级制"，并指定吉林省松原市等五省市为改革试点地区，② 这标志着校长职级制改革进入了上下协调推进的新阶段。

2015 年以后，随着校长专业标准的出台和校长专业化体制机制的完善，校长职级制改革对校长专业化的意义愈加突出。《关于深入推进教育管办评分离 促进政府职能转变的若干意见》要求"全面推进中小学校长职级制改革，实现校长的专业化、职业化"。③ 2017 年《中小学校领导人员管理暂行办法》和 2018 年《关于全面深化新时代教师队伍建设改革的意见》都提出"加快推行中小学校长职级制改革，拓宽职业发展空间，促进校长队伍专业化建设"。④⑤ 2020 年《关于加强新时代乡村教师队伍建设的意见》指出"深入推进校长职级制改革"，⑥《关于进一步激发中小学办学活力的若干意见》要求"加快推进校长职级制改革，制订校长职级制实施办法"。⑦ 从"积极推进""试行"到"推行"，乃至"加快""全面""深入推进"，反

---

① 《教育部关于印发〈全国教育事业第十个五年计划〉的通知》，中华人民共和国教育部网站，2001 年 3 月 15 日，http：//www.moe.gov.cn/jyb_ xxgk/gk_ gbgg/moe_ 0/moe_ 7/moe_ 17/tnull_ 210.html。

② 《国家中长期教育改革和发展规划纲要（2010—2020 年）》，2010 年 7 月 29 日，https：//www.gov.cn/jrzg/2010-07/29/content_ 1667143.htm。

③ 《教育部关于深入推进教育管办评分离 促进政府职能转变的若干意见》，中华人民共和国教育部网站，2015 年 5 月 6 日，http：//www.moe.gov.cn/srcsite/A02/s7049/201505/t20150506_ 189460.html。

④ 《中共中央组织部 教育部关于印发〈中小学校领导人员管理暂行办法〉的通知》，中华人民共和国教育部网站，2017 年 1 月 23 日，http：//www.moe.gov.cn/jyb_ xwfb/s6319/zb_ 2017n/2017_ zb02/17zb02_ wj/201701/t20170123_ 295587.html。

⑤ 《中共中央 国务院关于全面深化新时代教师队伍建设改革的意见》，人民政协网，2018 年 1 月 31 日，https：//www.rmzxb.com.cn/c/2018-01-31/1949683.shtml。

⑥ 《教育部等六部门印发关于加强新时代乡村教师队伍建设的意见》，中华人民共和国教育部网站，2020 年 9 月 4 日，http：//www.moe.gov.cn/jyb_ xwfb/gzdt_ gzdt/s5987/202009/t20200904_ 485110.html。

⑦ 《教育部等八部门关于进一步激发中小学办学活力的若干意见》，中华人民共和国教育部网站，2020 年 9 月 22 日，http：//www.moe.gov.cn/srcsite/A06/s3321/202009/t20200923_ 490107.html。

映出校长职级制改革的目标定位逐渐明晰、推行范围和力度逐渐拓展与加大，不断推动校长从"行政职务"向"职业"和"专业"转变，强化校长职业意识和专业发展。

目前，校长职级制度已在我国各省市、地方大面积推行，形成了各具特色的校长职级系列的地方方案。例如，上海市设置初级、中级、高级、特级四级11等校长职级，明确规定了校长职级的申报条件，出台各级各类学校《校长职级评定标准》，并规定了校长职级评审认定的机构、程序、管理制度等。① 山东省潍坊市校长职级制改革自1999年试行、2004年全面启动以来，逐步经历了取消校长行政级别—搭建教育专家办学制度体系—纳入依法自主办学轨道—提高校长治校育人能力四个阶段，② 以校长职级制为核心构建校长队伍建设的一系列制度架构，充分发挥了职级制对校长专业化的作用。

三 出台校长专业标准，以标准化引领校长专业化

校长专业标准是对合格校长专业素质的基本要求，对于促进校长职业专业化、提升校长队伍的整体素质和管理水平具有重要意义。长期以来，我国对校长资格的规定大多限于校长任职条件与资格，并未突出校长职业的特殊性，没有将校长作为专业人员来研究其素质结构。2012年，《国务院关于加强教师队伍建设的意见》要求："制定幼儿园园长、普通中小学校长、中等职业学校校长专业标准和任职资格标准，提高校长（园长）专业化水平。"③ 这是国家首次正式提出制定校长专业标准的规定。

---

① 《上海市教育委员会关于开展2021年中小学校长职级评审和认定工作的通知》，上海教育网，2021年6月22日，https：//edu.sh.gov.cn/xxgk2_ zdgz_ jsgz_ 03/20210615/ed55f3e2646a4783aa 9597403bf4a62c. html#：~：text=。

② 井光进：《潍坊校长职级制改革历程与基本经验》，《人民教育》2022年第22期。

③ 《国务院关于加强教师队伍建设的意见》，中国政府网，2012年9月7日，https：// www. gov. cn/zwgk/2012-09-07/content_ 2218778. htm。

在此背景下，教育部于 2013 年印发了《义务教育学校校长专业标准》，① 又于 2015 年印发了《普通高中校长专业标准》、《中等职业学校校长专业标准》和《幼儿园园长专业标准》。② 校长专业标准开篇即明确"校长是履行学校领导与管理工作职责的专业人员"，明确了校长的专业人员身份，继而提出了由 5 个基本理念、6 项专业职责、4 方面实施建议所组成的校长专业素质结构体系：5 个基本理念包括以德为先、育人为本、引领发展、能力为重、终身学习；6 项专业职责包括规划学校发展、营造育人文化、领导课程教学、引领教师成长、优化内部管理、调试外部环境；每项职责各从专业理解与认识、专业知识与方法、专业能力与行为 3 个方面提出 10 条专业要求，共 60 条。校长专业标准集中体现了校长专业化的发展方向和目标愿景，在校长队伍建设中发挥着引领与导向作用，既成为校长任职资格、选拔任用、考核评价标准制定的基本依据，也成为校长培训和校长自身专业发展、学校管理的行动指南。校长专业标准是对校长专业化的内涵诠释和框架构建，标志着校长队伍建设进入了以专业标准为依据的新阶段。

四　实施国培计划，从国家层面完善校长专业培养体系

21 世纪以来，我国中小学校长培训工作得到不断巩固与完善。2000 年，教育部启动"全国中小学千名骨干校长研修计划"，创办了"骨干校长高级研究班"。同年，中共教育部党组印发《全国教育干部培训"十五"规划》，③ 并印发《全国中小学校长任职资格培训指导性教学计划》和《全国

---

① 《教育部关于印发〈义务教育学校校长专业标准〉的通知》，中华人民共和国教育部网站，2013 年 2 月 16 日，http：//www.moe.gov.cn/srcsite/A10/s7151/201302/t20130216_ 147899.html。

② 《教育部关于印发〈普通高中校长专业标准〉〈中等职业学校校长专业标准〉〈幼儿园园长专业标准〉的通知》，中华人民共和国教育部网站，2015 年 1 月 12 日，http：//www.moe.gov.cn/srcsite/A10/s7151/201501/t20150112_ 189307.html。

③ 《中共教育部党组关于印发〈全国教育干部培训"十五"规划〉的通知》，中华人民共和国教育部网站，2001 年 2 月 22 日，http：//www.moe.gov.cn/s78/A03/s7050/201005/t20100531_ 88540.html。

中小学校长提高培训指导性教学计划》，对校长任职资格和提高培训给予指导与完善。此后，又相继发布《教育部办公厅关于进一步加强和改进中小学校长培训工作的意见》《全国教育系统干部培训"十一五"规划》等文件，① 在培训目标和指导思想、培训课程与教学教材、培育方式、培训基地、培育管理等方面不断规范、巩固与完善校长培训工作，构建起包含任职资格培训、提高培训、高级研修、专题培训四个层级的校长培训制度化体系，并逐渐强调校长培训向基层、农村、薄弱学校拓展。2010 年，中共教育部党组印发《关于教育系统深入开展大规模培训干部工作的实施意见》，实施"中西部农村中小学校长素质提升计划""中青年骨干校长培养计划""全国优秀中小学校长高级研修计划"和"中小学校长海外研修计划"。②

　　进入"十二五"以后，我国校长培训进一步发展，其标志是启动"校长国家级培训计划"以统领各级各类校长培训项目与工作。2013 年，教育部发布《关于进一步加强中小学校长培训工作的意见》，明确提出校长培训的总体要求是"以促进校长专业发展为主线，以提升培训质量为核心，以创新培训机制为动力，进一步提高校长培训工作专业化水平，努力造就一支品德高尚、业务精湛、治校有方、人民满意的中小学校长队伍"，并从培训的统筹规划、内容、方式、制度、机制、队伍、监管、经费等八方面提出了具体意见。③ 2014 年，教育部办公厅发布《关于启动实施中小学校长国家级培训计划的通知》，正式启动"校长国培计划"，明确其实施宗旨为"雪中送炭、高端引领、促进改革、示范带动"，具体实施中小学校长示范性培训项目（包括边远贫困地区农村校长助力工程、特殊教育学校校长能力提升工程、卓越校长领航工程、培训者专业能力提升工程 4 项工程）和中西部

① 《全国教育系统干部培训"十一五"规划》，中华人民共和国教育部网站，2006 年 1 月 1 日，http：//www.moe.gov.cn/s78/A04/s7051/201001/t20100129_ 180685.html。
② 《中共教育部党组关于教育系统深入开展大规模培训干部工作的实施意见》，中华人民共和国教育部网站，2010 年 2 月 1 日，http：//www.moe.gov.cn/srcsite/A04/rss _ gbjyjd/201002/t20100201_ 168264.html。
③ 《教育部关于进一步加强中小学校长培训工作的意见》，中华人民共和国教育部网站，2013 年 9 月 17 日，http：//www.moe.gov.cn/srcsite/A10/s7034/201309/t20130917_ 157965.html。

农村校长培训项目两大项目，① 并每年出台通知对各项工作予以统筹指导。"校长国培"从教师国培计划中单列实施，使校长培训工作进入了更具针对性、专业化、系统化的阶段。

校长国培计划既注重补足短板、雪中送炭，又重视培育卓越、高端引领。一方面，《关于改革实施中小学幼儿园教师国家级培训计划的通知》，要求"从2015年起，'国培计划'集中支持中西部乡村教师校长培训"，开设了"乡村校园长培训"项目。② 2017年，教育部颁布《乡村校园长"三段式"培训指南》《乡村校园长"送培进校"诊断式培训指南》《乡村校园长工作坊研修指南》《乡村校园长培训团队研修指南》，③ 进一步规范与创新乡村校园长培训模式。另一方面，为促进教育家型校长培养，首期卓越校长领航工程中小学名校长领航班于2015年开班，8家培养基地向53名校长提供了为期三年的培养。④ 2018年，教育部实施"国培计划"——中小学名师名校长领航工程（"双名工程"），启动了第二期中小学名校长领航班，由13家培养基地向121名校长提供了为期三年的培养。⑤

2021年，教育部、财政部发布《关于实施中小学幼儿园教师国家级培训计划（2021—2025年）的通知》，⑥ 绘制了"十四五"校长国培的蓝图，促进国培计划提质增效。次年，教育部发布《关于实施新时代中小学名师

① 《教育部办公厅关于启动实施中小学校长国家级培训计划的通知》，中华人民共和国教育部网站，2014年6月11日，http：//www. moe. gov. cn/srcsite/A10/s7034/201406/t20140611_170727. html。
② 《教育部 财政部关于改革实施中小学幼儿园教师国家级培训计划的通知》，中华人民共和国教育部网站，2015年9月1日，http：//www. moe. gov. cn/srcsite/A10/s7034/201509/t20150906_ 205502. html。
③ 《教育部办公厅关于印发〈乡村校园长"三段式"培训指南〉等四个文件的通知》，中华人民共和国教育部网站，2017年7月24日，http：//www. moe. gov. cn/srcsite/A10/s7034/201707/t20170731_ 310426. html。
④ 齐林泉：《加强基础教育高层次人才培养推进教育家办学 首期中小学名校长领航班开班》，《中国教育报》2015年4月28日。
⑤ 易鑫：《"国培计划"中小学名师名校长领航工程启动》，《中国教育报》2018年5月15日。
⑥ 《教育部 财政部关于实施中小学幼儿园教师国家级培训计划（2021—2025年）的通知》，中华人民共和国教育部网站，2021年5月13日，http：//www. moe. gov. cn/srcsite/A10/s7034/202105/t20210519_ 532221. html。

名校长培养计划（2022—2025）的通知》，正式实施新周期"双名计划"，其着重强调培养教育家型校长的目标，强化名校长工作室建设、教育帮扶、数字化融入，创新采用"国家—省—市—县—校"分层进阶的管理体系和"深度学习—导师指导—示范提升"三段递进的培养模式，并确定 150 位校长为名校长培养对象、10 家单位为名校长培养基地。①

据统计，截至 2019 年 9 月，"校长国培计划"四大工程共计培训 24075 名校长。其中，边远贫困地区农村校长助力工程培训 13450 人、特殊教育学校校长能力提升工程培训 850 人、卓越校长领航工程培训 8115 人（其中领航班校长 185 人）、培训者专业能力提升工程培训 1660 人。② 校长培训与国培计划发展至今，培训资源逐步健全丰富，分层分类的校长专业化培养体系逐步形成并持续完善，校长培养模式逐步突出针对性、专业化、科学性，着力推动校长培训培养向更高水平的专业化推进。

五 推进校长交流轮岗，体现对校长专业影响力的认可

21 世纪以来，我国不断出台相关政策推进校长交流轮岗，进而推动义务教育均衡发展。《国家中长期教育改革和发展规划纲要（2010—2020年）》已提出了校长交流轮岗制度的构想，要求"实施县（区）域内教师、校长交流制度""建立健全义务教育学校教师和校长流动机制"。③ 2012 年，国务院在《关于深入推进义务教育均衡发展的意见》中提出"实行县域内公办学校校长、教师交流制度。……建立和完善鼓励城镇学校校长、教师到

---

① 《教育部办公厅关于实施新时代中小学名师名校长培养计划（2022—2025）的通知》，中华人民共和国教育部网站，2022 年 8 月 12 日，http：//www.moe.gov.cn/srcsite/A10/s7011/202208/t20220819_653904.html。

② 《"校长国培计划"的实施情况、创新探索与下一步工作思路——校长国培计划（2014-2019 年）项目总结报告》，中小学校长和幼儿园园长国家级培训项目管理办公室，2020 年 9 月 11 日，https：//gpjh.enaea.edu.cn/h/cgzs/dsj/2020-09-11/5044.html。

③ 《国家中长期教育改革和发展规划纲要（2010—2020 年）》，中国政府网，2010 年 7 月 29 日，https：//www.gov.cn/jrzg/2010-07/29/content_1667143.htm。

农村学校或城市薄弱学校任职任教机制，完善促进县域内校长、教师交流的政策措施"。① 同年，《关于大力推进农村义务教育教师队伍建设的意见》也提出"建立健全城乡教师校长轮岗交流制度"。②

2013 年，党的十八届三中全会通过了《中共中央关于全面深化改革若干重大问题的决定》，明确提出"统筹城乡义务教育资源均衡配置，实行校长教师交流轮岗"，③ 进一步提升了校长教师交流轮岗工作的重要性和紧迫性。2014 年，教育部等三部门发布《关于推进县（区）域内义务教育学校校长教师交流轮岗的意见》，对校长交流轮岗的工作目标、人员范围、方式方法、激励保障机制、责任主体等进行了系统规定，力争用 3~5 年时间实现县（区）域内校长教师交流轮岗的制度化、常态化，率先实现县（区）域内校长教师资源均衡配置。④ 2018 年，中共中央、国务院发布的《关于全面深化新时代教师队伍建设改革的意见》也提出"深入推进县域内义务教育学校教师、校长交流轮岗"。⑤ 2020 年，教育部等六部门发布《关于加强新时代乡村教师队伍建设的意见》，要求"完善交流轮岗激励机制，将到农村学校或薄弱学校任教 1 年以上作为申报高级职称的必要条件，3 年以上作为选任中小学校长的优先条件"，⑥ 进一步明确了校长交流轮岗的激励机制。2022 年教育部联合七部门发布《新时代基础教育强师计划》，提出"重点加

---

① 《国务院关于深入推进义务教育均衡发展的意见》，中国政府网，2012 年 9 月 7 日，https：//www.gov.cn/zwgk/2012-09/07/content_ 2218783.htm。

② 《教育部 中央编办 国家发展改革委 财政部 人力资源社会保障部关于大力推进农村义务教育教师队伍建设的意见》，中华人民共和国教育部网站，2012 年 11 月 8 日，http：//www.moe.gov.cn/srcsite/A10/s3735/201211/t20121108_ 145538.html。

③ 《中共中央关于全面深化改革若干重大问题的决定》，中国政府网，2013 年 11 月 15 日，https：//www.gov.cn/jrzg/2013-11/15/content_ 2528179.htm。

④ 《教育部 财政部 人力资源和社会保障部关于推进县（区）域内义务教育学校教师交流轮岗的意见》，中华人民共和国教育部网站，2014 年 8 月 15 日，http：//www.moe.gov.cn/srcsite/A10/s7151/201408/t20140815_ 174493.html。

⑤ 《中共中央 国务院关于全面深化新时代教师队伍建设改革的意见》，人民政协网，2018 年 1 月 31 日，https：//www.rmzxb.com.cn/c/2018-01-31/1949683.shtml。

⑥ 《教育部等六部门印发关于加强新时代乡村教师队伍建设的意见》，中华人民共和国教育部网站，2020 年 9 月 4 日，http：//www.moe.gov.cn/jyb_ xwfb/gzdt_ gzdt/s5987/202009/t20200904_ 485110.html。

强城镇优秀教师、校长向乡村学校、薄弱学校流动",将校长轮岗的意义界定为"辐射带动作用"。[①] 2023 年,中共中央办公厅、国务院办公厅发布《关于构建优质均衡的基本公共教育服务体系的意见》,再次要求"实施校长教师有序交流轮岗行动计划""推动优秀校长和骨干教师向乡村学校、办学条件薄弱学校流动",[②] 展现出更高的政治势能。

纵观 21 世纪以来关于校长交流轮岗制的相关政策,从"实施""建立""实行"到"积极推行""深入推进",再到"重点引导""重点加强",我国加大了校长交流轮岗制度的推行力度,逐步构建起包含工作目标、人员范围、方式方法、激励措施等在内的制度体系,实际上也体现出对优秀校长在学校发展、教育优质均衡中"辐射带动作用"的肯定及对校长专业影响力的认可。

六 建立党组织领导的校长负责制,突出学校集体领导

我国自 1985 年起试点实施中小学校校长负责制,对基础教育发展起到了突出贡献。《国家中长期教育改革和发展规划纲要(2010—2020 年)》中提出"完善普通中小学和中等职业学校校长负责制",[③] 探索新时代学校领导体制的改革路径。2016 年,中央组织部、教育部党组联合印发《关于加强中小学校党的建设工作的意见》,提出"健全完善中小学校党建工作管理体制",[④] 这是中央层面首次对中小学校党建工作作出专门部署。2019 年,习近平总书记在《论坚持党对一切工作的领导》中指出,"在中小学、医

---

① 《教育部等八部门关于印发〈新时代基础教育强师计划〉的通知》,中华人民共和国教育部网站,2022 年 4 月 11 日,http://www.moe.gov.cn/srcsite/A10/s7034/202204/t20220413_616644.html。

② 《中共中央办公厅 国务院办公厅印发〈关于构建优质均衡的基本公共教育服务体系的意见〉》,中国政府网,2023 年 6 月 13 日,https://www.gov.cn/zhengce/202306/content_6886110.htm。

③ 《国家中长期教育改革和发展规划纲要(2010—2020 年)》,中国政府网,2010 年 7 月 29 日,https://www.gov.cn/jrzg/2010-07/29/content_1667143.htm。

④ 《中央组织部、教育部党组印发〈关于加强中小学校党的建设工作的意见〉》,中国政府网,2016 年 9 月 29 日,https://www.gov.cn/xinwen/2016-09/29/content_5113603.htm。

院、科研院所，党组织领导的校长（院长、所长）负责制还没有建立起来"，① 正式提出了建设党组织领导下的校长负责制这一改革目标。

2022 年，中共中央办公厅印发了《关于建立中小学校党组织领导的校长负责制的意见（试行）》，② 阐明了党组织和校长的职责定位，要求健全党组织会议制度、校长办公会议制度、党政协调运行机制三个制度机制，旨在加强党对教育工作的全面领导，保证党的教育方针和党中央决策部署在中小学校得到贯彻落实。党组织领导的校长负责制是一种集体领导制度，学校领导不再被视为校长个人的事务，而是要依托党政统筹有效完善中小学校内部治理，将制度优势转化为学校治理效能。

七 创办校长大会等交流平台，构建校长专业共同体

21 世纪以来，为了提高校长的专业水平，促进校长专业交流，以中国教育学会为首的教育组织在全国范围内召开了数量繁多的以校长为核心人群或以校长成长为核心议题的会议。

为指导中小学校长专业发展，中国教育学会于 2004 年起承办中国中学校长大会，于 2005 年起承办中国小学校长大会，均为三年一届。③ 会议的目的在于为基础教育工作者打造一流的专业化研讨交流平台，探讨中小学教育的发展战略和改革创新。为进一步加强校长之间的交流，中国教育学会自 2010 年起每年举办全国中小学校长论坛，聚焦该时期教育发展的诸多热点，探讨相关的学校管理经验及管理难题的解决措施，至今已举办了九届。④

---

① 《习近平在全国组织工作会议上的讲话》，共产党员网，2018 年 7 月 3 日，https：//www. 12371. cn/2018/09/17/ARTI1537150840597467. shtml。
② 《关于建立中小学校党组织领导的校长负责制的意见（试行）》，《人民日报》2022 年 1 月 27 日。
③ 《中国教育学会第五届中国中学校长大会在兰州隆重召开》，中国教育学会网站，2017 年 10 月 28 日，https：//www. cse. edu. cn/index/detail. html？category＝31&id＝1989。
④ 《第九届全国中小学校长论坛在京举办》，光明网，2023 年 3 月 29 日，https：//difang. gmw. cn/2023-03/29/content_ 36464478. htm。

为了加强海峡两岸的教育交流，2007 年在厦门举办了首届海峡两岸百名中小学（职业学校）校长论坛，共有 200 多名来自两岸各地的校长参与了此次论坛，实现了两岸校长之间的深入交流。截至 2023 年，该论坛已举办了十六届。[①]

为了获得国际化的学校管理经验，我国也积极承办国际校长论坛。2019年，第十四届国际校长联盟大会在上海华东师范大学举行，这是国际校长联盟大会首次在中国举行。大会以"共创未来的学校领导者"为主题，来自50 个国家的 1500 名中小学校长参会。[②] 会议为各国中小学校长搭建了广阔的交流平台，通过各国校长的广泛交往交流，推动世界教育的进步。当前我国以校长为核心人群和核心议题的相关学术会议日趋多样、覆盖范围不断扩大，这是对校长专业成长的有力支持。

八 倡导教育家办学，深化新时代校长专业发展要求

教育家办学是当代教育发展对校长提出的新要求。2003 年，温家宝在教师节会见教师代表时就提出"教育家办学"，从国家层面提出了"教育家办学"的诉求。《国家中长期教育改革和发展规划纲要（2010—2020 年）》指出要"造就一批教育家，倡导教育家办学"，[③] 将教育家办学的地位提高到了国家规划的层面上。《国家教育事业发展第十二个五年规划》再次重申了"创新教育家办学制度"。[④] 2018 年，中共中央、国务院印发《关于全面深化新时代教师队伍建设改革的意见》，提出要"支持教师和校长大胆探

① 《第十六届海峡两岸百名中小学（中职）校长论坛举办》，福建省教育厅网站，2023 年 12 月 18 日，https://jyt.fujian.gov.cn/jyyw/jyt/202312/t20231218_6350633.htm。
② 《共创未来：第十四届国际校长联盟大会闭幕》，华东师范大学网站，2019 年 10 月 29 日，https://www.ecnu.edu.cn/info/1094/8044.htm。
③ 《国家中长期教育改革和发展规划纲要（2010—2020 年）》，中国政府网，2010 年 7 月 29 日，https://www.gov.cn/jrzg/2010-07/29/content_1667143.htm。
④ 《教育部关于印发〈国家教育事业发展第十二个五年规划〉的通知》，中华人民共和国教育部网站，2012 年 6 月 14 日，http://www.moe.gov.cn/srcsite/A03/moe_1892/moe_630/201206/t20120614_139702.html。

索，创新教育思想、教育模式、教育方法，形成教学特色和办学风格，营造教育家脱颖而出的制度环境"，① 把教育家作为校长队伍建设的最终目标。2019 年，中共中央、国务院发布《关于深化教育教学改革全面提高义务教育质量的意见》，明确指出"校长是学校提高教育质量的第一责任人"，要"倡导教育家办学，支持校长大胆实践，创新教育理念、教育模式、教育方法，营造教育家脱颖而出的制度环境"，② 将校长从一般教师群体中独立出来，强调教育家办学。2020 年的《关于加强新时代乡村教师队伍建设的意见》则提出了教育家型乡村校长的培育目标："鼓励各地在乡村中小学遴选优秀教师校长，支持他们立足乡村、大胆探索，努力成为教育家型乡村教师、校长。"③

除了制度环境的建设外，我国也在培训上积极营造适合教育家成长的氛围，"国培计划"明确提出要培养造就一批具有较大社会影响力的教育家型校长，各地响应国家政策，依托本地高校教育资源开展各类"教育家型校长培训工程"，为教育家成长提供助力。2019 年，国家主席习近平签署主席令，授予于漪、卫兴华、高铭暄人民教育家国家荣誉称号，④ 在国家层面为教育家成长提供了榜样模范。2023 年教师节前夕，习近平总书记致信全国优秀教师代表，勉励广大教师"以教育家为榜样，大力弘扬教育家精神"，并首次阐明了中国特有的教育家精神的六大特征。⑤ 这是新时代教育高质量发展、教育强国建设的重要依托，为校长教育家成长提供了目标

---

① 《中共中央 国务院关于全面深化新时代教师队伍建设改革的意见》，人民政协网，2018 年 1 月 31 日，https：//www. rmzxb. com. cn/c/2018-01-31/1949683. shtml。
② 《中共中央 国务院关于深化教育教学改革全面提高义务教育质量的意见》，中国政府网，2019 年 7 月 8 日，https：//www. gov. cn/zhengce/2019-07/08/content_ 5407361. htm。
③ 《教育部等六部门印发关于加强新时代乡村教师队伍建设的意见》，中华人民共和国教育部网站，2020 年 9 月 4 日，http：//www. moe. gov. cn/jyb_ xwfb/gzdt_ gzdt/s5987/202009/t20200904_ 485110. html。
④ 《国家主席习近平签署主席令 在庆祝中华人民共和国成立 70 周年之际授予 42 人国家勋章和国家荣誉称号》，求是网，2019 年 9 月 18 日，http：//www. qstheory. cn/yaowen/2019-09/18/c_ 1125007545. htm。
⑤ 《习近平致全国优秀教师代表的信》，新华网，2023 年 9 月 9 日，http：//www. news. cn/politics/leaders/2023-09/09/c_ 1129854340. htm。

和遵循。

21世纪以来，通过上述一系列校长队伍建设的实施与推进，我国逐步明确了校长的专业人员身份、丰富了校长专业化的内涵，构建并完善了校长专业成长的体制机制，规划了校长从合格到专业再到卓越，即朝向教育家型校长成长的明确轨迹。

B.6
21世纪以来校长专业化成长研究
进展与前瞻

谢昊伦　邓　睿*

摘　要：　本报告通过文献计量方法，对2000年以来校长队伍建设的相关文献进行梳理述评，发现21世纪以来我国中小学校长研究领域受到广泛关注，在校长专业化发展这一核心议题下，学者围绕校长领导力、胜任力、教育家型校长等议题进行了深入探究。未来，需更关注实证研究和国际视角的融合，推动校长专业成长的研究向更深层次更广领域发展。

关键词：　中小学校长　校长专业化　教育家型校长

21世纪以来，学术界针对我国需要什么样的校长进行了大量研究。为了描摹校长研究领域的总体图像，本报告基于2000年以来校长研究领域的专著，CNKI、SSCI数据库以及相关学术会议的论文发表，对国内外校长研究相关学术议题进行考察。在中国知网平台上以"校长""中小学"为关键词搜索期刊文章，将来源类别定为"CSSCI来源期刊"以及"北大核心期刊"。为了使研究的结论更具针对性和代表性，将搜索结果进行进一步的精炼，去除非学术研究类篇目，最终遴选出659篇相关文献以代表近年来校长研究的趋势。对相关文献的年发表趋势进行分析（见图1），可知2000～2004年发文量慢速增长，2005～2010年发文量快速增长，2011～2013年发

---

* 谢昊伦，华东师范大学教育学部硕士研究生，主要研究方向为教育政策和管理；邓睿，华东师范大学讲师，教育学博士，教育部中学校长培训中心主任助理，主要研究方向为校长和教师专业发展等。

文量快速下降，2014～2018 年的发文态势较为平稳，2019 年以来发文量急剧下降。总体来看，21 世纪以来有关中小学校长相关研究的核心文献数量并不算多，相关研究领域和话题亟待更多的关注和活力。

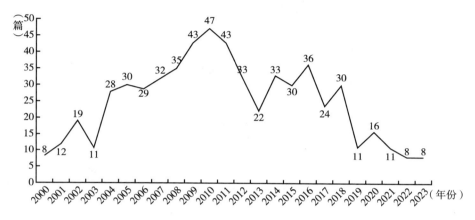

图1　2000～2023 年中小学校长文献年发文量趋势

为进一步探索中小学校长文献的关注点，本研究使用 VOSviewer1.6.18 软件进行相关文献的关键词分析。在对关键词进行清理后，形成了以下关键词共线图（见图2）。出现频数排名靠前的关键词由高到低分别为"中小学校长""校长培训""教育家型校长""专业发展""培训模式""信息化领导力""校长领导力""校长负责制""校长职级制""教育家办学""校长管理制度""校长专业发展""专业标准""校长角色""胜任力"等。

对关键词时序进行研究可以看出中小学校长的研究轨迹。相关研究在 2000 年前后尤为关注校长的角色定位与培训，2010 年前后更加关注校长的专业标准和胜任力发展，2015 年前后关注校长领导力与教育家办学，近年来关注教育家型校长与校长专业化发展（见图3）。从中不难发现，中小学校长研究的焦点随着时代的要求逐渐转向，与基础教育发展的阶段重点相伴而行。

在共线图与时序图的基础上，本研究对关键词进行梳理总结，将其概括为以下六个方面的学术议题。

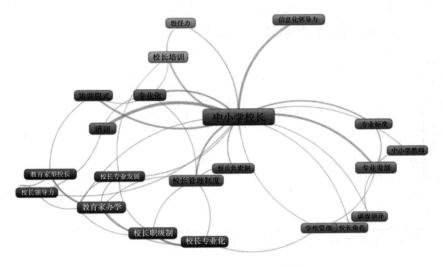

图2　中小学校长研究关键词共线图

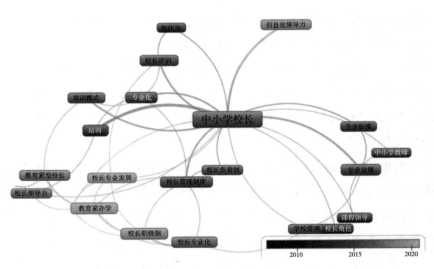

图3　中小学校长研究关键词时序图

一 校长专业化发展研究

根据文献计量结果，专业化发展是校长研究的热点领域，且与其他相关研究议题关联紧密，是中小学校长研究的关键研究支点。专业化发展是教育改革与发展对校长提出的必然要求。作为学校管理的带头人及学校发展的领导者，校长自身专业管理能力关系到学校发展。校长是否真的需要发展专业化能力、需要发展怎样的专业化能力，成为学者们探究的重点。

基于人力资本理论，校长作为一种职业，有自身所特有的社会独立性，需要通过专业化的发展，使校长这一职业群体的发展逐步符合专业标准、成为专门职业、获得专业地位。① 从职业发展角度出发，校长专业化在群体层面上指校长职业向专业阶段发展跃迁，逐渐符合专业标准，成为专门性职业并获得相应的专业地位的动态过程，在个人层面上则是指校长个体专业发展、完善的过程。②

为了指导校长专业化的发展，学界也聚焦于探究校长专业化应有的知识基础。根据知识目的进行分类，知识可分为理论导向的学术性知识、现实导向的实践性知识。③ 参照效用标准（有用）、数量标准（够用）、质量标准（好用），校长需要在辨析知识类型的基础上，主要吸收实践性知识、有选择性地吸收学术性知识，以支持自身的专业化发展；④ 同时，校长除了学习易获得的、文字化的显性知识外，也应注重对自身在实践中摸索而出的隐性知识的培养。⑤ 2013 年 2 月，教育部印发《义务教育学校校长专业标准》（以下简称《专业标准》），提出了对义务教育学校校长专业素质的要求，

---

① 褚宏启、杨海燕：《校长专业化及其制度保障》，《教育理论与实践》2002 年第 11 期。
② 褚宏启：《校长专业化的知识基础》，《教育理论与实践》2003 年第 23 期。
③ Schon D A, The Reflective Practitioner: How Professionals Think in Action, Basic Books, 1984.
④ 褚宏启：《对校长专业化的再认识》，《教育理论与实践》2005 年第 1 期。
⑤ 闫德明：《论校长专业化的知识基础及知识创新过程》，《中国教育学刊》2005 年第 4 期。

引起了学界对校长专业化标准的新一轮讨论与研究，研究重心也从原本的国外先进校长专业标准的借鉴，[①] 转移到了对《专业标准》合理性的探讨、[②] 实践相关问题探究[③]，以及相关的评价指标构建。[④] 部分研究表明，当前我国仍存在校长专业化发展无完整培养体系、[⑤] 地区间校长认知不统一、专业化能力发展不均衡等问题。[⑥]

综上，已有研究表现出以下特点：一是专业化发展研究是校长研究领域的重点话题，集中在概念、内涵、举措、困境等方面，且与其他研究领域相互交叉；二是校长专业化发展是应用型研究，重在探索专业化发展之路；三是已有研究侧重于应然思辨，较为忽视实证研究与理论建构。在大力呼吁教育家型校长成长的关键时期，如何在以往研究的基础上，采取更为规范的手段，构建更加严谨的理论逻辑，探求更加有效的成长路径，是当前校长专业化发展研究应该关注的重点。

二　校长领导力研究

领导力是校长在学校实现有效管理的关键。文献计量结果显示，多篇核

---

① 梁伟：《美国中小学校长专业标准及启示》，《教育发展研究》2006 年第 13 期；李江桦、刘振疆：《美国、英国、新西兰三国校长专业标准比较及其启示》，《外国教育研究》2007 年第 12 期；涂元玲：《从"文本"到"实践"：英国〈国家校长标准〉实施分析——基于英国国家级校长专业资格培训项目的研究》，《教育科学研究》2011 年第 2 期；刘莉：《澳大利亚校长专业标准：框架与理念》，《中小学管理》2011 年第 11 期。

② 褚宏启：《锦上添花与雪中送炭：校长专业标准何以必要——我国〈义务教育学校校长专业标准〉的特征与价值》，《人民教育》2013 年第 12 期；蒿楠：《论基于"标准"的校长专业发展——我国〈义务教育学校校长专业标准〉反思》，《教育科学研究》2015 年第 3 期。

③ 闫温乐、陈建华：《校长专业标准视野下的学校发展规划——基于上海 196 位初中校长调查问卷分析》，《现代教育管理》2018 年第 3 期；王璐、钟婉娟：《基于"标准"·成就"专业"：义务教育阶段校长评价指标的构建与应用》，《中小学管理》2022 年第 9 期。

④ 王凤秋、杨洋：《我国高中校长专业标准体系构建》，《教育探索》2015 年第 2 期。

⑤ 周彬：《校长走向专业：困境、路径与制度保障》，《教师教育研究》2015 年第 5 期。

⑥ 王淑宁：《城镇化进程中乡村中小学校长发展困境的归因与突破》，《教学与管理》2018 年第 15 期。

心文献涉及校长领导力，从 2005 年起一直延续到当前仍然保持稳定的研究热度，可谓校长研究的持续热点。领导力的研究最早兴起于企业管理领域，源于领导对企业竞争力影响的研究。校长领导力则是将领导力理论迁移到学校领域所产生的概念。有学者将校长领导力界定为校长在实现学校目标、推动学校发展的过程中影响全校师生员工和以家长为代表的利益相关者的能力，以及与全校师生员工和以家长为代表的利益相关者之间的相互作用,[①]与企业管理研究的定义有一定的相似性。也有学者将校长领导力定义为"校长影响师生实现共同目标的能力",[②] 定义焦点为校长对师生的影响力以及其对实现学校目标的促进能力上。

校长领导力的研究较长时间内与企业领导力研究亦步亦趋。随着萨乔万尼的道德领导理论传入中国，教育领导研究进入了独创阶段,[③] 这也带动了校长领导力研究的新发展，学者逐渐结合教育实践对校长领导力进行了再认知。国内学者对校长领导力内涵的界定，可分为人格特质说、个体能力说、影响力说、综合素质说。人格特质说认为校长的人格特质是构成校长领导力内涵的关键，校长的个体素质、思维方式、实践经验及领导艺术构成了其独树一帜的领导力。个体能力说将校长领导力定义为"校长个体和职业群体具有的领导、管理学校事务的素质和能力，是校长在特定的教育体制和教育环境下，利用科学的领导制度和有效的领导方式，通过与领导集体、教师群体、学生团体的相互作用，激励全体教职工培养高素质人才、促进学校发展的才能",[④] 关注校长的个人能力以及教育培养人的根本目的，使校长领导力概念更为贴近教育实践本身。影响力说强调校长领导力的影响力属性，认为校长领导力的实质是校长在学校内得到的价值认同以及营造出的信任文化，并将校长施行领导力的锚点定为"学校内人的成长与发展"。[⑤] 综合

---

① 张爽：《校长领导力：背景、内涵及实践》，《中国教育学刊》2007 年第 9 期。

② 赵明仁：《论校长领导力》，《教育科学研究》2009 年第 1 期。

③ 吴志宏等主编《新编教育管理学》，华东师范大学出版社，2000。

④ 张雷：《中小学校长领导力问题探析》，《教育发展研究》2014 年第 Z2 期。

⑤ 张爽：《对校长领导力的反思与重建》，《人民教育》2010 年第 22 期。

素质说将校长领导力定义为校长在主观能力素质与客观领导环境的结合下
所体现出来的对学校进行领导的能力，[①] 更加强调了学校场域对校长领导
力的影响。

　　校长领导力的构成也是研究的重要议题。有学者认为校长领导力的构成
要素包括三个方面：由心理要素和动作要素组合而成的基础要素、由职位要
素和非职位要素组合而成的条件要素，以及由个人活动、领导过程、领导内
容组合而成的场域要素。[②] 有学者将校长领导力的构成提炼为使命感与自驱
力、坦诚与信任、愿景沟通、同理心与理性四个维度。[③] 概括起来，校长领
导力主要构成可分为内源性因素与外源性因素，内源性因素主要由校长的能
力、心理等组成，外源性因素由职位、校长使命等构成。

　　学界也对校长领导力的类型进行了大量研究。萨乔万尼根据领导力的对
象和方式，把校长领导力分为技术领导力、人际领导力、教育领导力、象征
领导力以及文化领导力，我国经典校长领导力研究沿用了这一分类，并随着
教育环境的变革产生了新的领导力分类，如道德领导力、分布式领导力、课
程与教学领导力、信息化领导力、战略决策领导力、经营管理领导力、信息
技术领导力、教育价值领导力等。各项领导力都以自身独特的实践功能促进
校长领导能力的提升。

　　随着校长领导力的研究渐成体系，尤其是伴随着近年来教育实证研究的
盛行，校长领导力研究也逐渐出现了实证主义倾向。未来研究应更加关注时
代发展的需要，在信息化、数智化领导力等方面进行更加深入的探索。

三　校长胜任力研究

　　校长胜任力议题是针对什么样的校长才是合格校长这一问题的研究议题。
与校长领导力理论相似，胜任力理论并非教育学领域首创，其来源于人力资

---

① 马浩原、刘林：《我国校长的领导力：研究回顾与展望》，《煤炭高等教育》2023 年第 4 期。
② 孙绵涛：《校长领导力基本要素探析》，《教育研究与实验》2012 年第 6 期。
③ 郭晓娟：《校长领导力的四个重要维度》，《教育理论与实践》2022 年第 14 期。

源管理领域相关研究。胜任力关注校长在学校管理和发展目标中所需的内在及外在特质。[①] 在内涵方面，部分学者将胜任力定义为胜任校长者所需具有的个人的深层次特征，不仅关注校长的传统外显式能力特征，也关注校长的内隐性特征；也有学者认为胜任力是学校管理中，高绩效、优表现的校长相较一般校长所显示出的独特的个体潜在特征。[②] 随着校长实践的发展，学界对校长胜任力的认知愈发深入。学界认为应将校长视为一个集管理者、领导者以及教育者等多重身份于一体的复合型角色，在此基础上再对胜任力进行讨论。

校长胜任力的模型建构是该领域主要的研究问题。学者对优秀校长所拥有的胜任力特征进行研究，发现优秀校长在成就、认知、个人效能等维度的特征得分显著高于普通校长。胜任力模型研究的逐渐完善，为校长胜任学校管理工作提供了理论助力。值得注意的是，由于缺乏持续关注，对校长胜任力及其内涵的相关学理论述与理论构建显得不足。

四 党组织领导的校长负责制研究

建立中小学校党组织领导的校长负责制，是坚持为党育人、为国育才、保证党的教育方针和党中央决策部署在中小学校得到贯彻落实的必然要求。文献计量结果显示，相关研究在 2021～2022 年呈指数增长，2023 年增长速度有所放缓，但仍是校长专业化领域的一大研究热点，围绕中小学党组织领导的校长负责制的历史沿革、时代意义、价值内涵和实践路径进行了探讨。

建立中小学校党组织领导的校长负责制是对基础教育领导体制中传统集权式的"一长制"的突破，也是对西方分权式的"委员会制"的超越。[③] 在新时代教育高质量发展的背景下，实施中小学校党组织领导的校长负责制

---

① 林天伦、陈思：《我国中小学校长胜任力研究述评》，《教育科学研究》2012 年第 6 期。
② 刘维良、赵亚男、钟祖荣：《北京市中学校长胜任力模型研究》，《中小学管理》2007 年第 12 期。
③ 顾秀林、张新平：《党组织领导的中小学校长负责制：历史沿革、时代价值与实践路径》，《中国教育学刊》2021 年第 5 期。

具有重大意义，是学校党组织对学校工作实行全面领导，履行管党治党、办学治校的主体责任和校长在学校党组织领导下依法治校的有机统一的学校领导体制，充分体现了中国特色社会主义的集体领导、民主集中、党的领导特征。准确把握其概念内涵，关键是明确"党组织领导"与"校长负责"两个职责定位及其协调关系，核心是党组织领导，关键在校长负责，根本出发点和落脚点是形成党政合力。

五　校长培训研究

根据文献计量结果，与校长培训相关的关键词在相关研究中出现频率最高。新中国成立以来，中小学校长培训事业获得长足发展，在培训体系、制度、内容、方式和管理等方面渐趋完善，逐渐建成从"零星分散"到"层级多元"的新时代中小学校长培训体系，依托"互动互通"共促乡村中小学校长培训稳步发展，[①] 逐步迈向高水平、高质量的"专业化"培训发展阶段，形成了富有中国特色的中小学校长培训模式与经验。[②] 该领域研究与实践的联系较为紧密，大多立足于校长专业化的视角考察当前校长培训的成效和问题、提出优化建议，或是基于理论模型、实践案例和比较研究提出校长培训的新模式、新策略。

实证研究表明，中小学校长培训仍存在一些问题与局限，不能满足校长作为专业人员的发展需求，主要表现在以下几方面[③]：培训的体制机制尚不完善，在培训机构和培训者准入认定、培训项目类型划分、培训组织管理和

---

① 宋乃庆、肖林、郑智勇：《新中国成立以来我国中小学校长培训发展：回眸与展望》，《中国电化教育》2020 年第 1 期。

② 代蕊华：《中小学校长培训变革 40 年：创新发展模式·彰显中国特色》，《中小学管理》2018 年第 12 期。

③ 田汉族、孟繁华、傅树京：《校长个性化培训：从理论到实践的创新探索》，《教育科学研究》2012 年第 12 期；鲍传友、毛亚庆：《中小学优秀校长素养构建及其培养》，《中国教育学刊》2019 年第 5 期；宋乃庆、肖林、郑智勇：《新中国成立以来我国中小学校长培训发展：回眸与展望》，《中国电化教育》2020 年第 1 期。

市场规范上存在欠缺；对培训需求的调研不足，培训内容存在重知轻能倾向，培训方式呈现单一化、浅表化，致使培训缺乏问题意识、实践导向、区分度和针对性；培训质量评估和跟踪反馈不完善，培训短期化、零散化。

针对以上问题，研究在中小学校长培训的策略选择上给予了较大关注，应从培育机构、精准内容、优化模式、强化评价等方面，进一步推动中小学校长培训专业化。总结而言，校长培训的研究已积累了较为丰富的研究成果，为中小学校长培训实践改进提供了思路和参考，尤其是就培训的需求匹配、实践导向、问题诊断等提出了要求。未来研究可以在区域、学校、校长等方面进一步细分，例如面向教育高质量发展的需要，研究名校长、教育家型校长的培训模式和路径；面向基础教育优质均衡发展的需要，研究乡村、县域、欠发达地区校长的培训需求和策略；进而提出更具针对性、个性化和操作性的建议。

六　教育家精神与教育家型校长研究

中国特有的教育家精神的提出构建了教育家发展的理论体系，勾勒了新时代的教育家形象。校长是教育政策和理念转化成行动的枢纽与实践者，是出教育家可能性最大的群体，[①] 校长专业化应将培植教育家精神、培育教育家型校长作为一项崇高追求。文献计量显示，"教育家办学"与"教育家型校长"研究在近十年保持着较高热度，尤其是在 2023 年激增，可谓校长专业发展领域的一大年度学术议题。已有研究主要讨论了教育家精神和教育家型校长的概念界定和评判标准，或者探讨校长教育家的成长路径。

对于教育家和教育家精神的概念界定与评判标准，学界从教育家精神与教师专业发展[②]，教育家精神与传统文化的贯通[③]等方面入手，对教育家精

① 陈玉琨：《也谈教育家办学》，《教育发展研究》2008 年第 22 期。
② 张志勇、史新茹：《"中国特有的教育家精神"的演进逻辑、本质内涵和时代价值》，《中国教育学刊》2023 年第 11 期。
③ 李森：《教育家精神的文化逻辑》，《教育科学研究》2023 年第 11 期；蒋纯焦、李瀚文：《论中国特有的教育家精神的历史逻辑与实现路径》，《思想理论教育》2024 年第 1 期。

神内涵进行了不同的解读。教育家精神是教育家的精神特质，指教育家在办学实践中所体现出的对于教育工作的基本态度和职业操守，包括完善的自我意识、卓越的思维品质、高尚的道德与强烈的使命感、坚定的教育理想与家国信念、赤诚的教育之爱与学生之爱、开拓创新和奋勇争先的精神等①。以教育为志业是教育家的精神实质，② 即教育情怀是教育家的共同特质。

"校长教育家"或"教育家型校长"是"教育家"的下位概念，是一种特殊类型的高层次杰出教育人才，即在学校领导岗位上取得重大办学成就，在一定时期对一定范围内的教育发展产生重要影响的杰出教育工作者。有研究把教育家型校长的特质要素概括为具有高远的教育理想、终生的教育热情、丰富的教育经历、渊博的教育知识、个性鲜明的教育思想、富有成效的教育实践、广泛深刻的教育影响。构建教育家的八维度评价标准框架，包括职业身份、知识修养、教育资历、专业水平、教育思想、专业成就、专业声望、道德操守。③ 有学者将教育家的成长路径概括为"先成才、后成名、再成家"三个阶段。④ 教育家型校长的培养是一个系统工程，应运用系统思维，完善选拔制度和评价体系，促进教育家型校长的专业成长。还需完善相关政策，建设教育家成长的制度环境，包括深化教育管理体制改革，落实和扩大学校办学自主权；促进校长专业组织建设；建立教育家荣誉制度。⑤⑥

关于教育家精神与教育家型校长的研究已成为校长研究领域的热点话题，但已有研究多停留于宏观应然层面，未来需要运用多元研究方法，深入探索实然层面弘扬践行教育家精神的举措，探索教育家型校长成长的深层机理和有效机制。

---

① 鲍传友：《教育家型校长的特质与使命》，《人民教育》2018 年第 12 期。
② 金生鈜：《以教育为志业：教育家的精神实质》，《中国教育学刊》2011 年第 7 期。
③ 沈玉顺：《"教育家"评价标准建构及其内涵解析》，《上海教育科研》2010 年第 9 期。
④ 陈玉琨：《也谈教育家办学》，《教育发展研究》2008 年第 22 期。
⑤ 王湛：《教育家成长的环境建设与政策推动》，《中国教育学刊》2013 年第 1 期。
⑥ 曾天山、丁杰：《强国时代制度化推进教育家办学》，《中国教育学刊》2011 年第 2 期。

调 查 篇

B.7
教育家型校长学校管理决策研究报告

李大印　韦保宁*

摘　要：　本报告通过文献研究总结教育家型校长的决策特征，通过实证调研揭示我国中小学校长在学校管理过程中的决策现状。研究发现，随着年龄的增长，中小学校长在学校管理决策方面表现出更强的自信心和认同度；高学历以及具备师范学历背景的校长在学校管理中的决策自信和决策认同程度更高。相关性检验结果表明，学校办学水平与校长决策能力之间具有显著的正向相关性。本报告建议注重校长成长性思维的培养，特别是注重校长在实践中学习能力的培养；优化校长培训机制和模式，以专业性、有针对性的校长培训赋能校长决策水平的提升；营造环境，包括实施轮岗制度，为校长提供经验交流、共享的平台，引入数字技术赋能校长管理决策水平的提升等。

关键词：　学校管理决策　校长决策　教育家型校长决策

---

* 李大印，华东师范大学教育学部博士研究生，主要研究方向为教育政策、教育评价；韦保宁，教育学博士，教育部中学校长培训中心副教授。

决策是学校管理工作的重要内容，不仅体现校长的管理水平，同时影响学校办学质量和发展方向。特别是在当前追求高质量发展阶段，建设高质量的教育体系以及实现学校高质量发展，依赖于校长决策水平的提高。事实上，在追求学校高质量发展的道路上，我国历来重视校长角色的关键作用，关注教育家型校长的培育和成长。从 1989 年国家教委颁布改革开放以来第一份系统的关于中小学校长培训的政策文件——《关于加强中小学校长培训工作的意见》①，到 2010 年《国家中长期教育改革和发展规划纲要（2010-2020 年）》中明确提出"倡导教育家办学"，再到 2023 年 7 月，教育部等三部门在《关于实施新时代基础教育扩优提质行动计划的意见》中提出的"深入实施新时代中小学名师名校长培养计划"②，以及 2023 年 8 月，怀进鹏部长在《人民日报》发表题为《以教育之强夯实国家富强之基》的文章，强调弘扬教育家精神，倡导"为学、为事、为人的'大先生'"办学理念，这些政策和文章一方面反映国家对于提升校长群体质量的重视，另一方面希望通过校长专业化、人性化的学校管理实现学校的高质量发展。

高质量的学校管理是学校实现高质量发展的基础，提升校长决策水平是实现学校高质量管理的关键。为此，本报告从理论研究和实证分析两个层面展开。理论层面，通过已有研究文献对决策、校长决策的概念进行梳理，以此概括、提炼和总结教育家型校长的学校管理决策特征，回应何为高质量的学校管理决策。实证层面，通过问卷设计以及抽样调查，对我国中小学校长的决策现状进行实证调研，以此洞悉我国中小学校长学校管理的决策现状，并在此基础上通过数据分析，剖析我国中小学校长在学校管理决策中存在的问题，为提升中小学校长的决策水平以及培育具备高水平决策能力的教育家型校长立本寻道。

① 卢乃桂、陈霜叶、郑玉莲：《中国校长培训政策的延续与变革（1989-2009）》，《清华大学教育研究》2010 年第 5 期。
② 《教育部 国家发展改革委 财政部关于实施新时代基础教育扩优提质行动计划的意见》，中华人民共和国财政部网站，2023 年 9 月 6 日，http://jdjc.mof.gov.cn/fgzd/202309/t20230901_3905263.htm。

一 对教育家型校长决策的概念理解

厘清校长决策的概念是深入理解什么是教育家型校长决策的基础，是总结教育家型校长决策特征以及识别和审视教育家型校长决策不同于其他校长的关键。本文梳理了决策、校长决策的概念，并总结归纳教育家型校长的决策特征。

（一）决策的概念基础

决策是一个多语境概念，不同学科、领域有着不同的解释。从字面理解，决策可以理解为做决定，具有做判断、选择的意蕴，也可理解为在众多可行方案中选择最佳方案的过程。现代意义的决策始于 20 世纪 30 年代，与 Decision-making[①] 相对应。其词义流行于 20 世纪 60 年代，与管理学派有着颇深的历史渊源。赫伯特·西蒙认为管理就是做决策，并把决策理解为对照行动目标，对行动手段的探索、判断、评价，直至最后做出选择的过程[②]。西蒙认为，任何一个合理、科学的决策都应该包括找出问题、确定目标、拟定各种方案，分析、比较和选出最合适的方案等步骤。可见，决策是一个过程性活动，选择是其本质功能，并涵盖了一系列的价值判断。

教育学领域在继承决策本质属性的同时，又结合学科语境对决策的概念进行了丰富。《教育大辞典》将决策定义为，"为达到预定目标，从多种方案中选取并实施最佳方案的过程"，涉及发现问题、确定目标、搜集资料与制定方案、论证方案、实施和反馈等步骤。实现科学决策应具备的关键要素包括：做决断所应用的科学的思维方法、科学的决策程序、运用科学的决策技术三个方面内容。此外，《教育大辞典》把决策分为五种类型：按程序划

---

① 孟繁华：《教育管理决策新论——教育组织决策机制的系统分析》，教育科学出版社，2003。

② 〔美〕赫伯特·西蒙：《管理行为：管理组织决策过程的研究》，杨砾、韩春立、徐立译，北京经济学院出版社，1988。

分的常规决策与非常规决策，按目标划分的单目标决策和多目标决策，按可靠程度划分的确定型决策、风险型决策和非确定型决策，按照对象和范围划分的宏观决策和微观决策，按照手段划分的定性分析决策和定量分析决策[①]。

综合来看，不管是以西蒙为代表的管理学派对决策的定义，还是以《教育大辞典》为代表的工具书的解释，都强调决策是一个选择性和价值判断的过程，目的是选择最优解决方案。此过程涉及外在和内在两方面因素。外在因素涉及对信息的收集、分析，以及对不同选择产生后果的预判；内在因素涉及决策者的价值观、经验、直觉、理性等。由此可见，决策是一项系统而复杂的工程，具备一定的风险性，决策的质量与决策者的能力、信息获取以及个人经验等有着密切的联系。事实上，在现实情景中，决策者做决策往往受有限信息和个体理性等因素的影响，这导致决策过程往往包含诸多不确定性和风险性。在不确定的因素中做出最优选择，既体现决策者的水平，亦是决策者最为关注的问题。

（二）校长决策

校长决策贯穿学校管理全过程，关系学校办学质量和发展方向。然而在提及何为校长决策时，学术研究的概念界定往往各有侧重。校长决策是熟悉而又陌生的概念，时至今日仍无定论。概念界定的分野间接说明校长决策的复杂性。按照字面之意，校长决策可以理解为校长在学校管理过程中，在诸多方案中选择最优解决方案的过程。显然，这种解释套用了决策的概念，且相较于校长日常繁杂的学校管理工作来说过于简单，不利于深入理解校长决策的内涵。

现有文献研究中，多数学者偏好基于特定视角理解和阐释校长决策。对已有文献进行梳理发现，有学者从管理行为视角界定校长决策，认为校长的管理行为是一种复杂的系统性活动，其成功依赖于多元元素的有效整合与协

---

① 顾明远主编《教育大辞典（增订合编本）》，上海教育出版社，1998。

调。认为校长的学校管理活动不仅仅局限于行政决策或学校管理，而是包含教育、财务、人力资源、学生等多个方面的综合事务，并把校长决策定义为"校长在对学校进行全面管理的过程中，所采取的与之相对应的形式、方法、程序等诸多要素的组合"①。从工作职能视角界定校长决策的学者则强调决策的目标性和计划性，认为"在学校管理中，决策是校长的一项重要的、经常性的工作，校长的大量工作就是按照一定的治校目标和计划作决定，并对有关行动或措施拍板定案，引导学校管理者、教职工和学生努力实现学校的办学目标，且对于学校发展而言，决策的成功是最大的成功，决策的失误是最大的失误"②。此观点强调校长决策在学校管理和促进学校发展中的重要性，同时指出了校长在决策过程中需要具备的领导能力以及对教育目标的深刻理解。

有学者从决策力视角对校长学校管理决策进行理解和界定，认为校长决策可理解为在学校发展过程中对制度、人事、物资和信息等教育资源进行准确预判，并在各种可行方案中做出选择、决定或引入变革，以形成有效的机制和策略。这种"决策力"包含两个层面：一是校长个人层面的决断力，即校长个人判断力、领导力和执行力；二是学校组织层面的决断力，指校长在组织结构和文化中实施决策，以及如何调动和整合学校内部的资源和力量。从决策力视角理解校长决策，决策可视为一种重要的政治行为，能够对学校的发展和改革产生深远影响③。因此，从决策力视角理解校长决策，不仅包含了行政或管理上的能力，更涉及学校政治动力学等多方面的复杂能力。

综合分析，不同的学者从不同的视角对何谓校长决策进行定义和解读，体现了校长决策在学校管理活动中的多样性和重要性的同时，也从侧面说明校长决策在学校管理中的复杂性和多维性。基于对已有研究的总结，表1归纳概括了学术研究对校长决策的概念解释。

---

① 宗健梅：《学校管理中校长决策行为的一般过程》，《教育评论》2000年第6期。
② 李霞、徐吉志：《校长如何提高决策能力》，《教学与管理》2007年第26期。
③ 夏心军：《决策力：校长专业治校的核心素养》，《中小学校长》2019年第6期。

表 1 学术研究中不同视角对校长决策的概念理解

视角	核心内涵	核心要点	共同强调
管理行为视角	校长在对学校进行全面管理的过程中,所采取的与之相对应的形式、方法、程序等诸要素的组合	强调决策是多元要素的有效整合与协调	校长在学校治理中的中心地位,及其决策在推动学校发展中的重要性
工作职能视角	决策是校长按照一定的治校目标和计划做决定,并对有关行动或措施拍板定案,引导学校管理者、教职工和学生努力实现学校的办学目标	校长在决策过程中需要具备的领导能力和对整体教育目标的深刻理解	
决策力视角	学校发展过程中,对重要的制度、人事、物资和信息等教育资源进行准确预判,并在各种可行方案中做出选择,或引入变革以形成有效的机制和策略	决策力不仅仅是行政或管理上的能力,更是涉及学校政治动力学的复杂能力	

(三)教育家型校长决策

教育家型校长决策的概念界定少见于解释性工具书,学术研究亦少有提及。主要原因有两个:一是教育家型校长是我国成千上万校长中的少数群体,学术研究的重心更多的是围绕如何培养教育家型校长,以及促进教育家型校长成长,注意力并未放到关注教育家型校长决策等微观层面;二是何谓教育家型校长,谁是教育家型校长,缺乏统一的界定和判别标准。概念的抽象性为学术研究带来了挑战,导致教育家型校长决策并未获得足够关注。虽然当前关于教育家型校长决策的研究并不充足,但梳理现有文献对教育家型校长在学校管理方面的特质描述,为本文总结归纳教育家型校长的决策特征提供了理论基础。

1.教育家型校长决策

《教育大辞典》把教育家定义为"在教育思想、理论或实践上有创见、有贡献、有影响的杰出人物"[①],并以"思想、创见、贡献、影响"四个核

---

① 顾明远主编《教育大辞典(增订合编本)》,上海教育出版社,1998。

心维度作为判别标准。解释性工具书对教育家的界定为进一步理解何谓教育家型校长提供了坚实的概念基础。在定义教育家型校长时，有学者认为教育家型校长指的是"在教育实际工作当中，有创建、有贡献以及有影响力的教育工作者，能引领教育发展的思想，形成具有创造性的教育与办学理念"①。该定义显然是教育家的概念在校长群体中的具体细化和延伸，同样强调"思想、创见、贡献、影响"等核心要素，不同之处在于对核心要素的解释融入了具体的对象。这种概念解释虽然对理解教育家型校长决策具有一定的启示，但仍具有一定的抽象性。

有学者从管理学视角界定何谓教育家型校长决策，以及在此基础上总结了教育家型校长的决策特征，为理解教育家型校长决策提供了理论基础。沈玉顺教授认为，教育家型校长是教育家的下位概念，用于描述一种特殊类型的高层次杰出的教育人才，并把教育家型校长定义为"在学校领导岗位上取得重大办学成就，在一定时期对一定范围内的教育发展产生重要影响的杰出教育工作者"，并从五个维度描绘了教育家型校长在学校管理方面易于识别的特征："①卓有成效的学校管理专家，同行公认的学校管理权威；②通晓教学工作的内行，对教学工作有着系统的了解和丰富、深刻的理解；③有系统、成熟的学校教育和管理理念，具有丰富的教育思想；④取得杰出教育成就的学校管理专业人士，教育同行的典范，代表着学校管理工作的最高水准；⑤教育领域内外，个人品行有口皆碑，被视为道德楷模"②。这些易于识别的管理特征为透视和提炼教育家型校长的决策特征提供了理论基础。

2. 教育家型校长决策的特征

基于"思想、创见、贡献、影响"四个方面的评判标准，结合教育家型校长在学校管理中易于识别的五个方面的特征，本研究从过程、思想、标准、结果和评价五个维度入手，总结、概括和提炼教育家型校长的学校管理决策特征。具体内容如下。

---

① 董宏华、尤春发、甄金凤：《教育家型校长办学思想研究》，《成人教育》2012 年第 10 期。
② 沈玉顺：《校长教育家成长机制解析》，《教育发展研究》2010 年第 12 期。

第一，在学校管理过程中，通晓教学工作的内行，且有系统、丰富、深刻的理解。从决策视角来看，内行意味着专业，即教育家型校长不仅具备专业的决策素养，且对学校决策有着深刻、独特的理解。教育家型校长做决策，不仅能够在决策中有效地融合教育理论与教学实践，考虑教育活动的内在机理，而且能够提出前瞻性和适应性的解决方案。此外，对教学工作有系统、丰富、深刻的理解，意味着教育家型校长的决策不仅能够精准预判决策方案的利弊，而且对决策结果具有一定的预判性。

第二，在学校管理思想上，具有系统、成熟的学校教育和管理理念。从决策视角来看，成熟的学校管理理念意味着教育家型校长在决策时拥有适合自身的原则和价值观。这为教育家型校长学校管理决策提供了坚实的基础，它确保了决策的一致性和方向性。此外，教育家型校长思想的系统性反映在决策层面可理解为能够以综合视角考虑到学校管理的各个方面，包括教学、学生发展、师资培养、资源分配等方面的内容。教育家型校长能够在深入洞察学校各个领域复杂性和关联性的基础上，做出全面、深入，以及最优的决策。此外，系统、成熟的学校管理理念还意味着教育家型校长的学校管理决策不仅关注当前问题的解决，还能够对学校未来发展产生深远影响。

第三，教育家型校长是卓有成效的学校管理专家，其决策结果令人信服。教育家型校长能够成为学校管理专家，以及具备管理权威，其背后内涵着教育家型校长的决策智慧，意味着教育家型校长在学校决策中不仅擅长做出最优选择，其决策还能够有效地支持学校规划目标的实现。教育家型校长能够成为学校的管理权威，除了行政权力所赋予的应然权威之外，还可以从以下几个方面理解。一是教育家型校长的决策具备战略性、灵活性、适应性，他们的决策不仅能够关注到当前的问题，还能够对未来的挑战和机遇具有一定的预见性，同时能够适应快速变化的教育环境，唯有如此才可被称为学校管理专家。二是校长作为学校管理的权威人物，不仅意味着他们的决策能够使人信服，还意味着他们的决策能够代表广大群体的核心利益，决策过程公开、透明，能够形成最广泛的共识，得到广泛支持。

第四，在学校管理水平上，代表学校管理工作的最高水准。从决策视角分析,一方面,能够代表学校管理工作的最高标准,教育家型校长在制定政策和执行决策时,对于决策的质量和品质有着较高追求,即在广泛的决策中不断追求卓越,体现出一种进步性的决策特征。另一方面,作为学校管理工作的最高标准,教育家型校长在决策时会综合考虑学校管理各个方面之间的联系,如从教学质量到学生福祉,从资源配置到社区参与等。此外,学校管理工作的最高标准还意味着教育家型校长的决策具备一定的战略性,他们在决策时能够对学校未来的发展趋势和可能出现的挑战做出预判,能够通过战略决策提升学校的竞争力,以保持学校的领先地位。

第五,在外界评价方面,教育家型校长在学校管理过程中有口皆碑,被视为道德楷模。决策不仅意味着选择,同时意味着舍弃。决策本身是一个权衡利弊、做出优劣取舍、维护广大群体利益的过程。教育家型校长作为道德楷模,意味着他们的决策过程深受个人道德和伦理观的影响。在面对各种决策挑战时,他们能够考虑到道德和伦理因素,做出有温度的决策。"有口皆碑"反映的是教育家型校长的决策能够得到广泛认同和一致好评,意味着他们在决策时能够保持高度的诚信和透明度,能够平衡不同利益相关者的需求,确保决策过程和结果的公平。

基于对教育家型校长管理特质的理解,建立在教育家型校长学校管理所表现出的特质的基础上,本研究从过程、思想、标准、结果和评价五个维度综合审视,提炼出教育家型校长决策五个维度的特征。首先,教育家型校长具备扎实的理论知识和决策素养,对学校管理工作具有系统、丰富和深刻的理解。这种深层次的理解使得他们在决策时能够有效地贯通理论与实践,并在决策时能够考虑到教育活动的内在机理。其次,教育家型校长拥有成熟的教育理念,这不仅确保了他们的决策具备一致性和方向性,而且使他们能够综合考虑学校管理在各个方面的联结要素,做出深入和全面的决策。教育家型校长是学校管理的决策专家,且具有管理权威性。具备这种内涵特质的教育家型校长,其决策具有战略性、前瞻性、灵活性等特征,在决策过程中诚信、公开、透明,能够得到利益相关者的理解、信任和支持,能够平衡不同群体的需求,代表最广大群体的核心利益。再次,教育家型校长能够成为学校管理工作的最高标准，这意味着他们在决策过程中善于学习和倾听，具备不断追求卓越的品质，以此确保其在学校管理各方面的决策都能达到最高标准。最后，教育家型校长决策是有温度的，能够在决策中坚守道德伦理和公平正义，具备诚信和透明的决策特征，这是他们在学校管理决策中有口皆碑、能够成为道德楷模的重要原因。表2提炼了教育家型校长的决策特征。

表2 教育家型校长的决策特征

维度	管理特征	决策特征
过程	工作内行，有独特的工作见解	对校长决策有着深刻的理解，决策过程能够使理论与实践相结合，深入考虑教育活动的内在机理
思想	系统、成熟的学校管理理念	坚守决策原则和价值观，决策具有一致性、综合性，洞察各个领域的复杂关联并做出最优决策；具备长远规划与战略思维，关注学校长期发展和注重决策的持续性
结果	学校管理专家和权威	能够在复杂的决策中做出最优选择，具备战略性和前瞻性、灵活性。能够应对新的挑战以及顺应学校发展趋势，能够代表广大群体的核心利益
标准	学校管理工作最高水准	在广泛的决策中追求卓越，决策具备进步性，能够综合考虑学校管理的各个方面，具备决策预见性和战略性
评价	有口皆碑，道德楷模	坚守决策道德和伦理，诚信和公开透明；决策过程和结果公正、公平、公开，确保决策行为符合道德标准

二 我国中小学校长的决策现状

基于上文对教育家型校长决策的概念理解，本报告设计问卷对我国中小学校长的决策现状进行实证调查；通过数据分析，洞察我国中小学校长学校管理的决策现状，为提升中小学校长的决策水平和教育家型校长的培养提供参考。

（一）研究设计

本研究从学校发展规划制定、资源配置、中层组织管理、学校经费配置以及学校核心竞争力五个层面测评中小学校长的决策现状。研究通过自研问卷，对我国上海、北京、江苏、浙江、河南、江西、湖南、安徽、内蒙古、重庆等 11 个省份的中小学校长进行问卷调查。问卷设计和数据收集工作于 2023 年 7 月启动，至 2023 年 12 月结束，为期 6 个月。问卷收集工作分两个阶段展开，第一轮收回 193 份有效问卷，第二轮收回 640 份有效问卷，共回收 833 份有效问卷。问卷内容按照"我领导制定的学校发展规划，能为学校提供明确的发展方向指引""我在学校各项资源配置方面的管理能使大多数师生感到满意""学校中层认为他们的岗位工作是高效和快乐的""我在学校经费、设备购置等方面的安排能够满足学校发展要求""我学校的核心竞争力和影响力越来越高"等题目进行设计。参与者要求按照 5 点量表，由 1（非常不符合＝1）到 5（非常符合＝5）进行程度选择。得分越高，表明受访校长对于自我决策的认同程度就越高，意味着受访的校长对自我决策的自信程度也就越高。为确保分析结果的可靠性，数据检验显示反映题目可靠性的 Cronbach's α 值为 0.874，表明数据具有较高的可信度。

（二）我国中小学校长的决策现状分析

本研究从三个维度进行数据分析。首先进行横向数据分析，研究校长在不同决策维度面临的挑战。其次进行纵向比较分析，考察在年龄、性别、学历、学段、地区、学校性质不同背景下，校长的决策现状以及面临的挑战。最后是对影响校长决策的因素进行相关性分析。通过上述三个层面的分析，旨在揭示我国中小学校长的决策现状以及面临的挑战。

1. 中小学校长在不同管理维度的决策分析

领导制定学校发展规划不仅展现了校长在管理过程中的战略规划能力、前瞻性思维、全局意识，还体现了校长在管理过程中展现的沟通、协调能力。调查结果表明，总体上中小学校长对领导制定的学校发展规划有着较高的自信。71.3%（比较符合占51.50%、非常符合占19.8%）的校长认为领导制定的学校发展规划能为学校提供明确的发展指引。其中，51.5%的校长认同领导制定的学校发展规划符合学校的发展情况，能为学校发展提供指引；19.8%的校长非常自信地认为领导制定的学校发展规划能够为学校提供明确的发展指引。这些结果说明，接受问卷调查的绝大部分中小学校长在学校管理决策过程中具备战略决策能力以及前瞻性思维。值得注意的是，接近30%（非常不符合2.3%、不符合3.1%、一般23.3%）的校长对自己在学校管理决策过程中的战略性、前瞻性思维等方面能力的认同度不高。他们认为领导制定的学校发展规划在为学校发展提供明确发展方向方面表现一般，甚至是没有达到理想效果（见图1）。

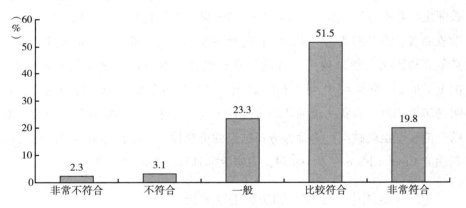

图1　校长对领导制定学校发展规划的认同程度

学校资源配置与校长在学校管理决策过程中的战略规划、创新思维、团队协作、沟通和平衡各方利益需求，以及进行风险决策等方面的能力有着密切的关系。调查结果表明，74%（比较符合占54.6%、非常符合占19.4%）的校长认为他们在学校资源配置方面的决策够能使大多数师生感到满意。说明大多数校长在学校管理决策中能够平衡和兼顾各方的利益需求。其中，54.6%的校长认为他们对学校资源的配置能够使大多数师生感到满意；19.4%的校长认为他们对学校资源的配置能够使大多数师生感到非常满意。此外，超过1/4（非常不符合占1.8%、不符合占4.1%、一般占20%）的校长对自己在学校资源配置方面的决策并不满意。其中，绝大部分校长认为自己在平衡各方资源需求方面的决策表现一般（见图2）。

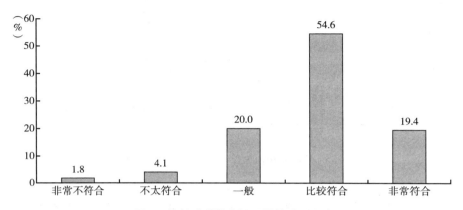

图2 校长对学校资源配置的认同程度

中层岗位人员满意程度能够体现校长在学校管理决策过程中是否充分考虑到员工的个人需求、岗位人员安排是否合理、决策过程是否透明，以及是否能够进行有效沟通等方面的能力。相较于领导制定学校发展规划以及学校资源配置等方面的决策，校长在中层岗位人员管理方面的决策自信相对不足。54.9%（比较符合占41.9%、非常符合占13%）的校长认为他们学校中层岗位人员的工作是高效和快乐的。值得关注的是，31.90%的校长认为他们在学校中层人员管理方面的决策表现一般，有13.2%（非常不符合占2.6%、不太符合占10.6%）的校长认为他们的决策并不能让学校中层人员感到满意。可见，学校中层人员管理方面的决策是当前校长决策面临的一个重要的挑战，需要引起政策决策者的关注（见图3）。

学校经费配置能够体现校长在决策过程中的战略思维、灵活性、适应性以及对问题的综合分析和判断等能力。调查发现，学校经费配置是校长学校管理决策面临的一项重要挑战。结果表明，52.2%（非常不符合占7.9%、不太符合占15.5%、一般占28.8%）的校长认为他们在学校经费、设备购置等方面的安排并不能够满足学校发展的要求。其中，28.8%的校长认为他

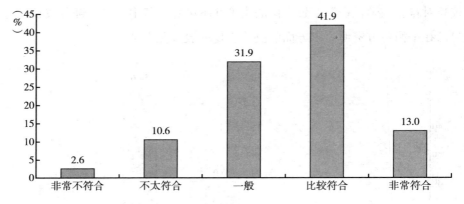

图3 校长对中层岗位人员管理的认同程度

们在学校经费配置等方面的决策表现一般，15.5%的校长认为他们在学校经费方面的安排不太符合学校发展要求，7.9%的校长认为他们在学校经费、设备购置等方面的安排存在不足，不能满足学校发展的要求。只有47.8%（比较符合占35.8%、非常符合占12%）的校长认为自己在学校经费、设备购置等方面的安排能够满足学校发展要求。其中，35.8%的校长认为他们在学校经费和设备采购方面的安排比较符合学校发展，12%的校长认为他们的经费安排符合学校发展要求。可见，相较于校长在其他维度的决策，学校经费配置是校长决策面临的较大挑战（见图4）。

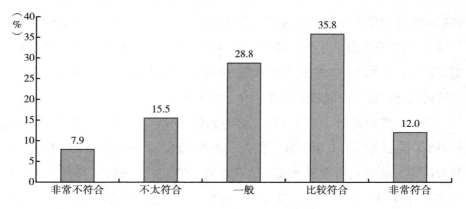

图4 校长对经费配置的认同程度

学校核心竞争力的变化是校长学校管理决策有效性的间接反映。研究发现，44.3%的校长认为他们学校的核心竞争力和影响力越来越高，21.4%的校长非常确信学校的核心竞争力在提升。这也从侧面说明65.7%（比较符合占44.3%、非常符合占21.4%）的校长综合决策能力较好。他们在学校管理过程中的决策是有效的，能够促进学校向着更高水平发展。值得注意的是，25.3%的校长认为他们学校的核心竞争力和影响力表现一般，9%（非常不符合占2%、不太符合占7%）的校长认为他们学校的竞争力并没有得到显著提升（见图5）。

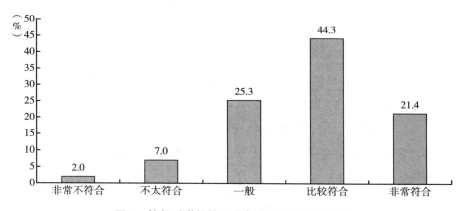

图5 校长对学校核心竞争力提升的认同程度

2. 中小学校长的决策差异分析

为进一步揭示不同群体校长的决策现状，本研究考察了年龄、性别、学历、学段、地区以及学校性质差异的背景下，中小学校长学校管理决策的不同。

随着中小学校长的年龄增长，其学校管理决策水平呈现递增趋势。本研究按照30岁以下、30~39岁、40~49岁、50~59岁进行阶段划分，通过单因素方差检验以及数据对比分析发现，不同年龄段的校长在学校管理决策过程中存在显著差异（见表3）。纵向比较发现，年龄段从30岁以下到50~59岁，中小学校长在领导制定学校发展规划（F = 9.882, p<0.001）、中层管理（F = 12.337，p<0.001）、资源配置（F = 14.234，p<0.01）、经费分配（F = 9.160，p<0.001）、核心竞争力（F = 12.052，p<0.001）方面的管理决策存在统计学显著性差异，呈现决策自信程度随着年龄递增的变化特征。其中，变化最明显的是在资源配置方面的决策。30岁以下的校长中，20%的校长认为自己在学校各项资源配置方面的管理决策能使多数师生满意，在50~59岁年龄段校长中该比例达到91.5%（比较符合占63.60%，非常符合占27.90%）。说明随着年龄的增长，校长在资源配置方面的决策水平和决策自信在不断提升。

横向比较发现，30岁以下的校长对领导制定学校发展规划最为自信。其中，40%的校长认为领导制定的学校发展规划能够为学校提供发展方向指引。30岁以下的校长在资源配置、中层管理、经费分配等方面的决策缺乏自信，认为自己在学校资源配置、中层岗位人员管理和学校经费分配方面的决策并不理想。30~39岁的校长在领导制定发展规划和资源配置方面的决策更为自信。60%（比较符合占46.90%、非常符合占13.10%）的校长认为领导制定的学校发展规划能够为学校提供明确的发展方向指引，61.3%（比较符合占50.00%，非常符合占11.30%）的校长认为他们在学校资源配置方面的决策能够使大多数师生感到满意。上述规律同样在40~49岁、50~59岁年龄段的校长群体中得到体现。

表3　不同年龄段的校长对学校管理决策的认同程度

单位：%

年龄段	认同程度	领导制定发展规划	资源配置	中层管理	经费分配	核心竞争力
30岁以下	非常不符合	0.00	10.00	10.00	20.00	10.00
	不符合	20.00	0.00	20.00	20.00	30.00
	一般	40.00	70.00	50.00	40.00	40.00
	比较符合	40.00	20.00	20.00	20.00	20.00
	非常符合	0.00	0.00	0.00	0.00	0.00

年龄分类	认同程度	领导制定发展规划	资源配置	中层管理	经费分配	核心竞争力
30~39岁	非常不符合	1.90	0.60	3.10	8.80	1.90
	不符合	3.80	5.60	15.60	21.90	9.40
	一般	34.40	32.60	41.30	35.00	34.40
	比较符合	46.90	50.00	33.10	28.10	40.60
	非常符合	13.10	11.30	6.90	6.30	13.80
40~49岁	非常不符合	2.40	2.10	2.40	8.20	2.10
	不符合	3.20	4.50	10.70	15.40	7.30
	一般	23.00	18.70	31.60	28.70	24.70
	比较符合	51.10	54.50	43.10	35.40	46.10
	非常符合	20.20	20.20	12.20	12.40	19.90
50~59岁	非常不符合	2.30	1.60	2.30	4.70	1.60
	不符合	0.80	0.80	3.10	7.80	0.80
	一般	9.30	6.20	20.20	20.90	15.50
	比较符合	59.70	63.60	49.60	48.10	43.40
	非常符合	27.90	27.90	24.80	18.60	38.80
差异性检验		$F=9.882^{**}$	$F=14.243^{**}$	$F=12.337^{**}$	$F=9.160^{**}$	$F=12.052^{**}$

注：** 表示在 0.01 水平上显著，* 表示在 0.05 水平上显著。

校长的学校管理决策存在性别差异（见表4）。在领导制定发展规划和资源配置方面，男性校长比女性校长更加自信；在中层管理、经费分配以及提升学校核心竞争力方面，女性校长比男性校长表现出更高的自信和决策认同度。此外，男性校长与女性校长在领导制定发展规划方面的决策差异最为显著。卡方检验结果表明，在领导制定发展规划方面，男性校长与女性校长之间的决策差异具有统计学显著性（$\chi 2 = 12.33$，$p<0.05$）。其中，71.7%（比较符合占 54.40%，非常符合占 17.30%）的男性校长认为领导制定的发展规划能为学校提供明确的发展方向指引，在女性校长群体中这一比例只有 70.3%。

表4 不同性别的校长对学校管理决策的认同程度

单位：%

分类	认同程度	领导制定发展规划	资源配置	中层管理	经费分配	核心竞争力
男性	非常不符合	2.10	1.70	2.80	8.30	1.90
	不符合	2.40	3.30	10.70	14.70	7.50
	一般	23.70	20.30	32.90	30.00	26.30
	比较符合	54.40	56.80	42.80	35.90	44.90
	非常符合	17.30	17.90	10.70	11.10	19.40
女性	非常不符合	2.70	2.00	2.30	7.00	2.30
	不符合	4.70	5.90	10.20	17.20	5.90
	一般	22.30	19.50	29.70	26.20	23.00
	比较符合	44.90	49.60	39.80	35.50	43.00
	非常符合	25.40	23.00	18.00	14.10	25.80
卡方检验		$\chi2 = 12.325$ *	$\chi2 = 7.120$	$\chi2 = 8.274$	$\chi2 = 3.264$	$\chi2 = 5.088$

注：* 表示在 0.05 水平上显著。

学历背景对校长学校管理决策有着显著性影响（见表5）。本研究调查了普通高中、中师或非师范中专、师范大专、师范本科、非师范本科、硕士及以上学历背景校长的学校管理决策。研究发现：普通高中、中师或非师范中专学历背景的校长比师范大专背景的校长更加自信；师范本科学历背景的校长比非师范本科学历背景的校长具有更高的决策自信和认同度；硕士及以上学历背景的校长，决策认同度和决策自信程度最高。

表5 不同学历背景的校长对学校管理决策的认同程度

单位：%

类别	认同程度	领导制定发展规划	资源配置	中层管理	经费分配	核心竞争力
普通高中、中师或非师范中专	非常不符合	6.10	6.10	3.00	15.20	3.00
	不符合	0.00	0.00	6.10	15.20	12.10
	一般	15.20	18.20	33.30	18.20	27.30
	比较符合	54.50	45.50	42.40	39.40	30.30
	非常符合	24.40	30.30	15.20	12.10	27.30

类别	认同程度	领导制定 发展规划	资源配置	中层管理	经费分配	核心竞争力
师范大专	非常不符合	2.90	2.90	7.40	8.80	2.90
	不符合	5.90	7.40	14.70	26.50	16.20
	一般	30.90	23.50	30.90	27.90	25.00
	比较符合	44.10	48.50	30.90	29.40	38.20
	非常符合	16.20	17.60	16.20	7.40	17.60
师范本科	非常不符合	1.50	1.30	2.40	8.30	2.00
	不符合	2.80	3.90	9.60	14.40	5.00
	一般	22.70	19.90	32.50	30.40	24.90
	比较符合	53.50	58.10	43.90	35.80	47.00
	非常符合	19.60	16.80	11.60	11.10	21.00
非师范本科	非常不符合	2.70	1.80	0.90	5.50	0.90
	不符合	5.50	4.50	16.40	18.20	9.10
	一般	26.40	27.30	34.50	30.90	36.40
	比较符合	48.20	44.50	35.50	34.50	37.30
	非常符合	17.30	21.80	12.70	10.90	16.40
硕士及以上学历	非常不符合	5.40	2.70	2.70	4.10	2.70
	不符合	1.40	4.10	6.80	9.50	6.80
	一般	16.20	8.10	23.00	17.60	12.20
	比较符合	48.60	52.70	48.60	44.60	45.90
	非常符合	28.40	32.40	18.90	24.30	32.40

　　普通高中、中师或非师范中专学历的校长，比师范大专学历背景的校长有着更高的决策自信和决策认同度。具体来看，在领导制定发展规划方面，78.9%（比较符合占54.50%，非常符合占24.40%）的普通高中、中师或非师范中专学历的校长认为自己领导制定的学校发展规划能为学校提供明确的发展方向指引，师范大专学历背景的校长中只有60.3%（比较符合占44.10%、非常符合占16.20%）的校长认为他们领导制定的学校发展规划能为学校提供明确的发展方向。在学校资源配置和中层管理方面，普通高中、中师或非师范中专学历的校长认为自己在学校资源配置方面的决策能够使大多数师生感到满意，以及认为自己学校中层岗位人员的工作是高效和快乐的校长占比分别为75.8%（比较符合占45.50%、非常符合占30.30%）和57.6%（比较符

合占 42.40%、非常符合占 15.20%），这一数据在师范大专学历背景的校长中占比分别为 66.1%（比较符合占 48.50%、非常符合占 17.60%）和 47.1%（比较符合占 30.90%、非常符合占 16.20%）。在学校核心竞争力方面，普通高中、中师或非师范中专学历的校长中，42.4%（非常不符合占 3.00%、不符合占 12.10%、一般占 27.30%）的校长并不认为他们学校的核心竞争力和影响力越来越强。这一数据在师范大专学历的校长群体中占 44.1%（非常不符合占 2.90%、不符合占 16.20%、一般占 25.00%）。

师范本科学历背景的校长比非师范本科学历背景的校长具有更高的决策自信和认同度。相较于其他层面的学校管理决策，师范本科比非师范本科学历背景的校长在学校资源配置方面的决策自信程度更高。74.90%（比较符合占 58.10%、非常符合占 16.80%）的校长认为他们在学校各项资源配置方面的管理决策能使大多数师生感到满意，这一比例高于非师范本科学历背景校长的 66.3%（比较符合占 44.5%、非常符合占 21.8%）。非师范本科学历背景的校长相比师范本科学历背景的校长，更倾向于认为学校管理决策面临的最大挑战是经费分配。其中，22.7%（非常不符合占 8.30%、不符合占 14.40%）的师范本科学历的校长认为他们在学校经费、设备购置等方面的安排并不能够满足学校发展的要求，这一数据低于非师范本科学历的校长，后者比例为 23.7%（非常不符合占 5.5%、不符合占 18.2%）。

硕士及以上学历背景的校长对自己在学校管理各方面的决策都表现出较高的自信。他们在领导制定发展规划、资源配置、中层管理、经费分配方面有着较高的决策自信，比例分别达到 77.00%、85.10%、67.50%、68.90%（包括比较符合与非常符合选项）。他们对自己学校的发展以及取得的进步的认同度要远远高于其他学历背景的校长。例如，在反映校长综合决策能力的核心竞争力方面，硕士及以上学历背景的校长中，78.3%的校长认为学校的核心竞争力和影响力越来越强，而这一比例在普通高中、中师或非师范中专学历的校长群体中只有 57.6%，师范大专学历校长群体中为 55.8%，师范本科学历校长群体中为 68%、非师范本科群体中为 53.7%。可见，硕士及以上学历背景的校长对自己在学校管理方面的决策有着更高的自信和决策认同度。

不同教育阶段的校长在资源配置（F=2.612，P<0.05）、经费分配（F=3.592，P<0.05）、核心竞争力（F=4.481，P<0.05）方面的决策存在统计学显著性差异（见表6）。其中，高中校长的决策认同度和决策自信程度最高，小学校长和中学校长在发展规划、资源配置方面的决策认同度差异不大。在学校中层管理、经费分配方面，小学校长决策自信和认同度高于中学校长；在核心竞争力方面，中学校长高于小学校长。

具体来看。在领导制定学校发展规划方面，74.7%（比较符合60%、非常符合14.7%）的高中校长认为他们制定的学校发展规划能够为学校发展提供方向指引，小学和中学校长所占的比例分别为68.2%和68.7%（比较符合、非常符合）。学校中层管理方面，小学、中学和高中校长之间的差距不大，占比分别为52.40%、53.60%、57.90%。可见，高中校长的比例最高，小学校长的比例最低。经费分配是不同阶段校长学校管理决策中面临的最大挑战。其中，中学校长群体中所占的比例最大，为32.1%（非常不符合、不符合），其次是小学校长的23.1%和高中校长的16.9%。在学校核心竞争力方面，68.40%的高中校长认为自己学校的核心竞争力和影响力越来越高，这一数据在小学校长群体中为59.3%，在中学校长群体中为64.5%。

表6　不同教育阶段校长的学校管理决策的认同程度

单位：%

分类	认同程度	领导制定发展规划	资源配置	中层管理	经费分配	核心竞争力
小学校长	非常不符合	3.40	2.80	3.10	7.60	2.40
	不符合	3.10	3.40	10.30	15.50	10.00
	一般	25.20	23.80	34.10	30.70	28.30
	比较符合	44.10	46.20	36.20	32.10	37.90
	非常符合	24.10	23.80	16.20	14.10	21.40
中学校长	非常不符合	1.50	1.10	1.90	12.50	1.50
	不符合	3.80	4.90	14.30	19.60	6.80
	一般	26.00	23.00	30.20	28.30	27.20
	比较符合	53.60	55.80	43.80	30.60	46.80
	非常符合	15.10	15.10	9.80	9.10	17.70

续表

分类	认同程度	领导制定发展规划	资源配置	中层管理	经费分配	核心竞争力
高中校长	非常不符合	3.20	2.10	4.20	7.40	2.10
	不符合	1.10	2.10	6.30	9.50	6.30
	一般	21.10	14.70	31.60	35.80	23.20
	比较符合	60.00	67.40	47.40	40.00	46.30
	非常符合	14.70	13.70	10.50	7.40	22.10
差异性检验		F = 1.152	F = 2.612*	F = 0.707	F = 3.592**	F = 4.481**

注：** 表示在 0.01 水平上显著；* 表示在 0.05 水平上显著。

不同地区学校校长的学校管理决策存在统计学显著性差异①（见表7）：发展规划（F = 11.064，P<0.001）、资源配置（F = 8.169，P<0.001）、中层管理（F = 4.087，P<0.01）、经费分配（F = 7.971，P<0.001）、核心竞争力（F = 17.519，P<0.001）。其中，地级市或以上的学校校长，比地级市以下地区（县级城区、镇区、乡村地区的学校）的学校校长具有更高的决策认同度和决策自信。

具体维度比较分析发现，在领导制定学校发展规划方面，地级市或以上学校的校长中，81.4%（比较符合占54.40%，非常符合占27.00%）的校长认为他们领导制定的学校发展规划能够为学校提供指引，这一比例在地级市以下地区的学校校长中占比为67.2%（比较符合占50.30%，非常符合占16.90%），相差14.2个百分点。在资源配置方面，81%（比较符合占59.10%，非常符合占21.90%）的地级市或以上学校的校长认为他们在学校资源配置方面的管理决策能使大多数师生感到满意，这一数据在地级市以下地区学校的校长中占比为71.4%（比较符合占52.90%，非常符合占

① 说明：问卷设计中将地区划分为：地级市或以上城区、县级城区、镇区、乡村，本文在差异性检验的过程按照上述四个分类进行单因素方差检验分析，而非二分类的卡方检验分析。此外，为清楚比较和呈现地级市或以上城区和地级市以下城区校长之间的决策差异，研究将县级城区、镇区、乡村合并为地级市以下城区展开统计分析。

18.50%）。中层管理方面，地级市或以上学校的校长中，60.4%（比较符合占 45.60%，非常符合占 14.80%）的校长认为学校中层岗位人员的工作是高效和快乐的，地级市以下地区学校的校长中只占比 52.6%（比较符合占 40.40%，非常符合占 12.20%）。经费分配方面，56.1%（比较符合占 40.10%，非常符合占 16.00%）的地级市或以上学校的校长认为，他们在学校经费、设备购置等方面的安排能满足学校发展，地级市以下地区学校的校长中只占比 44.5%（比较符合占 34.10%，非常符合占 10.40%），两者相差 11.6 个百分点。学校核心竞争力方面，地级市或以上学校的校长中，77.2%（比较符合占 42.60%，非常符合占 34.60%）的校长认为自己学校的核心竞争力越来越高，而地级市以下地区的校长中只占比 61.1%（比较符合占 45.00%，非常符合占 16.10%）。由此可见，地级市或以上学校校长在学校管理各个方面的决策自信和认同度均高于地级市以下地区学校的校长。

表7　不同地区校长的学校管理决策认同程度

单位：%

分类	认同程度	领导制定发展规划	资源配置	中层管理	经费分配	核心竞争力
地级市或以上地区学校	非常不符合	4.20	4.20	4.60	6.30	3.80
	不符合	1.70	3.80	9.30	11.40	4.20
	一般	12.70	11.00	25.70	26.20	14.80
	比较符合	54.40	59.10	45.60	40.10	42.60
	非常符合	27.00	21.90	14.80	16.00	34.60
地级市以下地区学校	非常不符合	1.50	0.80	1.80	8.70	1.30
	不符合	3.70	4.20	11.10	17.10	8.10
	一般	27.50	23.70	34.40	29.90	29.50
	比较符合	50.30	52.90	40.40	34.10	45.00
	非常符合	16.90	18.50	12.20	10.40	16.10
差异性检验		F = 11.064 ***	F = 8.169 ***	F = 4.087 **	F = 7.971 ***	F = 17.519 ***

注：*** 表示 $P < 0.001$ 水平上显著，** 表示在 0.01 水平上显著，* 表示在 0.05 水平上显著。

公立学校的校长在领导制定发展规划、提升学校核心竞争力方面的决策自信程度高于非公立学校；非公立学校的校长在资源配置、中层管理、经费分配方面的决策自信和决策认同度高于公立学校校长。由表 8 结果可知①，在领导制定发展规划方面，公立学校中 71.6%（比较符合占 51.70%，非常符合占 19.90%）的校长认为他们领导制定的学校发展规划能为学校提供明确的发展方向指引，而非公立学校（民办学校、民办公助学校）仅为 61.1%（比较符合占 44.40%，非常符合占 16.70%）。在学校资源配置方面，74%（比较符合占 54.70%，非常符合占 19.30%）的公立学校校长认为他们在学校各项资源配置方面的管理能使大多数师生感到满意，非公立学校则为 77.8%（比较符合占 50.00%，非常符合占 27.80%）。学校中层管理方面，公立学校中 54.6%（比较符合占 41.80%，非常符合占 12.80%）的校长认为学校中层岗位人员的工作是高效和快乐的，而非公立学校则为 66.6%（比较符合占 44.40%，非常符合占 22.20%）。在学校经费分配方面，公立学校中 47.6%（比较符合占 35.80%，非常符合占 11.80%）的校长认为他们在学校经费、设备购置等方面的安排能够满足学校发展要求，而非公立学校则为 55.5%（比较符合占 33.30%，非常符合占 22.20%）。在学校核心竞争力方面，公立学校中 65.9%的校长认为他们学校的核心竞争力和影响力越来越高，而非公立学校则为 55.6%，低于公立学校。

在学校管理决策面临的挑战方面，公立学校和非公立学校的校长面临的最大决策挑战并不相同。公立学校中，23.8%（非常不符合占 8.00%，不符合占 15.80%）的校长认为他们在学校经费、设备购置等方面的安排并不能够满足学校发展要求，而非公立学校这一数据仅为 5.6%；非公立学校中 16.7%（不符合占 16.7%）的校长认为他们领导制定的学校发展规划并不

---

① 说明：问卷设计中将学校性质划分为公立学校、民办学校和民办公助三种类型。本文在差异性检验的过程中按照上述三个分类进行单因素方差检验分析，而非二分类的卡方检验。此外，为清楚比较和呈现公立学校的校长与非公立学校校长管理决策，本研究将民办学校和民办公助学校合并为其他类型的学校进行综合描述性统计分析。

能为学校提供发展指引，这一数据在公立学校则为 5.1%（非常不符合占 2.3%，不符合占 2.8%）。

表 8 不同学校性质校长的学校管理决策认同程度

单位：%

分类	认同程度	领导制定发展规划	资源配置	中层管理	经费分配	核心竞争力
公立学校	非常不符合	2.30	1.80	2.60	8.00	2.10
	不符合	2.80	3.90	10.70	15.80	7.10
	一般	23.30	20.20	32.10	28.60	24.90
	比较符合	51.70	54.70	41.80	35.80	44.70
	非常符合	19.90	19.30	12.80	11.80	21.20
其他学校（非公立学校）	非常不符合	0.00	0.00	5.60	5.60	0.00
	不符合	16.70	11.10	5.60	0.00	0.00
	一般	22.20	11.10	22.20	38.90	44.40
	比较符合	44.40	50.00	44.40	33.30	27.80
	非常符合	16.70	27.80	22.20	22.20	27.80

　　办学水平较高的学校校长在管理决策上表现出更高的决策自信和决策认同度，办学水平较低的学校校长在此方面自信不足。依据表 9 的结果可知[①]，领导制定学校发展规划方面，办学水平偏下的校长中，58.7%（比较符合占 46.20%，非常符合占 12.50%）的校长认为他们领导制定的学校发展规划能为学校提供发展指引，本地区办学水平偏上的学校校长则为 80.1%（比较符合占 55.20%，非常符合占 24.90%），两者相差 21.4 个百分点。在资源配置方面，办学水平偏下的学校校长中，61.6%（比较符合占 49.40%，非常符合占 12.20%）的校长认为他们在学校资源配置方面的管理能使大多数师生感到满意，办学水平偏上学校的校长则为 82.8%（比较符合占 58.30%，非常符合占 24.50%），两者相差 21.2 个百分点。学校中层

---

① 本文研究中，办学水平按照"最薄弱、中下、中间、中上、最好"进行等级划分，为了便于数据分析，研究把"最薄弱、中下、中间"的学校划分为本地区办学水平偏下的学校，把"中上、最好"的学校定义为本地区办学水平偏上的学校。

管理方面，办学水平偏下的校长中 43.6%（比较符合占 35.20%，非常符合占 8.40%）的校长认为他们学校的中层岗位人员的工作是高效的，办学水平偏上的校长中则为 62.8%（比较符合占 46.60%，非常符合占 16.20%）。经费分配方面，办学水平偏下的校长中为 36.4%（比较符合占 28.80%，非常符合占 7.60%）的校长认为他们在学校经费、设备购置等方面的安排能够满足学校发展要求，办学水平偏上的校长中则为 55.8%（比较符合占 40.70%，非常符合占 15.10%）。学校核心竞争力方面，办学水平偏下的校长中有 46.2%（比较符合占 36.60%，非常符合占 9.60%）的校长认为他们学校的核心竞争力和影响力越来越高，而办学水平偏上的校长则高达 79.4%（非常符合占 49.70%，比较符合占 29.70%）。在学校决策面临的挑战层面，办学水平偏下的学校中，29.6% 的校长认为（非常不符合占 11.30%，不符合占 18.3%）他们在学校经费、设备购置等方面的安排并不能够满足学校发展要求，而在办学水平偏上学校的校长中为 19%（非常不符合占 5.50%，不符合占 13.50%）。

表 9　不同办学水平学校校长的学校管理决策认同程度

单位：%

分类	认同程度	领导制定发展规划	资源配置	中层管理	经费分配	核心竞争力
本地区办学水平偏下的学校	非常不符合	2.30	17.00	3.50	11.30	2.30
	不符合	4.70	6.70	12.80	18.30	12.80
	一般	34.30	29.90	40.10	34.00	38.70
	比较符合	46.20	49.40	35.20	28.80	36.60
	非常符合	12.50	12.20	8.40	7.60	9.60
本地区办学水平偏上的学校	非常不符合	2.20	1.80	2.00	5.50	1.80
	不符合	2.00	2.20	9.00	13.50	2.90
	一般	15.50	13.10	26.20	25.20	16.00
	比较符合	55.20	58.30	46.60	40.70	49.70
	非常符合	24.90	24.50	16.20	15.10	29.70

3. 校长管理决策影响因素的相关性分析

上文探讨了校长学校管理决策的差异，并考虑了年龄段、性别、学历、教育阶段、地区、学校性质及办学水平等背景因素的不同。本部分进行相关性分析，检验这些因素是否与校长决策具有统计学相关性。由于研究变量的测量形式是以等级量表进行，因此采用斯皮尔曼等级相关系数（Spearman's rank correlation coefficient）进行相关性分析，并检验统计学显著性，结果见表 10。

表 10　不同影响因素与校长学校管理决策的相关性分析结果

类别	相关性	年龄	性别	学历	学校阶段	学校地区	学校性质	办学水平
学校发展规划	相关系数	0.189**	0.034	0.030	0.035	-0.183**	-0.036	0.246**
	显著性	0.000	0.332	0.391	0.307	0.000	0.302	0.000
资源配置	相关系数	0.211**	0.014	0.051	0.045	-0.126*	0.022	0.251**
	显著性	0.000	0.677	0.142	0.195	0.000	0.521	0.000
中层管理	相关系数	0.231**	0.064	0.037	0.033	-0.111**	0.039	0.210**
	显著性	0.000	0.063	0.282	0.339	0.000	0.258	0.000
经费分配	相关系数	0.197**	0.024	0.115**	0.086*	-0.178**	0.049	0.222**
	显著性	0.000	0.486	0.001	0.013	0.000	0.155	0.000
核心竞争力	相关系数	0.223**	0.065	0.014	0.115**	-0.259**	0.001	0.398**
	显著性	0.000	0.062	0.232	0.001	0.000	0.984	0.000

注：** 表示相关性在 0.01 水平上显著（双尾）；* 表示相关性在 0.05 水平上显著（双尾）。

研究发现，年龄、办学水平与校长在学校发展规划、资源配置、中层管理、经费分配、核心竞争力方面有正向显著的相关性。意味着随着校长年龄的增长以及学校办学水平的提升，校长在学校发展规划、资源配置、中层管理、经费分配、核心竞争力方面的决策会有更加自信的表现。其中，年龄与学校核心竞争力和中层管理的相关系数最高，分别为 0.223 和 0.231。意味着年长资深的校长管理学校可能会对提升学校竞争力和中层管理带来更为显著的效果。办学水平与学校核心竞争力的相关系数最高，达到 0.398。意味着高水平学校的校长在提升学校竞争力方面更具优势。

虽然性别、学校性质与校长的学校管理决策具有一定的相关性，但这种相关性并不具备统计学显著性。由此说明，性别、学校性质与校长的学校管理决策并不具备较强的关联。值得注意力的是，学历与经费分配的相关性具有统计学显著性，相关系数达到 0.115，表现为弱相关性，但与其他方面的学校管理决策的相关性并不具有统计学显著性。可以理解为，高学历的校长在学校经费管理方面的决策可能会有更高的表现。此外，各教育阶段校长的决策行为与经费分配以及提升学校核心竞争力之间存在显著的正向相关性。学校阶段越高（由小学到高中）的校长在学校经费分配方面的决策表现更好。

三　结论与建议

（一）研究结论

本报告针对我国中小学校长的学校管理决策现状进行问卷调查，从发展规划、资源配置、中层管理、经费分配和核心竞争力五个维度进行测评，并通过数据分析对我国中小学校长的学校管理决策现状进行了剖析，主要得出以下结论。

1. 高学历和师范学历背景的校长的决策自信和认同程度相对更高

师范本科学历背景的校长比非师范本科学历背景的校长具有更高的自信和决策认同度；学历较高的校长在学校管理决策中表现出较高的自信。研究结果一方面说明了校长具备专业知识对校长决策的重要性；另一方面说明了知识储备以及分析问题的能力对校长学校管理决策的重要性。其中，师范学历背景的校长在学校管理决策中表现出更高的自信，这是因为接受师范教育背景的校长拥有更加全面的教育理论知识和学校管理知识技能，这有助于提升他们在学校管理决策的专业性和有效性。此外，高学历背景往往意味着学习者具备深厚的知识储备和更为广泛的视野，这为校长在学校管理中解决复杂问题和应对决策挑战提供了坚实的基础，使他们在学校管理决策中表现出更强的自信心。此外,高学历常常与分析能力、批判性思维和问题解决能力相关联,这些能力是校长在学校管理决策中所不可或缺的。因此,研究结果带来的启示是,提升校长的专业知识以及岗位专业能力素养,培养他们分析和解决问题的能力,这是提升校长决策水平以及使他们成长为教育家型校长所必须关注的地方。

2. 学校的办学水平与校长的决策能力之间具有密切的关联

相较于性别、学历、学校所处阶段、学校所处地区、学校性质等因素的影响,学校办学水平与校长在发展规划、资源配置、中层管理、经费分配、核心竞争力方面的决策能力具有显著的正向相关性,相关系数分别为0.246、0.251、0.210、0.222、0.398。该结果可以理解为,校长在这些关键领域的决策水平越强,学校的办学水平也往往越高。该结果还可以从另一视角解释,一方面办学水平较高的学校可能更容易吸引高水平的校长;另一方面,校长通过有效的发展规划、合理配置资源、高效管理中层干部、适当的经费分配,以及对核心竞争力的重视和投资,能够显著提高学校的教育质量和办学水平。研究结果进一步佐证了校长学校管理决策能力对学校办学水平的影响,强调了提升校长学校管理决策水平的重要性。研究结果带来的启示是,在实施校长培训的过程中,提供针对性的决策培训是提高学校整体教育质量的有效途径。值得注意的是,办学水平与校长决策水平之间的相关系数并非是单向的,也可能是双向的。这为提升校长的决策能力和学校办学水平提供了另外一种启示,即在不同办学水平学校之间实施校长轮岗交流,可能是提升校长学校管理水平以及提升相对弱势学校办学水平的一种有效途径。

3. 中小学校长的决策自信和认同程度随着年龄增长

50~59岁年龄段的校长在学校发展规划、资源配置、中层管理、经费分配和核心竞争力方面的决策自信和认同度最高,占比分别为87.6%、91.5%、74.4%、66.7%、82.2%,远高于30岁以下、30~39岁、40~49岁年龄段的校长。研究结果可以从三个方面进行解释。一是经验积累和知识深化对决策者决策能力具有重要影响。随着年龄的增长,校长经历了更多的教育场景、挑战和变革,积累了宝贵的学校管理经验。这些实践经验帮助校长

在面对复杂问题时能够快速识别问题、评估风险和预测结果，最终进行高水平决策。二是年长的校长有更多的机会深化其教育理论知识、管理技能，这些是提高决策质量的关键因素。三是年长的校长通常拥有更广泛的社会关系网络，能够在决策过程中获取更多资源和支持。因此，年龄增长和经验积累的同步性使得校长能够更加成熟、全面地考虑问题，从而能够更加稳健、高效的实施学校管理决策。研究结论带来的启示是：一方面，提升校长的决策能力，要培养校长具备在实践中不断学习的能力，让校长能够在学校工作中不断成长；另一方面，要为校长搭建交流平台，促进他们之间的经验交流，这些是提升校长学校管理决策水平以及培育教育家型校长必不可少的过程。

4. 经费分配是校长学校管理决策面临的最大挑战

经费分配是中小学校长学校管理决策中自信和认同程度最低的维度。只有47.8%（比较符合占35.8%、非常符合占12%）的校长认为自己在学校经费、设备购置等方面的安排能够满足学校发展要求，52.2%的校长对此持不同的观点，占比超过一半。经费分配成为中小学校长学校管理决策面临的最大挑战，可能有两方面原因。一是与经费决策分配的性质有关。经费分配需要决策者综合考虑资源配置的有效性和紧迫性，对校长决策的规划能力、协调能力、前瞻性思维和临时决策应变的能力有着较高的要求。二是学校有限的经费资源与庞大的需求之间存在矛盾，这为校长实施学校经费决策带来了一定的挑战。从决策视角来看，对稀缺资源的分配不仅考验着校长决策选择的准确性以及决策的针对性，同时需要校长在决策时具备有效沟通以及平衡各方利益诉求的能力。为此，提升校长学校管理决策的规划能力、前瞻能力、临时性决策的应变能力、沟通能力等方面的能力，是提升校长学校管理决策水平，同时也是把广大中小学校长进一步培养成教育家型校长需要重点努力的方向。

（二）对策建议

基于本文研究发现结论，为更好地提升校长的学校管理决策水平，朝着教育家型校长的成长，提出如下几个方面的建议。

1.培育校长的成长性思维和实践学习力

中小学校长的决策自信和认同程度随着年龄的增长而递增。这也从侧面说明经验的积累和知识的深化对决策者决策能力的重要作用。达林-哈蒙德等人提出，"当理论和实践相结合的时候，才是真正创造出有效的校长的时候"①。顾明远先生也曾说过，"教育家不是从书斋里走出来的，教育家只能从教育实践中产生"②。因此，提升校长学校管理的决策水平，不仅仅是提升他们的决策理论知识，需要校长具备成长性思维以及在教育实践中不断学习的能力。

值得注意的是，实践学习不同于知识学习。如提出"实践性知识"的埃尔巴兹（EIbaz）所言："教师拥有一种特别的知识，它通过实践行为以及对这些行为的反思来表达。这种知识难以编码，是经验性，内隐的，它源于对实践情景的洞见。"③ 此外，新专业主义强调知识的工具性，认为知识是实践者的主观建构，强调专业知识的获得是基于对自身职业实践的反思、探究以及与同行的交流④。校长在学校管理中的"实践性知识"同样源自校长对于实践过程的不断反思以及对知识的主观建构。当校长能够在实践中不断汲取经验，以及具备自主提升改进决策能力的意识时，校长也就具备了成长性思维。这是校长决策能力得以持续不断提升、优化、改进的基础。为此，培育具备成长性思维和学习能力的校长，可从以下三个方面着力。一是在学校管理工作中，校长自身要树立在实践中总结、反思和学习的意识，还包括主动学习优秀校长学校管理经验的能力；二是校长在学校管理过程中能够正确看待、评估和总结自己的决策，善于从别人的决策实践中总结经验；三是校长能够通过反思和开放性对话不断学习，包括与中层管理者、教师、学生家长对话，以此反思和优化自己的决策。

---

① Disraeli, M. H. "Training programme for secondary school principals: Evaluating its effectiveness and impact," International Journalof Educational Leadership Preparation 31-48（2013）.

② 顾明远：《希望更多的校长和教师成为教育家》，《人民教育》2010 年第 Z2 期。

③ 林一纲：《中国大陆学生教师实习期间教师知识发展的个案研究》，学林出版社，2009。

④ 胡定荣：《教师专业标准的反思》，《高等师范教育研究》2003 年第 1 期；褚宏启：《走向校长专业化》，《教育研究》2007 年第 1 期。

2. 精准培训校长决策能力

具有高学历和师范教育背景的校长有着更高的决策自信心和认同度。这反映出专业知识和分析能力对校长学校管理决策的影响。因此，提升校长的专业知识和岗位技能，培养他们分析和解决问题的能力，不仅是提高校长学校管理决策水平的有效举措，同时也是塑造教育家型校长的基石。

事实上，校长培训始于人们逐渐意识到校长是一个专业，并对校长应该具备的专业素养进行思考后出现的[①]。我国从1989年国家教委颁布改革开放以来的第一份系统的中小学校长培训政策文件——《关于加强中小学校长培训工作的意见》[②]，强调将岗位职务培训作为中小学校长培训的重点任务开始[③]，到2013年《教育部关于进一步加强中小学校长培训工作的意见》强调对中小学校长培训的针对性和实效性[④]，直至当下，校长培训一直是我国提升校长专业能力以及培育名校长的顶层设计和有效途径，为提升我国校长群体的专业能力做出了重要的贡献。然而，学界长期以来对校长培训的立场存在误解，一方面，把校长培训误解为培养校长群体中的"弱势"势群体，对名校长培训的关注程度和培训力度则相对不足。校长培训的本意并不是"削峰填谷"，而应是"填谷拔峰"，为每一位校长的每一项能力的成长提供支持。校长培训在关注"弱势"校长群体专业能力提升的同时，更应该进一步关注名校长的专业水平、管理水平、决策能力等岗位能力的提升，这是实施校长培训更加值得关注的问题，是培育教育家型校长需要迫切回应的问题。另一方面，以培训提升校长的专业能力，赋能校长决策水平提升，首先需要通过建立相应的评估标准，以此识别和诊断校长在学校管理决策中

---

① 张爽：《中小学校长培训范式变革研究》，《教育科学研究》2021年第12期。

② 卢乃桂、陈霜叶、郑玉莲：《中国校长培训政策的延续与变革（1989~2009）》，《清华大学教育研究》2010年第5期。

③ 何东昌：《〈中华人民共和国重要教育文献〉序言》，载《纪念〈教育史研究〉创刊二十周年论文集（9）——中华人民共和国教育史研究》，2009年9月1日。

④ 教育部：《努力破解薄弱问题 促进中小学校长专业发展——教育部教师工作司有关负责人就〈教育部关于进一步加强中小学校长培训工作的意见〉答记者问》，中华人民共和国教育部网站，2013年10月8日，http://www.moe.gov.cn/jyb_xwfb/s271/201310/t20131008_158098.html。

面临的挑战和问题，然后才是通过分层分类，在遵循校长成长规律的基础上，为校长提供培训，以此提升培训的有效性。值得注意的是，校长在学校管理决策中的专业素养不仅包括对教育理论的学习和深入理解，也包括决策制定、团队领导、财务管理等实践技能。这同样是实施校长培训需要特别关注的。

3.促进学校管理经验交流传播

研究结果表明，学校办学水平与校长决策之间具有显著的正向相关性。这意味着随着校长决策水平的提升，学校办学水平也会相应提升。这一结果还可以理解为高水平的学校会反哺校长决策水平的提升。因此，提升中小学校长学校管理决策水平，提供普通校长去高水平学校历练和学习的机会，亦是提升校长决策水平的有益举措。其中，在校长群体中实施轮岗交流，有益于校长学校管理决策水平的提升以及高水平学校管理经验的传播。首先，校长轮岗不仅能拓宽校长视野、丰富校长的学校管理经验，还有助于激发校长在管理决策上的创新思维和解决问题的实践能力。其次，校长轮岗有利于促进学校之间管理经验的交流，有利于校长学习新的决策方法和管理经验。再次，通过在不同学校的工作，校长能够更好地理解教育系统的多样性，提升其在人际关系、资源配置和学校发展规划等方面的决策能力。最后，轮岗机制有助于打破校长在学校管理过程中的固有模式和思维定势，促进了校长间的知识交流和经验分享，有助于实现学校管理决策经验的创新。

4.引入数字技术赋能校长管理决策

学校管理制度为校长决策提供了权力基础和行动框架，决定了校长决策的力度、效度和向度。升级学校管理制度以赋能校长决策，可从以下几个方面着力。一是通过建立反馈和评估机制提升校长学校管理决策的灵活性、适应性和针对性。在校长学校管理决策中，建立决策反馈和评估机制以监控和检验校长决策的实施成效，有利于帮助校长做出高水平决策。二是实施民主化决策。多元共治的现代学校制度理论强调了学校教育实践中各利益相关主体治理参与的重要性。现代化的学校管理体制是通过多元参与以及实施民主决策实现的。在学校内的各部门之间建立有效的沟通渠道，既有利于校长获

得最为广泛的决策信息，同时又能为校长获取决策建议提供帮助。三是实施校长学校管理决策手段的转型升级，鼓励新技术在学校管理决策中的融入和应用。数字技术为校长获取信息、决策形式以及为提升校长决策的科学性提供了更多可能。引入数据分析、云计算、人工智能等数字工具和平台，校长可以更有效地处理学校管理中的大量数据，如学生成绩、教师绩效、资源分配等。数字技术赋能使得校长能够快速获取决策的关键信息，有利于校长在学校管理过程中做出更加科学和针对性的决策。

5. 强化校长财务管理等方面决策能力的培养

长期以来，受传统教育观念的影响，人们对校长学校管理决策能力的认知往往偏向于人事、学校发展、教学活动等方面，缺少对校长财务、资源配置决策等方面能力的关注。这是传统教育单方面注重学校领导者的教育理念和人文素养的培养，对经济、财务等方面管理技能重要性认识不足的结果。加之教育本身特有的公益性，使校长在财务管理和资源配置等方面的能力培养成为盲点。这显然不利于学校高质量发展。

基于对教育家型校长决策特征的总结，教育家型校长在财务管理、资源配置方面的决策，应然的特征表现包括具备长远规划和整体优化能力、谨慎且具前瞻性、擅长动员和整合各方资源等方面的能力。以此为参照提升中小学校长的决策能力，培养更多在财务管理和资源配置方面具备高水平决策能力的校长，应从以下方面着力。一是转变观念，强化对校长在财务管理和资源配置方面决策能力重要性的认识，扭转传统教育对校长学校管理决策能力认知的"偏见"。二是加强校长财务管理能力和资源配置方面的培训，包括提供关于预算制定、财务规划、资金筹措及高效利用资源等方面专业知识的培训，以此裨补校长在财务管理等方面决策能力的不足。三是通过鼓励校长参与财务管理等方面的实际案例研究，以此提升他们在现实操作中的决策能力。四是在校长之间建立广泛的交流平台，以此促使实践经验、创新方案和成功案例的共享，从而为提升校长学校管理决策水平提供交流的平台。

B.8
教育家型校长引领学校课程
教学改革发展报告

陈悠然　谢昊伦　沈玉顺*

摘　要：　教育家型校长引领学校改革，核心是引领学校的课程教学改革，实质是校长发挥课程教学方面的专业影响力和领导力，促进教师的教与学生的学，重点在于课程体系建设、教改机制建立、教研体系创设三个方面。本报告通过实证调查表明，多数校长注重引领建设学校课程和教研体系，但尚未充分建立起学校教改的体制机制；差异性和相关性分析表明，处于城镇学校、学校水平较高、教龄相对较长、职称相对较高的校长在课程建设与教学改革的各个方面都更加具有优势；校长引领学校课程教学改革的瓶颈主要在于改革使命感不足。建议：聚焦教与学核心，把握好落实国家课程和建设校本课程的关系；强化课程教学领导的多维性、持续性、团体性，着力提升校长领导力；借助反思性实践培植校长课程与提升教学引领力；基于本土教育生态探索校长培训特色化路径；培训与激励联合驱动校长课程与教学改革能力提升。

关键词：　校长课程教学领导　课程体系　教改机制　教研体系

　　"教与学是学校系统的技术核心"[1]，教育家型校长引领学校改革，核心

---

*　陈悠然，华东师范大学教育学部硕士研究生，主要研究方向为教育政策；谢昊伦，华东师范大学教育学部硕士研究生，主要研究方向为教育政策与管理；沈玉顺，华东师范大学教育学部教授，教育部中学校长培训中心学术委员会主任，主要研究方向为教育评价与学校改进。

[1]　〔美〕韦恩·K. 霍伊（Wayne Hoy）、塞西尔·G. 米斯克尔（Cecil Miskel）主编《教育管理学：理论·研究·实践》，范国睿译，教育科学出版社，2007。

是引领学校的课程教学改革，即实施课程领导和教学领导。2023 年 5 月，教育部相继发布《关于加强中小学地方课程和校本课程建设与管理的意见》和《基础教育课程教学改革深化行动方案》，要求按照协同育人、因地制宜及因校制宜的原则，有组织地持续推进基础教育课程教学深化改革，提升学校课程建设质量。2019 年，《中共中央 国务院关于深化教育教学改革全面提高义务教育质量的意见》明确指出"校长是学校提高教育质量的第一责任人"。校长对学校课程教学改革的领导是学校教学改进和效能提升的关键，教育高质量发展时代更是呼吁教育家型校长来引领学校的课程教学改革。同时，"领导课程教学"作为国内外校长专业标准的重要内容之一，是教育家型校长成长和评价的关键指标。

基于此，本报告聚焦校长引领学校课程教学改革这一主题，首先通过文献研究探讨教育家型校长应当如何引领学校课程教学改革；其次基于调研数据描述当前校长领导学校课程教学改革的现状，提炼和总结其所面临的问题、挖掘与分析原因；最后就校长如何更好地引领学校课程教学改革提出对策与建议。

一 校长引领学校课程教学改革的内涵与路径

2023 年 8 月，教育部等三部门联合发布《关于实施新时代基础教育扩优提质行动计划的意见》，部署实施义务教育强校提质行动和普通高中内涵建设行动。推进学校内涵建设和特色发展，不仅是学校发展的核心竞争力和关键路径，而且成为推动义务教育优质均衡发展、普通高中多样化有特色发展的内在要求。学校内涵建设的本质是育人特色，核心是课程教学建设。课程体系是实现学校办学理念的重要载体和育人目标的重要途径，课程教学改革是推动学校创新发展和转型变革的关键环节①。

---

① 王牧华、邱钰超：《学习机会视域下校长课程领导力的提升路径》，《中国教育学刊》2022年第 10 期。

（一）教育家型校长引领学校课程教学改革的意义

1. 学校内涵建设需要校长把握课程教学核心任务

作为学校教育质量的第一责任人，校长引领学校课程教学改革是影响课程教学改革成效和学校效能的关键[①]，是学校特色建设和持续发展的核心引领力量。国外研究表明，有效引领学校课程教学改革的校长在学校教育的目标、技术和结果之间保持着更紧密的耦合[②]。校长强有力的教学领导力是有效学校的核心特征，是影响学校教育质量的关键因素，是促进学校内涵发展的核心力量[③]。大量关于校长课程和教学领导力的国内外实证研究也证明，校长教学领导力不仅直接影响教师工作满意度、教师压力、职业承诺和教学效能感，还直接和间接影响学生的学业成绩、幸福感和情意发展[④]。教育家型校长能够统筹制定学校课程愿景、目标和方案，激励教师团队投身于课程教学改革，并持续监控和深入分析教师的教与学生的学，引领学校教育质量提升和内涵发展。

2. 教育高质量发展呼唤教育家型校长引领课程教学改革

培养什么人、怎样培养人、为谁培养人是教育的根本问题，也是建设教育强国、推动教育高质量发展的核心课题。新时期建设高质量教育体系，要把立德树人根本任务和为党育人、为国育才根本目标具体化、落地化，把核心素养培养落实到教育教学的全过程。要想促进学生个性充分发展、办好人

---

① 陈如平：《校长教学领导：提高学校效能和促进学校变革的策略》，《当代教育科学》2004年第 20 期。

② P. Hallinger, J. Murphy, Assessing the Instructional Leadership Behavior of Principals, *Elementary School Journal*（86）1985：217~247.

③ P. Hallinger, The Evolving Role of American Principals：From Managerial to Instructional to Transformational Leaders, *Journal of Educational Administration*（30）1998：35~48.

④ P. Hallinger, A Review of Three Decades of Doctoral Studies Using the Principal Instructional Management Rating Scale：A Lens on Methodological Progress in Educational Leadership, *Educational Administration Quarterly*（47）2011：271~306；赵德成、宋洪鹏、苏瑞红：《义务教育学校校长教学领导力胜任特征模型的构建》，《教育研究》2014 年第 8 期；陈霜叶、荣佳妮、郭少阳：《如何让学生在学校感到幸福——校长教学领导力作用机制探索》，《教育研究》2023 年第 2 期。

民满意的教育，必须把握课程教学改革这一关键育人环节。2019 年，国家相继发布《关于新时代推进普通高中育人方式改革的指导意见》和《关于深化教育教学改革全面提高义务教育质量的意见》，要求建立完善德智体美劳全面培养体系，深入推进适应学生全面而有个性发展的教育教学改革，加强课程教学管理、深化课程教学改革，提出了中小学教育教学改革的战略部署。2022 年，教育部印发《义务教育课程方案和课程标准（2022 年版）》，以有理想、有本领、有担当的培养目标为导向，优化了课程设置和内容结构，并于 2024 年秋季开始实施新教材，要求各地各校落实新课标、新教材和实施教学改革。2023 年，教育部办公厅印发《基础教育课程教学改革深化行动方案》，从课程方案落地规划、教学方式变革、科学素养提升、教学评价引领、专业支撑与数字赋能五个方面提出 14 项举措，构建了深化基础教育课程教学改革的系统方案。

教育高质量发展的时代，深化基础教育课程教学改革是学校人才培养核心地带的持续攻坚行动、核心素养导向育人蓝图的转化实施行动、立德树人长效机制的创新构建行动[1]。引领深化学校课程教学改革，迎接育人方式变革和课堂教学转型挑战，促进学生个性充分发展，这是教育家型校长所肩负的时代使命。教育家型校长凭借自身的教育思想和理念，带领学校深入思考培养什么样的人、怎么培养人等问题，把握国家课程的校本化实施和校本特色课程建设两大任务，探索核心素养课程化、教学化的本土方案[2]，引领学校形成常态化、长效性和制度性的课程教学改革体制机制。总之，教育家型校长是建设高质量教育体系的关键环节[3]，是促进学生学习方式变革和落实核心素养培育的重要依托。

---

[1] 《深化基础教育课程教学改革的战略行动》，中华人民共和国教育部网站，2023 年 7 月 4 日，http://www.moe.gov.cn/jyb_xwfb/moe_2082/2023/2023_zl09/202307/t20230704_1067182.html。

[2] 于冰、邬志辉：《校长课程领导：新时代基础教育高质量发展的重要支点》，《社会科学战线》2020 年第 9 期。

[3] 王牧华、邱钰超：《学习机会视域下校长课程领导力的提升路径》，《中国教育学刊》2022 年第 10 期。

3.教育家型校长成长要求提升课程教学领导力

对于校长专业化而言，引领学校课程教学改革的能力体现为校长的课程领导力和教学领导力，这是校长专业化的内在要求，是教育家型校长成长和评价的关键指标。

有效引领课程教学是国际范围内校长专业化的重要标准。我国《义务教育学校校长专业标准》和《普通高中校长专业标准》提出了校长专业化的五大基本理念和六项基本内容，对校长"领导课程教学"的专业素养和能力提出了要求，校长要面向全体学生的多样化需求，掌握课程建设的专业知识，引领学校课程教学改革优化。美国《教育领导者专业标准2015》历经两次改革，围绕"促进每个学生的学业成功和幸福"提出了有效教育领导者的十个一级指标，包括使命、愿景与核心价值观，课程、教学与评价，教职员工专业共同体等，并在领导课程、教学和评价这一核心领域提供了更详细的指导[1]。《澳大利亚校长专业标准》提出了校长领导力的三项要求和五个专业实践领域，后者包括领导教与学（首要领域）、发展自己和他人、领导改进、创新和变革、领导学校管理和参与并与社区合作，均凸显了对校长课程教学领导力的要求[2]。

在弘扬教育家精神、培育教育家型校长的背景下，有效引领学校课程教学更是教育家型校长评价和成长的关键要素。习近平总书记提出，教育家的一大特征是拥有"启智润心、因材施教的育人智慧"，指向校长促进学生身心发展、个性发展的课程教学领导力。具体到校长群体，教育家型校长的本质属性是办学实践创新与教育思想建构的深度对话者[3]，需具备精神特质、专业特质、角色特质、成就特质四大特质[4]，先进的教育思想和课程理念、

① 李太平、李茹、黄洪霖：《美国校长专业标准的演变历程及经验》，《全球教育展望》2019年第5期。
② 高耀明、李真：《基于专业标准的校长领导力发展——澳大利亚〈校长领导力纲要〉解读》，《比较教育学报》2020年第5期。
③ 于慧、龚孝华：《教育家型校长培养的理性追问与实践行思》，《中国教育学刊》2021年第1期。
④ 王依杉、谢昊伦、陈悠然：《教育家型校长：内涵、成长规律与培养路径》，《教师发展研究》2023年第4期。

有效领导学校课程教学的能力是教育家型校长的关键特征。从教育家型校长"先成才、后成名、再成家"的三阶段成长路径[①]来看，校长要从教育实践中积累教育教学和学校管理的理论或实践知识，并以其指导办学行为和学校课程教学、做出优秀办学成效，最终形成创新性教育成果和社会影响[②]，这要求校长围绕课程教学这一育人的核心载体来开展工作，在反思性实践中实现专业发展。

（二）校长课程与教学领导的内涵

校长引领学校的课程教学改革，实质上是校长实施课程领导与教学领导，旨在改善学校的课程和教学品质，促进教师的教与学生的学。校长的课程领导和教学领导是国内外教育研究和实务界共同关注的焦点领域，是决定学校课程教学改革的关键因素和校长专业化的重要指标。

从研究来看，校长"教学领导"（Instructional Leadership）的产生要早于校长课程领导，起源于20世纪80年代的有效学校运动。最初，教学领导的内涵比较狭隘，局限于"与教师教学或学生学习有直接关系的行为或活动"，包括树立明确的教学目标、配置教学资源、管理课程与教学、监督教师教学等。80年代中期，这一界定被广义的教学领导取代，拓展至所有协助教学与影响学生学习的领导行为[③]，其中获得最多认可的是美国学者菲利普·海林杰（Philip Hallinger）和贾斯铂·莫菲（Joseph Murphy）提出的界定：教学领导是指校长领导与管理学校教学工作，促进教师的教与学生的学的行为，主要包括定义学校使命、管理课程与教学、创设积极学校风气三个核心任务，共同组成了教学领导力的PIMRS模型（见图1）[④]。20世纪90年代以后，对校长教学领导力内涵的表述则更为宽泛丰富，并从重视客观工作

---

① 陈玉琨：《也谈教育家办学》，《教育发展研究》2008年第22期。
② 沈玉顺：《校长教育家成长机制解析》，《教育发展研究》2010年第12期。
③ 陈如平：《校长教学领导：提高学校效能和促进学校变革的策略》，《当代教育科学》2004年第20期。
④ P. Hallinger, J. Murphy, "Assessing the Instructional Leadership Behavior of Principals," *Elementary School Journal* （86）1985：217~247.

分析转向强调利益相关者主观建构，从传统重"教"转向强调"以学习为中心"①。综上，校长教学领导是校长以改革学校为目的，以一种实际的方式构建相互影响的关系，从而帮助所有的师生提高教与学水平②。

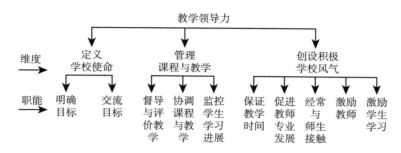

图 1　PIMRS 模型框架

资料来源：P. Hallinger, J. Murphy, "Assessing the Instructional Leadership Behavior of Principals," *Elementary School Journal* (86) 1985：217~247。

课程领导（Curriculum Leadership）产生于国际范围内学校校本化管理和校本课程开发运动的背景下，旨在凸显学校在课程开发上的自主权和创造性。格莱尼斯·尤鲁（Glenys G. Unruh）指出，课程领导是解决学校质量危机、推动教育改革的关键，课程领导者必须对教育和社会中的关键问题保持敏感，凭借专业和道德权威，通过沟通和协作，使教育领域的利益相关者参与课程开发和建设，不断拓展课程发展的愿景③。澳大利亚学者伊恩·麦克弗逊（Ian Macpherson）等人认为，课程领导旨在改善学校现行的课程状况，指导并促进课程改革在学校推行，是一种持续变化、充满活力的互动过程④。校长的课程领导是指校长有效运用自己个人能力引领全校教师共同发

---

① 赵德成：《教学领导力：内涵、测评及未来研究方向》，《外国教育研究》2013 年第 4 期。
② 代蕊华、万恒：《构建学习共同体中的校长教学领导力研究》，《教师教育研究》2016 年第 2 期。
③ G. Unruh, New Essentials for Curriculum Leadership, *Educational Leadership* (33) 1976：577~583.
④ Macpherson, T. Aspland, B. Elliott et al., "Theorising Curriculum Leadership for Effective Learning and Teaching," *Curriculum and Teaching* (1) 1996：23~34.

展、充分挖掘他们的课程实践与创新潜力的过程，即从"个力"走向"合力"的过程①。据此，课程领导不仅是在工具意义上对课程开发各要素和阶段的技术指导，更是在价值意义上的领导，即强调愿景引领、民主合作、价值投射、意义建构②。在此意义上，广义的课程领导包括目标设定和规划、评估和发展学校教育方案、督导与发展学校教职员工、学校文化建设、资源分配等内容③，它包含两个层面的内涵：既聚焦学校课程建设和改革本身，即校长领导教师团队创造性实施国家课程、开发和建设校本特色课程④；又着眼于更为广泛的视域，指校长对学校整体课程实践的决策、引领和调控⑤。

在新时代课程教学改革和学校内涵发展的背景下，课程与教学之间的联系愈发紧密，校长需要在学校课程和教学这一核心领域发挥高绩效领导作用，其课程领导与教学领导均包含了与学校课程建设和教学改革直接与间接相关的各种行为和能力，具有较高的共通性：从本质来看，校长课程领导和教学领导的上位概念是领导行为和领导力，其核心是一种专业影响力⑥；从宗旨来看，校长课程和教学领导的目的是提升学校课程教学质量，促进教师的教和学生的学，并最终落脚于提升学校的育人效益；从外延来看，校长的课程和教学领导不局限于课程和教学管理本身，更包含校长直接或间接影响教与学的一切行为和能力，且相较于对学校课程教学改革的直接指导更着眼于宏观层面的规划和引领，可以划分为课程价值引导力与课程规划的决策力、国家课程校本开发力和校本课程开发创造力、课程与教学进展的判断力

---

① 孙向阳：《校长课程领导力：从"个力"走向"合力"》，《江西教育科研》2007年第11期。

② 鲍东明：《关于西方课程领导理论发展趋向研究》，《比较教育研究》2016年第2期。

③ J. Lee, C. Dimmock, "Curriculum Leadership and Management in Secondary Schools: A Hong Kong Case Study," *School Leadership & Management*（4）1999.

④ 王越明：《有效教学始于校长课程领导力的提升》，《中国教育学刊》2010年第3期。

⑤ 裴娣娜：《学校教育创新视野下中国基础教育课程改革的实践探索》，《课程·教材·教法》2011年第2期。

⑥ 李森、张涛：《教学领导的内涵、功能及策略》，《西南民族大学学报》（人文社科版）2006年第3期。

与教师改进教学的执行力、促进教师专业发展的推动力、课程改革的影响力五个维度[1]。

（三）校长引领学校课程教学改革的关键路径

校长引领学校课程教学改革包含多重内涵和多个维度，需要校长扮演课程价值引导者、课程规划引领者、课程团队组织者、课程开发指导者、课程督导评价者、课程专业文化构建者等多种角色[2][3][4]。相较于"管理"课程教学而言，教育家型校长"领导"学校课程教学改革，要求校长在学校课程教学改革领域，超越行政层面上的管理，更加注重价值和专业层面上的引领和影响。结合新时代课程教学改革诉求，本研究将校长引领学校课程教学改革的重点落脚于如下三个方面：课程体系建设、教改机制建立、教研体系创设。

1.课程体系建设

校长对学校课程教学的引领，不是对单个课程实施或教学工作的管理，而是在宏观层面上对课程价值观念的引领与规划方向的把控[5]，是对学校课程体系的顶层设计。

校长引领学校课程体系建设，核心是确立课程的核心价值观，实质上是确立学校的育人目标和育人理念。校长应站在立德树人的高度，依据国家人才培养目标和教育发展方向，基于自身对教育价值取向和本质特征、教育目标实现的现实走向的思考和判断，思考"培养什么人"和"如何培养人"的问题[6]，从而阐明学校的育人目标和核心价值观，并据此形成学校课程建

---

① 裴娣娜：《领导力与学校课程建设的变革性实践》，《教育科学研究》2017年第3期。

② 蒲蕊：《校长在课程改革中的领导角色》，《华中师范大学学报》（人文社会科学版）2012年第2期。

③ 余进利：《校长课程领导：角色、困境与展望》，《课程·教材·教法》2004年第6期。

④ 黄腾蛟：《试论课程领导中校长角色定位》，《中国教育学刊》2008年第4期。

⑤ 韩金山：《校长课程领导力的关键词：引导、整合、凝聚》，《人民教育》2019年第Z3期。

⑥ 丁元春：《课程领导力：新时代校长的"核心素养"》，《人民教育》2018年第9期。

设的价值取向，为学校课程建设与内涵发展"定调"①。课程价值引领是校长引领学校课程改革的首要环节，它旨在明确学校课程建设和改革的根本方向和目标，确保学校课程建设符合国家教育导向和学生需求，也有利于发挥价值对学校成员的凝聚和激励作用。

在"双新"和学校特色发展的背景下，校长课程领导的关键是引领学校课程宏观规划与整体统筹。学校课程规划是学校对所有课程的设计、实施与评价等方面的整体思考和谋划，是学校发展目标、课程体系内容、课程实施策略等方面的整体方案②。首先，校长基于课程核心价值观，综合考虑国家三级课程开发的基本要求，以及学校办学传统、文化积淀、师生特点、办学资源等因素，找准学校特色发展方向；其次，依凭系统科学方法论，运用课程开发方法和程序，统筹开发课程资源并有效利用，从课程愿景目标、课程标准方案、课程内容和实施、课程督导评价等方面系统建设学校课程体系；最后，引导学校贯彻国家三级课程管理体制的要求，贯彻落实国家课程、因地制宜规范开设地方课程、合理开发校本课程，做好校本课程与国家、地方课程的有效衔接，学校各种类别和形态课程的相互协调融合③，从而形成学校较为完整的课程体系，并以此为核心引领学校特色建设和育人效益优化。

2. 教改机制建立

组织学校课程教学改革是校长课程教学领导的一项时代任务，也是领导与管理区别的关键所在。它要求校长从自在到自为④、从被动应对到主动谋划⑤，不仅引领学校建设落实"精品课程"和推广创新教学方式，而且引领学校建立起常态长效性的教改机制，引领学校主动持续地实施课程教学改革

① 程红兵：《价值思想引领：校长课程领导的首要任务》，《教育发展研究》2009年第4期。
② 于冰、邹志辉：《校长课程领导：新时代基础教育高质量发展的重要支点》，《社会科学战线》2020年第9期。
③ 范俊明：《关于中小学校特色课程建设的几点思考》，《基础教育课程》2018年第13期。
④ 鲍东明：《从"自在"到"自为"：我国校长课程领导实践进展与形态研究》，《教育研究》2014年第7期。
⑤ 罗祖兵：《试析校长课程领导的理念转型》，《中国教育学刊》2013年第3期。

创新。从过程来看，校长引领学校的教改机制建立，主要包含学校教学核心问题捕捉和目标确立、教学改革组织与支持、教改成效的监控和评估等。

　　教育家型校长引领学校的教改机制建立，要求校长具有捕捉学校教与学核心问题、主动进行课程教学创生的能力。从国家三级课程管理的角度来看，教育家型校长引领学校课程教学改革的固然要贯彻好国家和地方课程，但更需关注国家和地方课程的校本化实施与校本课程的特色建设，做好"双新"改革向学校课程教学改革工作的转化落实工作。校长要密切跟踪学校课程教学改革不同时期的情况和宏观背景，把握学校教学中所存在的根本性关键性问题，从而围绕这些问题作出教学决策①，主动持续引领学校教学变革。

　　校长引领学校课程教学改革要做好宏观战略规划和微观教改指导支持的统一。校长应着眼于宏观层面的课程教学战略决策和体制机制建立，基于国家和学校的育人目标、育人价值观和学生发展诉求，依托系统思考与战略规划，从整体上推进学校课程教学整合和变革，而不是简单地引入所谓新型教学方法模式。在此基础上，校长引领学校教改机制建立，要超越直接领导和规范性命令，重点扮演教改资源提供者、教师积极性的激励者、学校教改实施的支持者等角色。在微观层面上，校长要重点关注学校课程教学活动②，在尊重教师教学变革主体性的基础上，通过深入课堂来了解教师教学和学生学习中的需求和困难，从而及时提供专业指导和解决路径。这要求校长既从宏观上做出合乎课程教学变革趋势的战略前瞻与整体规划，也从微观上做出符合学校实际的课改细致安排③，形成学校教改的动态"施工图"。

　　建立对学校课程教学变革的监控和评估机制，是校长引领学校课改机制建立的重要方面。要依据评价的发展性、形成性、多元性原则，聚焦学生发

---

① 郑金洲：《校长教学领导力初探》，《河北师范大学学报》（教育科学版）2012 年第 11 期。

② 丁锐、吕立杰：《深化课程改革背景下学校课程领导力的提升——第二届基础教育课程改革与发展论坛综述》，《课程·教材·教法》2012 年第 12 期。

③ 于冰、邬志辉：《校长课程领导：新时代基础教育高质量发展的重要支点》，《社会科学战线》2020 年第 9 期。

展需求与学习过程，通过多种方式实施对学生发展的发展性、表现性与诊断性评价，优化学生学习评价体系；要将评价贯穿于教改实施的全过程，对教师、学生、课程教学本身及领导自身等实施评价，持续监控学校的教改实施状况与效果，从而使学校教与学的事实结果与价值评估相结合，及时发现问题和调整改进，依托监督、反思和研究，促进学校教改的持续优化，推动学校课程教学提质增效。

3. 教研体系创设

依据分布式领导理论，校长引领学校课程教学改革涉及学校课程教学权力的再分配，校长不再是单方面地管理和操控学校课程教学[1]，而是在团体情境里，依托与学校师生成员的集体决策、合作与互动，激发和汇聚学校成员的主观能动性和专业能力，构筑起学校课程教学改革的合力。除了对学校课程教学"事"的领导以外，教育家型校长要着眼于学校中的"人"，要为学校成员提供必要的支持与资源，充实教师的课程专业知识和技能，促进教师间的交流与观摩，促使学校形成合作与不断改进的文化，最后把学校发展成为课程社群，达成卓越教育的目标[2]。从实施路径来看，校长要领导学校教研体系的创设，创建一个由校长主导，教师、专家高度参与，学生、家长和社区积极融入的教研团队[3]，并通过共建共创价值愿景、引领指导专业教研、激发教师专业发展等方式，构筑学校课程教学改革的专业合力。

首先，校长要引领学校全体成员凝聚价值共识，共建共创学校课程发展的愿景。学校课程愿景的创建，不是校长"一言堂"式的发号施令，而是校长和学校全体成员共同研究、相互倾听、集体生成的过程[4]。校长要基于学校核心价值观，与师生家长等学校利益相关者分享其课程愿景，并促进、

---

① 钟启泉：《从"行政权威"走向"专业权威"——"课程领导"的困惑与课题》，《教育发展研究》2006年第7期。

② T. Sergiovanni, "Leadership as Pedagogy, Capital Development and School Effectiveness," *International Journal of Leadership in Education* 1（1998）.

③ 韩金山：《校长课程领导力的关键词：引导、整合、凝聚》，《人民教育》2019年第Z3期。

④ 于冰、邹志辉：《校长课程领导：新时代基础教育高质量发展的重要支点》，《社会科学战线》2020年第9期。

维持共同体中成员之间的愿景交流，寻找出使这些个人愿景成为学校集体愿景的普遍基础①，最终阐明与描述由学校全体成员共同创建的课程建设愿景，提炼学校成员的价值共识和发展期待，使之在共同愿景的驱动下进行课程教学探索和实践。

其次，校长要主导建立学校教研团队，健全校本教研制度。其一，改变传统科层制的学校组织架构、建立起扁平化的课程教学领导组织和管理制度，如成立由校长、教师、学生代表、课程专家、家长、社区人士所共同组成的课程领导小组②、课程研究中心等，乃至由问题解决、课题研究等为驱动的项目组，对团队成员充分授权、实施权利分享，形成多元利益主体共同参与学校课程建设的格局，充分激发教师等学校成员参与课程建设和改革的主动性和积极性。其二，发挥课程教学领导的专业权威作用，校长要积极传达自身的课程哲学和知能，持续跟踪课程理论和实践的发展，主动实施课程教学改革的批判性反思和行动研究，发挥在教研团队的先驱和垂范作用。其三，推动课程研究团队之间的沟通协作和共同学习，注重创设民主、开放、包容、灵活的人际环境，创造各种条件和氛围来引导教研团队成员之间的积极沟通、交流和相互学习，促进教学与研修的一体化③，利用集体的智慧助推学校课程教学研究与发展④。

最后，校长要激发和促进教师专业发展，提升教师参与课程教学改革的专业素养，推动教师成为课程教学的领导者。首先，要增强教师个人的专业自觉，激发教师专业发展的内在需要，促使教师提升主体地位和主观能动性⑤，强化

① 代蕊华、万恒：《构建学习共同体中的校长教学领导力研究》，《教师教育研究》2016 年第 2 期。

② 孙向阳：《校长课程领导力：从"个力"走向"合力"》，《江西教育科研》2007 年第 11 期。

③ 钟启泉：《从"行政权威"走向"专业权威"——"课程领导"的困惑与课题》，《教育发展研究》2006 年第 7 期。

④ 靳玉乐、赵永勤：《校本课程发展背景下的课程领导：理念与策略》，《课程·教材·教法》2004 年第 2 期。

⑤ 夏心军：《校长课程领导力：学校特色发展的应然选择》，《教育理论与实践》2012 年第 5 期。

教师对自身课程领导角色的认知和认可，鼓励教师主动参与课程决策、进行教学改革实验；其次，建立教师专业发展的制度体系和配套措施，如积极与教研员、教研专家、高校教授、社会专业人士等主体交流协作，观照学校课程现有问题和教师专业发展需求，拓展和深化教师专业发展的路径、方法和内容，促进教研结合；最后，构建自律性的合作的教师专业文化，通过参与教师教育研究、指导教师专业研修、引导课堂教学校本研修[①]和行动研究等路径，激发和培育教师的课程教学领导力。

二 校长引领学校课程教学改革的现状与问题

基于上文的梳理，在新时代课程教学改革诉求的指引下，课程体系建设、教改机制建立、教研体系创设是校长引领学校课程教学改革的落脚点，这分别对应着校长对学校课程体系的顶层设计、校长引领学校的教改机制建立、校长构筑学校教研合力三个方面，涵盖了校长在进行课程建设与教学改革中所需的能力与任务。在此基础上，研究基于课程体系建设、教改机制建立、教研体系创设三方面编制相关问卷，并结合半结构化访谈，对我国中小学校长的课程建设与教学改革现状进行实证调查，旨在描摹我国中小学校长课程建设与教学改革的现状，为提升中小学校长的课程建设与教学改革水平提供更加具有针对性、科学性的建议。

（一）研究设计

在问卷设计方面，本研究从校长的课程体系建设、教改机制建立、教研体系创设三个层面构建了用于评价校长引领学校课程建设与教学改革现状的调查量表。问卷按照"我创设了具有独特风格的学校课程体系""我引领学校形成了比较成熟的教学改革模式""我创建了规范而富有活力的学校教研

---

① 代蕊华、万恒：《构建学习共同体中的校长教学领导力研究》，《教师教育研究》2016年第2期。

体系"的形式设置了问题。参与调查的中小学校长按五点李克特量表由 1（非常不符合）到 5（非常符合）进行了程度选择。得分越高的校长代表其对自身课程建设与教学改革能力与成效的认可度越高，表明了受访者对自身课程建设与教学改革水平的认同。基于对我国上海、北京、江苏、浙江、河南、江西、湖南、安徽、内蒙古、重庆等 11 个省区市的中小学校长展开的问卷调查，获得了可用于测量校长引领学校课程建设与教学改革现状的调查数据。本研究主要在总调查的第二轮进行数据收集，共回收 649 份问卷，其中有效问卷 639 份。对调查量表进行信效度检验，信度分析结果显示，反映题目可靠性的 Cronbach α 值为 0.658，而效度检验显示三个问题属于同一维度，说明调查结果具有一定的可靠性，且问题都可用于测量校长的课程建设与教学改革现状。

本报告的数据特征如下：在个体特征方面，从性别来看，男性校长占比 67.76%，女性校长占比 32.24%。从学校所在地区来看，来自城镇的校长占 86.07%，来自乡村的校长占 13.93%。从学校性质来看，来自公办学校的校长占比 97.97%，来自民办学校的校长占比 2.03%。从年龄来看，1.25% 的校长年龄在 30 岁以下，22.07% 的校长年龄在 30~39 岁，年龄在 40~49 岁的校长占 64.32%，还有 12.36% 的校长年龄在 50 岁及以上。从教龄上看，仅有 1.56% 的校长教龄在 5 年及以内，19.25% 的校长教龄在 6~15 年，49.77% 的校长教龄在 16~25 年，还有 29.42% 的校长教龄在 26 年及以上。从校长职称看，2.35% 的校长未定级，32.71% 的校长为中级职称，61.5% 的校长为副高级职称，3.44% 的校长为正高级职称。从校长从教科目来看，24.26% 的校长从教科目为语文，22.07% 为数学，5.79% 为英语，10.02% 为道德与法治，4.23% 为历史，2.19% 为地理，5.63% 为化学，3.91% 为生物，剩余 20.2% 的校长从教科目为音乐、体育、美术等其他学科，另有 1.72% 的校长不在一线从事学科教学。从校长政治面貌来看，84.04% 的校长是中共党员身份，1.41% 的校长是民主党派身份，有14.56% 的校长是无党派人士或群众身份。在社会影响力方面，有 18.47%的校长担任学校所在地县级或以上党代表、人大代表或政协委员。有

7.04%的校长在担任学校领导期间获得过国家级个人荣誉称号，有30.83%的校长获得过省部级个人荣誉称号，有80.44%的校长获得过市县级个人荣誉称号。

（二）我国中小学校长的课程建设与教学改革现状分析

本研究从横向数据分析、纵向差异化分析、关联分析三个角度对中小学校长的课程建设与教学改革现状进行分析，旨在描摹我国中小学校长的课程建设与教学改革现状，并指出我国中小学校长在课程建设与教学改革层面所遭遇的困境。

1. 中小学校长在不同维度的课程建设与教学改革现状分析

课程体系是人才培养的主要载体，关系到人才培养目标的实现，是校长教学领导的主要方面。在课程体系建设方面，在"我创设了具有独特风格的学校课程体系"选项上，3.91%的校长选择了"非常不符合"，12.50%的校长选择了"不太符合"，37.66%的校长选择了"一般"，36.09%的校长选择了"比较符合"，9.84%的校长选择了"非常符合"。有45.93%的校长对自身的课程体系建设水平表示满意，比对自身课程体系建设水平表示不满的校长高了29.52个百分点（见图2）。

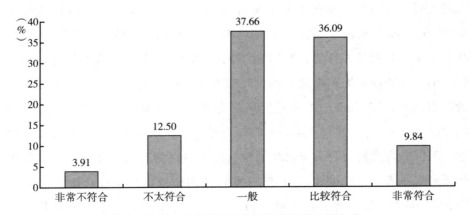

图2　校长对自身课程体系建设水平的认同程度

在学校内营造系统的支持教学方法改革的机制，是提升教学改革成效、构建高质量课程体系的关键。校长能否在学校内构筑良好的教学改革机制与环境，关系到学校教学的活力与质量。调查结果显示，在"我引领学校形成了比较成熟的教学改革模式"上，2.34%的校长选择了"非常不符合"，10.94%的校长选择了"不太符合"，41.56%的校长选择了"一般"，35.16%的校长选择了"比较符合"，10%的校长选择了"非常符合"。有45.16%的校长对自身的教改机制建立水平表示满意（选择"比较符合"或"非常符合"），比对自身教改机制建立水平表示不满（选择"不太不符合"或"非常不符合"）的校长高了31.88个百分点。值得注意的是，有41.56%的校长选择了"一般"这一中间选项，人数比例在课程体系建设、教改机制建立与教研体系创设三个维度中占比最高。可见大部分校长对自身在这一方面的水平并不满意（见图3）。

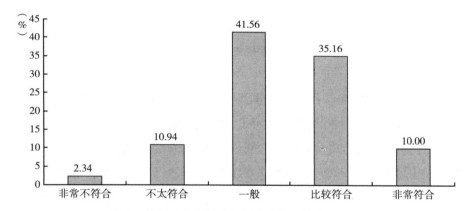

图3 校长对自身教改机制建立水平的认同程度

校本教研是我国教研体系的重要组成部分①，在学校中创设优质的教研体系，是国家与社会对校长的普遍期待，也是其教学领导能力的重要体现。在"我创建了规范而富有活力的学校教研体系"问题上，2.5%的校长选择了"非常不符合"，9.69%的校长选择了"不太符合"，38.59%的

---

① 杨九诠：《论五级教研体系的校本教研》，《课程·教材·教法》2023年第4期。

校长选择了"一般"，37.04%的校长选择了"比较符合"，9.29%的校长选择了"非常符合"。有46.33%的校长对自身教研体系创设水平表示满意（选择"比较符合"或"非常符合"），比对自身教研体系创设水平表示不满（选择"不太符合"或"非常不符合"）的校长高了34.14个百分点（见图4）。

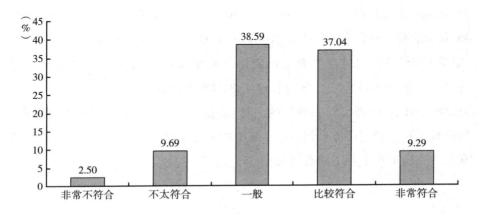

图4 校长对自身教研体系创设水平的认同程度

根据校长对自身课程建设与教学改革能力的评价，比较校长在课程体系建设水平、教改机制建立水平以及教研体系创设水平方面的自我评价，校长对自身认可程度根据比例由高到低依次为教研体系创设水平、课程体系建设水平和教改机制建立水平（见表1）。根据选项的感情色彩，以"一般"作为中点，将"非常不符合"与"不太符合"定义为不满意，"比较符合"与"非常符合"定义为满意，那么有45.93%的校长对自身课程体系建设水平感到满意，有45.16%的校长对自身教学改革模式引领水平感到满意，有49.22%的校长对自身在学校的教研体系创设水平感到满意。可见，在课程建设水平上校长最为认可的是自身在学校教研体系创设以及学校课程体系建设上的水平，对自身在学校内引领教学改革模式形成的水平的认可度更低。

表1 校长对自身课程建设与教学改革能力的认知

单位：%

问题	非常不符合	不太符合	一般	比较符合	非常符合
（1）我创设了具有独特风格的学校课程体系	3.91	12.50	37.66	36.09	9.84
（2）我引领学校形成了比较成熟的教学改革模式	2.34	10.94	41.56	35.16	10
（3）我创建了规范而富有活力的学校教研体系	2.5	9.69	38.59	39.06	10.16

2. 中小学校长课程建设与教学改革的差异分析

为进一步探究具有不同群体特征的校长的课程建设与教学改革现状，本研究从性别、学校位置、学段、学校性质、办学水平、校长教龄、校长职称的校长群体差异出发，探究中小学校长课程建设与教学改革的群体差异现状。

不同性别的校长在课程建设与教学改革方面存在一定差异，主要差异体现在教研体系创设方面，51.46%的女性校长对自身的教研体系创设水平表示满意，而相比之下只有48.04%的男性校长对自身的教研体系创设水平表示满意（见表2）。T检验的结果显著，这也有力地支持了女性校长对自身教研体系创设水平的认同度较高这一结论（T=2.01，p<0.05）（见表3）。

表2 不同性别校长对自身课程建设与教学改革水平的认同程度

单位：%

分类	认同程度	课程体系建设	教改机制建立	教研体系创设
男性	非常不符合	3.93	1.85	2.31
	不太符合	13.16	12.24	11.09
	一般	38.80	41.80	38.57
	比较符合	36.49	35.33	40.65
	非常符合	7.62	8.78	7.39

分类	认同程度	课程体系建设	教改机制建立	教研体系创设
女性	非常不符合	3.88	3.40	2.91
	不太符合	11.17	8.25	6.80
	一般	34.95	41.26	38.83
	比较符合	35.44	34.47	35.44
	非常符合	14.56	12.62	16.02

表3 不同性别校长对自身课程建设与教学改革水平的认同差异分析

分类	课程体系建设	教改机制建立	教研体系创设
男性	3.307	3.370	3.397
女性	3.456	3.447	3.549
T检验	T = 1.848	T = 1.018	T = 2.01 *

注：* 表示在 0.05 水平上显著，** 表示在 0.01 水平上显著，*** 表示在 0.001 水平上显著，下同。

分城乡看，校长的课程建设与教学改革现状存在一定差异。不管是对自身课程体系建设水平认同、教改机制建立水平认同还是对教研体系创设水平认同方面，城乡校长都存在一定的差异（见表4、表5）。在课程体系建设方面，校长选择存在显著的城乡差异（T = 3.694，p < 0.001）。48.91% 的城镇校长对自身课程体系建设水平的认同程度高，而乡村校长对自身课程体系建设水平认同程度高的比例只有 28.09%。在教改机制建立方面，校长选择也存在显著的城乡差异（T = 2.968，p < 0.001）。47.55% 的城镇校长认可自身在教改机制建立方面的水平，而只有 30.34% 的乡村学校校长持这一观点，乡村学校校长对教改机制建立水平的自我认同程度较低。在教研体系创设方面，校长选择存在显著的城乡差异（T = 3.1849，p < 0.001）。51.36% 的城镇校长对自身教研体系创设水平的认可度较高，而只有 35.96% 的乡村校长认可自身教研体系创设水平较高，乡村学校校长对教研体系创设水平的自我认同程度较低。

表4　城乡校长对自身课程建设与教学改革水平的认同程度

单位：%

分类	认同程度	课程体系建设	教改机制建立	教研体系创设
城镇	非常不符合	3.27	2.00	2.00
	不太符合	11.45	9.98	8.71
	一般	36.36	40.47	37.93
	比较符合	38.73	37.39	40.83
	非常符合	10.18	10.16	10.53
乡村	非常不符合	7.87	4.49	5.62
	不太符合	19.10	16.85	15.73
	一般	44.94	48.31	42.70
	比较符合	20.22	21.35	28.09
	非常符合	7.87	8.99	7.87

表5　城乡校长对自身课程建设与教学改革水平的认同差异分析

分类	课程体系建设	教改机制建立	教研体系创设
城镇	3.41	3.44	3.49
乡村	3.01	3.13	3.17
T检验	T = 3.694***	T = 2.968***	T = 3.1849***

从学段看，不同学段校长在对自身课程体系建设水平认同、教改机制建立水平认同与教研体系创设水平认同上存在差异（见表6、表7）。在课程体系建设上，校长选择存在显著的学段差异（$F = 3.91$，$p < 0.01$）。44.01%的小学校长认同自身的课程体系建设水平，36.65%的初中校长认同自身的课程体系建设水平，而这一数据对高中校长来说是52.31%，高中校长对自身的课程体系建设水平有着更高的认同。在教改机制建立上，校长选择存在显著的学段差异（$F = 3.77$，$p < 0.01$）。46.15%的小学校长认同自身的教改机制建立水平，35.42%的初中校长认同自身的教改机制建立水平，高中校长的这一数据是50.77%，相较于小学、初中校长，高中校长认为自己更善于建立教改机制。而在教研体系创设上，校长选择也存在显著的学段差异（$F = 4.33$，$p < 0.01$）。50.43%的小学校长认可自身的教研体系创设水平，

41.15%的初中校长对自身的教研体系创设水平表示认可，47.70%的高中校长认可自身的教研体系创设水平。

表6　不同学段校长对自身课程建设与教学改革水平的认同程度

单位：%

分类	认同程度	课程体系建设	教改机制建立	教研体系创设
小学	非常不符合	3.85	2.99	2.99
	不太符合	13.68	11.54	9.83
	一般	38.46	39.32	36.75
	比较符合	29.91	32.05	34.19
	非常符合	14.10	14.10	16.24
初中	非常不符合	5.76	3.13	3.65
	不太符合	17.28	13.54	14.06
	一般	40.31	47.92	41.15
	比较符合	31.41	30.21	35.94
	非常符合	5.24	5.21	5.21
高中	非常不符合	6.15	3.08	3.08
	不太符合	4.62	6.15	3.08
	一般	36.92	40.00	46.15
	比较符合	44.62	43.08	44.62
	非常符合	7.69	7.69	3.08

表7　不同学段校长对自身课程建设与教学改革水平的认同差异分析

分类	课程体系建设	教改机制建立	教研体系创设
小学	3.37	3.43	3.51
初中	3.13	3.20	3.25
高中	3.43	3.46	3.42
方差分析	$F = 3.91$**	$F = 3.77$**	$F = 4.33$**

从不同学校属性探索校长对自身课程建设与教学改革水平的认同程度见表8、表9。根据数据分析结果可知，公办与民办学校的校长在课程体系建设水平、教改机制建立水平与教研体系创设水平认同方面无显著差异。

表8　不同学校性质下校长对自身课程建设与教学改革水平的认同程度

单位：%

分类	认同程度	课程体系建设	教改机制建立	教研体系创设
公办	非常不符合	3.99	2.39	2.39
	不太符合	12.46	11.00	9.89
	一般	37.70	41.47	38.92
	比较符合	35.94	35.09	38.76
	非常符合	9.90	10.05	10.05
民办	非常不符合	0	0	7.69
	不太符合	15.38	7.69	0
	一般	30.77	46.15	23.08
	比较符合	46.15	38.46	53.85
	非常符合	7.69	7.69	15.38

表9　不同学校性质下校长对自身课程建设与教学改革水平的认同差异分析

分类	课程体系建设	教改机制建立	教研体系创设
公办	3.35	3.39	3.44
民办	3.46	3.46	3.69
T检验	T=-0.4074	T=-0.2733	T=-1.0056

办学水平显著影响校长对自身课程建设与教学改革水平的认同程度（见表10、表11）。在课程体系建设上，校长选择受办学水平的显著影响（F=16.44，p<0.001），办学水平越高的学校，其校长对自身课程体系建设水平认同程度越高。只有28.78%在相对较差的学校的校长认同自身的课程体系建设水平，41.48%在中等学校的校长认同自身的课程体系建设水平，54.25%在当地相对较好学校的校长认同自身的课程体系建设水平。在教改机制建立上，校长选择受办学水平的显著影响（F=15.22，p<0.001），越高水平的学校，其校长越认同自身的教改机制建立水平。只有30.71%在相对较差的学校的校长认同自身的教改机制建立水平，37.04%在中等学校的校长认同自身的教改机制建立水平，53.70%在当地相对较好学校的校长认

同自身的教改机制建立水平。在教研体系创设上，校长选择也受到办学水平的显著影响（F=12.76，p<0.001），办学水平越高的学校，其校长对自身教研体系创设水平认同程度越高。只有35.72%在相对较差的学校的校长认同自身的教研体系创设水平，42.97%在中等学校的校长认同自身的教研体系创设水平，56.71%在当地相对较好学校的校长认同自身的教研体系创设水平。

表10 不同办学水平下校长对自身课程建设与教学改革水平的认同程度

单位：%

分类	认同程度	课程体系建设	教改机制建立	教研体系创设
差	非常不符合	6.47	2.86	2.86
	不太符合	22.30	20.00	19.29
	一般	42.45	46.43	42.14
	比较符合	18.71	20.71	26.43
	非常符合	10.07	10.00	9.29
中	非常不符合	7.41	5.19	5.19
	不太符合	12.59	11.11	8.15
	一般	38.52	46.67	43.70
	比较符合	34.81	31.85	37.04
	非常符合	6.67	5.19	5.93
好	非常不符合	1.64	1.10	1.37
	不太符合	8.77	7.40	6.58
	一般	35.34	37.81	35.34
	比较符合	43.29	41.92	44.66
	非常符合	10.96	11.78	12.05

表11 不同办学水平下校长对自身课程建设与教学改革水平的认同差异分析

分类	课程体系建设	教改机制建立	教研体系创设
差	3.04	3.14	3.19
中	3.21	3.21	3.30
好	3.53	3.56	3.59
方差分析	F=16.44***	F=15.22***	F=12.76***

校长的教龄影响其对自身课程建设与教学改革水平的认同程度（见表12、表13）。在课程体系建设上，校长选择受教龄的显著影响（F=4.71，p<0.001），教龄越长的校长，其对自身课程体系建设水平的认同程度越高。40%教龄在5年及以内的校长认同自身的课程体系建设水平，39.02%教龄在6~15年的校长认同自身的课程体系建设水平，42.46%教龄在16~25年的校长认同自身的课程体系建设水平，56.92%教龄在25年以上的校长认同自身的课程体系建设水平。在教改机制建立上，校长选择受教龄的显著影响（F=7.68，p<0.001），教龄越长的校长，其对自身教改机制建立水平的认同程度越高。只有30%教龄在5年及以内的校长认同自身的教改机制建立水平，33.34%教龄在6~15年的校长认同自身的教改机制建立水平，41.82%教龄在16~25年的校长认同自身的教改机制建立水平，59.04%教龄在25年以上的校长认同自身的教改机制建立水平。在教研体系创设上，校长选择也受到教龄的显著影响（F=9.72，p<0.001），教龄越长的校长对自身教研体系创设水平认同程度越高。只有30%教龄在5年及以内的校长认同自身的教研体系创设水平，33.33%教龄在6~15年的校长认同自身的教研体系创设水平，48.11%教龄在16~25年的校长认同自身的教研体系创设水平，62.24%教龄在25年以上的校长认同自身的教研体系创设水平。

表12　不同教龄校长对自身课程建设与教学改革水平的认同程度

单位：%

分类	认同程度	课程体系建设	教改机制建立	教研体系创设
0~5年	非常不符合	10.00	10.00	10.00
	不太符合	10.00	10.00	10.00
	一般	40.00	50.00	50.00
	比较符合	40.00	30.00	30.00
	非常符合	0	0	0
6~15年	非常不符合	4.88	4.88	4.88
	不太符合	17.07	13.82	13.01
	一般	39.02	47.97	48.78
	比较符合	30.89	26.02	26.83
	非常符合	8.13	7.32	6.50

续表

分类	认同程度	课程体系建设	教改机制建立	教研体系创设
16~25 年	非常不符合	4.40	2.20	2.20
	不太符合	12.58	10.69	9.75
	一般	40.57	45.28	39.94
	比较符合	33.65	32.70	39.62
	非常符合	8.81	9.12	8.49
25 年以上	非常不符合	2.13	0.53	1.06
	不太符合	9.57	9.57	7.45
	一般	31.38	30.85	29.26
	比较符合	43.62	45.21	46.28
	非常符合	13.30	13.83	15.96

表 13　不同教龄校长对自身课程建设与教学改革水平的认同差异分析

分类	课程体系建设	教改机制建立	教研体系创设
0~5 年	3.10	3.00	3.00
6~15 年	3.20	3.17	3.17
16~25 年	3.30	3.36	3.42
25 年以上	3.56	3.62	3.69
方差分析	F=4.71***	F=7.68***	F=9.72***

　　除了教龄外，校长的职称也会显著影响其对自身课程建设与教学改革水平的认同程度（见表14、表15）。在课程体系建设上，校长选择受职称的显著影响（F=5.71，p<0.001），职称越高的校长对自身课程体系建设水平的认同程度越高。在未评职称的校长中，有46.67%认同自身的课程体系建设水平，有34.45%的中级职称校长认同自身的课程体系建设水平，50.64%的副高级职称校长认同自身的课程体系建设水平，72.73%的正高级职称校长认同自身的课程体系建设水平。在教改机制建立上，校长选择受职称的显著影响（F=6.23，p<0.001），职称越高的校长，其对自身教改机制建立水平的认同程度越高。在未评职称的校长中，有33.34%认同自身的教改机制建立

水平，有33.97%的中级职称校长认同自身的教改机制建立水平，50.12%的副高级职称校长认同自身的教改机制建立水平，68.18%的正高级职称校长认同自身的教改机制建立水平。在教研体系创设上，校长选择也受到职称的显著影响（$F = 4.87$，$p < 0.001$），职称越高的校长对自身教研体系创设水平的认同程度越高。有26.67%的未评职称校长认同自身的教研体系创设水平，有40.20%的中级职称校长认同自身的教研体系创设水平，53.44%的副高级职称校长认同自身的教研体系创设水平，72.73%的正高级职称校长认同自身的教研体系创设水平。

表14　不同职称校长对自身课程建设与教学改革水平的认同程度

单位：%

分类	认同程度	课程体系建设	教改机制建立	教研体系创设
未评职称	非常不符合	6.67	6.67	6.67
	不太符合	20.00	13.33	13.33
	一般	26.67	46.67	53.33
	比较符合	40.00	26.67	20.00
	非常符合	6.67	6.67	6.67
中级	非常不符合	5.26	3.83	3.35
	不太符合	19.14	15.31	14.83
	一般	41.15	46.89	41.63
	比较符合	24.88	25.36	29.67
	非常符合	9.57	8.61	10.53
副高级	非常不符合	2.80	1.02	1.53
	不太符合	8.65	8.91	7.38
	一般	37.91	39.95	37.66
	比较符合	40.97	39.69	43.77
	非常符合	9.67	10.43	9.67
正高级	非常不符合	9.09	9.09	9.09
	不太符合	13.64	4.55	0
	一般	4.55	18.18	18.18
	比较符合	54.55	50.00	54.55
	非常符合	18.18	18.18	18.18

表 15 不同职称校长对自身课程建设与教学改革水平的认同差异分析

分类	课程体系建设	教改机制建立	教研体系创设
未评职称	3.2	3.13	3.07
中级	3.14	3.20	3.29
副高级	3.46	3.50	3.53
正高级	3.59	3.64	3.73
方差分析	F = 5.71 ***	F = 6.23 ***	F = 4.87 ***

3. 校长课程建设与教学改革影响因素的相关性分析

在对校长课程建设与教学改革现状进行横纵分析的基础上,本研究通过相关性分析,探索不同影响因素与校长课程建设与教学改革水平之间的关联性,以此进一步探讨影响校长课程建设与教学改革水平的因素。

通过建立相关性矩阵可知,除校长性别与教研体系创设之间在 0.05 水平上相关外,校长性别、学校性质与校长课程体系建设和教改机制建立等维度的相关性均不显著;学校位置、办学水平、校长教龄、校长职称与课程体系建设水平、教改机制建立水平以及教研体系创设水平三方面显著正相关;校长所在学段仅与课程体系建设水平有一定的正相关性(见表16)。

表 16 不同影响因素与校长课程建设和教学改革水平的相关性分析

分类	性别	学校位置	学段	学校性质	办学水平	校长教龄	校长职称
课程体系建设	-0.0730	0.1450 ***	0.1215 ***	0.0160	0.2188 ***	0.1400 ***	0.1520 ***
教改机制建立	-0.0403	0.1168 **	0.0632	0.0108	0.2039 ***	0.1857 ***	0.1638 ***
教研体系创设	-0.0793 *	0.1252 **	0.0730	0.0398	0.1922 ***	0.2092 ***	0.1499 ***

根据研究结果可知,中小学校长的性别、所在学校的性质与校长的课程建设与教学改革水平不存在较强的相关性,而处于城镇学校、办学水平较高、教龄相对较长、职称相对较高的校长在课程建设与教学改革的各方面都更加具有优势。值得注意的是,校长所在学段仅与校长的课程体系建设水平有一定的正相关性,这意味着更高学段的校长在课程体系建设的单一层面上

更有竞争力，在该方面的表现会更好。

教育家型校长尤其需要重视课程建设与教学改革能力的提升。不管是引领学校特色课程宏观规划与整体统筹，还是提升学校教学改革机制的自驱力，乃至创建一个由校长主导，多方客体积极融入的教研团队，都是当代社会对教育家型校长提出的要求。数据分析结果显示，当前校长群体在课程体系建设、教改机制建立以及教研体系创设三个维度的发展水平不平衡，在教改机制建立方面的水平不够。且不同学校位置、学段、办学水平、教龄、职称的校长的课程建设与教学改革水平存在一定差异，需要我们进一步探索其成因，为培养更多具有更高课程建设与教学改革水平的校长、建设教育家型校长队伍提供助力。

三　问题剖析与建议

（一）校长引领学校课程建设与教学改革的问题剖析

1. 校长课程教学领导力发展不均衡，课改体制建设意识薄弱

问卷显示，仅有 45.16% 的校长对自身的教学改革机制建设水平评价上选择了"比较符合"或"非常符合"，相比对自身的课程体系建设水平以及教研体系创设水平的评价更低。可见，大部分校长重视在学校内进行课程体系建设与教研体系创设，但忽视了在学校内部构建成体系的教改机制。根据对部分校长的访谈，出现该情况的原因主要是，相较于见效更快的课程体系建设与教研体系创设，校长认为教学改革的决策、运行流程是校长所主要负责的，属于校长权责的关键一环，并非领导层或教师所需要参与的。因此部分校长会更愿意保守自身的教改经验，将其传授给其他学校领导层的意愿并不强烈，具体则表现为其在学校设计教改机制的意愿与水平较低。当前，我国中小学正在施行党组织领导的校长负责制改革，将党的领导转化为推动学校高质量发展的效能，这就要求中小学校长进一步厘清自身权责。在这一背景下，校长将自身的教学改革经验向学校领导层及教师队伍进行传递，是提高中小学课程建设与教学改革效率、减轻校长负担的关键步骤。

2. 乡村校长课程建设能力薄弱，迫切需要提高

乡村学校校长在课程建设与教学改革各方面的水平显著低于城镇学校校长。在课程建设体系水平、教改机制建设水平以及教研体系创设水平方面，乡村校长的自我认同都显著低于城镇校长。结合校长访谈及相关文献，这一现象的成因如下。首先，大部分乡村校长反映学校的经费不足，导致课程与教学改革无法有效开展，进而影响到了校长在学校的课程建设质量。其次，当前乡村缺乏支持校长进行课程建设与教学改革的社会环境。教育行政部门与乡镇党委的双重领导与乡村家长社会对学校的不理解，都在客观上阻碍了校长的职业发展，进而影响校长在乡村开展课程建设与教学改革的举措[①]。最后，部分乡村校长反映，当前乡村学校最缺的不是学校发展的预算，而是将学校资金用于何处的方法指导。当前有些乡村学校校长在进行课程改革时，由于缺乏适宜乡村教育的、严谨科学的教育理论指导，担心自身所开展的课程改革不仅无法提升学校的教学质量，反而会对学校的教学产生负面影响，这导致他们进行课程建设与教学改革的动力与意愿相对不足。而当前针对乡村校长的培训又存在杂乱与质量不高的现状，进一步阻碍了校长接受先进教育理论的指导，使其难以提升自身在课程建设与教学改革方面的能力与自信[②]。综上所述，乡村校长的客观环境限制以及主观知识缺失，是其课程建设与教学改革能力较为薄弱、课改成效较小的关键原因。

3. 校长队伍的改革使命感不足

培育核心素养已成为当今各国推进教育改革与发展、进行教育转型的实践核心[③]。随着对素质教育的认识不断深化，人才观也越来越转向综合育人，这就要求校长更加具有教育使命感，重视五育并举，通过课程建设与教育改革更好地培育全面发展的拔尖创新人才，而不局限于仅仅追求升学率与

① 张先义：《乡村校长职业发展的现实困境与突围之策》，《中小学管理》2021年第2期。
② 王淑宁：《城镇化进程中乡村中小学校长发展困境的归因与突破》，《教学与管理》2018年第15期。
③ 辛涛、姜宇、林崇德等：《论学生发展核心素养的内涵特征及框架定位》，《中国教育学刊》2016年第6期。

考试分数。向校长询问其对身边校长的评价（见表17），数据分析结果显示，当前我国校长队伍中，大部分校长的办学态度端正，但进取改革的意愿不足：有75.31%的校长认为身边的大部分校长"中规中矩，认为安全稳定是学校发展的头等大事"，有52.03%的校长认为大部分校长扎实教书育人，遵循着"把考试升学当作证明学校实力的重要标志"的办学态度。可见安全稳定的办学环境以及升学率仍是当前大部分校长在进行课程建设与教学改革时的追求，大部分校长当前仍旧存在对分数与应试教育更加重视的办学偏好，而缺乏对素质教育的关注。校长的办学态度影响到学校课程建设与教学改革的方向，若校长更加重视应试，那么学校课程建设与教学改革的方向就会向着应试教育偏移，难以达到通过教改培育具有综合素质人才的目的。因此，具有一定的改革使命感，以育人为基础进行课程建设与教学改革的校长，是我国校长队伍中所急需的人才，是我国课程建设与教学改革的关键。综上所述，校长队伍的改革使命感缺失，导致了学校课程建设与教学改革的方向不清、质量不高，该现状亟须改变。

表17　对身边校长的评价

单位：%

您认为下列哪些词语最符合当前身边大多数校长的工作状态	比例
充满教育情怀，有为党育人为国育才的使命担当	52.19
中规中矩，认为安全稳定是学校发展的头等大事	75.31
锐意改革创新，有破解教育现实难题的勇气魄力	35.78
思想保守，不愿在学校发展改革方面做任何新的尝试	31.09
怨声载道，对教育改革发展认同度低，对校长角色充满负能量	13.13
扎实教书育人，把考试升学当作证明学校实力的重要标志	52.03

（二）对策建议

1. 聚焦教与学核心，把握落实国家课程和建设校本课程的关系

教与学是学校的技术核心，课程和教学是学校育人的核心载体，是教育

高质量发展的关键因素。近年来，国家相继发布《关于进一步减轻义务教育阶段学生作业负担和校外培训负担的意见》和《义务教育课程方案和课程标准（2022年版）》，要以正确的课程理念推动课程实施的科学化、标准化，推进课程和教学改革，转变育人方式，促进减负增效。教育家型校长作为学校教育质量的第一责任人，要落实"双新""双减"精神，聚焦课程教学这一核心环节，把握好国家、地方课程的校本化落实和校本特色课程建设两大任务，以服务于学校内涵发展和教育高质量发展的需要。

教育家型校长既要仰望星空又要脚踏实地，要从宏观视野观照"双新""双减"背景下国家课程育人的总目标、总要求，将其落实在学校的课程建设与教学改革之中，确保其符合教育发展方向、学校建设目标和学生成长需求。校长首先要把握国家课程育人的根本目标、核心观念，着重培养有理想、有本领、有担当的时代新人，培育学生的核心素养，并将其作为学校课程和教学改革的核心理念与目标，使之成为学校课程建设团队的共识和指导思想。

在此背景下，教育家型校长须厘清三类课程关系，有效落实国家课程，规范开设地方课程，合理开发校本课程，以新课标、新教材的培养目标要求为统领，对三类课程进行一体化设计，确保其育人指向贯通一致、内容协调配合，达到协同育人的目标。从课程设置来看，义务教育阶段建立以国家课程为主体，地方课程和校本课程为重要拓展和有益补充的课程体系；普通高中要保证基础性、落实选择性、增强开放性，全面落实必修、选择性必修和选修课程规定。从课程实施来看，校长要把握好落实国家课程和建设校本课程之间的关系——落实国家课程是基础，领导学校深入实施新课程、新教材，做好国家课程方案向学校课程实施规划的转化工作，即落实国家课程关于课程设置、内容、结构和教学方式等的要求，在此基础上结合学校情况制定校本化实施的"施工图"；校本课程开发要与国家和地方课程贯通一致，结合学校实际和学生学情，积极联动学校教师、学生、社会人士和家长共同参与，规范开发流程，加强学生需求调查、专业论证和实施评估，强化校本课程建设的综合性、实践性和选择性。从教学改革来看，要落实"双新"

要求，聚焦国家和学校教学改革的重难点问题，领导教师深入研究新课标、新教材内容和课堂教学规律，从备课、上课、作业、辅导、评价等环节全面创新教学设计和教学方法，有效落实育人要求、提高育人效益。

2. 强化课程教学领导的多维性、持续性、团体性，着力提升校长领导力

教育家型校长引领学校课程教学改革，不仅是在结果层面和具体事务维度建设起学校的课程体系和教研制度，而且是在过程层面和体制机制维度建构学校的课程教学改革机制。在理论层面，校长课程教学领导的实质是一种旨在改善学校现行课程和教学状况，指导并促进课改推行的持续变化、充满活力的互动过程[1]，涵盖定义学校使命、管理课程与教学、创设积极学校风气[2]三方面静态体系设计和动态机制建设相结合的维度；在实践层面，学校课程教学改革的本质是一种持续性、常态性、长效性的变化过程，正如2023年5月教育部办公厅印发的《基础教育课程教学改革深化行动方案》所提出的，要"有组织地持续推进基础教育课程教学深化改革""逐步形成配套性的常态长效实施工作机制，使教师教学行为和学生学习方式发生深刻变化，教与学方式改革创新的氛围日益浓厚，基础教育课程教学改革形成新气象"。因此，教育家型校长引领学校课程教学改革，须持续跟进外部环境变化，审视学校发展需求和课程教学建设的现状和问题，承担学校课程和教学领导者的多维角色和多重职能，依托学校团队不断提升课程教学水平。

首先，多维兼顾，全面提升校长课程教学领导的专业水平。校长的课程教学领导是一项复杂的工作，需要校长实现从"行政权力"到"专业权威"的角色转变，承担课程和教学领导的多重角色，全面提升课程教学领导力。其一，校长要从具体琐碎的行政事务中脱离出来，注重从宏观层面加强对学校价值观念的引领和课程体系的整体设计。校长要拥有广博视野和系统思维，站在立德树人的高度深刻思考学校"培养什么人"和"如何培养人"的问题，结合教育发展动态和学校发展基础，确立并阐明学校课程教学的核

---

① 鲍东明：《校长课程领导意蕴与诉求》，《中国教育学刊》2010年第4期。

② P. Hallinger, J. Murphy, "Assessing the Instructional Leadership Behavior of Principals," *Elementary School Journal* (86) 1985.

心育人价值观，并以其为核心制订学校课程建设和教学改革整体规划。其二，校长要成为课程教学的专家和专业研究者，强化对学校课程建设和教学改革的专业引领。校长要加强对课程开发、课堂教学、教育研究等方面的专业引导、督导和指导，分析学校课程教学的主要问题与核心矛盾，提炼总结先进的课程开发案例和课堂教学经验，着力优化教师的教学方式，变革学生的学习方式①。为此，校长需开展持续学习和反思性实践，不断夯实与更新其引领学校课程建设和教学改革的专业知能。其三，校长要着眼于"人"，落实对学校课程教学改革团队的影响和引领，通过组织内外协同的课程教学改革团队、促进教师专业发展、营造学校合作开放对话的气氛②、激发教师内驱力和能动性等方式，领导学校的课程教学改革团队，创设积极的学校风气。

其次，树立变革观念，引领学校建立常态性、长效性的课程建设和教育改革机制。实证研究表明，相较于"课程体系建设"和"教研体系创设"，校长对自身"教改机制建立"水平的评价较低。但学校的课程建设和教育改革是一项持续性的工作，需要持续跟进教育系统的发展变化，审视学校发展不同阶段所面临的核心问题和突出矛盾，依托体制机制创新推动学校课程教学的持续完善和优化。校长应该对学校的教与学进行系统思考、整体把握，既关注学校的课程建设和教学改革目标及其推进策略，也重视课程推进机制、教改实施的实际效果和课改管理督导工作的有效落实；要按课程规划设置课程，按课程标准整合课程资源与开发课程，按课程教改理念管理课程、实施教学和评价督导③；从规划设计、团队组织、制度建设、活动开展等多个维度，建立学校课程与教学工作管理运行机制，形成制度动力，产生机制效应，推动学校课程与教学工作管理规范化、制度化和科学化。

---

① 夏心军：《校长课程领导力：学校特色发展的应然选择》，《教育理论与实践》2012 年第 5 期。
② 沈小碚、罗入会：《课程领导问题探析》，《教育研究》2004 年第 10 期。
③ 夏心军：《校长课程领导力：学校特色发展的应然选择》，《教育理论与实践》2012 年第 5 期。

最后，建立学习型团队，构建学校课程和教学领导的专业共同体。校长的课程教学领导是一种分布式领导的体现，校长不是单一的领导者，而是通过有共享价值观的各个课程教学改革团队的领导"流"来实施对学校课程教学的领导①。在学校这一松散的组织结构中，校长的课程教学领导要以成为文化领导者作为最终目标②，逐步构建学校课程教学领导共同体，培育学校学习型课改文化。要努力建设学校内外多元利益主体共同参与的教改格局，明确各个主体的角色任务，创建一个校长主导，教师、专家高度参与，学生、家长乃至社区积极融入的课改研究团队和专业学习社群；在此基础上，运用变革型领导技巧，通过愿景描绘、路线规划、真诚沟通、学识引领等方式，汇聚共识、凝聚课程与教学改革合力，激发学校团队成员实施课程建设和教学改革的内在动力和创造性；此外，校长还应当有将教师培养成新的领导者的意愿与预见，促使教师共同学习、共同参与，不断增强教师的课程教学领导力，充实学校的课程教学领导团队③。

3. 借助反思性实践培植校长课程与教学引领力

校长在课程建设与教学改革方面的能力培养对学校的人才培育有着直接影响，这一过程核心聚焦于老师怎么教、学生怎么学两个关键问题。因此，提升校长在这方面的能力，需特别强调其作为教师的角色，借助其在教学中的反思性实践发展其在课程与教学方面的引领力。教师的知识可分为理论性知识与实践性知识两大类，其中实践性知识指的是"教师真正信奉的，并在其教育教学实践中实际使用和表现出来的对教育教学的认识"，是其专业能力发展的知识基石④。校长的课程建设与教学改革能力的发展，也需植根于实践性知识的深化与积累。因此，通过实践的引领和反思中经验的累积，可以有效促进校长在课程建设和教学改革方面的能力提升，进而促进教育家

---

① J. Lee，C. Dimmock，"Curriculum Leadership and Management in Secondary Schools：A Hong Kong Case Study，" *School Leadership & Management*（19）199.
② 余进利：《校长课程领导：角色、困境与展望》，《课程·教材·教法》2004 年第 6 期。
③ 韩金山：《校长课程领导力的关键词：引导、整合、凝聚》，《人民教育》2019 年第 Z3 期。
④ 陈向明：《实践性知识：教师专业发展的知识基础》，《北京大学教育评论》2003 年第 1 期。

型校长的成长。

首先，校长需勇于探索课程创新，不畏失败。根据数据分析可知，多数校长倾向于稳健发展，期望安全稳定的环境。一些校长在访谈中甚至表明，他们无意于进行深度的课程改革，因为"没有必要乱改，抓学习就好了"。这实际上反映了部分校长对自身角色认知的局限。校长需要在关注学生发展的教育逻辑与维护学校利益的管理逻辑间找到平衡。教育逻辑驱使他们为学生争取更优质的资源和环境，而管理逻辑则偏向于保持学校的稳定运营。两种逻辑的交互作用，塑造了校长对课程构建和教学改革的态度①。在当前的教育环境下，国家愈发期待具有启智润心、因材施教育人智慧的教育家型校长关注学生全面成长和教师专业进步，推动学校教育的高质量发展。校长作为学校的核心领导，应深刻理解教育使命，通过课程建设与教学改革激发教育逻辑，主动适应国家的教育要求，勇于承担改革任务，以创造更佳的育人环境。

其次，校长需从教学实践中持续学习，成为学习型领导者，适应教育领域不断变化的需求。大多数校长都是从一线优秀教师中选拔出来的，对学校的运营和日常管理有着深刻的理解。然而这一背景也可能限制了他们在教育和课程开发方面的能力，导致其教育视野高度不够，缺乏课程开发意识与能力，在面对课程建设和教学改革时，可能会显得力不从心②。这种现象根源于校长在早期职业发展中重视教学技能和班级管理能力的开发，而忽视了对教育理论和课程改革知识的学习。随着教育环境的改变，这一局限性可能会影响校长推动学校教育改革的成效。因此，校长们需通过持续学习拓宽教育视野，增强引领学校教师进行课程开发与教学改革的能力。校长应在个人教学实践中培养对新教育理念的热情，积极参与或引领教师教学评议，促进互学互进，以实现个人及学校的持续发展。此外，校长也应积极拓展知识领

① 张学敏、胡雪涵：《何以"左右逢源"：教育家型校长办学的双重逻辑》，《教育学报》2023年第19期。
② 雷万鹏、马丽：《赋权与增能：中小学校长课程领导力提升路径》，《教育研究与实验》2019年第3期。

域，通过阅读管理学、心理学等多学科文献来丰富自己的知识体系。这不仅有助于他们深入理解学生与教师的需求，还能在推动学校教育改革中扮演更加核心的角色。持续的学习与实践可让校长更深刻地洞察当前教育面临的挑战和机遇，进而提升对课程建设与教学改革的认识水平。这种深入的理解能力使他们更加专注于解决实际教育问题，增强推进课程建设与教学改革的决心和能力。如上所述，通过不断学习和实践，校长将成为推动学校教育创新的关键力量，为学生营造更良好的教育环境，推动学校的持续发展与进步。

4. 基于本土教育生态探索乡村校长发展特色化路径

根据对校长发展的现状分析可知，当前乡村校长在课程建设与教学改革能力的各个维度都弱于城镇校长，这一现象的深层原因不仅在于乡村教育实际困境，还在于校长个人对教育改革的认知有限，不同地区的校长应在充分认知本土教育生态的基础上探索成长的特色化路径。正如部分学者所指出的，乡村与城市教育间的鸿沟已非仅用经济匮乏和基础设施不足就能解释的，更深层的原因在于观念的局限与管理上的滞后。正是这种思想与治理的落后，导致了乡村与城市校长在课程建设与教学改革能力上的差异。经济与文化的双重差距，影响了乡村校长与城镇校长的有效交流，限制了前者获取个人与学校发展所需资源的途径。针对乡村校长在课程建设与教学改革上面临的多重挑战，应采取综合策略，促进其在这一领域的能力提升。

国家对乡村教育的支持应从乡村教育的独特性出发，着重提高乡村校长在课程建设和教学革新方面的能力。乡村校长所面临的挑战，不是能力的本质差异造成的，而是由乡村教育环境的特殊性造成的。乡村校长的课程建设与教改实践处在本土化教育与向城惯性的矛盾拉扯之中①，受城镇教育模式的影响，乡村教育倾向于模仿，忽略了自身的本土特性与潜力。面对这一挑战，乡村校长需要探索一条结合本土特性与现代教育需求的创新之路。这要求他们既要做好学校的管理者，还要成为推动本地教育创新的领航者。为

---

① 杨清溪、邬志辉：《校长领导力：乡村教育发展的新动能》，《教育发展研究》2018年第24期。

此，特色化与本土化的专业指导变得尤为重要，这些指导应当致力于提升乡村校长在课程建设和教学改革方面的技能，帮助他们结合乡村的实际情况，开发与乡村生活密切相关的教育内容和方法。

与此同时，乡村校长还需深入理解当地的经济、社会、文化特征，并将这些特征融入课程和教学策略中。这不仅能增强学生对课程内容的共鸣，还能为乡村教育注入新的活力，唤醒学生对本土文化的认同和自豪。总之，乡村校长在课程和教学改革的征途上，应以对本土文化的深刻洞察和尊重为基础，寻求教育的创新模式，找寻自身与学校发展的独特路径。

调查数据揭示，多数校长持有较为传统的教育观念，偏重应试教育，这在一定程度上影响了他们课程建设与教学改革能力的培养与行为的实践。关键在于如何引导校长认识到教育改革的必要性，并激发他们参与教育改革的使命感，这是推动校长在课程建设与教学改革方面能力提升的重要方向。

B.9
教育家型校长以科研引领
学校发展研究报告

刘文萍　戚业国*

摘　要：　科研引领学校发展是提升教育质量、培养创新人才的关键路径。本报告通过实证调查与深入研究，分析了当前学校教育科研的发展现状、主要困境及面临的挑战。研究发现，尽管学校教育科研取得了一定成就，但仍面临创新性不足、团队建设薄弱、专业指导缺乏、动力机制不足、教学任务繁重、理论知识薄弱以及经费支持有限等问题。本报告建议建立研究赋能教学的学校文化、制定科研发展规划、加强科研团队建设、推动成果转化与应用、优化科研评价与激励机制以及强化校长的科研引领作用等，从而帮助教育家型校长更好地以科研引领学校发展，提升学校整体的办学水平和教育质量。

关键词：　科研兴校　学校教育科研　教育家型校长　校长科研领导

在全球化浪潮和教育改革不断深化的时代背景下，学校教育科研因富含革新性已然成为提升教育质量和推动教育创新的核心动力。它不仅关系学校的持续改进，更成为培育未来社会栋梁的关键所在。面对日新月异的教育环境，学校教育科研的广度和深度都在不断拓展，不再是一个孤立的概念，而

---

* 刘文萍，华东师范大学教育学部博士研究生，主要研究方向为教育政策与管理；戚业国，华东师范大学教授、博士生导师，主要研究方向为教育领导与管理、学校发展与改进。

是与学校的整体发展紧密相连，与校长的领导力息息相关①。这要求学校领导者——特别是校长，必须具备前瞻性的视野和卓越的战略思维能力，以教育科研为引擎推动学校的整体发展。

苏霍姆林斯基曾强调："一个好校长，就是一所好学校。"陶行知也指出："校长是一个学校的灵魂，学校的好坏和校长最有关系。"这两位教育家的智慧箴言，凸显了校长在学校整体发展中的重要地位。作为学校日常管理和长远发展的领航者，校长不仅肩负着管理职责，更是学校教育科研的引领者和推动者。他们的领导理念和教育哲学直接影响学校教育科研的方向和效果。

具体而言，中小学教育科研是在教育理论的指导下，采用科学的研究方法，有目的、有计划地对中小学教育、教学以及管理等方面进行深入研究，以探索教育的内在规律、解决教育实践中的问题、提升教育质量。参与教育科研不仅是教师成长为研究型人才的必经之路，而且是推动教师专业化发展的重要途径，更是基础教育课程改革对教师所提出的重要期望和要求。可以说，中小学教育科研既是一种创造性的认识过程，也是一种极具反思性的实践活动②。

当前，在知识更新迅速、教育变革不断深化的时代背景下，学校面临着前所未有的挑战，学校需要的不仅仅是维持现状的领导者，更需要具备前瞻性视野、勇于创新、拥有卓越领导力的教育家型校长，他们必须站在时代的前沿，以科研为引领，不断探索和实践，为学校的教育创新和发展提供强大的动力，引领学校教育科研走向更高、更远，从而培养出更多能够适应未来社会需求的优秀人才。另外，从实践角度来看，校长的职责远不止于日常管理和协调，更在于构建一个有利于教育创新和科研发展的环境，及时识别并解决学校内外的教育问题，推动学生、教师和整个学校持续发展。这不仅要

---

① 邵志豪、解庆福：《提升学校学术品质：发挥中学校长学术领导力的思与行》，《中小学管理》2024 年第 1 期。

② 曾天山、王新波：《中小学教科研亟须走向 3.0 版——基于 3000 多名中小学教师教科研素养问卷调查的分析》，《人民教育》2017 年第 20 期。

求校长们具备科研的意识和能力，更需要他们通过科研，引导全校师生共同参与，形成学校独特的科研文化和氛围，引领学校通过不断探索、创新，最终找到解决教育问题的最佳路径。

基于以上，本报告通过系统调查与深入研究，旨在全面揭示当前学校教育科研的发展现状、面临的挑战以及主要困境。通过系统的梳理和分析，为教育家型校长提供切实可行的策略和建议，帮助他们在新的时代背景下，更好地以科研引领学校发展。

一 "科研兴校"的源起与学校教育科研的发展模式

"科研兴校"强调科研与学校发展的紧密结合，将科研成果转化为教育实践，从而提升教育质量和办学水平。在探讨科研兴校的实践路径之前，有必要对其产生的背景和研究进展进行梳理和回顾。

（一）"科研兴校"的产生背景

"科研兴校"已提出多年，并在世纪之交转化为我国中小学校的切实实践。将科研作为引领，走"科研兴校"的道路，是我国基础教育界为应对 21 世纪的挑战而作出的明智选择，也是中小学校教育走向成熟的关键路径。

1. "科研兴校"战略兴起：响应科教兴国行动计划的必然之举

1995 年 5 月 6 日，中共中央、国务院发布了《关于加速科学技术进步的决定》，这一决定首次明确提出了在全国范围内实施科教兴国战略。同年 9 月，中国共产党第十四届中央委员会第五次全体会议通过了《中共中央关于制定国民经济和社会发展"九五"计划和 2010 年远景目标的建议》，将科教兴国战略列为未来 15 年直至 21 世纪推动社会主义现代化建设的关键方针之一，并强调这是历史发展的必然趋势。1996 年 3 月，中华人民共和国第八届全国人民代表大会第四次会议正式批准了《中华人民共和国国民经

济和社会发展"九五"计划和 2010 年远景目标纲要》，进一步将科教兴国确立为国家层面的重要指导方针和发展战略。随后，1997 年，中国共产党第十五次全国代表大会进一步确认了科教兴国战略在我国经济发展中的重要地位①。这一系列的决策和行动，彰显了国家对于科学技术和教育发展的高度重视，以及对于实施科教兴国战略的坚定决心，表明我国开始将科教兴国视为推动社会主义现代化建设的重大战略，明确了将科技和教育视为经济和社会发展的关键要素。而后，为了达成中国共产党第十五次全国代表大会所设定的目标和任务，教育部制定了《面向 21 世纪教育振兴行动计划》，旨在全面规划和推进我国的教育改革与发展，提高全民族的素质和创新能力。行动计划中特别强调了要"加强教育科学研究。要统筹规划，突出重点，促进研究成果向实际应用的转化，为教育宏观决策科学化、民主化服务，为教育改革和发展的实践服务，为繁荣教育科学服务"。② 在此背景下，为了进一步落实这一行动计划，我国中小学校纷纷实施"科研兴校"战略，以不同形式加入了科教兴国的行列，旨在通过科学研究提升教育质量，为国家的发展作出贡献。

2. "科研兴校"战略深化：应对知识经济挑战与推动教育创新的必由之路

21 世纪，随着知识经济的崛起，国家的综合国力和国际竞争力不再仅仅依赖于传统的物质资源，而是越来越取决于教育、科技和知识创新的进步。因此，各国纷纷将教育置于优先发展的战略地位，希望通过提升教育质量、加大科研投入和培养创新人才来推动国家的整体发展。在国民教育体系中，中小学作为基础教育的重要阶段，承担着培养未来人才的重要使命，实施"科研兴校"战略既是中小学校应对知识经济挑战的有效方式，同时成为许多中小学校选择的发展方向。此外，随着教育、科技、经济日益融合，教育与社会的关系也在发生变化，这进一步要求教育结构体系进行相应的改

---

① 《共和国足迹——1995 年：科教兴国战略》，中央政府门户网站，2009 年 9 月 29 日，https：//www.gov.cn/guoqing/2009-09/29/content_ 2756657.htm。
② 《国务院批转教育部〈面向 21 世纪教育振兴行动计划〉》，光明日报网，1999 年 2 月 25 日，https：//www.gmw.cn/01gmrb/1999-02/25/GB/17978%5EGM3-2505.HTM。

革。总的来说，知识经济的发展将推动教育观念、体制和模式的全面变革与创新，这些变革同时涉及人才规格与结构、教育观念与目标、人才培养途径与方式，以及学校功能与组织等多个方面。在这种背景下，如果中小学不进行科学研究，将很难适应时代的需求。因此，在知识经济时代，教育创新变得尤为重要，而"科研兴校"则成为中小学适应时代发展和向素质教育转变的必然选择①。

3. "科研兴校"战略转型：重塑教师角色与提升职业地位的创新举措

长期以来，中小学一线教师并未获得与其辛勤付出和深远影响相匹配的学术声誉和社会地位。这在一定程度上源于社会对教师角色的刻板印象，他们往往被视为知识的简单传递者，而非学术研究的积极参与者。与此相对照的是，医生、律师等因其专业性和学术深度往往享有较高的社会地位和较多的尊重。然而，自20世纪80年代以来，教育领域掀起了一场革命性的思潮——"教师成为研究者"。这一观念强调教师的专业成长和自我实现，鼓励他们不仅成为知识的传播者，更要成为教育实践的探索者和研究者。在这一观念的引领下，我国的中小学教师开始积极投身于教育研究，李吉林、顾泠沅等优秀教师便是其中的佼佼者。这些教师的实践表明，教师完全有能力对自己的教育行为进行深入的反思和研究。通过反思，他们能够构建更加完善的知识体系，改进教育实践，提升教育质量。同时，从事研究也使得教师的工作更具生命力和尊严，不再是简单的知识传递，而是充满创新和探索的教育实践。因此，"科研兴校"成为改变教师职业形象、推动教师从单纯的知识传递者向研究者转变的重要途径。它不仅提升了教师的职业地位，也使得教育更加符合时代的需求，充满活力和创新。同时，从事研究的趋势也受到了广大中小学一线教师的热烈欢迎，因为它为教师的专业成长和教育的发展开辟了新的道路②。

---

① 王楚松：《科研兴校：办现代化学校的必由之路》，《中国教育学刊》1998年第3期。
② 李斌：《行动研究：中小学"科研兴校"窥探》，江西师范大学硕士学位论文，2003。

（二）学校教育科研的发展模式

在"科研兴校"的战略背景下，学校教育科研的发展模式经历了多个阶段。最初主要源于个人的兴趣或爱好，随着时间的推移，这种个人化的研究逐渐演变成为团体性的教育科研活动，标志着学校教育科研从个体行为拓展到了集体合作，在很大程度上促进了学校教育科研的深入发展①。

1. 个体化教育科研

教学研究对于学校的发展而言具有至关重要的意义，直接关系学校的进步和教育教学质量的提升。在这一过程中，教师通常扮演核心角色。自20 世纪 50 年代以来，我国就涌现出了许多杰出的教育实践者和改革家，他们通过不断创新和尝试，为学校的教育科研作出了巨大贡献②。例如，李吉林提出"情境教学法"，不仅创建了情境教学、情境教育和情境课程，还为教学注入了新的活力③；邱学华倡导"小学数学尝试教学法"，在他看来，一堂课可以包含基本训练、导入新课、进行新课、巩固练习和课堂小结这五个关键环节④；魏书生总结出了"六步教学法"，通过定向、自学、讨论、答题、自测和自结等环节，有效地培养了学生的自学能力⑤；张思中的"十六字教学法"则强调适当集中、反复循环、阅读原著和因材施教，旨在提高不同阶段学生的学习水平⑥。此外，类似的学校个体化教育科研还

---

① 周娟：《研究型学校的基本特征及构建策略研究》，华东师范大学硕士学位论文，2013。
② 程岭：《教学模式创新发展的核心要素——以十大名师名家为例》，《教育研究》2016 年第 9 期。
③ 徐冬阳、曾强：《刍议"情景教学法"在中学地理教学中的运用》，《中学地理教学参考》2016 年第 4 期。
④ 王伟怀：《用心理学规律改革教学的成功尝试——小学数学尝试教学法评析》，《中国教育学刊》1988 年第 2 期。
⑤ 马笑霞：《浅谈中学语文新课堂教学结构的特点》，《课程·教材·教法》1990 年第 3 期。
⑥ 张思中：《适当集中，反复循环，阅读原著，因材施教——介绍中学外语十六字教学法》，《人民教育》1990 年第 9 期。

包括钱梦龙的"三主四式语文导读法"①、李庾南的"自学·议论·引导"教学法②、卢仲衡的"自学辅导法"③ 以及黎世法的"异步教学法"等④。从以上可以看出，这些教师不仅在工作中不断研究、尝试和实践，还形成了具有鲜明特色的教育教学方法体系，有效地激发了学生的学习热情。然而，学生的成长需要学校的整体合力。因此，原先基于个人兴趣或爱好的教学研究也逐渐发展成为团体性的教育科研活动，这是学校教育科研发展成熟的必然趋势。

2. 团体性教育科研

随着时代的不断发展，学校教育科研的方式也从个体独立研究逐渐演变为团体性教育科研，这种转变不仅丰富了学校教育教学研究的视角，也提高了大多数研究的效率和实用性。在团体性教育科研阶段，众多学校根据自身的发展情况和学生的学习水平，积极探索并形成了具有鲜明特色的教育方式，同时这些方式的实践和推广，也为教育事业的蓬勃发展注入了新的活力。

作为一个独立的教育实体，学校在发展过程中往往会遇到瓶颈和难题。面对这些障碍，学校就需要积极寻求变革，而这种变革的过程在本质上就是进行研究的过程。如今，许多学校已经在"思变"方面取得了显著的成绩⑤。以山东的杜郎口中学为例，这所农村中学在未进行改革之前教学质量低下、教师缺乏进取心，学校甚至面临着被撤并的风险。然而，在校长崔其升的领导下，学校领导班子进行了深入的调研和研讨，最终形成了"杜郎口"教育发展模式。该模式强调尊重学生的主体地位，发挥教师的

---

① 孟惠芬、周志超：《试论"三主四式语文导读法"的理论基础与实际价值》，《江西教育科研》1995 年第 3 期。

② 李庾南：《自学·议论·引导：我的教学主张和实验》，《基础教育课程》2011 年第 6 期。

③ 李晖：《卢仲衡自学辅导教学模式述评》，《课程·教材·教法》2016 年第 8 期。

④ 郭戈：《改革开放后华中、华南的教育学人：1978—1999》，《中国教育科学》（中英文）2024 年第 2 期。

⑤ 时晓玲、于维涛：《中小学课堂教学模式改革的省思与多元创新——基于洋思、杜郎口、东庐等校课堂教学实践的思考》，《教育研究》2013 年第 5 期。

引导作用，通过创新的课堂教学模式和小组合作学习方式，构建了一个"动而活"的校本研究体系，最终不仅激发了学生的学习积极性，也转换了学校教师的角色定位，将课堂真正归还给学生。杜郎口中学的成功经验引起了全国教育系统的广泛关注，许多学校纷纷效仿。类似地，江苏的洋思中学和上海闸北八中也通过立足学校实际、思考发展思路，最终成功实施了教育改革，提升了学校的教育教学质量，实现了学校的长足发展①。这些学校的成功经验表明，积极寻求变革并深入研究教育问题是推动学校发展的重要途径。

二 学校教育科研实践的现状分析

在深入理解了科研兴校的理论背景与研究进展之后，我们将目光转向实践层面，通过实证调查来揭示中小学校教育科研的真实面貌。实证调查作为一种重要的研究方法，能够为我们提供一手的、基于实践的数据和信息，从而帮助我们更加准确地把握学校教育科研的现实状况和发展动向。

（一）研究设计

本次调查旨在了解我国上海、北京、江苏、浙江、河南、江西、湖南、安徽、内蒙古、重庆等11个省区市中小学校长队伍的发展现状，特别是校长们在以教育科研引领学校发展方面的成效、困境和需求。调查工作自2023年7月起，历时6个月，其间通过两轮问卷发放，共回收833份有效问卷。问卷设计基于文献研究和前期调研。本部分调查问卷包括引言、校长和所在学校的背景信息调查以及针对教育科研的多选题部分，旨在全面而深入地收集相关信息，为教育家型校长的培养提供有力支持（多选题及设计目的详见表1）。

---

① 魏海丽：《什么是"好"教学——基于基础教育国家级教学成果奖的研究》，《当代教育与文化》2019年第6期。

表1 中小学校教育科研实践的现状调查题目设计

多选题目	逻辑递进的设计目的
(1)您认为学校科研工作对教师哪些方面促进作用最大？	了解教育科研对一线教师的影响实效
(2)学校的科研主要集中在哪些方面？	探究学校科研的具体内容和重点
(3)学校的课题结项后学校通常会怎么做？	了解学校对科研成果的应用和转化情况
(4)您觉得学校科研遇到的最大的困难是什么？	揭示学校科研过程中面临的普遍挑战
(5)您觉得目前的学校科研工作最需要哪些支持？	了解当前中小学校教育科研工作的需求

这五个多选题指向本研究报告的核心内容，即通过深入剖析一线学校教育科研的发展现状，为教育家型校长通过科研引领学校发展提供具体建议。同时，这些题目也与总报告的主题"教育家型校长成长"紧密相连，即通过对当前校长发展情况的全面了解，为教育家型校长的培养提供全面而深入的建议和策略。以上多选题的设计旨在深入剖析当前中小学校教育科研的发展现状，并以此为基础，为教育家型校长以科研引领学校发展提供有针对性的建议。五个多选题之间呈现逻辑递进关系，从对学校科研成效的评估、科研重点的把握、科研课题结项后的处理方式，到在科研过程中所面临的困难，以及当前科研最需要的支持，这些问题构成了一个完整的研究链条，旨在全面调查学校教育科研的各个方面。

（二）学校教育科研的发展现状

在深入调研学校教育科研的发展现状后发现，随着教育改革的不断深化，学校教育科研在提升教育质量、推动教师专业化发展等方面发挥了重要作用，取得了令人瞩目的成果。然而，与此同时，我们也必须正视其中存在的问题和不足。本报告首先梳理学校教育科研的成就与挑战，展现其发展的积极面貌；随后重点剖析学校教育科研面临的主要困境，以期为后续的改革与发展提供有益的参考与启示。

1.学校教育科研的成就与挑战

调查结果表明，在教育科研的开展过程中，学校教师在教学水平、科研能力、团队合作和教育能力等方面都得到了明显的发展。根据图1，可以明显看到校长认为学校教育科研对教师的促进作用主要体现在以下几个方面。

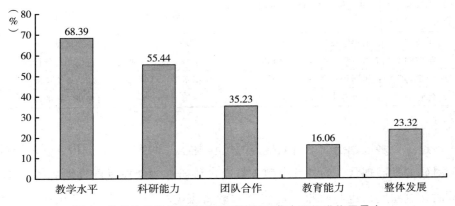

图1　校长认为学校教育科研对教师哪些方面促进作用最大

首先，68.39%的校长表明教育科研对教师的教学水平有重要的推动作用。通过参与教育科研，教师能够深入了解学科前沿动态和教学理念，不断更新教学方法和手段，提高教学效果。同时，教育科研还能够促使教师们反思自己的教学实践，发现教学中的不足之处，并加以改进。其次，55.44%的校长表明教育科研对教师的科研能力也有明显的提升作用。在教育科研过程中，教师们需要掌握科研方法、收集和分析数据、撰写研究报告等，这些技能对于教师的学术发展至关重要。同时，教育科研还能够为教师提供与同行交流和合作的机会，促进学术共同体的形成。在此次调查中就有35.23%的校长表明教育科研对教师的团队合作能力也有着积极的影响。在教育科研项目中，教师们需要相互协作、共同完成研究任务，这有助于培养教师的团队协作精神和沟通能力。通过团队合作，教师们可以互相学习、互相启发，共同成长。最后，16.06%的校长表明教育科研对教师的教育能力也有着重要的促进作用。教育科研能够帮助教师深入了解教育的本质和规律，提高其教育实践的科学性和有效性。同时，教育科研还能够培养教师的创新能力和批判性思维，为教师的专业发展提供动力。

总之，当前学校教育科研的发展现状呈现积极态势。23.32%的校长表明教育科研对教师的整体发展具有积极影响。这是因为教师在教育教学实践中，依托学校教育科研活动，可以不断反思、不断探索、不断创新，进而不断提高自身的教学水平、科研能力、团队合作和教育能力，最终为学校教育事业的发展贡献力量。

2. 学校教育科研的聚焦领域分析

根据图2可知，学校的教育科研实践主要集中在学科教学的经验总结或在学科教学中遇到的问题研究方面，占89.12%；其次是学校管理、学生管理上的经验总结或问题研究，占59.59%；再次是教育理论在教育实践中的运用研究，占23.32%；最后是对所接触到的教育理论的教育反思总结，占17.10%。

整体上，图2涵盖了学校教育科研实践的主要方面。具体来看，学科教学的经验总结或在学科教学中遇到的问题研究是学校教育科研的核心领域，这是因为学科教学是学校教育的基石，也是教育实践的重要环节；学校管理、学生管理研究是学校教育科研的重要领域，这表明学校在管理实践中注重总结经验、发现问题，并通过研究找到解决之道；教育理论在教育实践中的运用研究是学校教育科研的重要组成部分，这表明学校在教育实践中注重将教育理论转化为具体行动，从而提高教育实践的科学性和有效性；对所接触到的教育理论的教育反思总结表明学校在教育实践中不仅注重对具体问题的解决，还注重对教育理论的思考和反思，旨在更好地指导教育实践。

总体而言，目前学校教育科研实践的发展现状呈现以实践为导向、注重解决实际问题的特点。学校通过不断反思、总结经验、发现问题和解决问题，提高了教育实践的科学性和有效性，推进了学校教育事业的发展。

3. 学校教育科研课题结项后的应用情况分析

图3展示了教育科研课题结项后各学校的不同处理方式，揭示了学校在教育科研方面的积极态度和实践。超过一半的校长（52.33%）指出学校的教育科研会在原来的研究领域里继续拓展。这种延续性的研究不仅有助于深化对已有问题的理解，还能够推动该领域研究的进一步发展。这种

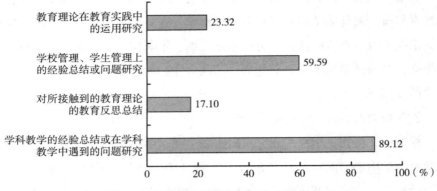

图2　学校的教育科研主要集中在哪些方面

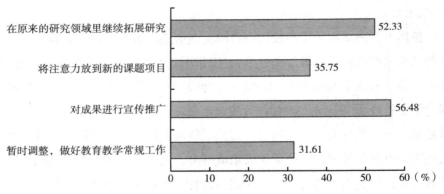

图3　教育科研课题结项后学校通常会怎么做

拓展可能包括对已有成果的持续改进、对子课题的深入研究或对相关领域的横向探索。有相当一部分校长（35.75%）指出学校的教育科研会专注于开发新的课题项目。这种创新性的做法同样也是教育科研的重要一环，有助于推动教育实践的变革。通过开发新的课题或项目，学校能够为学生提供更加丰富、更具挑战性的学习体验，同时也有助于提升教师的专业素养和研究能力。此外，超过一半的（56.48%）校长指出学校的教育科研将注意力放在研究成果的宣传上。这意味着他们不仅关注研究的实践价值，还重视研究成果的推广和影响。通过宣传，这些成果可以更好地为其他教师、学校乃至教育界所借鉴和应用，从而发挥更大的价值。同时，也有一部分校长（31.61%）指出学校的教育科研项目结项后会暂时调整研究计划，以确保日常教学工作正常运行。这种调整可能是为了适应新的研究或课程安排，从而确保教育实践与研究的相互促进。

总体而言，当前学校教育科研的发展呈现多元化和积极向上的态势。绝大多数教师都对教育科研持有积极的态度，并愿意在课题项目结项后继续推动其发展和应用，不仅重视研究的延续性和创新性，还重视研究成果的推广和应用。这种全面的视角有助于推动学校教育科研的持续发展，为提高学校教育质量和培养创新型人才做出积极贡献。

4. 学校教育科研的发展挑战分析

虽然，目前学校教育科研呈现正向发展态势，但是在发展过程中也面临着一系列的挑战和困难。从图4可知，校长认为学校教育科研遇到的最大困难主要集中在教学任务过重、理论知识和学校的科研经费不足、缺乏调动教师参与科研的动力机制、缺少专业人士的指导等方面。

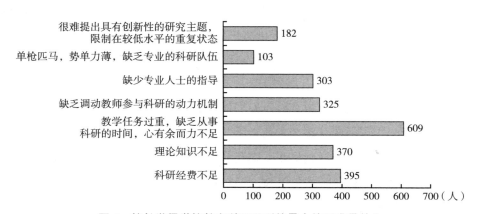

图4　校长觉得学校教育科研遇到的最大的困难是什么

第一，182位校长认为学校教育科研的最大困难是"很难提出具有创新性的研究主题，限制在较低水平的重复状态"，表明当前学校教育科研的主要困境之一是研究主题的创新性不足，这可能是由研究领域过于狭窄或研究

思路过于局限所导致的。为了解决这一问题，学校教师需要积极拓展研究视野，从多角度、多层次思考问题，探索新的研究方向和领域。有超过百位的校长认为缺乏专业的科研队伍（103 位）和缺少专业人士的指导（303 位）也是制约教育科研发展的重要因素。这提示研究者，中小学校同样需要加强教育科研队伍的建设，培养一支具备较高专业素养和教育科研能力的教师团队，同时也应寻求外部专家的指导和支持，提升学校教育科研的整体水平。第二，有 325 位校长认为调动教师参与科研的动力机制的缺失也是一个亟待解决的问题。校长提出学校应该建立有效的激励机制，鼓励教师积极参与科研活动，同时为他们提供必要的资源和支持，激发他们的创新热情和动力。第三，教学任务过重、缺乏时间（609 位）以及理论知识欠缺（370 位）和学校教育科研经费不足（395 位）是大多数校长认为发展学校教育科研工作的困难之一。可以想象，教师们在教学任务之外还需要投入大量时间和精力进行科研工作，这无疑增加了他们的负担。同时，科研经费的不足也严重制约了科研活动的深入开展。为了解决这一问题，学校应该合理安排教师的教学和科研任务，提供必要的时间和资源支持，加强教师的专业培训和知识更新，提高他们的理论素养和研究能力。同时，学校应该积极争取外部资金，增加科研经费的投入，确保科研工作的顺利进行。

综上所述，当前学校教育科研发展面临的困难是多元且复杂的。为了克服这些困难，学校需要从多个方面入手，注重研究主题的创新性、加强科研队伍建设、建立有效的激励机制、减轻教师负担、提高教师的专业素养和研究能力、积极争取科研经费的支持。通过这些措施的实施，学校教育科研将得到持续发展和进步。

5. 学校教育科研的发展需求分析

从图 5 我们可以直观地了解到校长对学校目前的教育科研工作所需支持的主要看法。整体上，校长们认为学校教育科研发展最需要的支持依次是"科研经费支持""研究方法培训""课题申报技巧指导""科研规划研制""研究问题确定"。

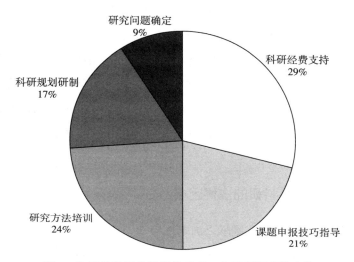

图5　校长觉得目前的学校科研工作最需要哪些支持

　　首先，29%的校长认为科研经费支持是学校教育科研工作中最需要的支持。在当前的教育环境下，科研经费的不足是制约科研活动深入开展的重要因素之一。为了确保科研工作的顺利进行，学校需要投入足够的经费，提供必要的设备和资源，以确保教师能够进行高质量的教育研究。其次，研究方法培训是校长认为学校教育科研中第二需要的支持，24%的校长提出需要培养教师的研究方法。教育研究需要运用科学的方法和工具进行数据的收集和分析。通过提供研究方法培训，可以帮助教师们了解和掌握各种研究方法，提高他们的研究能力。此外，课题申报技巧指导是21%的校长认为学校教育科研中需要的重要支持。课题申报是教师开展科研活动的重要环节之一，但很多教师往往缺乏相关的技巧和经验。因此，学校可以组织课题申报技巧指导讲座或工作坊，邀请专家为教师提供指导和支持，帮助他们更好地掌握课题申报的技巧和方法。同时，科研规划研制也是部分校长（占17%）关注的一项支持。科学的科研规划可以帮助教师们更好地组织和实施科研活动，确保研究的科学性和有效性。学校可以邀请专家或科研团队为教师提供科研规划研制的指导和建议，帮助他们制定符合自身研究方向和目标的科研

规划。最后，有9%的校长认为研究问题确定是当前学校教育科研需要的支持。这也反映出学校教育科研的价值旨归，即学校教育科研应当重视学校发展实践问题的解决。研究问题的好坏不仅直接影响到研究的质量和价值，而且还关系到学校的可持续发展。在学校教育科研研究问题的确定方面，学校也可以组织学术交流会或研讨会，鼓励教师们分享和交流自己的研究问题和方法，通过相互学习和借鉴，帮助他们更好地确定具有创新性和实践意义的研究问题。

（三）学校教育科研的主要困境

1. 创新性困境：研究主题缺乏前瞻性与独创性

在中小学校教育科研实践过程中，常常面临着诸多挑战，其中最为显著的困境之一就是创新性困境。这种困境直接导致了研究主题缺乏前瞻性和独创性，严重制约了学校教育科研的深入发展和实践应用。创新性困境其实并非单一原因所致，而是多种因素相互交织、共同作用的结果。首先，从教育科研评价体系的角度来看，当前的评价体系更多地倾向于实证研究和短期成果的产出，而对于前瞻性和独创性的探索则显得相对不足。这种倾向导致校长和教师们在选择研究主题时，更容易受到已有成功案例或成熟理论的吸引，而较少愿意涉足未知领域，并进行具有前瞻性和独创性的研究。其次，随着教育领域的快速变革和技术的日新月异，传统的研究方法和视角已经难以适应新的教育实践的需求。因此，面对这种变革，许多校长和教师由于缺乏必要的创新意识和能力，难以从新的视角和方法出发，提出具有前瞻性和独创性的研究主题。他们往往习惯于沿用传统的研究路径和方法，难以跳出固有的思维框架、实现真正的研究创新。此外，学校内部的科研资源和外部环境也对研究主题的选择产生深远的影响。学校内部的科研资源和人才储备有限，往往难以支撑高度创新和前瞻性的研究。同时，外部环境如政策支持、社会需求等也可能对研究主题的选择产生制约。例如，政策支持的导向可能会影响研究主题的选择方向，社会需求的变化也可能引导研究者关注更具实用性和针对性的问题。

2. 队伍建设困境：缺乏专业的教育科研团队

学校教育科研发展过程中队伍建设困境尤为突出，不仅阻碍了学校教育科研的深入发展，还对教育质量和学校的创新发展步伐产生了深远影响。首先，缺乏专业的教育科研团队意味着学校在教育科研方面的专业知识储备和实践经验存在明显的短板。教育科研需要研究者具备深厚的理论素养、丰富的实践经验和前瞻性的创新思维。然而，由于学校在团队建设方面的投入有限，现有大部分学校的教育科研团队在专业能力、研究经验等方面存在不足，难以产生具有一定深度和广度的高质量的研究成果。其次，缺乏专业的教育科研团队限制了学校在教育科研领域的合作与交流。教育科研需要跨学科、跨领域的合作与交流，这样才能通过分享经验、碰撞思想，共同推动教育理论与实践的发展。然而，由于学校教育科研团队的建设不足，学校往往难以与其他机构或团队建立有效的合作关系，这不仅限制了学校在教育科研领域的视野和影响力，也限制了学校在教育科研领域的创新能力和发展潜力。此外，缺乏专业的教育科研团队还可能导致学校教育科研的方向不明确、研究内容散乱。一个专业的教育科研团队应该能够准确把握教育发展的趋势和热点，结合学校的实际情况和发展需求，形成明确的研究方向和内容，为学校的教育改革和发展提供有力的理论支持和实践指导。然而，由于团队建设不足，许多学校往往难以形成明确的研究方向和内容，更难产出实质性的研究成果。

3. 专业指导困境：缺少资深科研人员的引领

学校教育科研的发展时常面临专业指导缺乏的严峻挑战。这不仅阻碍了学校教育科研的深入发展，而且对研究的质量和创新的步伐产生了不良影响。资深科研人员在教育科研中发挥着不可或缺的作用，他们凭借丰富的研究经验、深厚的理论素养和前瞻性的创新思维，为年轻研究者提供了宝贵的指导和建议。资深科研人员的引领，对于研究团队来说至关重要。他们不仅能够为团队提供明确的研究方向和方法指导，还能在研究内容的选择上给予建议，提高研究的效率和质量。遗憾的是，当前许多学校在教育科研领域缺乏资深科研人员的参与，导致研究团队在研究方向、研究方法和研究内容等方面缺乏明确的指导和支持。这不仅影响了研究团队的创新能力和研究质量，还可能导致研究团队在教育科研领域的发展受阻。此外，缺乏资深科研人员的引领还可能对研究团队的研究范式和方法产生负面影响。缺乏专业的研究指导团队可能难以形成严谨的研究范式、难以掌握科学的研究方法，容易使得研究过程中存在疏漏和错误。这不仅会影响研究成果的质量，还可能对研究团队的声誉和形象造成损害。而且，资深科研人员的缺失还可能限制学校教育科研团队的成长和发展。资深科研人员通常具备较强的研究能力和丰富的实践经验，他们的参与和指导有助于提升团队整体的研究水平和创新能力。由于缺少这样的引领者，团队成员可能难以获得足够的成长机会和发展空间，更难突破自身的局限，容易限制研究团队的整体发展。

4. 动力机制困境：难以调动教师参与科研的积极性

当前，学校教育科研虽然取得了一定的进步，但仍面临着动力机制困境这一核心问题，根源在于教师参与教育科研的内在动力不足，导致其对研究活动的参与度不高，支持力量薄弱，从而严重制约了学校教育科研的深入发展和实践应用。首先，我们需要深入反思现行的教育评价体系。在现实中，许多教师的个人教育科研成果并未得到充分的认可和奖励。这种情况在一定程度上挫伤了教师参与研究的热情和积极性，导致他们更倾向于将精力投入可以迅速获得外部认可的科研项目上，而不愿意参与到那些真正可以对教育教学有深远影响的研究。此外，当前的职称晋升和绩效考核体系更多地侧重于教师外显的课题研究成果和论文发表数目，而非他们在实际教育教学中的探索和创新。这种倾向使得教师难以将精力真正投入自己熟悉的教育教学研究和探索上，从而影响了学校教育科研的深入发展。其次，教育科研本身的复杂性和挑战性也是教师缺乏参与积极性的重要原因。教育科研不仅要求教师具备扎实的教育理论知识和实践经验，还需要他们掌握一定的研究方法和技能。然而，在当前的教育环境中，许多教师可能缺乏必要的研究方法和技能，这使得他们在面对科研任务时感到力不从心。这种情况下，即便有教师对科研抱有较为浓厚的兴趣，也可能因为自身能力的限制而选择放弃。这种情况不仅影响了教师个人的专业发展，也制约了学校教育科研的整体水平。

5. 教学任务困境: 教学任务过重影响科研投入

虽然, 目前学校教育科研在整体上取得了显著的进步, 但是仍然面临着一系列挑战, 其中最为突出的便是学校一线教师的教学任务过重影响其对教育科研的投入程度。这一困境直接体现为教师日常繁重的教学任务与其科研投入之间的深刻矛盾, 这对教育科研的深入发展和实践应用造成了阻碍。首先, 从教师的工作负荷来看, 许多教师, 特别是那些担任班主任或承担多门课程教学任务的教师, 他们每天都面临着巨大的工作压力, 通常需要花费大量的时间和精力在备课、授课、学生管理和作业批改等多个方面。这种高强度的工作状态使得他们很难有额外的精力投入科研工作中。而且, 即便有部分教师对科研怀揣热情, 也往往因为教学任务的紧迫性而无法持续、深入地进行研究。其次, 教学任务的繁重不仅直接影响了教师的科研投入时间, 更在无形中影响了他们的科研质量和创新性。教学压力巨大, 许多教师在面对科研问题时可能缺乏足够的热情和好奇心, 这导致他们在研究过程中难以进行深入的探索或者尝试新的研究方法。这种状态下, 教师的研究内容和结论往往缺乏创新性和深度, 从而影响学校教育科研的整体水平。此外, 教学任务与科研投入之间的冲突还可能引发教师的职业倦怠。长期承受沉重的教学负担使得许多教师感到身心疲惫, 难以体验到职业成就感和自我实现的价值。这种情况下, 教师们可能对科研失去兴趣, 或进一步加剧教学任务困境, 这不仅影响教师个人的专业发展, 也不利于学校教育科研的持续发展。

6. 理论知识困境: 教育科研理论基础薄弱

在学校教育科研的发展过程中, 一个显著的挑战逐渐显现, 即理论知识困境。这一困境对学校教育科研水平的提升会产生不良影响, 需要我们进行深入分析和找寻到合适的应对策略。首先, 在当前学校的教育科研实践中, 部分教师和研究人员确实在理论知识方面存在不足。这可能是由于他们在学习过程中没有系统地掌握相关理论知识, 又或者是在日常教学和科研工作中缺乏理论知识的学习和更新。这种理论知识的匮乏使得他们在面对实际问题时, 难以运用科学理论进行深入的分析。因此, 绝大多数教师的教育科研往往只停留在经验总结的层面, 缺乏深入的理论探讨和学理支撑。这不仅限

制了科研成果的质量和影响力，也制约了学校教育科研的整体发展。其次，理论应用的不当也是导致理论知识困境的重要原因之一。一些教师在科研过程中虽然也尝试运用理论知识，但由于对理论的理解不够深入，或者应用方法不当，导致理论与实践脱节。这种脱节可能使得科研成果难以产生实质性的影响，甚至可能误导教育实践。值得注意的是，一些教师在应用理论知识时，过于追求理论的普遍性，而忽视了具体情境的特殊性，导致理论的应用缺乏针对性和实效性。此外，学校教育科研的评价体系也会产生影响。当前，一些学校过于注重科研成果的数量和形式，常常忽视了科研成果的质量和理论价值。这种评价体系导致教师在科研过程中缺乏对理论知识的深入探索和应用，而是更多地追求短期的成果和表面的形式，这种功利性的科研态度不仅削弱了教育科研的理论基础，也限制了教育科研的创新性和实用性。

7. 经费支持困境：科研经费不足制约研究发展

此次调查发现，中小学校常常面临科研经费不足的困境，这严重制约学校研究的持续发展，甚至导致中小学校教育科研活动难以深入进行。与高等院校和其他科研机构相比，中小学校的科研经费来源更为有限，而且需要同时满足日常教学、管理以及其他多项工作的需求。而科研经费的不足又直接制约了中小学科研项目的开展范围和深度。由于资金有限，学校可能难以购置先进的实验设备，也无法购买充足的科研资料，这在一定程度上限制了科研的广度和深度。一线教师可能被迫选择简单、低成本的实验方法，或者减少实验的次数，这无疑影响了研究的准确性和可靠性。同时，缺乏经费支持也可能导致一些具有潜力的科研项目无法启动或持续进行，从而限制了中小学校在教育科研领域的创新和发展。另外，经费短缺对中小学科研团队的建设和稳定也产生了不利的影响。在中小学校中，科研人员往往是由一线教师兼任，他们通常是在教学之余投入科研活动中，常常面临着巨大的工作压力和时间挑战。这种情况下，如果又缺乏足够的经费支持，这些教师可能更加没有足够的动力和时间投入科研项目中，这会越发加重科研团队的不稳定性、导致研究成果的缺乏。此外，经费短缺还可能影响科研团队的合作与交流，限制团队成员之间的知识分享和经验交流，从而影响学校整体的科研工作的质量和效率。其至，经费不足还会限制中小学校科研成果的推广和应用。表现为，即使教师取得了有价值的研究成果，但由于缺乏必要的经费支持，研究成果也可能很难在校内外进行广泛的展示和推广。

三　教育家型校长如何以科研引领学校发展

教育家型校长作为学校发展的引领者，如何通过科研引领学校走向更高发展水平，是本文探讨的核心议题。下文中我们将从六个关键方面提出具体策略，以期为校长们提供实践指导。

（一）建立研究赋能教学的学校文化

为了更好地以教育科研引领学校发展，教育家型校长应当致力于构建一种研究赋能教学的学校文化，用以突出研究对提升教学质量、推动学校整体进步的价值，并最终通过研究为教学带来新的活力、方法和视角，推动学校教育科研与教学实践的深度融合，实现科研与教学的相互促进和共同发展。而教育家型校长则可以通过明确政策导向、营造学术氛围、加强外部合作以及树立榜样等多方面的努力，推动学校研究氛围的形成，从而引领学校走向更高水平的发展。首先，校长需要明确研究在教学中的赋能作用，鼓励并支持教师将研究成果转化为教学资源，可以通过制定相关政策，引导教师关注教学实践中的问题，并运用研究方法来寻找解决方案。如此，将有助于教师不断更新教学内容、创新教学方法，使教学更加符合时代的要求、更加贴近学生的实际需求。其次，校长应营造一个开放、包容、创新的学术氛围，可以通过定期举办学术研讨、讲座、论坛等活动，激发师生的研究兴趣和热情，提高他们的研究能力和水平。同时，校长要鼓励教师之间的交流与合作，促进不同学科之间的融合与碰撞，从而推动学校教育科研的深入发展。此外，校长还需要加强学校与外部科研机构和高校的合作与交流，例如，通过引进外部的科研资源和研究智慧，为学校的教育科研提供更为广阔的视野

和平台。最后，校长还应树立自身的科研榜样作用，通过自身的科研实践和成果，引领全校师生共同参与教育科研，形成全校范围内的研究热潮。这期间，校长还应关注教师的科研成长，为他们提供必要的支持和帮助，使学校整体的教育科研能够持续、健康地发展。

（二）制定学校教育科研的发展规划

在教育改革的浪潮中，教育家型校长应发挥关键作用，通过制定学校教育科研的发展规划，为学校科研活动的有序、高效开展提供明确的指导。这一规划不仅是学校科研工作的蓝图，更是推动学校整体发展的重要战略。首先，发展规划的制定应基于对学校现状的深入分析和理解。校长需要组织专家团队对学校的教育科研现状进行全面评估，包括科研资源、研究团队、成果产出等方面，以便明确学校科研的优势与不足。其次，校长应根据学校发展的实际情况和总体目标制定相应的教育科研的长远目标和短期目标，明确学校教育科研的重点领域和主要方向。一般而言，长远目标应体现学校科研的特色和核心竞争力，短期目标则应具有可操作性和可衡量性，为学校科研的逐步发展奠定基础。此外，发展规划还需细化具体的实施策略和步骤。这包括确定研究主题和方向、组建研究团队、分配研究资源、安排研究时间等。通过具体的实施策略，确保学校科研工作能够有序进行，并取得预期成果。同时，发展规划的制定应注重与全校师生的沟通与互动，校长应广泛征求师生意见，鼓励师生参与到学校科研规划的制定过程中，使得学校的科研规划更加贴近学校的发展实际，增加学校教育科研活动的可行性和可操作性。最后，实施发展规划还应建立有效的监督机制和评估机制。校长应定期组织专家团队对规划的实施情况进行检查和评估，及时发现问题并调整和优化规划，确保规划能够得到有效的执行并取得预期效果。

（三）加强学校科研团队建设

在以科研引领学校发展的过程中，建设一支高素质、专业化的科研团队至关重要。教育家型校长应当致力于加强学校科研团队的建设，以提升学校整体的科研水平和创新能力。首先，校长应重视科研团队的人才引进和培养。例如，通过制定相关优惠政策，吸引具有高水平研究能力和丰富实践经验的科研人员加入学校的科研团队。同时，校长还应为团队教师成员提供持续的、专业化的培训和发展机会，如定期组织教师参加专业培训和学术观摩或交流活动，帮助他们提升研究能力，实现个人和团队的共同成长。其次，校长应促进学校教师科研团队内部的交流与合作。鼓励不同学科背景、不同年级的教师科研人员开展跨学科、跨年级的合作，打破学科壁垒，形成学校教师间的教育科研合力，实现学校研究资源的共享和优势互补。并且，校长可以通过组织定期的学术交流活动，促进团队成员之间的思想碰撞和合作创新，激发科研团队的创造力和活力。此外，校长还应关注科研团队的研究方向和项目选择，确保研究方向与学校的整体发展目标和战略需求相契合。学校研究项目的选择应具有前瞻性和创新性，能够引领学校科研的发展方向。最后，校长应注重科研团队的可持续发展。例如，通过建立健全的团队管理机制和人才梯队培养计划，确保学校科研团队的持续稳定发展。同时，鼓励团队成员积极参与国内外教师研究和交流活动，拓宽学校教师的视野，为学校科研团队的长远发展奠定坚实的基础。

（四）推动科研成果的转化与应用

中小学校教育科研成果的转化与应用是提升学校教育质量、推动学校持续发展的关键环节。通过科研成果的转化和应用，可以促进学校教育教学质量的提升和办学特色的形成。教育家型校长应当积极采取措施，促进科研成果的有效转化和应用，让科研成果真正落地生根，服务于教育教学实践。如此，不仅可以有效提升学校的教学质量，还可以显著增强学校的社会影响力。首先，校长应建立科研成果转化的有效机制，包括设立专门的成果转化团队或机构，负责科研成果的评估、筛选和推广工作。同时，学校还应建立起与教学实践相结合的成果转化路径，确保科研成果能够迅速转化为实际的教学方法和手段，例如，设立学校的教育科研基金，用于支持教师的科研项目和研究成果的推广。其次，校长应推动科研成果与教学实践的深度融合，

鼓励教师将教育科研成果应用于课堂教学，通过实践探索不断完善和优化教学方法，积累实践经验。此外，还可以组织教师开展跨学科、跨领域的合作与交流，共同探索科研成果在教育教学中的创新应用，提升教师的教学质量和教学效果。同时，校长还应关注科研成果的转化效果评估。通过建立科学的评估体系，对科研成果转化后的教学效果进行定期评估，了解转化成果的实际应用效果，为进一步优化科研成果转化工作提供有力的支持。此外，校长还应加强与外部机构的合作与交流，积极寻求与科研机构、高校等外部机构的合作机会，共同推动学校教育科研成果的转化与应用，可以通过引入外部智慧和资源等方式，为学校的教育科研提供更为广阔的视野和平台，共同推动学校教育科研成果的社会化应用。最后，校长还应营造科研成果转化与应用的良好氛围，例如，通过加强科研活动宣传、举办研究成果展示活动等方式，提高全校师生对科研成果转化与应用的认识和理解。

（五）优化科研评价与激励机制

在中小学教育领域，科研评价与激励机制对于激发教师的研究潜能、推动学校科研发展至关重要。作为教育家型校长，应针对中小学校发展的实际情况，建立符合所在中小学校发展特点的科研评价标准，设计具有吸引力的激励机制，关注教师的个性化需求和发展阶段，强化反馈作用，最终营造出公平公正的科研环境。通过这些措施的实施，可以较好地激发出教师的研究潜能和创新精神，推动中小学教育科研事业持续健康发展。具体而言：首先，校长应建立符合中小学教育特点的科研评价标准，这一标准应强调教育实践的应用性和实效性，注重研究成果对教育教学的促进作用。同时，学校需要引入同行评议、专家指导等机制，确保评价的准确性和公正性。其次，校长应设计具有吸引力的激励机制。除了提供必要的科研经费和成果奖励外，还可以设立教学研究与改革项目、组织教师参加学术交流活动等，为教师提供更多的发展机会和平台。此外，校长应关注教师的个性化需求和发展阶段，设立差异化的科研奖励机制，例如，对于青年教师，可以提供导师制度和成长支持；对于资深教师，重点给予精神层面的激励，可以设立学术传承项目和荣誉制度，以激发他们的研究热情和创新精神。同时，校长应强化科研评价与激励机制的反馈作用，通过定期的科研成果评估和个人发展评估，帮助教师了解自己的研究的进展和不足之处，并提供针对性的指导和支持。最后，校长应营造公平、公正的科研评价与激励环境，建立健全的科研管理制度和监督机制，确保评价和激励过程的公开透明。

（六）强化校长的科研引领作用

强化校长的科研引领作用是科研引领学校发展战略得以有效实现的关键。校长作为学校的领导者，其科研理念和行动对全校师生具有重要影响。通过强化校长的科研引领作用，可以带动全校师生共同参与研究活动，形成全校范围内的科研热潮。首先，校长应树立科研引领学校发展的理念，认识到教育科研是推动学校整体发展的重要动力，将科研工作纳入学校发展规划、作为学校工作的重要组成部分，并通过自身的言行示范，引导全校师生重视科研工作，形成科研兴校的良好氛围。其次，校长应提升自身的科研素养和能力，具体可以通过参加培训、阅读相关书籍和文献、参与课题研究等方式，不断提高自己的科研水平和能力。同时，作为校长还要积极关注教育改革的前沿政策和动态，及时了解前沿的教育理念和技术，把握科研发展的最新趋势，为学校的科研工作提供科学的指导和支持。此外，校长应积极参与科研工作，发挥示范和榜样作用，成为所在学校教育科研工作的表率和引领者。例如，校长可以带头申报、承担课题研究任务，并实地参与科研团队的建设和管理工作，与教师共同开展科研活动，通过自身的实际行动，激发教师的科研热情，推动学校科研工作的深入开展。同时，校长也应建立健全的科研管理制度和机制，具体包括通过制订完善的科研工作计划和实施方案，明确学校教育科研工作的总体目标和主要任务。并且，校长要进一步加强学校教育科研资源的整合和完善学校教育科研资源的配置结构，为学校教育科研的实践工作提供必要的保障和支持。

本报告通过对科研兴校的产生背景与发展模式的梳理，以及对中小学校教育科研实践的实证调查，深入分析了学校教育科研的发展现状、挑战与需求，旨在为教育家型校长提供一套系统的策略建议，推动学校教育科研的深入发展，从而提升学校整体的办学水平和教育质量，最终实现以科研引领学校发展的战略目标。然而，我们也清醒地认识到，学校教育科研的发展是一个长期而复杂的过程，需要校长们的持续努力和智慧引领。未来，我们期待看到更多具有前瞻性视野和卓越领导力的教育家型校长，在科研兴校的道路上不断探索、创新，为培养更多具有创新精神和实践能力的人才贡献智慧和力量。

B.10
教育家型校长社会资本调查报告

王亚男　王俭*

摘　要：　本报告聚焦校长的社会资本开展调查研究，实证结果表明，校长虽然在学校内部管理和教学工作中展现出了很高的交往能力，促进了学校管理效率和教学质量的提升，但在面向外部世界时，却显得相对被动和缺乏主动性。特别是在与上级教育行政部门、科研机构、社区组织以及其他教育机构的互动和合作中，存在明显的不足。不同背景的校长在社会资本构建上也存在差异，如年轻校长更活跃于寻求外部支持，女性校长注重内部沟通等。进一步分析可知，政策支持水平的不足、地区发展水平的差异、家校合作与社会隔阂的挑战以及校长个人认知与能力局限制约了校长社会资本的提升。为提升校长的社会资本，本报告借鉴教育家型校长的成功经验，提出从多维度构建支持性的环境和机制。

关键词：　教育家型校长　社会资本　公共关系　学校管理

校长不仅是学校管理的核心，更是推动教育创新和发展的关键力量，特别是教育家型校长，他们以其独特的教育理念、管理智慧和丰富的社会资源，对学校的全面发展起到了不可替代的作用。学校不是一个孤岛，尤其是在当前教育改革的大背景下，深入探讨校长的社会资本，对于提高教育质量、促进教育公平以及优化学校管理具有重要的理论价值和现实意义。本报

---

* 王亚男，华东师范大学博士研究生，主要研究方向为校长领导力、教师专业发展等；王俭，华东师范大学教育部中学校长培训中心副教授，教育学博士，主要研究方向为校长专业发展、教育评价。

告旨在综合分析校长的社会资本，揭示其在当前教育体系中的作用和价值。对社会资本的内涵、现状调查、特征分析以及提升策略的探讨，有助于理解校长在社会资本构建中的行为模式和策略选择，也为进一步指导校长个人发展、学校管理改进以及教育系统的整体提升提供科学依据和实践指导。

一 关于校长社会资本的概述

（一）关于校长社会资本的概述

根据科尔曼等人的定义，校长社会资本是嵌入校长人际关系网络中的，以信任、权威、义务和期望表现的一种资本，它能提高校长获得稀有资源的能力和管理能力，是一种生产性资本。校长拥有社会资本的状况不同，那么他获得的教育资源也会不同。拥有社会资本较多的校长，他获得的教育资源可能较多①。

1. 校长社会资本的定义与来源

校长的社会资本来源于两个方面：其一是依赖于学校组织的关系网络形成的。学校的关系网络可分为外部关系网络与内部关系网络两部分：外部关系网络主要包括学校的垂直网络和水平网络两方面。依外部社会网络形成的社会资本可称为外部社会资本。学校的垂直网络主要是上级教育行政部门，水平网络是指与学校不存在隶属关系的组织，如社区、大学及科研机构、家长、其他学校等。校长通过外部社会网络获得自身和学校发展的资本，物质或非物质的，都属于稀缺性资源，对个人和组织的发展有着直接的影响。内部关系网络是指学校内部的关系，比如与教师、学生的关系，学校从内部网络中获得的社会资本一般都是无形资本，是学校经过长期的发展而形成的内部凝聚力和向心力的体现。学校的内外部社会资本间存在一种相互促进、良

---

① 安雪慧、颉俊祥：《校长社会资本对农村普通高中教育资源配置的影响》，《上海教育科研》2008 年第 2 期。

性互动的关系。校长社会资本的另一来源是依托于校长本人形成的，包括校长的工作经历、地位、取得的成绩、人格魅力及权威等都会影响其筹划社会资本的积极性与发展、利用社会资本的能力①。

2. 校长社会资本的类型

在近年来的教育领域研究中，校长的社会资本被视为影响学校管理效能和促进教育改革的重要因素。社会资本的概念指的是通过社会关系网络中的相互作用而形成的资源，它可以被个体或组织所利用②。校长的社会资本通常被分为外部社会资本和内部社会资本两大类，这一分类有助于深入理解校长如何通过不同的社会网络资源来提升学校的管理和发展水平。

外部社会资本关注校长如何利用学校外部的社会关系网络，包括与政府官员、社会精英和大众媒体等的互动，来获取对学校发展有利的资源和支持。这种社会资本的积累有助于学校更好地融入社会系统，获取外部的信息、资源以及政策支持，从而促进学校的整体发展。例如，校长与地方教育部门的良好关系可以促进学校获取更多的教育资源和政策倾斜，与社会精英的互动则有助于学校建立良好的社会形象和获得更广泛的社会支持。

内部社会资本则侧重于校长在学校内部建立的关系网络，特别是与教师、中层管理人员等校内成员的交往。这种社会资本的积累对于构建和谐的校园文化、提升教育教学质量以及促进教师专业发展等方面至关重要③。通过有效的内部社会资本建设，校长可以促进信息的流通和资源的共享，增强团队合作精神，提高教师的工作满意度和归属感，进而提升学校的整体教育效能④。

---

① Li M., Social Network and Social Capital in Leadership and Management Research: A Review of Causal Methods, *The Leadership Quarterly* 24 (2013).

② Coleman, J. S., Social Capital in the Creation of Human Capital, *The American Journal of Sociology* 94 (1988).

③ Lin, N., Building a Network Theory of Social Capital, *Connections* 22 (1999).

④ Beausaert S., Froehlich D. E., Riley P., et al., What about School Principals'well-being? The Role of Social Capital, *Educational Management Administration & Leadership* 51 (2023).

在中国的教育研究领域，校长社会资本的作用也得到了广泛关注。中国的研究者们在探索校长社会资本如何影响学校管理和教育质量提升方面作出了重要贡献。特别是考虑到中国特有的社会文化和教育体系背景，校长的社会资本在促进学校与社会的良性互动、增强学校内部凝聚力方面发挥着独特的作用。

在中国的教育实践中，校长的外部社会资本尤其体现在与政府部门、企业界和其他教育机构的合作中。这些关系网络不仅为学校带来了资源支持，还提供了政策信息和发展机会，从而帮助学校更好地适应教育改革和社会发展的需求。例如，校长通过与地方政府的有效互动，可以为学校争取到更多的财政支持和政策便利；通过与企业的合作，可以开展校企合作项目，为学生提供实践机会，增强学生的职业技能和就业竞争力。同时，校长的内部社会资本在中国教育环境下同样重要。通过建立基于信任和尊重的校内关系网络，校长能够有效地促进教师之间的交流与合作，激发教师的创新精神和教学热情。此外，校长的内部社会资本还有助于形成积极向上的校园文化，提升教师的职业满意度，进而吸引和留住优秀的教育人才。在中国的教育背景下，校长还需要在维护传统文化和促进教育现代化之间找到平衡，利用社会资本推动学校的全面发展。

因此，无论是在国际还是在中国本土的研究中，校长的社会资本都被证明是学校成功管理和持续发展的关键因素。中国的研究进一步强调了在特定社会文化背景下，校长社会资本的独特价值和应用策略，为其他国家和地区提供了宝贵的参考和启示。

3. 校长社会资本的测量

在校长社会资本的研究领域中，测量方法的选取和应用对于理解和评估校长社会资本的特征、结构以及其对学校发展影响的程度至关重要。基于现有研究，可以进一步详细回顾校长社会资本的测量方法，这些方法主要包括问卷调查法、量表测量法、访谈法、个案研究法以及社会网络分析法，每种方法都有其独特的优势和局限性。

问卷调查法和量表测量法是评估校长社会资本较为常用的定量研究方

法。通过设计具体而详细的问卷和量表，研究者能够在较大样本中收集数据，从而对校长社会资本的不同维度进行量化分析。安雪慧和颉俊祥通过问卷调查法深入分析了校长社会资本对农村高中教育资源获取的积极影响[①]。杜根长则设计并验证了中职校长社会资本量表，该量表有效地测量了校长社会资本的维度和程度，为后续研究提供了重要的工具[②]。

定性研究方法，如访谈法和个案研究法，通过深入访谈和详尽的个案分析，为理解校长社会资本的具体构成和作用机制提供了细致的视角。刘红燕通过对大学校长的访谈，揭示了校长社会资本的详细构成[③]。田汉族采取个案研究法，通过分析优秀校长的成长历程，探讨了校长资本动态积累的过程[④]。

社会网络研究是西方社会学的一个分支领域，一种关于社会结构的观点，一套分析方法和技术，被广泛应用于很多研究领域。社会网络分析法作为一种新兴的研究方法，通过分析校长在社会关系网络中的位置和角色，揭示了校长社会资本的配置结构。这种方法提供了从关系网络角度理解校长社会资本的新视角，注重对实际存在的校长的人际关系体系的考察和经验研究，有助于深入探讨校长如何通过社会关系网络影响和推动学校发展[⑤]。

综上所述，校长社会资本的测量方法多样，每种方法都能从不同的角度深入分析和理解校长社会资本的特点和作用。定量研究方法强调数据的广泛性和客观性，而定性研究方法则侧重于深入理解和细致描绘。社会网络分析法则从网络结构的角度提供了对校长社会资本的新解读。未来的研究中，可以考虑结合这些方法的优势，采用多方法交叉验证的方式，进一步丰富和深

---

① 安雪慧、颉俊祥：《校长社会资本对农村普通高中教育资源配置的影响》，《上海教育科研》2008 年第 2 期。
② 杜根长：《社会网络视角下的中职校长校内外社会资本比较研究》，《职教论坛》2017 年第 19 期。
③ 刘红燕：《大学校长的社会资本与影响力》，《广西社会科学》2015 年第 6 期。
④ 田汉族：《基于资本积累的中学优秀校长成长》，《教育科学研究》2010 年第 12 期。
⑤ 宋中英：《校长的社会网络研究：一个导论》，《天津师范大学学报》（基础教育版）2007 年第 1 期。

化对校长社会资本的认识。

4. 校长社会资本的作用

校长是学校的领导者和管理者，其社会资本对于个人的职业发展和学校的发展具有重要意义。校长社会资本包括了其社交网络、信任关系、合作情况和影响力等方面，这些因素在校长个人和学校发展中发挥着积极的作用。

在校长个人层面，校长社会资本可以显著提高校长的领导力和影响力。刘红燕通过理论分析指出校长社会资本与校长的权力性影响力和非权力性影响力之间存在积极的互动关系[1]。杜根长则通过实证对比分析发现，校外社会资本为校长提供了更为广泛的多类型支持与资源，这增强了校长的工作能力和影响力。通过建立广泛的社交网络，校长可以获取来自各个领域的专业知识、经验和资源，为个人的职业发展提供助力，同时有助于解决问题、应对挑战，并获得他人的支持与帮助[2]。田晓伟的研究结果进一步支持了这一结论[3]，发现校长可以通过校内外社会资本的有效交换获得更多权力资源，提高资源意识也有助于校长更好地运用社会资本。校长社会资本的积累也有助于校长的专业发展和学习。通过与其他校长、教育专家和学术界的交流与合作，校长可以借鉴他人的经验和实践，拓展自己的专业知识和技能。校长可以通过社交网络的拓展，参与学术研讨会、专业培训和学习交流活动，不断提升自己的领导能力和专业水平。

在学校层面，大量研究结果表明，校长社会资本对学校发展具有重要作用，学校社会资本可以转化为经济资本和人力资本，是学校取得效益的重要保障。首先，促进校内合作与协作。校长的社会资本对于学校内部的合作与协作起到关键作用。校长通过建立良好的信任关系和合作网络，能够促进教师之间的互动与合作，推动教师团队的发展和专业学习共同体的建立。良好的合作氛围和合作网络有助于提高教师的教学效能和学生的学习成果。其

① 刘红燕：《大学校长的社会资本与影响力》，《广西社会科学》2015 年第 6 期。
② 杜根长：《社会网络视角下的中职校长校内外社会资本比较研究》，《职教论坛》2017 年第 19 期。
③ 田晓伟：《校长的资源意识及其生成》，《教学与管理》2016 年第 13 期。

次，促进学校创新与变革。校长社会资本的丰富度和广度与学校的创新与变革密切相关。通过与外部教育机构、专家和资源的联系，校长可以获得新的教育理念、先进的教学方法和创新的教育资源。校长社会资本的利用能够为学校的创新提供支持，推动教育改革和实践不断创新。再次，为学校提供外部支持与资源。校长社会资本的积累也为学校的外部支持和资源获取提供了渠道。校长社会资本与学校获得的教育资源量存在显著的正相关关系①。校长通过与政府部门、教育机构、企业和社区的联系与合作，可以为学校争取到更多的资源和支持，为学校提供发展所需的物质和非物质条件，从而推动学校的整体发展。最后，塑造学校文化与形象。校长是学校的代表和领导者，其社会资本的运用也能够对学校的文化和形象产生重要影响。校长通过其社会资本所建立的关系网络和合作关系，能够为学校树立良好的声誉和形象，塑造积极向上的学校文化，吸引优秀的教师和学生②。

综上所述，大量研究表明校长社会资本可以通过影响校长个人和学校组织，对二者的发展产生积极的促进作用，这值得教育管理者进一步重视与开发。

（二）关于教育家型校长社会资本的概述

1. 教育家型校长社会资本的内涵

教育家型校长的概念在现代教育管理和领导力研究中占据了特别的位置，其核心在于如何在教育家办学理念的指导下，结合人力资本、社会资本和文化资本的积累，引领教育改革和创新。为了更清晰地界定教育家型校长的社会资本内涵，需要从多个维度分析教育家型校长与普通校长的区别，这些维度包括办学理念与目标、社会关系网络、文化影响力和创新领导力。

办学理念与目标：教育家型校长深受其独特的教育哲学和办学理念影

---

① 安雪慧、颉俊祥：《校长社会资本对农村普通高中教育资源配置的影响》，《上海教育科研》2008 年第 2 期。

② Spillane J. P. , Sun J. M. , The School Principal and the Development of Social Capital in Primary Schools: the Formative Years, *School Leadership & Management 42* (2022).

响，这种理念注重学生全面发展和终身学习的价值，强调教育的人文关怀和社会责任。相比之下，普通校长可能更多地关注于学校的日常管理和运作，以及短期的教育成果。教育家型校长通过自己的办学理念，积极推动教育创新和改革，从而在教育实践领域成为领导者和引领者。

社会关系网络：教育家型校长的社会资本体现在广泛的社会关系网络中，这些关系的质量和深度很重要。他们通常与政策制定者、学术界、教育界和社会各界建立了深入的合作关系，利用这些关系网络促进学校的资源获取、信息交流和社会支持。而普通校长的社会关系网络可能更侧重于学校内部或局部的社会关系。

文化影响力：教育家型校长通过自己的文化资本，如教育理念、价值观念和专业知识，对学校文化和教育实践产生深远影响。他们能够创造和维护一种积极向上、开放包容的校园文化，激发师生的创造力和学习热情。相反，普通校长可能更多地关注于维持现有的学校文化和秩序。

创新领导力：教育家型校长具备强烈的创新意识和领导力，他们不仅关注于解决现有的教育问题，更重视通过创新思维和方法引领教育的未来发展。这种领导力使他们能够鼓励和支持教师的专业发展，推进校内外的合作项目，以及实施有效的教育改革措施。与此相比，普通校长可能更专注于管理和控制，而不是激励和引领创新。

综上所述，教育家型校长的社会资本内涵是多维度的，它不仅包括丰富的社会关系网络，还涉及深厚的文化影响力和创新领导力。这些特质共同构成了教育家型校长区别于普通校长的独特性，使其能够在推动教育改革和创新方面发挥关键作用。

2. 教育家型校长社会资本的特征

在深入分析教育家型校长社会资本的构成及其独特性方面，采用比较分析法，系统地探讨了教育家型校长与普通校长在社会资本特征上的本质区别。通过对关系网络资源、权力资源集中度、个人努力积累及资本转换能力四个维度的深入比较，旨在揭示教育家型校长在推动学校教育改革和发展过程中的独特作用和影响力。

首先，从关系网络资源的角度来看，教育家型校长的社会资本显著地体现在其能够跨越教育领域界限，与政府、企业、社会组织等建立广泛而深入的合作关系。这种跨界合作关系不仅拓宽了学校的资源和信息渠道，而且增强了学校的社会影响力和竞争力。与此相对，普通校长的社会网络相对有限，主要集中在教育系统内部，难以实现同样的资源整合和社会影响①。

其次，关于权力资源的集中度，教育家型校长通过其核心领导地位，有效地进行学校战略规划和资源配置，显著提升学校的发展质量和效率。这种高度集中的权力资源不仅反映了教育家型校长的领导魅力，也是其能够推动学校持续发展的关键因素。相比之下，普通校长在权力资源的运用上可能更为分散，缺乏足够的决策力和执行力，从而影响学校发展策略的有效实施。

再次，教育家型校长的社会资本积累在很大程度上依赖于其个人的不懈奋斗和专业成长。这种个人品质和能力的积累，不仅为其赢得了广泛的社会认可和尊重，也为学校的发展贡献了重要的个人资本。而普通校长可能在个人品牌建设和社会影响力方面存在一定的差距②。

最后，教育家型校长能够有效地将社会资本转化为促进学校发展的具体行动和成果，实现社会资本与人力资本、文化资本之间的相互转换和增值。这种资本转换能力是教育家型校长社会资本独特性的重要体现，也是其有效促进学校持续发展的关键机制。与之相对，普通校长可能在资本转换和资源动员方面展现出更多的局限性。

综合以上分析，教育家型校长的社会资本在关系网络的广度和深度、权力资源的集中度、个人努力的积累以及资本转换能力上均表现出显著的优势和独特性。这些特征不仅明显区别于普通校长，也是教育家型校长能够在教育改革和发展中发挥关键作用的根本所在。

---

① 王彬、汪刘伟：《资本理论视角下教育家型校长的类型与层次》，《宁夏师范学院学报》2021年第5期。

② 田汉族：《基于资本积累的中学优秀校长成长》，《教育科学研究》2010年第12期。

对于教育家型校长社会资本特征产生的原因进行深入分析，我们需要从教育家型校长的职业发展路径、个人能力与价值观，及其与社会环境的互动关系等方面考察。

首先，教育家型校长的职业发展路径往往与其坚定的教育理念和远见密切相关。这些校长通常具有很强的教育情怀和使命感，致力于教育改革和创新，这种坚定的信念驱动他们不断探索和实践新的教育改革。因此，他们在职业生涯中逐渐建立起广泛的社会关系网络，这不仅因为他们需要外部资源支持教育创新，也因为他们的教育理念和成就吸引了来自不同领域的关注和合作。其次，教育家型校长的个人能力与价值观是其社会资本特征产生的重要原因。这类校长通常具备较高的专业素养、领导力和社交能力，这使得他们能够有效地与教育管理部门、科研机构和社会组织等建立并维持稳定的合作关系。他们的价值观中往往包含着对教育公平、创新和卓越的追求，这种价值观引导他们在实践中寻求资源整合和社会支持，进而积累丰富的社会资本。再次，教育家型校长与社会环境的互动关系也是其社会资本特征形成的关键因素。在快速变化的社会环境中，教育家型校长能够敏锐地捕捉到教育发展的新趋势和社会需求，通过主动出击和创新实践，他们不仅提升了学校的社会声誉，也为学校吸引了更多的外部资源和支持。这种与社会环境的积极互动，进一步加强了他们的社会资本积累。最后，教育家型校长的资本转换能力也是其社会资本特征形成的重要原因之一。他们能够有效地将个人和组织层面的资源和能力转化为促进学校发展的具体成果，这种能力不仅体现了个人的战略眼光和执行力，也反映了其深厚的教育家素养和领导魅力。这种资本转换能力的形成，既依赖于个人长期的职业积累，也得益于其广泛的社会关系网络和资源整合。

综上所述，教育家型校长社会资本特征的形成，既是其个人职业发展路径、能力与价值观积累的结果，也是其与社会环境互动和有效资本转换能力共同作用的产物。这些独特性不仅区分了教育家型校长与普通校长，也为教育领域的持续发展和创新提供了重要的动力和资源。

二　我国校长社会资本的现状调查

为调查我国校长社会资本的基本状况，本课题组开发了相应的调查工具，用以反映校长社会资本在不同学校背景和个人背景中的差异性，更全面深入地洞察校长如何通过社会资本推动学校发展的全貌，从而为提升校长个人管理水平和学校发展水平提供决策参考。问卷设计与发放时间为 2023 年 7 月至 10 月，关于我国校长社会资本的调查共收集了 193 份有效问卷。其中，从性别来看，男性校长占比 74.09%，女性校长占比 25.91%。从年龄来看，仅有 1% 的校长低于 30 岁，9.84% 的校长年龄在 30~39 岁，年龄在 40~49 岁的校长占 63.21%，还有 25.91% 的校长年龄在 50~59 岁。从专业技术职称来看，11.92% 的校长是正高级，63.21% 的校长是副高级/高级，22.28% 的校长是中级职称。从校长政治面貌来看，84.46% 的校长有中共党员身份，11.92% 的校长是群众身份。有 33.16% 的校长担任学校所在地县级或以上党代表、人大代表或政协委员。从学校所在地区来看，来自地级市（城区）的校长占 24.87%，来自县城的校长占 35.23%，来自镇区的校长占 29.53%，来自乡村的校长占 10.36%。

（一）研究设计

本研究主要围绕校长的社会资本展开调查，校长的社会资本主要依赖于学校组织的关系网络形成。内部关系网络较为明确，涉及中层管理者与教师，外部关系网络涉及对组织边界的管理，图 1 是李希贵校长在《学校如何运转》一书中对学校组织边界的梳理。综合已有研究和相关政策文件，本调查涉及了学校内部和外部关系的 6 个方面（见表 1），包括中层管理者、一线教师、上级教育行政部门、社区/高校等科研机构、其他学校校长以及相关企事业单位。调查内容包括校长与不同对象的联系频率、校长关于社会资本对学校发展影响的认知以及对自身社会关系网络质量的评价方面。其中校长主观认知题项为"您认为积极的社会交往可以帮助学校获取更多的教育资源吗"。

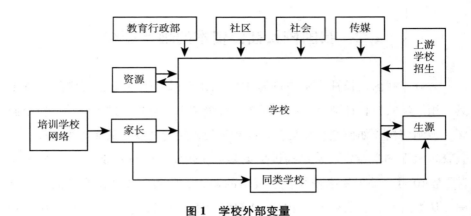

图1　学校外部变量

表1　校长的社会资本调查内容

校长社会资本	公共关系	调查内容
校长的内在社会资本	校长与中层管理者的教育交往	①交往频率 ②主观认知 ③社会关系网络质量评价
	校长与一线教师的教育交往	
校长的外在社会资本	校长与上级教育行政部门的交往	
	校长与社区/高校等科研机构的交往	
	校长与其他学校校长的交往	
	校长与相关企事业单位的交往	

（二）校长社会资本的现状分析

1. 社会关系网络基本状况

如表2所示，在校内关系网络中，校长与中层管理者的交往非常频繁，其中32.29%的校长表示每天都会与中层管理者进行交往，51.98%的校长每周多次与中层管理者交往。这表明在学校内部，校长与中层管理者之间有着紧密的沟通和合作关系。校长与一线教师的交往也相对频繁，25.57%的校长表示每天都会与一线教师交往，而48.02%的校长每周与一线教师有多次交往。这说明校长关注教育教学的一线实践，保持与一线教师的直接沟通。在校外关系网络中，校长与上级教育行政部门的交往相对较少，21.13%的校长每周多次与之交往，21.37%的校长每月一次，48.38%的校长表示交往不定期。这可能反映了教育行政体系内部沟通的特点和频率。校长与社区/高校等科研机构的交往相对较少，47.78%的校长表示交往不定期，32.77%的校长几乎没有交往。这可能说明社区/高校等科研机构与学校之间的合作与交流还有待加强。校长与其他学校校长之间的交往也不频繁，59.06%的校长表示交往不定期，而12.37%的校长每周有多次交往。这表明学校校长之间的沟通与合作仍有较大的提升空间。校长与相关企事业单位的交往最为少见，57.14%的校长表示交往不定期，27.37%的校长几乎没有交往。这可能反映了学校与企事业单位之间的合作还不够广泛深入。

综上所述，校长在学校内部的交往频率相对较高，尤其是与中层管理者和一线教师的交往最为频繁，这有利于加强学校内部的管理与教学质量的提升。而与上级教育行政部门、社区/高校等科研机构、其他学校校长以及相关企事业单位的交往相对较少，显示出学校与外部机构之间的互动和合作还存在较大的提升空间。未来，校长可以进一步探索和加强与这些外部客体的合作与交流，以丰富学校的社会资本、促进学校的全面发展。

表2 校长的公共关系联系频率

单位：%

频率	每天	每周多次	每月一次	每季度一次	不定期	几乎没有交往
中层管理者	32.29	51.98	2.64	0.72	11.77	0.60
一线教师	25.57	48.02	6.36	1.44	18.49	0.12
上级教育行政部门	2.28	21.13	21.37	3.48	48.38	3.36
社区/高校等科研机构	1.56	2.76	9.00	6.12	47.78	32.77
其他学校校长	2.40	12.37	17.53	4.68	59.06	3.96
相关企事业单位	0.96	4.92	6.84	2.76	57.14	27.37

从校长主观认知的角度了解其对公共关系重要性的认知，设计问卷题项为"您认为积极的社会交往可以帮助学校获取更多的教育资源吗？"，根据

调查结果可知，近八成的校长认同积极的社会交往可以帮助学校获取更多的教育资源（见图2）。

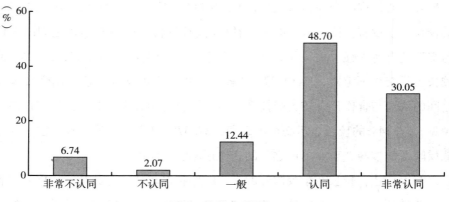

图2 校长主观认知

关于"从可获取办学资源的角度来评价自身的社会关系网络质量"的调查结果如图3所示，近六成的校长认为自己的校内社会关系网络质量较高，约33%的校长认为自己的校外社会关系网络质量较高。可以看出，更多校长认为自己校内的社会关系网络质量优于校外社会关系网络质量。

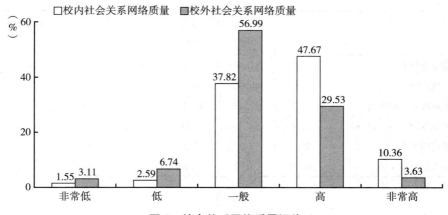

图3 社会关系网络质量评价

2. 社会关系网络差异分析

关于不同年龄校长在社会关系网络方面的差异，调查发现，在校内关系网络中，30~39岁的校长与中层管理者交往最为频繁，其中36.25%的校长每天交往，显示出这一年龄段的校长在学校内部管理和沟通上较为活跃。相比之下，30岁以下的校长与中层管理者的日常交往较少，这可能反映了年轻校长在职位上的新晋地位或正在建立自己的管理风格和团队。30岁以下的校长与一线教师的交往频率相对较高，40%的校长每天与一线教师交往，显示出年轻校长更倾向于直接参与教育教学活动，与一线教师保持紧密联系。随着年龄的增长，与一线教师的每天交往频率有所下降，但40~49岁和50~59岁的校长仍保持较高频率的周交往，这说明他们对教育教学方面仍保持关注和参与。在校外关系网络中，30岁以下校长与上级教育行政部门的交往频率较为分散，50%的校长每周多次交往，但也有40%的校长表示交往不定期，这可能反映出年轻校长在寻求政策支持和资源上的积极性。随着年龄的增长，与上级教育行政部门的交往趋于稳定，但交往频率总体较低，特别是50~59岁的校长，更多地通过不定期的方式进行交往，反映出在职业生涯的后期，校长可能更依赖于建立的长期关系而非频繁的直接交往。所有年龄段的校长与社区/高校等科研机构的交往普遍不频繁，30岁以下的校长中有50%表示几乎没有交往，这可能是因为年轻校长在职位上的时间较短，尚未建立起广泛的外部联系。随着年龄的增长，虽然交往频率有所增加，但仍有较大比例的校长表示交往不定期或几乎没有交往，说明与社区或科研机构的合作可能需要更多的时间和资源来培育。不同年龄段的校长与其他学校校长的交往频率整体较低，但年轻校长（30岁以下）更倾向于通过不定期的方式与其他校长建立联系，可能是寻求新的合作机会和学习交流。随着年龄的增长，与其他学校校长的交往呈现较为稳定的不定期模式，反映出校长之间可能更多依赖于成熟稳定的合作关系。所有年龄段的校长与相关企事业单位的交往均不频繁，特别是30岁以下的校长，70%表示交往不定期，20%几乎没有交往，这可能是因为建立与企事业单位的合作关系需要更多的时间和经验。随着年龄的增

长，虽然仍以不定期交往为主，但交往频率有所增加，说明随着经验的积累，校长可能拥有更多探索与企事业单位合作的机会（见表3）。

综上所述，不同年龄的校长在与内外部对象的社会交往频率上存在明显的差异，这些差异不仅反映了校长在职业发展阶段的不同需求和焦点，也提示了校长在社会资本建设方面可能需要采取的策略和方向。年轻校长更活跃于与一线教师的交往和寻求上级支持，而随着年龄的增长，校长更多依赖于已建立的关系网络，与外部合作伙伴的交往变得更加稳定但频率较低。这些发现为校长个人发展策略提供了有价值的参考，也为学校管理和外部合作提供了洞见。

表3 不同年龄校长的社会资本差异分析

单位：%

校长年龄	联系对象	每天	每周多次	每月一次	每季度一次	不定期	几乎没有交往
30岁以下	中层管理者	30.00	30.00	10.00	0	30.00	0
30~39岁		36.25	45.00	1.88	1.88	13.75	1.25
40~49岁		33.15	51.87	2.81	0.56	11.42	0.19
50~59岁		24.03	62.79	2.33	0	9.30	1.55
30岁以下	一线教师	40.00	30.00	10.00	0	20.00	0
30~39岁		29.38	47.50	5.63	1.88	15.63	0
40~49岁		25.66	47.75	6.74	1.12	18.54	0.19
50~59岁		19.38	51.16	5.43	2.33	21.71	0
30岁以下	上级教育行政部门	10.00	50.00	0	0	40.00	0
30~39岁		4.38	24.38	21.88	3.75	42.50	3.13
40~49岁		1.87	22.10	19.48	3.56	49.44	3.56
50~59岁		0.78	10.85	30.23	3.10	51.94	3.10
30岁以下	社区/高校等科研机构	0	0	0	0	50.00	50.00
30~39岁		1.88	3.75	7.50	11.88	32.50	42.50
40~49岁		1.69	3.00	9.18	4.68	48.69	32.77
50~59岁		0.78	0.78	10.85	5.43	62.79	19.38
30岁以下	其他学校校长	20.00	0	10.00	0	60.00	10.00
30~39岁		3.13	13.13	18.13	6.88	53.13	5.63
40~49岁		2.25	13.86	15.92	4.87	59.93	3.18
50~59岁		0.78	6.20	24.03	1.55	62.79	4.65

校长年龄	联系对象	每天	每周多次	每月一次	每季度一次	不定期	几乎没有交往
30 岁以下	相关企事业单位	0	10.00	0	0	70.00	20.00
30~39 岁		0.63	5.00	7.50	3.13	53.75	30.00
40~49 岁		0.94	5.43	6.93	3.18	55.43	28.09
50~59 岁		1.55	2.33	6.20	0.78	67.44	21.71

关于不同性别校长在社会关系网络方面的差异调查，如表 4 所示，可以发现在校内关系网络中，女性校长与中层管理者的日常交往频率每天联系的为 41.02%，高于男性校长的 28.42%。这可能反映了女性校长在内部管理和沟通上更为主动和频繁，强调团队协作和组织内部的密切联系。女性校长同样在与一线教师的日常交往上显现出更高的频率，这表明女性校长可能更注重教育教学的一线实践，致力于保持与一线教师的紧密联系和沟通。在校外关系网络中，与上级教育行政部门的交往中，女性校长表现出较高的活跃度（每天交往的比例为 4.30%，男性为 1.39%），这可能说明女性校长在寻求政策支持和资源方面更为积极。在与社区/高校等科研机构的交往中，男女校长的交往频率较为接近，但男性校长几乎没有交往的比例高于女性校长（33.97%对 30.08%），这可能反映出在建立校外合作关系方面，女性校长稍显积极。在与其他学校校长的交往方面，男女校长的交往频率相近，但女性校长几乎没有交往的比例稍高（5.86%对 3.12%），这可能表明在校际合作和交流方面，性别差异不大，但女性校长面临的挑战可能稍多。与相关企事业单位的交往中，男性校长的交往频率整体略高于女性校长，特别是在每周多次交往的比例上（5.55%对 3.52%），这可能说明男性校长在与企事业界建立联系和合作方面更为主动。

综合上述分析，可以发现在校长的社会资本构建中存在性别差异。女性校长在学校内部管理和一线教师的交往频率上较男性校长更高，这反映了女性校长可能更注重内部沟通和教学质量的提升。同时，女性校长在寻求外部支持和资源方面也显示出较高的积极性。然而，在与企事业等外部机构建立联系方面，男性校长略显主动。这些差异提示，不同性别的校长可能需要根据自身的优势和特点，采取差异化的策略来构建和发展自己的社会资本，以更好地服务于学校的发展和教育质量的提升。

表 4　不同性别校长的社会资本差异分析

单位：%

校长性别	联系对象	每天	每周多次	每月一次	每季度一次	不定期	几乎没有交往
男	中层管理者	28.42	54.25	2.95	0.69	13.00	0.69
女		41.02	46.88	1.95	0.78	8.98	0.39
男	一线教师	22.01	49.05	6.07	2.08	20.62	0.17
女		33.59	45.70	7.03	0	13.67	0
男	上级教育行政部门	1.39	20.97	20.97	3.99	49.57	3.12
女		4.30	21.48	22.27	2.34	45.70	3.91
男	社区/高校等科研机构	1.73	2.77	9.01	5.37	47.14	33.97
女		1.17	2.73	8.98	7.81	49.22	30.08
男	其他学校校长	2.25	12.13	17.16	5.03	60.31	3.12
女		2.73	12.89	18.36	3.91	56.25	5.86
男	相关企事业单位	1.21	5.55	6.93	2.77	57.19	26.34
女		0.39	3.52	6.64	2.73	57.03	29.69

关于不同职称校长在社会关系网络方面的差异调查，如表5所示，可以发现在校内关系网络中，正高级校长与中层管理者的"每周多次"交往频率最高，达到60.00%，显示出在校内管理层面，正高级校长的交往频率较高，这可能是因为他们在学校内部具有较高的权威和影响力。正高级校长与一线教师的日常交往频率相对较低，但"每周多次"交往的比例较高。这可能反映了正高级校长虽然与一线教师日常交往不多，但仍然保持着较为密切的工作联系。在校外关系网络中，不同职称的校长在与上级教育行政部门的交往频率上差异不大，但正高级校长"每周多次"交往的比例稍高，这可能是因为他们在教育系统内的地位较高，与上级部门的沟通

更为频繁。正高级校长与社区/高校等科研机构的"不定期"交往频率最高，但几乎没有日常交往，这可能说明正高级校长在科研合作方面更倾向于深度合作而非频繁交往。正高级校长在与其他学校校长的"不定期"交往上占比最大，这表明他们可能更多地通过不定期的方式进行校际交流和合作。正高级校长与相关企事业单位的"不定期"交往频率较高，这可能反映出正高级校长在与企事业单位合作方面较为慎重，选择合作伙伴时更为精挑细选。

综上所述，校长的职称等级在一定程度上影响了他们的社会资本构建。正高级校长在学校内部管理和校外关系构建上显示出更为积极的交往模式，但他们的日常交往可能较少，更多地通过不定期的方式与外部进行沟通和合作。这些差异可能与正高级校长的职责范围、工作经验以及社会地位有关，他们更倾向于通过策略性的交往来维护和扩展自己的社会资本。

表5 不同职称校长的社会资本差异分析

单位：%

校长职称	联系对象	每天	每周多次	每月一次	每季度一次	不定期	几乎没有交往
正高级	中层管理者	26.67	60.00	0	0	13.33	0
副高级/高级		32.95	52.13	2.91	0.39	11.05	0.58
中级及以下		31.99	50.37	2.57	1.47	12.87	0.74
正高级	一线教师	11.11	55.56	6.67	0	26.67	0
副高级/高级		24.81	46.90	7.36	1.74	19.19	0
中级及以下		29.41	48.90	4.41	1.10	15.81	0.37
正高级	上级教育行政部门	2.22	26.67	20.00	2.22	44.44	4.44
副高级/高级		0.97	18.60	24.22	3.88	49.03	3.29
中级及以下		4.78	25.00	16.18	2.94	47.79	3.31
正高级	社区/高校等科研机构	0	0	15.56	4.44	68.89	11.11
副高级/高级		1.16	2.91	9.69	6.40	49.81	30.04
中级及以下		2.57	2.94	6.62	5.88	40.44	41.54

校长职称	联系对象	每天	每周多次	每月一次	每季度一次	不定期	几乎没有交往
正高级	其他学校校长	0	4.44	26.67	2.22	66.67	0
副高级/高级		1.74	13.18	17.83	5.23	58.33	3.68
中级及以下		4.04	12.13	15.44	4.04	59.19	5.15
正高级	相关企事业单位	0	4.44	4.44	0	66.67	24.44
副高级/高级		0.78	4.65	8.14	3.68	57.17	25.58
中级及以下		1.47	5.51	4.78	1.47	55.51	31.25

　　将校长是不是当地县级或以上党代表/人大代表/政协委员作为校长社会兼职的衡量指标。关于不同社会兼职校长在社会关系网络方面的差异调查，如表6所示，可以发现在校内关系网络中，有社会兼职的校长与中层管理者的"每周多次"交往频率高于无社会兼职校长，这可能说明有社会兼职的校长，其社会职务的影响力更能促进其与学校中层管理者的沟通和协作。有社会兼职校长与一线教师的"每周多次"交往频率也高于无社会兼职校长，反映出社会兼职校长可能更加重视教育教学工作，积极与一线教师进行沟通交流。在校外关系网络中，有社会兼职的校长与上级教育行政部门"每周多次"和"每月一次"的交往频率明显高于无社会兼职校长，这可能是因为社会兼职校长通过其社会职务与上级教育行政部门建立了更紧密的联系。有社会兼职的校长与社区/高校等科研机构的"不定期"交往频率高于无社会兼职校长，而"几乎没有交往"的比例则显著低于无社会兼职校长，显示出社会兼职校长在拓展外部合作和科研交流方面具有一定优势。有社会兼职的校长在"每周多次"和"每月一次"与其他学校校长的交往频率上高于无社会兼职校长，这可能表明社会兼职校长在校际合作和交流中更为活跃。有社会兼职的校长与相关企事业单位的"不定期"交往频率高于无社会兼职校长，而"几乎没有交往"的比例则低于无社会兼职校长，这反映了社会兼职校长可能因其社会职务而更容易建立与企事业界的联系。

　　综上所述，担任社会兼职的校长在与学校内外不同对象的交往频率上普遍高于未担任社会兼职的校长，这可能是因为社会兼职的校长通过其额外的社会角色获得了更广泛的社会资源和影响力，从而在促进学校发展、教育教学改进以及外部合作等方面发挥了积极作用。这一研究结果说明了社会兼职对校长社会资本构建的积极影响，同时也为校长个人发展和学校管理提供了有益的参考。

表6　不同社会兼职校长的社会资本差异分析

单位：%

社会兼职	联系对象	每天	每周多次	每月一次	每季度一次	不定期	几乎没有交往
是	中层管理者	31.32	57.14	2.20	0	9.34	0
否		32.57	50.54	2.76	0.92	12.44	0.77
是	一线教师	19.23	51.10	7.14	1.10	21.43	0
否		27.34	47.16	6.14	1.54	17.67	0.15
是	上级教育行政部门	1.65	26.37	25.27	2.20	43.96	0.55
否		2.46	19.66	20.28	3.84	49.62	4.15
是	社区/高校等科研机构	2.75	2.75	13.74	5.49	55.49	19.78
否		1.23	2.76	7.68	6.30	45.62	36.41
是	其他学校校长	1.10	14.84	20.33	7.14	54.95	1.65
否		2.76	11.67	16.74	3.99	60.22	4.61
是	相关企事业单位	1.65	6.59	7.14	2.75	61.54	20.33
否		0.77	4.45	6.76	2.76	55.91	29.34

　　关于不同办学水平的校长在社会关系网络方面的差异调查，如表7所示，可以发现在校内关系网络中，办学水平偏上和偏下的学校校长在与中层管理者的日常交往上相差不大，但偏上的校长"每周多次"交往的比例高不少，这可能表明办学水平较高的学校更加重视内部的密切沟通。办学水平偏上的校长与一线教师的交往频率在"每周多次"上较偏下的校长更高。这反映出办学水平较高的学校可能更加注重教育教学的质量和一线教师的直接参与。在校外社会关系网络中，办学水平偏下的校长与上级教育行政部门的交往在"不定期"和"几乎没有交往"等方面的比例较高，而办学水平

偏上的校长则在"每周多次"交往上的比例更高，这可能说明办学水平较高的学校在政策和资源获取上更为主动和频繁。办学水平偏下的校长与社区/高校等科研机构"几乎没有交往"的比例明显高于办学水平偏上的校长，这表明办学水平较低的学校可能在外部科研合作和社区参与方面面临更多挑战。办学水平偏上的校长与其他学校校长"每周多次"和"每月一次"交往比例高于办学水平偏下的校长，这反映了办学水平较高的学校在校际合作和交流方面的活跃度较高。办学水平偏下的校长与相关企事业单位"几乎没有交往"的比例较高，而办学水平偏上的校长"每月一次"和"不定期"交往的比例较高。这可能说明办学水平较高的学校在与企事业合作方面更为系统和频繁。

综合上述分析，可以看出办学水平对校长社会资本的构建和维护有明显影响。办学水平偏上的校长在与一线教师、上级教育行政部门以及其他学校校长的交往上更为频繁，这可能是因为这些学校更注重教育质量的提升、资源的获取以及校际合作的深化。同时，办学水平偏下的校长在与社区/高校等科研机构的交往上面临更多挑战，需要进一步探索提升外部合作和社会参与水平的策略。这些差异为校长个人和学校发展策略提供了有价值的参考，也为教育管理部门在支持学校发展和校长能力建设方面提供了洞见。

表7　不同办学水平校长的社会资本差异分析

单位：%

本地区办学水平	联系对象	每天	每周多次	每月一次	每季度一次	不定期	几乎没有交往
偏下	中层管理者	31.79	47.40	5.20	2.31	12.14	1.16
偏上		32.31	56.03	2.04	0	9.20	0.41
偏下	一线教师	21.39	45.09	6.94	2.89	23.70	0
偏上		26.18	48.88	6.75	1.02	16.97	0.20
偏下	上级教育行政部门	4.05	15.61	21.97	4.62	48.55	5.20
偏上		2.04	24.95	20.25	2.66	48.26	1.84

本地区办学水平	联系对象	每天	每周多次	每月一次	每季度一次	不定期	几乎没有交往
偏下	社区/高校等科研机构	2.31	1.16	2.89	4.62	41.04	47.98
偏上		1.64	3.48	11.25	6.95	50.92	25.77
偏下	其他学校校长	5.20	11.56	13.87	4.62	58.38	6.36
偏上		2.04	13.70	19.63	4.70	57.26	2.66
偏下	相关企事业单位	1.16	6.36	4.62	4.05	47.40	36.42
偏上		0.82	4.91	8.18	2.66	59.92	23.52

3. 办学水平与校长社会关系网络质量的关系

建立 OLS 回归模型，探讨校长社会关系网络质量对办学水平的影响，将学校办学水平作为自变量，校长社会关系网络质量作为因变量，将校长个人特征（性别、年龄、担任校长时限、职务、政治面貌、学历、社会任职）和学校特征（学校类型、学校位置）作为控制变量。结果如表 8 所示，校长社会关系网络质量对办学水平有显著的正向影响，即不论校内还是校外，校长社会关系网络质量越高，办学水平越高。

表 8　办学水平与校长社会关系网络质量的关系

因变量　　　　自变量	学校办学水平（模型 1）	学校办学水平（模型 2）
校内社会关系网络质量	0.245**	—
校外社会关系网络质量	—	0.202**
控制变量	已控制	已控制
常数	3.939	4.248
社会关系网络质量与办学水平的 R^2	0.228	0.219
样本量	193	193

注：*** 表示在 0.001 水平上显著，** 表示在 0.01 水平上显著，* 表示在 0.05 水平上显著。

综上，校长在学校内部的交往频率相对较高，这有利于加强学校内部的管理与教学质量的提升。而与上级教育行政部门、社区/高校等科研机构、

其他学校校长以及相关企事业单位的交往相对较少，显示出学校与外部机构之间的互动和合作还存在较大的提升空间。通过异质性分析发现，年轻校长倾向于与一线教师和上级教育行政部门保持较频繁的交往，而年长校长则在与中层管理者和外部科研机构的交往中更为活跃。这反映了不同年龄段校长在职责关注点和社会网络构建上的差异。女性校长与中层管理者和一线教师的交往频率更高，而男性校长则在与外部机构如企事业单位的合作上更为主动。这可能与女性校长更倾向于加强内部沟通和教育教学质量的提升有关。正高级校长与中层管理者的交往频率更高，而在与外部机构的合作上则倾向于不定期但深度的交流，这可能与他们的高职责和决策权有关。担任社会兼职的校长在与上级教育行政部门、社区/高校等科研机构和相关企事业单位的交往上更为活跃，反映了社会兼职为校长提供了更广阔的社会资源和影响力。办学水平较高的学校的校长在与一线教师、上级教育行政部门以及其他学校校长的交往上更为频繁，显示出他们在教育质量提升、资源获取以及校际合作方面的积极性。

三　校长社会资本的现状透视

在当今社会，教育不再是孤岛，学校是社会系统的重要组成部分，其与外部环境的互动对于实现教育的社会目标至关重要。调查结果揭示了一个引人深思的现象：校长虽然在学校内部管理和教学工作中展现出了很高的交往能力，促进了学校管理效率和教学质量的提升，但在面向外部世界时，却显得相对被动和缺乏主动性。特别是在与上级教育行政部门、科研机构、社区组织以及其他教育机构的互动和合作中，存在明显的不足，这一现象在当前快速变化的社会背景下显得尤为突出。学校与外部关键机构之间的有效链接和合作，不仅关乎学校资源的丰富性和教育质量的持续提升，更是学校积极响应社会变化、促进教育创新与社会发展的关键。

许多校长"重内部关系维护，轻外部关系建设"，这不仅仅是校长个人素质和能力不足所导致的，更与一系列外部因素紧密相关。其中，政策支持水平的不足、地区发展水平的差异、家校合作与社会隔阂的挑战，以及校长个人认知与能力的限制等因素，共同构成了制约校长社会资本发展的复杂体系。这些因素不但限制了校长在建立和维护外部社会关系方面的能力，也影响了学校高质量发展。因此，深入分析这些制约因素，探讨克服这些挑战的策略和途径，对于提升校长的社会资本构建能力、推动学校与社会的深度融合，具有重要的理论和实践意义。

第一，政策支持水平不足。政策支持在校长构建和利用社会资本的过程中发挥着至关重要的作用。然而，政策支持水平不足往往成为限制校长社会资本发展的一大障碍。首先，现有的政策体系可能未能充分看到校长社会资本的重要性，缺乏针对性的政策支持和引导，使得校长在社会资本构建和利用方面处于较为被动的状态；其次，政策渠道不畅通，信息传递效率低下，导致校长难以及时获取和理解相关政策动态，无法有效利用政策资源推进学校与社会的合作；最后，政策执行和落实不到位，也会影响校长依托政策资源进行社会资本构建的积极性和效率。

第二，地区发展水平差异。客观条件对于校长社会资本的构建起着决定性的作用。教育资源的分布不均、地理位置的差异，以及地区间经济发展水平的不一致，都在一定程度上限制了校长拓展社会资本的可能性。特别是在资源匮乏地区，校长面临的挑战更为严峻，这不仅影响了校长在本地区内部的资源整合能力，也制约了他们与外部世界建立联系的广度和深度。这种由客观条件引起的局限性，不仅减缓了学校发展的步伐，也阻碍了教育创新的实施，更重要的是，它凸显了优化资源分配和加强外部合作的紧迫性和重要性。

第三，家校合作与社会隔阂的挑战。当代社会中，家庭教育观念的多样性及其与学校教育目标之间的差异，加之教育系统与社会环境之间存在的隔阂，构成了校长在构建和利用社会资本过程中的双重挑战。这不仅限制了校长在促进学校发展方面的作用，更加剧了学校与社会、家庭之间的连接不足。在这样的背景下，校长需要发挥其在促进家校合作、打破教育与社会隔阂中的核心作用，通过策略性地构建和利用社会资本，强化学校与社会、家

庭之间的紧密联系。

第四，校长个人认知与能力的限制。在当今社会的快速变化中，教育界面临着前所未有的挑战和机遇，这要求校长不仅在学校内部管理和教学上发挥作用，更需要通过外部合作和资源整合，推动学校的全面发展。然而，现实情况是，许多校长在这一转型过程中遇到了认知和能力上的双重障碍。一方面，部分校长尚未完全意识到社会资本在现代教育管理中的重要性，他们的视野还局限在学校的内部事务中，未能充分认识到教育与社会环境互动的必要性和紧迫性。这种认知上的局限性使得校长在面临跨界合作和资源共享的新局面时，往往显得无所适从。另一方面，即使一些校长认识到了外部合作的重要性，但由于缺乏有效的沟通、资源协调和项目管理等关键技能，他们在构建和维护外部关系的实践中面临困难，这直接限制了校长在推动学校社会服务、教育创新以及社区参与等方面的作用发挥。

四 校长社会资本的提升策略

综上可见，校长社会资本提升的瓶颈不仅源于个人能力的限制，还涉及更广泛的外部因素。而教育家型校长的成功经验给我们提供了重要的启示，他们通过提升内部管理和沟通能力，积极整合外部资源，以及主动扩展社会影响力，展现了社会资本对于学校发展的重要作用。这不仅回应了校长社会资本提升的现实限制，同时也向我们展示了一条通过提升社会资本来推动学校全面发展的有效路径。

本研究试图从多维度构建支持性的环境和机制，为更好地提升校长的社会资本，在加强校长的内部管理和沟通的同时，在外部合作与交流方面取得新的突破，实现对组织边界的有效管理，从而获取更丰富的办学资源，促进学校迈向高质量发展。

（一）多元化融入政策设计：教育家型校长的外部策略

在教育领域，教育家型校长与地方政府之间的有效互动是培育其社会资本的关键路径之一。教育家型校长应采取多元化的策略，主动融入教育政策的讨论和制定过程中，与政府构建稳定而深入的合作关系。这种互动不限于提供专业化的政策建议，更包括积极争取政府的政策和资源支持，参与政府主导的教育改革和发展项目。首先，教育家型校长应通过参与教育政策研讨会、座谈会等形式，为政策制定贡献自己的专业见解和建议，这不仅能够增强校长个人及学校在政府中的声望，也有利于促使政策更加贴近教育实际需要，从而提升政策的有效性和实施效果。其次，通过与地方政府建立稳固的合作关系，教育家型校长可以更有效地争取到政府的各种支持，包括财政资助、政策倾斜以及教育资源的配置等。这些支持不仅为学校的发展提供了坚实的物质基础，也为教育改革和创新提供了更广阔的空间。此外，教育家型校长还应积极参与政府主导的教育项目，参与这些项目，不仅能够进一步提升学校在地方教育界乃至更广泛社会中的影响力和知名度，还能够通过项目的成功实施，积累丰富的经验和成果，为学校长远发展积累宝贵的社会资本。此外，政府及教育主管部门应通过制定优惠政策和提供必要的支持条件，鼓励校长参与地方政府的教育规划、社会公益项目等社会兼职活动。

综上所述，教育家型校长能够有效地与地方政府建立良好的互动关系，这不仅能够直接促进其社会资本的培育和扩展，也为学校的持续发展和教育创新提供了坚实的支持和保障，进而在推动地方乃至国家教育事业的发展中发挥关键作用。

（二）构建开放协作的学校文化：教育家型校长的内部策略

教育家型校长在推动学校发展的过程中，扮演着至关重要的角色。他们通过构建一个开放和协作的学校文化，不仅能够提升教育教学质量，还能够促进师生之间的沟通与合作，激发全校师生的创新精神和学习热情。为实现这一目标，教育家型校长可以采取一系列具体策略：第一，鼓励教师的专业发展。教育家型校长应为教师提供丰富的专业发展机会，包括参加国内外的学术会议、研修项目以及教育培训。通过这些活动，教师能够不断更新教育教学的理念和方法，提高教育教学的效果。同时，校长还应鼓励教师进行教

育研究，将研究成果应用于教学实践中，从而提升学校的教育教学水平。第二，促进学术交流。建立多层次、宽领域的学术交流平台，促进校内外专家学者及教师之间的交流与合作。定期举办学术讲座、研讨会和工作坊，不仅能够拓宽师生的视野，还能促进教育教学方法的创新和改进。第三，优化学校资源配置。教育家型校长需要对学校资源进行有效管理和优化配置，确保教育教学资源的充分利用。这包括合理调配师资力量、优化教学设施设备，以及推动学校信息化建设。

通过上述策略的实施，教育家型校长能够有效地构建一个开放、协作的学校文化，促进学校内部管理和教育教学的持续改进，为学校的长远发展奠定坚实的基础。这不仅有助于提高学校的教育教学质量，还能激发师生的创新精神和学习热情，共同推动学校向着更高目标迈进。

（三）个人成长：教育家型校长的自我提升路径

对于教育家型校长而言，个人发展是构建和扩展社会资本的基石。不断提升自身的教育理念、专业知识以及领导管理能力，对于校长来说是一项持续的任务[1]。这不仅涉及专业领域的深化和拓展，也包括社交网络的构建和个人品牌的塑造。为此，教育家型校长可以通过以下几个方面实现自我提升和成长：第一，提升教育理念。教育家型校长应致力于提升和丰富自己的教育理念。这可以通过阅读最新的教育理论书籍、研究报告，参与教育思想的讨论和反思实现。同时，校长应鼓励并实践创新的教育模式和方法，将先进的教育理念融入学校文化和教学实践中，引领学校教育的发展方向。第二，提升专业知识。教育家型校长需要在专业领域内不断学习和更新知识。这包括参加专业培训、学术研讨会和国内外的教育会议，了解教育领域的最新发展和趋势。通过这种方式，校长不仅能够提升个人的专业素养，还能够与其他教育工作者交流心得，共同探讨教育发展的新思路。第三，强化领导管理

---

① 王红霞、王俭：《自我更新：教育家型校长培训的重要取向》，《教师教育研究》2024年第2期。

能力。作为学校的领导者，教育家型校长必须具备较高的领导和管理能力。这可以通过参与领导力培训、管理技能工作坊等活动来实现。同时，校长应在实践中不断尝试和应用新的管理理念和方法，优化学校管理流程，提高决策效率，构建高效协作的团队文化。第四，扩展社交网络。教育家型校长应主动拓展个人的社交网络。交流不限于在教育界内，还应涵盖社会各界，如政府部门、企业界、社会组织等。通过参与多元化的社会活动和项目，校长可以增加与社会各界人士的接触机会，形成广泛的人脉网络，为学校争取更多的资源和支持。

通过上述努力，教育家型校长不仅能够在个人层面实现自我成长和提升，还能通过提升个人的专业素养和社会影响力，为学校的发展贡献力量，进一步增加其社会资本。这种个人与学校发展的双赢局面，是教育家型校长不断追求的目标。

（四）拓展校长社会资本：积极探索多元化合作路径

在积极拓展和优化社会资本的过程中，教育家型校长与社会各界的合作显得尤为关键。通过建立与企业、社会组织、公益机构以及媒体等多方面的合作关系，不仅可以为学校引入更加丰富的资源和支持，还可以显著提升学校的社会影响力和品牌形象。以下是几种有效的合作路径：第一，校企合作。教育家型校长应主动寻求与企业合作的机会，开展校企合作项目。这些项目可以是学生的实习实训基地建设、职业技能培训、科技研发合作等，旨在利用企业资源和平台，提高学生的实践能力和就业竞争力。同时，这种合作也有助于学校紧贴行业发展需求，优化专业设置和课程体系，提升教育教学质量。第二，社区服务项目。积极参与或发起社区服务项目，是教育家型校长构建社会资本的有效途径。学校通过与社区的紧密合作，开展公益活动、社会实践等项目，不仅能够培养学生的社会责任感和公民意识，还能增强与社区的联系，提升学校在地方社会的积极形象。第三，媒体宣传合作。有效利用媒体资源，提升学校的社会知名度和形象，是教育家型校长不可忽视的社会资本构建策略。通过与新闻媒体、社交媒体等合作，定期发布学校

的教育教学成果、科研创新成就和社会服务活动，不仅能够吸引社会公众的关注，还能够吸引潜在的合作伙伴，为学校的进一步发展打开更广阔的空间。第四，公益机构合作。与公益机构的合作能够为学校带来更多的社会资源和公益项目支持。通过与公益机构合作，参与教育公平、学生资助、教师培训等公益项目，不仅能够为学校师生提供更多福利和发展机会，也能体现学校的社会责任和价值追求。

通过上述合作，教育家型校长不仅能够为学校带来资源和支持，还能够在社会各界构建积极的社会关系网络，提升学校的社会影响力和品牌形象。这种社会资本的积累和拓展，对于推动学校的持续发展和教育创新具有重要意义。

总之，教育家型校长能够在与内外各方的交往中，有效地培育和增加社会资本，为推动学校的教育创新和持续发展提供坚实的支持。这不仅要求校长具备高尚的教育情怀和前瞻性视野，也需要其在实践中不断探索和创新，以实现教育目标的持续优化和发展。

B.11
教育家型校长培养培训支持体系调查报告

王依杉　王俭*

摘　要： 　我国中小学校长专业素养与治校能力的提升得益于培养培训政策的有力引导、支持体系的持续完善及实践经验的积累与运用。通过实证研究，本报告揭示了校长群体对于提升办学治校水平、提炼教育思想与提升教学领导力等方面的需求，且对个性化、定制化的培训模式表现出较高的期待。然而，当前校长培养培训工作中存在政策执行偏差、内容交叉重复、优质资源供给不足以及实践成效转化不足等问题。为提升校长培养培训的质量和效果，本报告建议：强化"校长本位"的培养意识，提供多层次、个性化、定制化的培训内容；以教育家精神引领，注重校长思想凝练；凸显校长发展自我主体性，丰富优质培养培训资源供给；创新赋能评价模式，促进培训成效的实际转化；深入研究教育家型校长成长规律，树立教育家型校长的典型榜样。通过持续理论研究和实践探索，构建更为完善和高效的培养培训体系，服务于教育家型校长的成长。

关键词： 　教育家　教育家型校长　校长培养培训　校长专业发展

　　"造就一批教育家，倡导教育家办学"作为基础教育改革的重要举措，已上升为一种国家意志，既是时代的呼唤，更是教育高质量发展的本质需求。其中，中小学校长培养培训是一项事关我国基础教育改革目标实现的全局性、基础性工作。2006年政府工作报告中首次以中央政府文件形式提出

---

　　* 王依杉，华东师范大学博士研究生，主要研究方向为教育政策、学校教育等；王俭，华东师范大学副教授，教育学博士，主要研究方向为校长专业发展、教育评价。

"要造就一批杰出的教育家"，《国家中长期教育改革和发展规划纲要
（2010—2020 年）》提出"大力倡导教育家办学"，[①] 2018 年《关于全面深
化新时代教师队伍建设改革的意见》从政策层面提出"营造教育家脱颖而
出的制度环境"。[②] 21 世纪以来，国家出台的系列高规格政策，为教育家型
校长的培养构筑了坚实的发展基础，《中小学名师名校长领航工程》（"双名
工程"）与《教育部办公厅关于实施新时代中小学名师名校长培养计划
（2022—2025）的通知》（"双名计划"）在培养目标上一以贯之，培养一
批政治坚定、情怀深厚、学识扎实、视野开阔，能够引领区域乃至全国教育
改革发展的基础教育领域的"大先生"，高质量逐渐成为新时代中小学校长
培训工作的风向标。

在民族复兴、强国建设的征程中，高质量教育体系有赖于更多教育家型
校长的涌现。[③] 如何发挥校长培养培训最大效用与价值，成为时代亟待回答
的理论和实践课题。本报告从政策研究、理论研究和实证分析三个层面展
开，探寻不同时期校长培养培训政策的价值取向，明确培养培训工作对于中
小学校长队伍建设的重要意义与价值，洞察新时代教育家型校长培养培训需
求与前瞻方向。

一　我国中小学校长培养培训的政策脉络与基本经验

校长参与培养培训既是校长的权利，也是校长的职责，并体现为一种制
度化的要求。据《汉语大辞典》的释义，"培养"一词有"按照一定的目
的，长期教育训练"的含义[④]，通常指的是通过长期的教育、指导或经验积

---

①　《国家中长期教育改革和发展规划纲要（2010—2020 年）》，中国政府网，2010 年 7 月 29
　　日，https：//www.gov.cn/jrzg/2010-07/29/content_ 1667143. htm。
②　《中共中央　国务院关于全面深化新时代教师队伍建设改革的意见》，中国政府网，2018 年
　　1 月 31 日，https：//www.gov.cn/zhengce/2018-01/31/content_ 5262659. htm。
③　郅庭瑾、尚伟伟：《以教育家精神引领教师队伍高质量发展》，《教师发展研究》2023 年第
　　4 期。
④　汉语大词典编纂处主编《汉语大辞典（第二版）》，上海辞书出版社，2019。

累，使个体逐步发展、成长和提高能力，侧重强调个体的全面发展和素质的提升，不限于特定的技能或知识；"培训"则有"培养和训练，使体力和智力得到发展"，侧重于通过系统的课程、训练或活动，向个体传授特定的技能、知识或方法，目的在于使个体能够在相对短期内获得某种技能或知识，以应对特定的工作或任务。在政策语境中，有关"校长培养"或"校长培训"表述并未严格区分，"培养"强调校长的全面发展和素质提升，涉及教育理念、领导力等方面的发展，而"培训"更多涉及培训内容的设计、培训方式的选择等方面的内容，二者常在政策文本中同时出现。

事实上，我国中小学校长培养培训政策出台与探索始于20世纪80年代，国家对校长培训的定位反映出国家如何将校长培养培训与教育改革相联系，并通过政策得以体现。[①] 国家对校长及校长培养培训的认识在40年间发生了较大的变化，围绕贯彻落实国家深化教育领域综合改革，各地因地制宜出台相关方案计划，不断推进校长培养培训改革，以适应教育发展中的新形势与新要求。

（一）改革开放以来中小学校长培养培训演进脉络

培育一支高素质的校长队伍，持续提升校长的专业化发展水平，不仅是教育质量提升的关键，也是推动教育创新和改革的重要力量，并日益成为世界教育发展的共识。[②] 其中，校长培养培训政策体现了国家在校长培训事业方面的基本价值理念与行动举措。[③] 改革开放以来，中国的校长培养培训政策经历了显著的发展变化，对政策发展脉络的分析对于深入理解我国校长培养培训的改革路径、洞察教育发展形势的内在逻辑具有重要意义。

---

① 卢乃桂、陈霜叶、郑玉莲：《中国校长培训政策的延续与变革（1989—2009）》，《清华大学教育研究》2010年第5期。

② T. Bush, Developing Educational Leaders—don't Leave It to Chance, *Educational Management Administration & Leadership 36*（2008）.

③ 宋乃庆、肖林、郑智勇：《新中国成立以来我国中小学校长培训发展：回眸与展望》，《中国电化教育》2020年第1期。

1. 探索起步阶段：构建多层级联动支持网络（1978~1989年）

改革开放初期，校长培训的重点是基础性建设和师资队伍的恢复，主要依附于教育行政干部培训政策，虽然在一定程度上满足了中小学校长培训的基本需求，但并未形成针对校长群体的专业化和系统化的培训机制。1982年《加强教育学院建设若干问题的暂行规定》提出"办好省市级教育学院"，各地开始陆续建立教育行政干部培训机构。1986年，原国家教委在六所部属师范大学成立"教育行政管理干部培训中心"，初步形成了教育干部队伍培训基地网络，其中也包括了中小学校长的培训工作。在这一背景下各地纷纷行动起来，陆续建立起一批教育行政干部培训机构，为校长培训提供了初步的组织保障，中小学校长的培训工作也逐渐得到了更多的关注和投入。

直至1989年，国家教委颁布《关于加强中小学校长培训工作的意见》，第一次将中小学校长培训工作从教育行政干部培训中分离出来，正式提出了对校长队伍进行岗位任职资格培训的概念，不仅确立了校长培训工作的独立地位，同时也标志着国家层面对提升校长专业素养的高度重视，强调了校长岗位的专业性与特殊性，为校长培训工作的专业化和体系化打下基础。同年，教育部中学校长培训中心的成立，标志着我国中小学校长培训正式迈向规范化、制度化发展道路，不仅为广大校长群体搭建了理论学习、实践探索、经验交流的综合培养平台，同时也为校长角色从传统管理者向教育领导者和改革者的转变提供了有力支持。这些探索和实践为我国中小学校长培训工作奠定了坚实基础，对教育改革和发展产生了深远的影响。

2. 规范发展阶段：政策供给推动制度化建设（1990~1999年）

自1990年颁布《关于开展中小学校长岗位培训的若干意见》开始，我国开始重视中小学校长"持证上岗"这一基本规范。1992年《关于加强全国中小学校长队伍建设的意见（试行）》成为校长选任和培训领域具有重要指导意义的纲领性文件，强调要对全体中小学校长进行岗位培训，并增加了"每五年轮训一次"的新要求，逐步将培训与校长任用挂钩，有效地促进了校长培训的规范化和制度化。1999年《中小学校长培训规定》则首次对我国中小学校长培训内容、培训形式、组织和管理、培训责任等方面的具体事项进行了全面规定，构建了校长培训的基础架构，标志着我国中小学校长培训制度正式形成。

随着国家经济实力的增强与教育体系的不断革新，中小学校长培训工作受到更多的关注，有关校长培养培训政策数量呈上升趋势，政策内容也更加趋于丰富和细化，从职前资格培训到在职期间的持续提升，并对校长的任职资格培训和骨干校长高级研修作出了具体规定。例如，1993 年发布的《中国教育改革和发展纲要》明确提出了实施"百万校长培训计划"的宏伟目标，为中小学校长培训工作注入了新的活力和动力。同时，为确保培训工作的有效实施，各级教育行政部门采取系列激励举措，为校长培训工作的深入开展提供坚实保障。一方面，通过设立专项经费补贴，减轻参训校长的经济负担，确保培训资源能够覆盖到更广泛的地区和学校，特别是经济欠发达地区的校长也能平等享有高质量的培训机会；另一方面，逐渐加大对培训设施和资源的投入，确保培训内容的现代化与培训方式的灵活性。此外，通过制定科学合理的培训考核与评价体系，将培训成果与校长的职业发展挂钩，以此激励校长主动参与并深入学习，力求通过系统的培训使校长队伍整体素质得到根本性提升。

3. 巩固普及阶段：精准施策兼顾效率与公平（2000~2012年）

进入 21 世纪以来，我国中小学校长培训工作在继承前期成果的基础上不断巩固和完善，在实现培训普及化、多元化的基础上，根据不同地区、类别、层次的中小学校长有针对性地实施"普及巩固"和"好中拔优"的政策，① 实行精细化培训管理策略。

2001 年教育部发布《全国教育干部培训"十五"规划》，提出"在全员培训的基础上，要采取得力措施，加强对骨干校长的培训"。2002 年《关于进一步加强和改进中小学校长培训工作的意见》指出"教育部宏观管理、

---

① 宋乃庆、肖林、郑智勇：《新中国成立以来我国中小学校长培训发展：回眸与展望》，《中国电化教育》2020 年第 1 期。

地方政府分级负责、院校依法施训、个人主动学习的校长培训管理体制和运行机制"，这一体制机制的建立，明确了各级政府和院校在校长培训工作中的职责和角色，尤其强调校长个人在培训中的主体地位和主动性。该意见把校长队伍专业化提上议事日程，[①] 进一步凸显了专业化在校长培训工作中的重要性。随后，我国中小学校长培训的覆盖面重点向西部农村地区延伸，陆续提出要"加大对农村尤其是西部农村中小学校长培训的支持力度""采用如远程教育、网络教学等现代教育技术手段开展中小学校长培训"。[②] 2007年教育部发布《全国教育系统干部培训"十一五"规划》，继续强调要"认真开展任职资格培训、提高培训、专题培训和高级研修，分类别进行中小学校长的全员培训"。

2012年国家教育事业发展"十二五"规划提出"创造教育家成长的环境，健全校长考核评价制度，引导校长潜心办学"的目标，[③] 这一目标的设立为广大校长的成长提供了更加广阔的空间，也为校长培训工作的深入开展提供了有力的政策保障。同时，规划还明确提出了实施中小学校长国家级培训计划和校长、骨干教师海外研修计划，有针对性地开展校长任职培训、提高培训、高级研修和专题培训，进一步丰富了校长培训的内容和形式，提升了培养培训的质量和效果。

4. 质量提升阶段：专业标准引领培训深度转型（2013~2017年）

随着党的十八大召开，我国教育事业进入了深入改革的新阶段，中小学校长培训工作从注重全员覆盖转变为更加注重质量和内涵提升。2013年《义务教育学校校长专业标准》出台是校长引领专业发展的里程碑，不仅确

---

① 《教育部办公厅关于进一步加强和改进中小学校长培训工作的意见》，中国教育网，2002年2月1日，https：//www.edu. cn/zhong_ guo_ jiao_ yu/zheng_ ce_ gs_ gui/zheng_ ce_ wen_ jian/jiao_ shi/gan_ bu/200603/t20060323_ 110772. shtml。

② 《教育部办公厅关于印发〈2006年教育干部培训工作要点〉的通知》，中华人民共和国教育部网站，2006年3月7日，http：//www.moe. gov. cn/s78/A04/s7051/201001/t20100129_ 180865. html。

③ 《国家教育事业发展第十二个五年规划》，中国政府网，2012年6月14日，https：//www. gov. cn. gongbao/content/2012/content_ 2238967. htm。

立了校长的专业地位，同时也建立了校长评价的指标体系，厘清了校长专业发展所必需的知识与能力结构，为校长专业发展的实践、校长管理制度的建设提供了政策保障，并延续至今。随后印发的《普通高中校长专业标准》《中等职业学校校长专业标准》《幼儿园园长专业标准》，进一步明确了对校长专业素质的基本要求，为校长的专业发展和培训提供了重要依据，客观上也为我国中小学校长培养培训内容提供了参照标准。

2014年《教育部办公厅关于启动实施中小学校长国家级培训计划的通知》提出启动"校长国培计划"，促进各地不断完善中小学校长培训体系，提高校长培训治理现代化水平，培养一批能够创新办学治校实践、具有先进教育思想、社会影响较大的优秀校长尤其是教育家型校长。至此，我国中小学校长国家级培训格局正式形成，"教育家型校长"的培育得到更多的政策支持和关注，推动校长队伍建设迈向更高水平，倡导校长积极探索教育创新，鼓励参与国家教育改革的实践和探索，推动教育制度的不断完善和发展。2017年，中组部会同教育部印发《中小学校领导人员管理暂行办法》，进一步完善了中小学校长选拔任用管理监督机制和培训要求。

5. 内涵建设阶段：培育新时代"大先生"（2018年至今）

进入中国特色社会主义新时代，校长队伍建设被赋予更高的要求和期待，争当"四有"好老师、做好"四个引路人"成为好教师、好校长的标准。2018年《中共中央　国务院关于全面深化新时代教师队伍建设改革的意见》指出"加大培训力度，提升校长办学治校能力，打造高品质学校"，打造"政治过硬、品德高尚、业务精湛、治校有方"的校长队伍。"高品质""高质量"逐渐成为我国新时代中小学校长培训工作的风向标。

名师名校长是引领基础教育的关键，实施名师名校长培养工程是推动教育家办学的有效路径。[①] 2022年启动实施第三周期的《新时代中小学名师名校长培养计划（2022—2025）》，旨在培养造就一批具有鲜明教育理念和成

---

① 黄贵珍：《培养引领基础教育改革发展的新时代"大先生"——教育部名师名校长培养工程的回顾与展望》，《中小学校长》2023年第8期。

熟教学模式、能够引领基础教育改革发展的名师名校长，培养为学、为事、为人示范的新时代"大先生"，通过健全名校长遴选、培养、管理、使用一体化的培养体系和管理机制，营造教育家脱颖而出的环境，为全面落实立德树人根本任务、推动基础教育高质量发展提供有力支撑，建设高素质专业化创新型校长队伍。

回顾改革开放以来我国培养培训中小学校长的事业进程，我国中小学校长培训工作经历了从重数量、重规模到质量与规模并重的发展过程，[①] 最初由政府意志与号召转化为实际工作，通过制定相关政策并保证切实执行。从政策的话语变迁中可以看出，新中国成立初期，校长多由党政干部担任，政治身份是其突出属性；改革开放后，规模化的培训逐步成为提升校长专业能力的关键途径，逐步形成了不同层次、不同类型的培训，如任职资格培训、提高培训、高级研修、专题培训等；21 世纪以来，更加关注校长的专业能力与素养，一系列政策朝向培育高素质、专业化的校长队伍的建设目标迈进。[②] 进入新时代，培育教育家型校长是教育事业发展的迫切需求，成为推动中国式教育现代化、实现教育强国目标的重要举措。

（二）我国中小学校长培养培训的基本经验

我国中小学校长培养培训工作已由标准化、普及化步入高水平、高质量的发展阶段，它对中小学校长专业素质的整体提升发挥着不可替代的重要作用，同时也体现了鲜明的中国特色。[③]

1. 高位引领，构建全方位、立体式培训体系

首先，在政策引导与制度建设层面，国家陆续出台了一系列关于校长培养培训的政策文件，明确了校长培养培训的重要性和目标，并提出了具体的

---

① 宋乃庆、肖林、郑智勇：《新中国成立以来我国中小学校长培训发展：回眸与展望》，《中国电化教育》2020 年第 1 期。

② 郅庭瑾、刘文萍：《中小学校长培训政策的变迁历程、演进逻辑及发展前瞻——基于新中国成立以来的 78 份政策文本分析》，《华东师范大学学报》（教育科学版）2024 年第 6 期。

③ 代蕊华：《中小学校长培训变革 40 年：创新发展模式·彰显中国特色》，《中小学管理》2018 年第 12 期。

要求和标准，为校长培训工作提供了坚实的政策支持和科学指导，为校长培训的组织实施提供了系统的框架和操作指南。针对校长培训工作的关键性和紧迫性，我国相继采取了一系列组织和制度建设措施，确保培训工作的顺利进行和实效。例如，《全国教育系统干部培训规划（2013-2017年）》详细规划了教育系统干部的培训目标、内容和方式，旨在全面提升教育系统干部的综合素质和管理能力，《教育部关于进一步加强中小学校长培训工作的意见》则进一步细化了中小学校长培训的具体要求和标准，明确了培训工作的重点领域和方向。这些文件不仅为校长培训工作提供了理论依据和政策支持，也为地方教育部门和学校在实际操作中提供了可参考的指导意见。通过不断完善政策和制度建设，校长培训工作得以系统化、规范化和专业化发展。

其次，构建了从国家到省、市、县级的培训网络，强调加强培训基地建设，提高培训设施和师资水平。如在国家级层面，设立了教育部中学校长培训中心、小学校长培训中心和幼儿园园长培训中心，在推动全国中小学校长培训模式创新、示范性培训和教育改革中发挥关键作用。国家教育行政学院设立了中小学校长和幼儿园园长国家级培训项目管理办公室，负责管理协调"校长国培计划"示范性项目。各省份也相继通过设立专门机构等形式，强化对校长培训工作的组织领导。通过持续创新培训模式，鼓励各地积极探索开放式培训模式，成立了全国中小学校长培训专家委员会和全国中小学校长和幼儿园园长培训专家工作组，以协调相关力量服务全国中小学校长培训事业，并持续发挥高水平专家的研究、咨询与服务功能。

最后，创新中小学校长培养培训运行机制，强化各级名师工作室、名校长工作室的贯通建设，理顺各级工作室运行与管理长效机制，强化经费、制度保障，以名师名校长为主体，以专业引领为重心，充分发挥工作室研修培养和引领带动的双重作用。目前，我国基本构建起了全方位、立体式的校长培训体系，形成了"任职资格培训-提高培训-骨干校长高级研修-教育家型名校长研修"的层级培训体系，同时辅之以各类专题培训，完善了基础教

育高端校长国家级培养体系，为全面提升校长队伍的素质和能力打下了坚实的基础。

2. 试点推进，区域多元探索融汇实践经验

自"教育家办学"这一命题被提出后，政府工作报告、教育工作座谈会以及相关教育政策等多次论及，培养和造就一批杰出的教育家型校长，成为校长专业发展的目标和追求，并逐渐成为校长培养培训工作的重要组成部分，各省市围绕培养基础教育领军人才开展了区域化、个别化的实践探索。[①] 2004年上海市教育委员会率先出台《关于"上海市普教系统名校长名师培养工程"的实施意见》，将培育教育家型的校长作为上海教育综合改革的重要任务，通过建设高水平的校长队伍，建立优秀校长培养基地、校长高级研修班等，以个性和共性相结合的原则对学员进行综合培养。这种独特的培养模式，不仅为上海市教育界培养名校长提供了良好的经验，更是开创了教育家型校长培养的先河。

21世纪以来，各地和国家层面大力开展不同名目的教育家型名师名校长培养工作，倡导教育家办学理念，努力培养教育家型校长成为校长培养培训更高层次的追求。多数省份相继开展了基础教育领域内的名校长名师或教育家型校长培养培训工作，如长三角名校长高级研究班、"苏教名家"培养工程、浙派"教育家"发展共同体、海南"教育家型校长工作室"、山东省的"齐鲁名校长工程"、广东省"基础教育领域的百千万人才培养工程"、京苏粤跨区域联合培养名校长工程。除了不同区域的实践探索经验之外，理论上围绕教育家型校长的角色定位、精神特征、专业特征、职责使命和成长规律等问题的讨论，深化了对教育家型校长培养培训工作目标定位的思考，并逐步形成了较为一致的认识。教育家型校长的培养成为各省区市域自发的共同选择，通过整合优质教育资源，更快更好地培养一批能够引领本地区教育改革和发展的专家型名校长与领军人才，[②] 培养培训项目类型与形式丰富

---

① 王定华：《中小学名校长领航工程的理念进展方略》，《中国教育学刊》2018年第8期。

② 赵静、陈睿、鲁春秀：《培养引领基础教育的"大先生"》，《中国教育报》2023年3月8日。

多样，教育家型校长不断涌现，服务和引领基础教育改革和发展的新时代教育先锋者。

3. 学用结合，与时俱进提升专业能力

以促进校长专业化发展为主线作为校长培养培训工作的重要路径，也是丰富校长专业知识和技能、提升专业素养、推进专业化进程的主要举措。[①] 早期校长培养培训工作将校长专业化视为动态发展的过程，经过长期专业训练后获取教育管理知识与技能，具有专业自主并形成专业道德，成长为一名教育和管理专家。[②] 随着对于校长专业化内涵的理解不断深化，校长培养培训工作更加倾向于校长个体层面专业发展完满的过程，因此，校长专业化不仅是知识和技能的积累，更是综合素质的全面提升。通过系统的培训和专业发展，校长在管理能力、教育理念和实践技能等方面不断进步，逐渐形成独特的教育管理风格。[③]

专业化的校长培养培训强调"学用结合"，注重多层次、多维度的专业化发展，鼓励校长将所学理论知识与自身实践经验相结合，针对现实中的问题进行分析和解决，通过案例研讨、实地考察、跟岗学习等方式，校长们能够深入剖析问题的根源和本质，提出切实可行的解决方案和措施。这种结合实践的学习方式不仅能够提升校长们发现问题、分析问题和解决问题的能力，还能够激发其创新意识和探索精神，促进他们将所学知识用于办学实践。此外，将校长完成培训的情况作为考核、任用和晋级的重要依据，将培训学习与教育实践紧密结合，使两者相互促进、相得益彰，确保培训成果的有效转化和应用。

21 世纪以来，我国的校长培养培训融入了前沿的教育理念和实践经验，旨在帮助校长们开阔视野、拓宽思路，充分展现了我国中小学校长培养培训工作在理念上的与时俱进，更加注重校长的全面发展和终身成长，致力于培

① 乔雅雯、侯阿冰、张萌萌：《我国中小学校长培训研究前沿热点知识图谱分析——以CNKI1987~2020 文献为例》，《中国成人教育》2021 年第 14 期。
② 雷丽珍：《从校长专业化看我国的中小学校长培训》，《现代教育论丛》2002 年第 6 期。
③ 褚宏启、杨海燕等：《走向校长专业化》，上海教育出版社，2009。

养一支既有深厚教育理论基础，又具备丰富实践经验的高素质校长队伍，他们拥有解决实际问题的能力，能够在复杂多变的教育环境中灵活应对、创新实践。

4. 辐射带动、协作交流促进共建共享

我国中小学校长培养培训工作在提升国内外影响力及辐射力方面取得了显著进展，不仅积累了宝贵的实践经验，还形成了切实可行的实施路径。

在影响力提升方面，通过一系列的培养培训活动，我国涌现出了一批批优秀的中小学校长，他们在办学实践中积累了丰富的经验和成果。为充分发挥优秀校长的示范引领作用，培养培训工作鼓励并支持优秀校长们将自己的办学经验和成果整理和总结出来、出版专著，这不仅是对校长们实践智慧的归总，更是对我国一线教育教学实践经验的汇总。办学理念和成功经验的广泛传播，可为其他同类型学校发展提供了宝贵的借鉴和参考。此外，校长论坛、研讨会、讲座等活动的开展，为校长们提供了交流互动的平台，使他们能直接面向广大教育工作者和社会公众传播经验。

在辐射引领方面，校长之间的互访交流和"结对帮扶"等方式，有效推动了教育资源的均衡配置和优质教育的普及。互访交流是辐射引领机制中的重要环节，不同地区的校长们可以亲身体验彼此学校的办学特色和教育环境，从而更加深入地了解各地的教育现状和发展需求。分享各自在办学过程中的成功经验和创新做法，不仅可拓宽自身的视野，还可促进相互学习和借鉴，共同提升办学水平。"结对帮扶"机制在推动优质教育普及方面发挥了关键作用。来自城镇的优秀校长与偏远地区相对薄弱的学校建立了紧密的合作关系，通过定期指导、教学观摩等方式，帮助薄弱学校提升教育质量。

在对外交流方面，通过举办国际校长论坛、大型研讨会以及与国外学校建立友好合作关系等多种方式，我国得以与国际教育组织和学校进行深入交流，促进彼此间的思想碰撞和经验分享。这些交流活动不仅有助于传播中国教育的成功经验、创新理念和实践成果，还能提升我国教育在国际舞台上的影响力和竞争力，将中国教育管理的先进做法和创新理念向世界展示，进一步增强国际社会对中国教育的了解和认可。此外，与国外学校建立友好合作关系，不仅加强了学校之间的互动和合作，还为双方在教育理念、教学方法和管理经验等方面的交流提供了机会，这种深度合作为我国教育的国际化进程注入了新的动力，推动了教育资源的共享和互补，也为全球教育的共同进步贡献了中国智慧和中国方案。

二 中小学校长培养培训的价值旨归、现实需求与问题分析

从"四有"好老师到"四个引路人"，从做"经师"和"人师"的统一者到"做学生为学、为事、为人的大先生"，从"大国良师"到"教育家精神"，体现出社会各界对于涌现出一批现代教育家的殷殷期盼。那么，教育家型校长是培养出来的吗？培养培训在教育家型校长成长过程中发挥着怎样的功用，是否有规律可循？回答这些问题，需要对校长专业成长需求、教育家型校长成长规律与培养培训功能的关系进行厘清，寻找校长培养培训的价值根基。

（一）新时代中小学校长培养培训的价值旨归

教育家型校长并不等同于教育家。当论及教育家型校长时，通常将其作为"教育家"的下位概念。《教育大辞典》中将"教育家"定义为"在教育思想、理论或实践上有创见、有贡献、有影响的杰出人物"，[①] 教育家必须具有原创、独特的教育思想和理念，并在一定区域范围内产生广泛而深刻、积极的影响，发挥着引领作用。[②] 对"教育家"虽然尚未有严格意义上的界定，但这一称谓是对杰出教育工作者的最高赞誉，体现了对高层次教育专业人才思想与实践、成就与影响的肯定。与传统教育家以个体形象出现不同，在思想多元化的当代社会，教育家以群体形象出现的特征已经显现，教

---

① 顾明远主编《教育大辞典》，上海教育出版社，1997。
② 陈玉琨：《也谈教育家办学》，《教育发展研究》2008 年第 22 期。

育家型校长应该是集教育者、管理者、领导者、社会活动者等多种角色于一身的复合型人才，广大校长都是"形成中的教育家"，① 并将教育家型校长作为个人专业成长的共同追求。

教育家精神源于教育家，是优秀的教育者在长期实践活动中积累的宝贵精神财富。比照教育家精神"理想信念""道德情操""躬耕态度""仁爱之心""弘道追求"的丰厚内涵，教育家型校长或以远见洞察，针对课程改革、特色打造、品质提升等问题进行深入探索，提升办学治校理性；或敢为人先，面对教育领域的挑战和变革，提出具有独特创见的教育思想、尝试创新办学方式与治校策略。校长被冠以"教育家型"的前缀是一种荣誉的体现，现阶段我国中小学校长培养培训工程中出现的关于"名校长""卓越校长""领军型校长"等表述，目标均指向培养教育家型校长。教育家精神实质传达了一种时代期待和召唤，希望教育者都走出一条属于自身的教育家精神孕育和成长之路。② 教育家型校长虽不完全等同于教育家，但他在向教育家特质和教育家精神内核无限靠拢。

从精神理念与教育实践的关系来看，校长培养培训不是目的，而是校长成长的重要阶段。③ 对教育家型校长的培养定位主要涵盖三个方面的内容：一是个人专业发展，注重培养其坚定的教育信念和独特的教育理解，增强其个性化教育理念和创新实践的能力；二是引领区域教育发展，强调引领教育改革发展的使命感和社会服务意识，能够担当示范、引领和带动更多学校的发展；三是服务于国家教育改革需求，探索影响基础教育改革发展的重大问题，形成具有本土特色和重要影响力的教育成果。

教育家型校长既是理论家又是实践家，要想体现教育家先进理念与思想的意义，就应该将其回归于教育实践。因此，校长培养培训，是校长走向教育家、成为教育家的一种途径，其核心要义在于引领。培养培训的引领功用主要有三层意涵。

---

① 王红霞：《教育家型校长精神特质与培养》，《中国教育学刊》2012 年第 10 期。
② 李政涛：《让教育家精神"活"在教师日常教育生活中》，《人民教育》2023 年第 24 期。
③ 石中英：《教育家型校长的领航使命与担当》，《中国教师报》2020 年 6 月 24 日。

一是引领思想。思想是行动的先导，理论是实践的指南，只有思想上的统一，才有意志上的一致和行动上的协调。当今教育改革与发展面临着更为纷繁复杂的问题，各种教育理念层出不穷，各类教育实践也百花齐放，其中既有真知灼见，也有陈腔滥调。高水平、高规格的校长培养培训汇聚了多领域教育专家，这些专家以高屋建瓴的理论指导及精确高效的实践指导，带领校长们深度研读教育政策，探讨与实践相关的重大问题，在培养培训过程中互相碰撞与交流、批判与争鸣，逐渐走出功利主义的藩篱，在遵循教育规律、人才成长规律上达成共识，具备透过现象看到教育本质的敏感性与"经验质感"。

二是激发潜力。外因是事物变化的条件，内因才是事物变化的根本。培养培训工作在激发校长使命感、责任感与进取心方面具有不可替代的作用。使命感与责任感是教育工作者的原动力，来自对教育本质的深刻认识。这种认识超越了知识和技能的传授，上升至关乎"培养什么人""怎样培养人"的职责使命，教育工作者自觉将这份职责转化为培养担当民族复兴大任的时代新人的实践动力。校长培养培训活动汇聚了来自不同地域的优秀教育从业者，他们代表着不同地方的教育理念、实践经验和文化背景，为培养培训提供了丰富多样的资源和视角，可有效激发参训校长的学习热情和对教育事业的信念。

三是专业赋能。从校长成长周期与阶段性特征来看，校长任职起点晚、成长周期长，优秀的校长首先是一名优秀的教师，并在学习和实践中丰富发展自身的教育智慧，[1] 沿着"先成长、后成名、再成家"的路径,[2] 普遍历经"专业化"、"专家型"与"教育家型"成长阶段。[3] 事物发展的普遍规律是螺旋式上升，校长的成长并不总是一帆风顺的，而是挑战与机遇并存的过程。当校长的职业生涯进入相对高水平的某一阶段后，容易进入职业发展

---

[1] 张东娇：《教育家型校长才能办出好学校——论顾明远的学校领导与管理观》，《中国教育学刊》2018 年第 10 期。

[2] 陈玉琨：《成才成名然后才能成家》，《基础教育论坛》2012 年第 14 期。

[3] 林森：《对教育家的多维认知》，《中国教育学刊》2012 年第 10 期。

的"高原现象"从而停滞不前。而培养培训基于成人学习理论，能够帮助校长重新审视职业发展目标，提供个性化的学习和成长机会，尤其是鼓励进入职业发展成熟期的名校长怀揣教育理想，通过学习先进的教育理念和治校案例，激发自身创新和改革意识，推动学校管理和教育教学不断进步。

从理论的理想状态而言，每位校长都有成长为教育家型校长的可能。但受客观因素制约，各人天资禀赋、实践努力不尽相同，所处时代环境与办学环境也大相径庭，培养培训的结果因人而异。经过科学化、系统化培养的校长一般在办学治校过程中都有型有范，虽不能保证每位名校长都能够一跃成为教育家，但他们在理想信念、道德情操、治校能力诸方面更接近教育家的本质和内涵。[①] 校长的长期发展受到综合因素的影响，还应通过建立宽松办学的现代学校制度，构建简政放权的行政环境，不断完善校长成长机制与模式，形成有利于教育家型校长成长的土壤，[②] 以科学的教育政绩观促使学校办学回归育人本位，多方协力配合营造适于教育家型校长成长的教育生态。

（二）中小学校长培养培训的现实需求

校长作为学校的领导者和管理者，也是国家教育改革与政策落实的直接推动者，深入研究当前中小学校长培养培训的实际需求，识别其中存在的主要现实问题，对于推动我国校长培养培训工作高质量持续发展具有重要意义。

依托于教育部中学校长培训中心这一国家级校长培训平台，课题组于2023年7~12月对我国上海、北京、江苏、浙江、河南、江西、湖南、安徽、内蒙古、重庆等11个省份的中小学校长展开问卷调查。调研对象均是经全国各省份严格遴选的优秀校长、名校长的典型代表，进入教育家型校长队伍培养的"蓄水池"，对于校长专业成长与发展具有丰富的思想认知与实

---

① 王依杉、谢昊伦、陈悠然：《教育家型校长：内涵、成长规律与培养路径》，《教师发展研究》2023年第4期。

② 徐蕾：《教育家型校长：何以未能，如何可能》，《教育理论与实践》2016年第31期。

践经验。问卷调查分别进行了两批次的数据收集工作，共回收 833 份有效问卷。调研问题主要涵盖"培养培训课程模块""个人专业发展所需的支持类型""培训研修与个人需求匹配程度"，同时考虑了受访校长的办学自主权情况。数据检验结果表明，反映题目可靠性的 Cronbach α 值为 0. 865，表示数据具有较高的可靠性。本研究也对部分校长进行半结构化追踪访谈，针对受访者个人情况和所在学校的特点，就其参与培养培训经验与反思进行深入分析。

1. 能力提升：优化办学治校策略

从调查结果看出，校长在提升办学治校水平（86.01%）、凝练个人教育思想（78.76%）和引领学校课程教学（74.61%）方面的需求较为突出，这反映出校长在教育事业发展中的重点关注方向（见图1）。

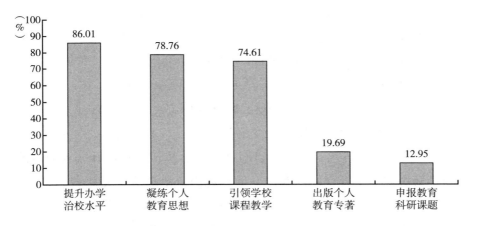

图1　中小学校长参与培养培训的主要需求

"办学治校"是一个综合性的概念，在基础教育阶段，意味着校长需要具备明确的办学理念，对学校的发展有着清晰的认识和规划，并在实践中不断推进和完善。同时，校长应当具备相应的管理能力，能够科学地调配教育资源，推动学校的改革和发展。这些能力直接关系到学校的整体运行和发展，同样是成为教育家型校长必备的基本素养。"凝练个人教育思想"需求背后，蕴含着多方面的原因和意义。个人教育思想代表

着校长对教育本质的独到见解与认知，也是一名校长引领学校的重要思想基础。教育思想凝练意味着校长能够从宏观角度审视教育问题，在微观角度如教育理念、教育目标等方面有自己的深刻认识和独特见解，能够为学校的发展提供理论指导和思想支持。教育家型校长不应拘泥于学校的日常事务性工作，而应在实际工作中不断总结与凝练工作经验，形成独特的教育管理智慧，即通过将教育思想和教育实践良好融合，产出先进的教育思想和提升教育实践成效。

此外，课程教学作为学校工作的核心，直接关系到学生的学习效果和全面发展。作为学校的领导者，校长们对于提升课程教学领导力的需求，也反映了当前学校课程教学中存在的问题和挑战。随着教育改革速度的加快，课程教学的理念、内容和方法都在不断更新和变革，更需要通过及时的培养培训更新教学理念和方法。尽管"出版专著"和"申报课题"在校长们的培训需求中占比相对较低，但这并不意味着它们不重要。专著出版是校长们教育智慧与研究成果的展现；课题申报则是深入研究教育问题、推动学校改革的重要途径，需要校长们具备扎实的理论功底和实践洞察力。因此，校长们仍应重视这两个方面的发展，实践与著述相辅相成。

2. 专业发展：持续学习，适应变革

中小学校长培养培训模式是以满足中小学校长自我提升需求为目的，以帮助解决现实中教育问题和提升管理能力。培训课程是培养培训目标的载体，依据"泰勒原理"，任何培养课程设计都必须围绕目标、内容、方法和评价四个基本方面展开。校长培养培训课程内容的设计与选择的准确性、实用性和适用性直接关系到校长所需掌握的思想、方法与技能。从校长对培训课程模块的需求比例来看，"规划学校发展"（75.13%）、"引领教师成长"（64.77%）和"领导课程教学"（56.99%）是受访校长最为关注的三个方面（见图2）。这表明，校长对于促进学校整体发展、提升教育教学质量和推动教育改革的重要性有着高度认识，并重视在这些关键领域的投入与支持，以确保学校在复杂多变的教育环境中能够持续健康发展。

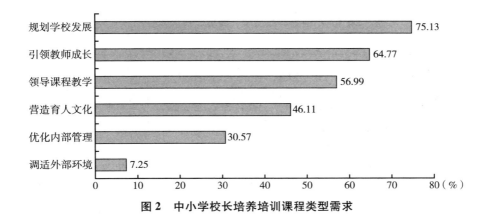

图 2　中小学校长培养培训课程类型需求

其中，"规划学校发展"包括制定与实施学校发展规划、学校特色的打造与凝练、先进办学经验介绍等内容，可见，制定学校发展规划和工作计划有助于确立学校的长远发展方向和目标。名校长更加关注学校的使命和愿景、规划未来的发展路径，从而为学校的持续发展提供指引和保障，尤其是学校特色的打造与凝练可以帮助学校树立自己的品牌形象，提升知名度和影响力。"引领教师成长"包括促进教师专业发展、学校教师队伍培养机制构建、教师评价的方法与应用等，教师的专业水平和教学能力直接影响一所学校的教育质量。因此，校长重视教师成长，通过促进教师专业发展和指导教师开展教育教学研究，来提升教师的专业水平和教学能力，从而提高学校整体教育教学的质量。

调研中涉及五类不同办学层次学校，通过交叉分析可见，不同办学层次校长在培训需求上存在一定的差异。整体上，各类型学校校长对"规划学校发展"和"引领教师成长"的需求较为普遍和突出。各办学层次的校长对于"调适外部环境"的需求普遍较低，处于最好办学层次校长的该需求比例仅为6.67%。此外，中间办学层次的校长对于"规划学校发展"（77.78%）和"营造育人文化"（52.78%）表现出较高的需求，最薄弱办学层次的校长则在"引领教师成长"（71.43%）和"调适外部环境"（14.29%）方面的需求最为突出，显示出其在面对教师发展和外部挑战方面的压力较大。

表1　不同办学层次校长专业发展需求情况

单位：%

办学层次	校长专业发展需求					
	规划学校发展	营造育人文化	领导课程教学	引领教师成长	优化内部管理	调适外部环境
最薄弱	75.00	42.86	57.14	71.43	28.57	14.29
中下	76.92	50.00	61.54	65.38	30.77	7.69
中间	77.78	52.78	58.33	69.44	27.78	5.56
中上	74.68	44.30	58.23	63.29	31.65	8.86
最好	75.56	48.89	57.78	64.44	28.89	6.67

　　无论在何种办学层次的学校，综合专业能力都是影响学校持续发展的关键因素。从校长个体的角度来看，校长专业发展是指校长的内在专业结构不断更新和丰富的过程。而内在专业结构指专业精神、专业知识、专业能力、专业伦理、自我专业意识等。[1] 校长是一种专业身份而非职业身份，敢于创造新的教育理念和办学举措而不仅致力于学校正常运转，以文化治理为主而非以人治管理为主，以追求学校全方面卓越和优秀而非实现学校办学目标和社会经济效益为目标指向。[2] 有校长表示，"（我）不一定能成为教育家，但是一定要有教育家的这种思想，努力往这方面去靠拢，而参与培训就是接触更先进的理念和想法、提升理论层次和思想境界"。

　　3.个性彰显：激发自我驱动引领

　　校长的培养培训模式是指在一定的培训理念、培训理论指导下，为达到校长培训目标而组织各种培训资源、选择恰当的培训策略、科学设计培训过程、形成结构化的操作程序。[3] 我国中小学校长培训模式内容多样、形式多样（研讨会/工作坊/实地考察）、方式多样（"翻转课堂"[4]/"主

---

①　褚宏启：《对校长专业化的再认识》，《教育理论与实践》2005年第1期。

②　胡弼成、成雁瑛：《办学型教育家：大学校长的职业追求》，《高教探索》2013年第3期。

③　杨建荣：《多样化校长培训模式的实践与思考》，《中小学教师培训》2005年第11期。

④　王雁茹：《论翻转课堂培训模式在教育家型校长培训中的应用》，《中小学教师培训》2016年第7期。

题提炼式"① 等），培训类型渐次提升，根据校长的任职年限与发展阶段分为任职资格培训、提高培训、高级研修等类型（见表2）。②

表2　我国中小学校长培养培训常见模式

研究分类	主要模式	
两种③	·基于"领导者发展"模式 ·基于"任务驱动"模式	
五种④	·以理论为中心的接受模式 ·以案例为中心的研讨模式 ·以问题研究为中心的研修模式 ·诊断式培训模式 ·师徒培训模式	
八种⑤	·课程进修模式 ·案例教学模式 ·课题研修模式 ·任务导向模式	·"导师制"模式 ·"聚焦诊断"模式 ·"主题研讨"模式 ·"异地研训"模式

注：有研究从构建学习社群、专业共同体等理论视角提供模式框架。

可从调研数据中看出，我国中小学校长培训模式更加丰富，面向名校长的培养培训模式更加趋于定制化，意味着针对不同名校长的个性化需求和学校的特点，提供量身培养计划和方式，提供更加精准、针对性的支持和指导，定制化培训将成为名校长专业成长的重要助力，为学校的蓬勃发展注入新动力。定制化培训模式涉及多种形式和方法，其中包括专家"送培进校"、名校长工作室以及"双导师"制等（见表3）。

---

① 王红霞、王俭：《"主题提炼式"培训的实践探索》，《教师教育研究》2012年第5期。
② 代蕊华：《论教育家型校长培训的策略选择》，《教师教育研究》2009年第5期。
③ 王婷婷：《当前我国中小学校长培训模式存在的问题及建议》，《中国成人教育》2017年第15期。
④ 杨建荣：《多样化校长培训模式的实践与思考》，《中小学教师培训》2005年第11期。
⑤ 龚玲：《中小学校长培训模式专业化探析》，《人民教育》2013年第19期。

表3　培养培训模式与校长实际需求匹配程度

单位：%

类型	非常不匹配	不太匹配	基本匹配	非常匹配	未参与
（1）专家"送培进校"	1.55	7.25	43.52	37.31	10.36
（2）影子校长（跟岗专家校长）	1.55	11.40	33.68	39.9	13.47
（3）名校长工作室	4.66	7.25	39.9	37.82	10.36
（4）"双导师"制	1.55	5.18	38.34	40.41	14.51

如名校工作室的活动，校长认为它是基于"任务驱动"的过程，"让参与者能够不断组织讨论，讨论往往也会有所争执，但更多的是争执后认同，在内部形成了一种和谐共进的团队氛围"。"跟岗专家"模式能够让参与者近距离观察并学习专家校长在学校的管理实践，获取的信息更加直观、生动，有助于校长们快速掌握有效的管理方法和教学技巧。"发展达到一定程度后，需要与各个方面打交道，成为真正的名校长，跟岗历练阶段是非常重要的环节"。但跟岗模式对于校长的时间和精力要求较高，或者某些学校的实际情况与跟岗学校存在差异。

在培养培训体系链中，高层次、高水平校长被要求具备更为广阔的视野和更强的思考能力，需要超越传统的学校管理范畴，关注教育领域的前沿议题，探索教育创新的途径，甚至参与到教育政策的制定与落实中。因此，指向教育家型校长的培养培训，不再只是为了提高管理水平，更是为了培养具有教育智慧和社会担当的领导者，培养为推动教育事业的发展贡献力量的教育改革与发展的引领者。

（三）当前中小学校长培养培训中存在的问题

中小学校长培养培训的使命是服务于基础教育的改革和发展，大规模、高质量校长培养工程在各层面广泛开展，对于促进校长专业发展、提升校长队伍整体素质发挥了重要作用。但从调研反馈来看，校长培养培训在内容设计、资源供给、成效转化方面还存在改进的空间。

1. 政策执行存在偏差，培训内容交叉重复

当前从国家到省区市各个层级的校长培养培训，基本包括任职资格培训、在职校长提高培训、骨干校长高级研修、卓越校长高级研修以及名校长培养等多种类型，但同一类型的培训在不同层面缺乏内在层次梳理与有效衔接，导致培训内容存在交叉重复。多数承担国家领航项目的培养基地，同时承担省市层级名校长培训的工作任务，一位校长可能参加完省级名校长培训，继而又参与市级同类型培训，以致降低了有限培训资源的使用效果。培养过程中各环节交叉重复，可能会出现内容零散、重复或者与实际工作不相符的情况，这无疑降低了培训的效果和校长的学习热情。

其次，由于培养培训层级众多，培训供给与培训需求之间存在矛盾，[①] 在校长培养培训中不仅存在实践误区，也存在理论困境。主要在于：一方面，由于缺乏基于校长专业标准的专业培训体系，缺少对校长培训需求的调研，培训内容区分度不足，[②] 培训内容缺乏针对性和实用性。另一方面，由于缺乏对校长成长规律与发展阶段的清晰认识，实践中没有明确的评定标准，在培养培训工作中存在"重遴选、轻培育""重理论、轻实践"等问题，培训教师面向同处某一层次的校长群体，难以关注个体在思想境界、精神信仰等方面的需求与差距，[③] 这制约了培训的实效性。

此外，还存在培养培训课程内容的同质化。首先，同一专家库教师讲授同类课程，往往习惯于沿用自己熟悉的授课内容和方式，导致课程内容缺乏新鲜感和创新性。由于缺乏对课程内容的深入研究和更新，这些教师也可能在无意中重复讲授相同的知识点，使得校长们在培训中难以获得新的启发和收获，培训课程内容同质化。其次，当前主要由各培训机构自行设置培训课程内容，不同培训机构、培训项目开设的课程名称虽然不同，但课程内容存

---

① 田汉族、孟繁华、傅树京：《校长个性化培训：从理论到实践的创新探索》，《教育科学研究》2012 年第 12 期。
② 鲍传友、毛亚庆：《中小学优秀校长素养构建及其培养》，《中国教育学刊》2019 年第 5 期。
③ 侯琳：《教育家型校长培训策略研究》，东北师范大学硕士学位论文，2012。

在相似的现象。一些传统、陈旧的课程内容仍然被反复使用，无法跟上教育领域的最新发展和变革。有调研结果表明，51.9%的校长遇到过培训课程设置及讲授内容重复的现象，难以获得前沿的教育理念和管理知识。这种雷同现象使得校长参加培训的欲望降低，不利于校长的个性化培养，培训效果大打折扣。①

2. 资源供给亟须整合，支持体系有待完善

中小学校长是教育体系中的关键领导者，其专业素养与管理能力直接影响学校教育质量和整体发展。中小学校长培训工作的有效实施需要高水平的师资作为支撑，从国家到地方均强调教育各级各类培训单位要不断加强校长培训师资团队建设，但仍存在投入大于产出的现象。

从现实情况来看，一方面是专业人才稀缺。名校长培训需要具备丰富的教育经验、丰富的专业知识和卓越的教学能力的专家人才。然而，这样的专业人才数量有限，且往往集中在一些知名高校或教育机构中，供应总量相对不足。高水平师资主要集中在北京、上海、武汉、广州等地的师范类名牌院校，虽然大部分培训单位能采取线上线下等方式聘请专家授课，但受距离空间等因素制约，高水平师资队伍仅能短时间授课，存在"高投入、短平快"的现象，难以满足现有培训需求。另一方面，各地区不同层级培训机构相对独立的运作模式，导致在师资队伍建设上缺乏有效协同合作与资源整合，进而导致优质师资力量的配置不均。尤其是对于偏远地区的中小学校长而言，受地理位置、资金限制以及信息不对称等因素影响，接触高质量培训的机会相对有限，这不仅影响了这些校长提升管理能力和扩大教育视野，也间接制约了当地学校教育质量的提高和教育公平的实现。

3. 实践成效转化不足，协同机制有待健全

从调研情况来看，目前校长培养培训模式多样，但由于培训时间有限，仍以集中式、主题式、授课式为主，虽然具有效率高、覆盖面广的优点，但

---

① 傅树京：《校长培训课程内卷化：表征·形成·规避》，《教育理论与实践》2020年第23期。

在收获成效方面仍存在一定的局限。集中式培训具有知识结构的相对整体性优势，但即时性感受短暂，难以顾及每位校长的个体需求，个别校长可能感到学习内容和方式与自身实际需求不符。校长所置身的学校在资源配置方面存在差异，包括教育经费、师资水平、生源质量等方面，一些发达地区拥有更丰富的教育资源，而一些经济相对落后地区则可能面临资源匮乏的局面，这种资源差异可能导致校长们参与培训的诉求产生分化，同时表现出情境性、碎片化的特征。①

校长们在不同地区积累的管理经验也存在差异，这在一定程度上影响了他们对培训的态度和学习动力。管理经验丰富的校长们，往往积累了大量的实践性知识，他们对培训内容的理解和应用更为深入，能够迅速将所学转化为实际工作中的行动；而一些相对落后地区的校长由于缺乏管理经验或面临管理困难，甚至对培训产生抵触心理，更有部分校长因为自信心不足或者觉得培训内容难以落地而产生倦怠情绪。

此外，校长的时间往往被日常管理任务所占据，或因事务繁多而难以全情投入；回到学校岗位后，工作重心自然转移到日常管理等工作上，培训成果难以得到有效转化和实践。正如调研中校长们所言，"参加校长班的学习，时刻有一种想要突破自己、做点什么的紧迫感，但是回去后这种感觉就会慢慢变淡""在参与培训的过程中，我总是充满激情与渴望，希望将所学运用到实践中去，然而回到学校后，那种渴望与激情却逐渐在忙碌中消磨"。

三 校长培养培训提升策略建议

长期以来，我国中小学名校长培养已经形成一套鲜明范式，校长成长与发展是一个"实践-认识-再实践-再认识"的循环往复、螺旋上升的动态过程。教育家型校长处于专业发展的最高阶段，新时期校长培养培训工作需在

---

① 邱俊珲：《中小学校长培训的供需矛盾表征及破解路径》，《福建教育学院学报》2022年第5期。

理论研修、思想凝练、实践创新、辐射引领方面渐进提升、贯通互联，为教育家型校长的发展筑牢根基。

（一）以教育家精神为引领，注重思想凝练提升

教育思想的凝练是校长在长期教育实践中不断探索、反思和总结的过程。培养教育家型校长不仅需要关注他们理论知识水平的提高，更要注重校长自身教育理念和实践经验的提升。将教育家精神作为引领，要求校长在实践中坚持教育理想，深入理解和践行教育规律，不断将理论与实际相结合，以实现教育理念的不断升华和创新，在这一过程中，校长需要通过多种途径进行思想凝练与提升。

助力搭建学习共同体。培养培训单位通过精心设计主题研讨活动环节，以学习小组、工作坊等形式，围绕当前时代与学校实践中的重点、难点问题，引导校长进行深度交流研讨活动，带动校长积极参与讨论，学习和借鉴他人的经验，拓展教育思维的广度和深度。此外，组织开展学校间的实地考察和交流活动也是促进校长们学习和成长的重要方式。通过深入学校教学一线，校长们可以亲身感受和学习其他学校的办学经验和管理智慧，从而启发自己的创新和改进思路。实地考察活动不仅让校长们看到不同学校在教育管理和教学实践中的具体操作，还能促使他们思考如何将这些优秀经验应用到自己的学校中去。

带领阅读经典著作，按需开展课题研究。带领校长阅读古今教育理论经典著作，从中汲取智慧，提升校长自身的教育思想和理论素养。鼓励校长积极参与和开展教育研究工作，在导师指导下开展课题研究、撰写论文等研究活动，有效引导培养对象总结办学经验，提炼办学理念，形成其教育思想雏形。加强校长与其他教育专家和学者的交流与合作，帮助参训校长进一步提炼思想，加强创新实践，提升校长解决问题的能力和决策的科学性，为学校的改进与提升提供科学依据和指导方案。

引导日常总结反思，注重思想成果转化。培养培训过程中引导校长坚持撰写学习心得、参训日志等，提高校长从日常事务中抽身的能力和水平，不断提高校长反思自身和反思办学实践的意识和能力，及时发现问题、总结经验。引

导校长走出管理的主观经验直觉，注重概念化、结构化、系统化思考，形成具有自身特点与办学治校特色的思想理论体系。同时鼓励校长勇于真实表达，推动其持续不断理性追问、深度思考和有效表达，帮助其总结提炼重要影响成果，培养其成为具有批判意识与创新意识的表达者。

（二）强化校长主体性，丰富优质资源供给

校长成长为教育家型校长是自为自觉的过程，核心在于促进校长自我更新，① 关键在于以校长视角作为培养培训的出发点和落脚点，突出校长的主体性，满足其个性化成长需要。具体而言：

强化"校长本位"的培养意识。传统的校长培训模式往往以提供方为主导、以培训专家为主导，以专业实践取代意义建构，造就校长培训身体在场而精神"悬置"。"校长本位"的凸显，则是要求以校长的实际需求和角色定位作为培养核心，从关注问题解决走向关注意义追寻。在培训项目设计上，由"提供方主导"转向"需求方主导"，在项目实施前端，就应预先介入调研参训校长学习需求、发展目标与实践困惑，确定培训课程内容和深度，保障课程的针对性和实用性。同时，在培训过程中实施动态调整，坚持以问题为导向、以任务为驱动，能够让校长在解决实际问题的过程中不断提升自己的能力和素质，增强校长参训的动力，确保他们在培训过程中始终保持高度的热情和参与度。

共建共享优质培训资源。注重发挥不同区域开展培养培训工作的优势和特色，积极推动跨区域合作以深化校长培养工作。通过联合培训、交流互访等形式，打破地域壁垒，搭建更加广阔的合作平台，让校长们能够在更大的范围内交流学习、共享资源，吸收先进的教育理念和管理经验。此外，通过深化跨区域合作，加强区域间教育资源的整合与共享，建立专兼职相结合的培养培训师资队伍，充分利用各方的人才资源，弥补培养机构数量与质量的

---

① 王红霞、王俭：《自我更新：教育家型校长培训的重要取向》，《教师教育研究》2024 年第 2 期。

缺口。通过师资力量的优化配置，确保培训工作的专业性和有效性，为校长的成长提供有力的师资保障。

提供可选"菜单式"培训内容。依据各级各类校长《专业标准》中的"基本理念"和"基本内容"要求，设计递进式培养培训课程，提供多层次、个性化、可选式主题课程，赋予校长基于自身发展需求与培训项目自由的选择权利，发挥校长个体主观能动性，提高校长自主选学的范围，满足校长对不同领域的个性化学习需求。同时，配套出台校长培养培训选课指南，科学引导校长选择参与项目，对于高层次校长的培养，配备专属导师"一人一案"跟进，根据校长的实际需求和进展，提供个性化的指导和建议。

（三）创新多维评价机制，提升培养成效转化水平

创新校长培养培训评价理念与机制，全面、客观地评估校长的培训效果，进而推动将培训所学知识和技能转化为实际的工作能力，促进学校教育的持续发展。

创新培养赋能模式。引入项目制和探究式培训活动，通过设定具体的项目目标与任务，鼓励参训校长进行主题研究、问题解决和团队合作等活动。这种模式引导校长们进行深度思考和反思，探寻教育管理实践中的内在规律和最佳实践，促进他们形成独特的教育理念和管理风格。在这一过程中，校长们不仅能够展示和评估其实际运用能力和团队协作水平，还能提升知识、技能和态度等方面的综合能力，为学校的持续发展和进步注入新的动力，以更好地适应现代教育的需求。

建立多维培养评价机制。立足于校长的过程性学习情况，收集校长在培训过程中的学习成果和反馈信息，督促校长进行培训的实时性、阶段性总结。注重培养培训反馈与激励，在培养过程中反馈及时、准确，让校长了解自己在培训中的优势和不足，以便及时调整学习策略和提升自身能力。同时，设立适度奖励的机制，对在培训中表现优秀的校长进行表彰和激励，以持续激发其在培养过程中的参与热情和学习动力。

把握教育数字化新趋势。加强培养培训过程中数字化的转型运用，利用大数据技术收集和分析校长在培训过程中的学习行为和表现数据，更直观地了解校长的学习状态和需求，为其提供精准培训支持和指导。利用信息技术手段，构建校长培训成效转化的跟踪评估系统，通过对校长培训前后的工作表现、学校发展等指标进行量化分析和比较，可以更直观地评估培训效果，并为后续的培训工作提供数据支持和改进建议。加强名校长数字化素养和能力培养，使其成长为教育教学改革创新的引领者、教育数字化转型的探索者，提升其数字化治理能力和水平。

（四）研究成长深层次规律，树立典型榜样示范

我国已经建立起多元化、多层次的基础教育名师名校长引领示范平台，展现了我国在教育事业上的卓越远见，更凸显了对于教育领导者专业成长的高度重视，通过这一成熟培养培训体系，遴选了大量优秀的培养对象，汇聚了众多在教育领域具有深厚造诣和丰富经验的名校长，为教育家型校长的培育稳固根基。为进一步提升中小学校长培养培训工作的影响力，通过深入学术研究与田野实践，致力于构建更为完善、高效的培训体系。

加强校长成长规律与路径研究。揭示校长专业成长的内在机制和发展规律，为制定更加精准的培养培训策略提供科学依据。尤其注重加强关于教育家型校长培养培训领域的理论与实践研究，加深对于教育家型校长职业发展规律的探究，明确校长在不同阶段的职业发展需求和成长路径，为校长培训体系持续发展提供学术性基础支撑，提升培训机构的服务质量和专业水平。

开展教育思想研讨会。教育思想研讨会是促进思想碰撞的重要平台，通过深入聆听探讨名师名家的教育理念、观点与实践经验，加深各级各类校长对于先进教育思想的理解和认识，增强其对教育事业的信念感和使命感。这也是提升校长专业素养和创新能力的有效途径，通过互动交流和思想碰撞，提升其专业素养和创新思维。研讨会的举办可提升教育家型校长群体在教育领域的影响力和号召力，吸引各界人士的参与和关注，有助于进一步推广和传播优秀的教育思想。

定期举办名校长论坛。邀请全国各地的优秀校长齐聚一堂，围绕教育发

展、教育改革等关键议题展开深入讨论和交流。设立专题演讲、圆桌交流、经验分享等环节，为校长们搭建互相学习、交流、合作的平台，促进教育思想的碰撞和创新，使他们在实践中有所预期和有所建树，在研究和解决问题的同时，能够提升自我、改善实践、引领他人。

提升名校长工作室区域辐射引领力。发挥名校长工作室之关键少数和重要引擎作用，开展针对性强、实效性高的专题培训与研修活动，邀请专家学者和资深校长授课，帮助学校校长及管理团队解决实际问题，提升其工作水平和能力素质，将教育家精神贯彻落实到学校的日常管理和教育教学活动之中。优化完善"教育家型校长工作室"引领机制，促进培养对象优秀教育思想的传播，协助将其办学经验和理念进行迁移，扩大影响力与辐射范围，并在实践当中，进一步完善和丰富教育思想。

B.12
教育家型校长成长的制度环境建设报告

尚伟伟*

摘　要： 　2010 年以来，国家出台了校长职级制、交流轮岗、培养培训、党组织领导的校长负责制等一系列政策文件助力实现教育家办学，由试点到全面推进，取得了一定的效果，为教育家型校长培养与成长提供了良好的制度生态。本研究实证调查结果表明，多数校长对制度环境的感知存在普遍的认同，其中培养培训政策认同水平最高；相关性分析表明，职级制管理、交流轮岗、各类培训项目、党组织领导的校长负责制均对中小学校长管理决策具有显著的正向相关。但是，当前依然存在职级制改革的实施细则和评价导向仍需完善、交流轮岗的政策执行偏差问题较为紧迫、党组织领导的校长负责制亟须明晰权责清单等方面问题。建议进一步完善顶层设计，健全运行机制；加强宣传引导，提升政策认同度；深化简政放权，充分保障办学自主权；完善评价激励，多措并举激发校长改革创新活力。

关键词： 　教育家型校长　校长负责制　交流轮岗

陶行知先生认为"校长是一个学校的灵魂"。校长是学校的领导者和管理者①，决定着学校发展的前进方向，对教师和学生发展有着显著作用，从国家到地方都非常重视教育家型校长的培养。要建设教育强国，办好人民满

---

* 　尚伟伟，华东师范大学马克思主义学院副教授，硕士生导师，主要研究方向为教师管理与政策等。

① 　于波、宋乃庆：《中小学校长在实施素质教育中的办学角色定位》，《教育研究》2011 年第6 期。

意的教育，校长的关键作用毋庸置疑。在民族复兴、强国建设的道路上，高质量教育体系和中国式现代化发展均有赖于更多的教育家型校长。2010年以来，国家出台了校长职级制、交流轮岗、培养培训、党组织领导的校长负责制等一系列政策文件助力实现教育家办学，为教育家型校长培养与成长提供了良好的制度生态。本报告重点围绕制度环境建设，呈现当前制度环境的基本情况、存在的现实问题以及对教育家型校长成长的影响，以期为健全有利于实现教育家办学的制度体系提供有价值的决策参考。

一　我国中小学校长队伍建设的政策背景与实施成效

"教育家办学"上升到国家发展战略层面，成为新时期我国教育事业的一项重要战略任务，其重要意义不言而喻。校长队伍的整体成长和教育家型校长的群体涌现，不能只依靠校长个体的自主努力和自然生长，还需要科学的制度保障和有力的政策推进。

（一）21世纪以来我国中小学校长队伍建设的政策背景

通过探索与推行校长聘任制和职级制、优化校长培训制度、交流轮岗、实施党组织领导的校长负责制等一系列制度建设，我国着力促进校长专业化发展，着力创造良好的制度环境，致力于造就一支政治过硬、品德高尚、业务精湛、治校有方的高素质专业化校长队伍，努力促进教育家型校长成长和发展。

1. 校长职级制

校长职级制以职级制管理为核心进行校长的选聘、任用、薪酬管理、专业培养和考核评价等，对促进校长专业发展、培养更多教育家型校长等具有重要作用。早在20世纪90年代初，上海、山东、广东、吉林、陕西、北京、辽宁、湖北、内蒙古等地纷纷试点校长职级制，取得了一定成效。2010年，《纲要》明确提出"推行校长职级制"，打破原来的终身制而代之以聘任制，体现了校长由"职务"向"职业"的实质性转变，促进了校长忧患意识、服务意识、责任感、务实作风、开拓创新精神等方面的提高，最终实现专家治校。随后的《关于深入推进教育管办评分离促进政府职能转变的若干意见》《中小学校领导人员管理暂行办法》《关于全面深化新时代教师队伍建设改革的意见》《关于加强新时代乡村教师队伍建设的意见》《关于进一步激发中小学办学活力的若干意见》等一系列政策文件，呈现校长职级制建设从"推行""全面推进""加快推行""深入推进"到"加快改革"的动态深化，为形成高素质专业化校长队伍提供了良好的制度支持。各地也陆续开始了此项改革探索，取得了良好成效。例如，校长的职业危机意识和竞争意识增强，行政事务明显减少，使校长能够投入更多的精力关注教育本身，用教育思维而非行政思维管理学校，实现了校长人选的择优选拔和校长职业价值的充分体现①。校长职级制管理具有能力本位的显著特征，设置校长职级序列，严格依据校长专业标准进行选拔任用，强调校长的专业化，其优胜劣汰、优绩优酬的激励机制以教育家办学为目标，突出了特级校长和名校长对整个校长队伍的引领作用，从而形成了由薪酬激励、职级激励、考核激励、荣誉激励构成的系统化激励机制，推动校长的责任感和使命感不断增强。

2. 交流轮岗政策

为了加快我国教育强国建设，改善城乡、区域教育发展不均衡的现状，保障所有适龄儿童接受公平而有质量的义务教育成为新时期义务教育发展的战略性任务。2010年，《国家中长期教育改革和发展规划纲要（2010—2020年）》提出："实行县（区）域内教师和校长交流制度""建立健全义务教育学校教师和校长流动机制"，进一步推进义务教育均衡发展、促进教育公平。2012年9月5日，国务院出台《关于深入推进义务教育均衡发展的意见》，进一步强调"实行县域内公办学校校长教师交流制度"。2013年11月12日，党的十八届三中全会通过《中共中央关于全面深化改革若干重大问

---

① 张茂聪、侯洁：《教育家办学的制度实践与思考——以山东省潍坊市校长职级制改革为例》，《教育研究》2017年第3期。

题的决定》，重点强调要"统筹城乡义务教育资源均衡配置，实行公办学校标准化建设和校长教师交流轮岗"。2014 年 8 月 13 日，教育部、财政部、人力资源和社会保障部三部门联合出台《关于推进县（区）域内义务教育学校校长教师交流轮岗的意见》，对校长交流轮岗的具体实施工作进行了全面部署，为校长交流轮岗的实际推进提供了重要指南。随后，《关于全面深化新时代教师队伍建设改革的意见》《新时代基础教育强师计划》等政策文件也不断强化推进校长交流轮岗的落实推进，加大政策的推行力度和激励作用，不断强化校长角色在义务教育优质均衡发展中的重要作用。优秀校长在不同学校之间岗位的轮换，带动、促进学校实力和师资队伍的整体提升，致力于通过懂教育、爱学生、会教学、善管理的教育家办学获得优质而公平的教育发展，最终服务于教育强国建设。这一系列政策的出台，为教育家型校长成长创造了良好的政策土壤和实践空间。

3. 培养培训政策

培训对教育家型校长培养起着至关重要的作用。为营造教育家脱颖而出的制度环境，"国培计划"一直在促进教育家型校长成长中起着示范引领作用。近几年来，除了"长三角名校长高级研修项目""未来教育家培养工程""人民教育家培养工程"等各地开展的名校长培养工程以外，为期三年的首期卓越校长领航工程中小学名校长领航班在 2015 年正式启动，其目标明确指向"培养教育家型校长"。2018 年，教育部实施"国培计划"——中小学名校长领航工程（以下简称"双名工程"），启动了第二期中小学名师名校长领航班，通过组织开展深度学习、导师指导、示范提升等形式，进行为期 3 年的在职连续培养，帮助参训校长进一步凝练教育思想、提升实践创新能力，着力培养造就一批具有较大社会影响力和知名度、能够引领基础教育改革发展的教育家型卓越校长。"双名工程"为参训校长建立集中培养基地、配备理论和实践双导师、搭建思想和实践示范推广平台，通过基地引领研修、导师个性化指导、参训校长示范提升等方式，引导参训校长自主学习、针对教育热点难点问题进行深入的理论探究和实践探索、帮助参训校长凝练思想、依托名校长工作室为薄弱学校进行示范引领，为教育家型校长培养提供有针对性的培训支持。"双名工程"在培养教育家型校长方面已经取得了较好成果。

2022年，在充分总结中小学名师名校长领航工程经验的基础上，教育部发布《关于实施新时代中小学名师名校长培养计划（2022—2025）的通知》（以下简称"双名计划"），着力建设高素质专业化创新型校长队伍。"双名计划"旨在培养造就一批具有鲜明教育理念和成熟教学模式、能够引领基础教育改革发展的名师名校长，培养为学、为事、为人示范的新时代"大先生"，为全面落实立德树人根本任务、推动基础教育高质量发展提供有力支撑[①]。"双名计划"明确规定给予名校长等基础教育高层次人才相应的待遇和支持，在课题立项等方面予以重点支持；在提供中央财政经费支持的同时，要求地方配套学习研修、教育教学改革研究、数字化资源建设、教育帮扶、工作室建设等方面的专项经费；要求建立健全分层分类、阶梯式教师成长发展体系，做好省、市、县名师名校长培养体系与国家名师名校长培养体系衔接。由此可见，名校长培训不同于一般的校长培养，而是立足新的现实，开展新的项目方案，设计新的课程内容，创新培训方式方法，重视体现国家担当，凝聚全国智慧，为教育家型校长的培养提供了较为系统全面的政策支持。

4. 党组织领导的校长负责制

自1952年校长负责制确立以来，随着时代的发展不断深化改革，2012年，党的十八大对新时代学校领导体制改革提出了新的要求，强调加强和改善党对教育工作的领导。2016年中央组织部、教育部党组联合印发《关于加强中小学校党的建设工作的意见》，提出"要加强党组织在重大事项决策中的地位"。2017年，党的十九届四中全会鲜明地指出了我国国家制度和国家治理体系的显著优势，把坚持和完善党的领导制度体系放在首要位置，突出党的领导制度在中国特色社会主义制度和国家治理体系中的统

---

① 《教育部办公厅关于实施新时代中小学名师名校长培养计划（2022—2025）的通知》，中华人民共和国教育部网站，2022年8月12日，http：//www.moe.gov.cn/srcsite/A10/s7011/202208/t20220819_ 653904. html。

领地位①。同年，中共中央办公厅、国务院办公厅发布《关于深化教育体制机制改革的意见》，提出"要全面加强党对教育工作的领导，坚持党管办学方向、党管改革，充分发挥党委总揽全局、协调各方的领导核心作用，健全党委统一领导、党政齐抓共管、部门各负其责的教育领导体制"。在此背景下，2022年1月26日，中共中央办公厅印发《关于建立中小学校党组织领导的校长负责制的意见（试行）》（以下简称《意见》），党组织领导的校长负责制在全国中小学范围内正式实施。这是中小学校领导和管理体制的一次重要改革。中小学校建立党组织领导的校长负责制，通过制定会议制度、议事规则和学校章程并有效发挥其效能，有助于完善学校的治理体系，推动建立中国特色的现代学校制度，推进教育治理体系和治理能力现代化。习近平总书记在全国教育大会上强调"要深化教育体制改革，健全立德树人的落实机制"②。中小学校作为育人的主阵地，学校的领导体制对青少年世界观、人生观、价值观的形成发挥着极其重要的作用。站在新的历史起点，中小学校党组织领导的校长负责制旨在确保把政治标准和政治要求贯穿于教书育人全过程各方面，落实立德树人根本任务，促进校长们自觉以教育家为榜样，把教育家精神转化为办学的理想和追求，打造中华民族"梦之队"筑梦人的高度，勇担强国建设使命。

（二）我国教育家型校长队伍建设的政策成效

校长职级制、交流轮岗、党组织领导的校长负责制的不断推进，由试点到全面推进，取得了一定的效果。

1. 严把任用规范和职级评定程序，加快推进校长专业化发展

中小学校长职级制是我国校长管理制度和方式的创新，是校长专业化发展及教育家办学的要求，也是现代学校制度建设的必然选择。校长职级制政策自实施以来，各地都开始了中小学校长职级制的探索，结合推行党组织领

---

① 闻言：《毫不动摇坚持和加强党对一切工作的领导——学习习近平〈论坚持党对一切工作的领导〉》，《人民日报》2019年11月22日。
② 教育部课题组：《深入学习习近平关于教育的重要论述》，人民出版社，2019。

导的校长负责制，逐步建立和完善校长任职资格、聘任交流、职级管理、考核评价和职级薪酬等配套制度，力图形成"职务能上能下，待遇能高能低，流动能进能出"的校长管理新机制，实现了校长由"行政官员身份"到"教育职业身份"的转换，带动和促进了校长管理的全方位变革。例如，上海进一步完善公开选拔、竞争上岗、内部推选、外部选派等选拔方式，探索校级领导干部竞聘上岗制度，形成了有利于优秀人才脱颖而出的选拔机制，并把群众监督贯穿于推荐、考察、任用干部的全过程。陕西对职级管理、聘任交流、考核评价、职级薪酬等作出明确要求，明确了校长职级制改革的方法路径。江西逐步取消公办中小学校领导人员行政级别，实行职级制和岗位等级制，并率先在南昌试点。山东潍坊取消了校长和学校行政级别，以职级制管理为核心，进行了校长选聘、任期交流、考核评价等一系列管理制度的创新和改革，并在完善校内民主管理制度和第三方评价制度方面进行了有益的探索，对构建新型政校关系、推进教育管办评分离起到了重要的作用，为促进教育家型校长成长、实现教育家办学提供了制度保障①。

2. 明确交流轮岗细则，促进优质校长资源共享

推进校长教师交流轮岗既是事关全局的大事，也是件难事。由于交流轮岗直接关系到校长教师以及学生、家长、学校等方面的诸多利益，处理不好会造成新的不公平，影响教育质量的整体提升。随着交流轮岗政策的实施，各地都出台了明确的规定，有的以任期时间为依据，义务教育阶段的校长必须在县域内进行交流；有的结合校长职级制的实施，规定申报高级职级的校长必须有多所学校任职经历；有的则在乡村振兴背景下倡导交流帮扶，并以此作为评优评先、职称晋升的必要条件；还有的以学区或教育集团为单位，引导城市学校、优质学校校长流动到农村学校、薄弱学校。重庆积极探索了"多校联聘""一校长多校区""乡村校长联盟"等机制，支持建设城乡学校共同体。北京大力推进区域内义务教育学校校长交流轮换、骨干教师均衡配

---

① 张茂聪、侯洁：《教育家办学的制度实践与思考——以山东省潍坊市校长职级制改革为例》，《教育研究》2017 年第 3 期。

置、普通教师按需轮岗，力求促进义务教育基本公共服务供给由单体学校的供给向学区、教育集团、区域供给转变，扩大优秀校长和高质量教师基本公共服务范围，确保教师成长、学校服务水平和学生的实际获得得到同步发展。更有多地将中小学校长交流轮岗比例纳入区县经济社会发展业绩考核指标，作为义务教育均衡发展督导评估指标，加强督导检查。海南省细化选派标准、岗位职责、日常管理和绩效考核办法，强化过程管理和跟踪指导，落实管理考核评价制度，做到了"流动更加有序，结构更加优化，城乡更加均衡"；注重发挥绩效表彰的激励作用，由优质学校向薄弱学校交流，或由高一层级学校向较低层级学校交流时，保留其原有工资待遇；由城区学校向乡村学校交流时，在原有待遇基础上增加乡村教师补贴。上海各区先后出台教育系统校级干部任期制交流轮岗实施意见，优化干部资源的初次配置和再次配置机制，从办学质量、专业引领、年龄结构、职称职级等因素全面考虑区域教育干部布局，分批推出校级干部流动名单，分期逐步配置调整到位，推进教育系统优秀干部资源共享，促进干部梯队均衡配置，激发干事创业激情与活力。

3. 坚持党的全面领导，转制度优势为治理效能

党组织领导的校长负责制是中国特有的学校领导体制，彰显了中国特色社会主义制度优势。各地区紧紧抓住改革试点的契机，积极构建中小学校现代治理体制机制，发挥中小学校党组织领导作用，支持和保证校长行使职权，建立健全议事决策制度，完善协调运行机制，加强组织领导，扎实推进全面从严治党向纵深发展，助力实现教育家办学。在选优配强领导班子方面，完善校领导选拔任用机制，充分发挥学校党组织的政治核心作用和监督保障作用，从中小学校领导人员布局调整开始，制定明确目标全面推进中小学校党组织领导的校长负责制。例如，上海市坚持正确选人用人导向，严格标准条件和程序，按照核定批准的领导职数和岗位设置方案，精准科学选人用人，跟踪考察了解干部岗位适应和履职情况，侧重考核与岗位职责相适应的办学思想和核心素养；充分发挥考核"风向标"作用，将干部考核结果作为干部选拔任用、评先奖优、绩效考核、问责追责、能上能下等工作的重要依据加以运用。

二 教育家型校长成长的制度环境感知
与认同水平分析

基于对促进教育家型校长成长的相关配套政策的梳理，在此基础上通过问卷调查和半结构性访谈对我国中小学校长制度环境认同水平进行实证调查，进而对相关数据进行深入分析，呈现当前中小学校长成长的制度环境现状，为教育家型校长成长的制度构建提供参考。

（一）研究设计

1.调查问卷

调查问卷主要通过职级制、交流轮岗、党组织领导的校长负责制、培训政策及整体的政策支持满意情况测评制度环境感知与认同水平。问卷设计共7项，包括"通过选拔（选任制）有利于发现教育家型校长""通过任期年限设置，可以促进教育家型校长成长""通过交流轮岗，可以促进教育家型校长成长""实施职级制管理，可以促进教育家型校长成长""实施党组织领导的校长负责制，有利于促进实现教育家办学""通过各类校长培养/培训工程可以促进教育家型校长成长""目前的政策和制度，在支持校长实现教育家办学方面是令人满意的"等。问卷采用5点量表，即1（完全不同意=1）到5（完全同意=5），得分越高，表明受访校长对于制度环境的认同度就越高。信度检验结果表明具有较好的可靠性，Cronbach α值为0.845。

2.半结构性访谈

本研究基于目的性和便利性相结合的原则选取来自全国各地参加教育部中学校长培训中心培训的优秀骨干校长为访谈对象，共计76人。访谈内容主要围绕选任制、职级制、党组织领导的校长负责制及相关培训政策展开。单次访谈时间在20~90分钟，累计访谈时长1800分钟，共获得28万字的访谈文本资料。同时，根据访谈提纲，将各省市教育管理部门以书面形式提交的政策实施报告作为辅助文本资料。

（二）教育家型校长制度环境建设分析

1. 制度环境感知与认同水平的基本情况

（1）普遍认同职级制管理有助于教育家型校长的发展。校长职级制的改革实施主要体现在选拔任用、职级评审、激励保障等方面。调查结果显示，76.7%的校长认为职级制管理有利于教育家型校长的成长与发展。其中，42.0%的校长比较认同职级制管理对教育家型校长成长的重要作用，34.7%的校长完全认同职级制管理在教育家型校长成长中发挥重要作用。这说明大多数接受调查的校长都比较认可职级制管理对自身成长的积极影响。但是，仍然有23.4%的校长对职级制管理促进教育家型校长成长的作用存在质疑，他们认为职级制管理对自身的成长与发展起到的作用一般，甚至这一政策效果不够理想（见图1）。

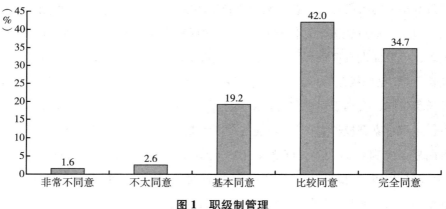

图1 职级制管理

具体而言，职级制改革首先体现为取消过去校长"委任制"的人事任命权和"去行政化"的校长行政级别，通过依据中小学校长的任职资格条件进行选拔任用和考核，进一步规范中小学校长选拔任用程序。就选拔任用情况来看，结果显示，81.9%的校长认为当前的选拔任用制度有利于发现教育家型校长。其中，46.1%的校长比较认同通过选拔可以发现教育家型校长，35.8%的校长完全认同选拔任用制度对于发现教育家型校长起着重要作用。这说明大多数接受调查的校长都比较认同当前选拔任用制度对教育家型校长队伍建设的积极影响。但是，仍然有 18.1% 的校长对当前选拔任用制度存在质疑（见图 2）。

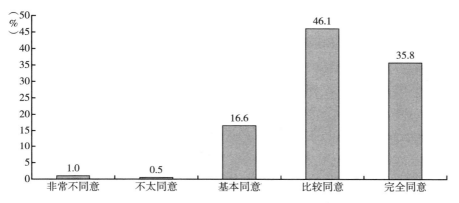

图 2　选拔任用实施

（2）较为普遍认同交流轮岗对促进校长领导力的促进作用。校长交流轮岗的实施旨在促进校长领导力的提升、学校的持续改进及区域教育质量的整体提升，激发校长队伍活力，弘扬和践行教育家精神，加快推进教育均衡发展和教育强国建设。调查结果显示，68.4% 的校长认为交流轮岗有利于教育家型校长的成长与发展。其中，42.5% 的校长比较认同交流轮岗对教育家型校长成长的重要作用，25.9% 的校长完全认同交流轮岗在教育家型校长成长中发挥的重要作用。这说明大多数接受调查的校长都比较认可交流轮岗对自身成长的积极影响。但是，仍然有 31.6% 的校长对交流轮岗促进教育家型校长成长的作用存在质疑，他们认为交流轮岗对自身的成长与发展所发挥的作用一般，甚至这一政策效果不尽如人意（见图 3）。

（3）非常认同培训政策体系对教育家型校长能力素养提升的促进作用。校长培训政策体系的不断完善为教育家型校长能力素养的提升提供了有力的制度保障。调查结果显示，高达 86.6% 的校长认为各类培训项目有利于教育家型校长的成长与发展。其中，47.2% 的校长完全认同培训在教育家型校

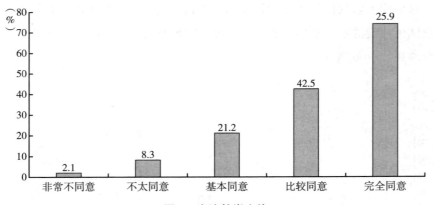

图 3　交流轮岗实施

长成长中发挥的重要作用，39.4%的校长比较认同培训对教育家型校长成长的重要作用。这说明大多数接受调查的校长都比较认可培训对自身能力素养提升的积极影响。但是，仍然有13.4%的校长认为培训对自身能力素养提升作用一般，在培训内容、培训方式等方面仍需要进一步提升（见图4）。访谈结果显示，有校长表示当前培养体系与培育机制尚不健全，未能充分适应教育发展的需求与变革，校长在面对复杂的教育情境时缺少专业知识、领导管理、思想凝练等方面的能力。

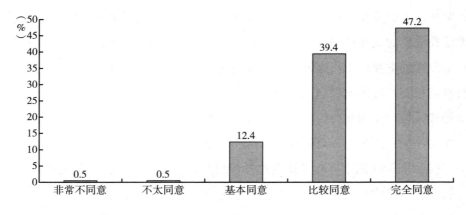

图 4　培训政策

（4）较为认同党组织领导的校长负责制对实现教育家办学的制度保障作用。中小学实行党组织领导的校长负责制，这是发挥党对教育领导作用的关键所在，也是促使学校更好地落实立德树人根本任务，为党育人为国育才提供了政治保障与制度保障。调查结果显示，70.4%的校长认为党组织领导的校长负责制有利于实现教育家办学。其中，32.6%的校长完全认同党组织领导的校长负责制对教育家办学的政治保障作用，37.8%的校长比较认同党组织领导的校长负责制对实现教育家办学的重要作用。这说明大多数接受调查的校长都比较认可党组织领导的校长负责制对保障自身办学方向的积极作用（见图5）。

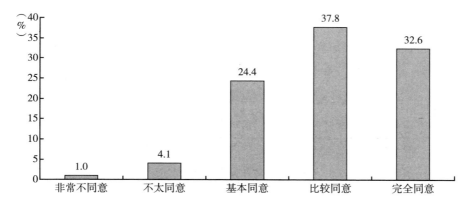

图5　党组织领导的校长负责制实施

（5）培训政策的认同水平最高，交流轮岗最需进一步完善。制度环境的营造不仅是自上而下的政策完善与推进，也是组织或个体不断接受和认同的过程。调查结果显示，64.3%的校长认为当前制度环境在实现教育家办学方面是令人满意的。其中，25.4%的校长完全认同当前制度环境对教育家办学的支持作用，38.9%的校长认为当前制度环境对实现教育家办学是比较令人满意的。这说明大多数接受调查的校长都比较满意当前的制度环境所提供的支持。但是，仍然有35.8%的校长对当前的制度环境满意度一般，甚至不满意。基于整体制度环境与不同类型制度环境的高认同占比分析发现（见图7），整体制度较高认同占比低于对不同类型政策制度支持的高认同占比，由低到高依次为整体制度（64.3%）、交流轮岗（68.4%）、党组织领导的校长负责制（70.4%）、职级制（76.7%）、培训政策（86.6%）（见图6）。这说明不同政策之间的有效衔接和制度改革的整体性、协同性有待加强。同时，在不同政策的支持下，交流轮岗的认同度最低，其次是党组织领导的校长负责制，由此可见，这两项制度的推进亟须进一步完善政策宣传和配套支持举措。

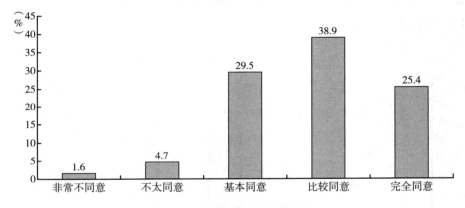

图6 整体政策实施满意度

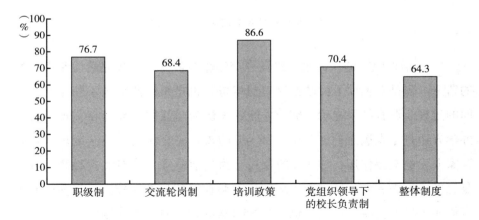

图7 不同类型政策制度高认同占比

2. 当前制度环境建设存在的主要问题

在国家推进治理体系与治理能力现代化的宏大背景之下，在完善校长队伍建设和教育强国建设的政策话语和改革实践之中，教育家型校长的地位被提升至空前的高度。制度化环境的形成是组织与程序获得价值观和稳定性的一种进程①。推进教育家型校长队伍建设重在建立一个相对完善并被普遍接受、自觉践行的系统规范的制度生态。该过程需要不断接受政策规则的渗透和建构。校长职级制、交流轮岗、培训政策、党组织领导的校长负责制等制度在全国各地得到不断推进，在促进校长专业发展、领导力提升、践行教育家精神等方面都产生了重要影响。但是，各项政策在实施过程中仍然存在需要完善的地方。

职级制改革的实施细则和评价导向仍需完善。伴随着我国基础教育改革与发展的实践历程，虽然中小学校长职级制的实践探索取得了一定成效，但仍然面临严峻的制度困境。访谈结果显示，校长职级制背景下教育家型校长发展面临以下几个问题：第一，国家层面对于中小学校长职级制的落实缺乏具有可操作性的政策指导，而从地方来看，虽然部分区域通过体制创新取得了一定成效，但教育发展的区域性差异以及校长职级制改革的复杂性决定这些成功的经验无法被简单复制。第二，教育家型校长可行性评定标准需完善。当前教育家型校长尚未确立完善的可行化指标体系，评定标准尚不明确，在实践中缺乏明确的行动方向，导致校长对已选拔出的教育家型校长的认可度不足。比如某校长表示"只能从'教育家'这一称谓蕴含的精神品质、社会贡献、思想影响等方面感知此类校长群体的特征性轮廓，但如何评定不大清楚"。校长职称评定需要综合考察教学能力和管理能力，尤其是特级职称评比中校长与教师队伍放在一起具有不合理性，导致出现校长评职称占用教师的名额等不和谐的现象。有校长表示"评审渠道和老师存在竞争关系，这是一种竞争关系。你要评职称的话，就会占用教师评职称的"。第

---

① 〔美〕塞谬尔·P. 亨廷顿：《变化社会中的政治秩序》，王冠华、刘为等译，上海人民出版社，2008。

三，任期年限一定程度上限制了教育家型校长的成长积累。在任期年限上，校长表示从普通校长发展为教育家型校长，需要经过长时间的相关培训学习和实践，校长任职时间（3~6年）的约束不利于教育家型校长的成长与沉淀。第四，单一的评价导向桎梏了校长教育家精神的践行。在评价导向上，应试唯分数论依然存在。有校长反映上级行政部门在调研学校时过度看重"清北率"和"升学率"，评价导向功利化严重，且评价指标单一。在育人理念方面，大部分校长明确育人为先的教育理念，达成了育人才是教育的根本目标的共识，当今时代社会对教育质量的认识、国家对教育的评价都更为注重学生核心素养的发展，关注培养什么样的人、怎样培养人、为谁培养人的问题，对学校的评价更加客观而科学。过往仅仅重视升学率是不可取的。在学校实践层面，各位校长承认当前育分仍是学校发展的一个关键任务。从学校管理的现实角度出发，升学率问题关系到学生家长的需求以及学校本身的发展，是一个衡量学校发展不可避免的指标，学校管理中无法简单地以育人为先而忽视育分。校长作为"理性经济人"的管理者角色，当育人与办学双重逻辑下出现背离问题时校长可能会更偏重于利用管理手段满足外部评价要求，以保证学校组织机构的良好运行。教育的功利化、工具化倾向遮蔽了教育与生活的价值关系，这种价值取向的僭越，引发教育及学校教育的异化，忽视了人的发展价值，这些都对校长的办学理念产生了严重的负向影响，造成了部分校长在教育理念上的偏差，他们按照现代企业的生产模式与管理思想办教育，以高度规范化、标准化的质量管理模式推进学校日常事务管理，强化升学率、名校率对教育的统治，学校成了"知识加工和贩卖之所"，教师成了"知识灌输操作员"。有校长表示"其实你不管是怎么样去评，现在评价肯定是只要成绩好，其他地方都不会差"。当社会中流行这种价值观时，基于人的全面、可持续发展的教育良知、教育信仰和教育智慧便成了难以实现的目标，教育家型校长成长就有可能成为空谈。

交流轮岗的政策执行偏差问题较为严重。校长交流轮岗历经了由试点探索到全面推开，再到不断深化的过程。全国各地推进校长交流工作虽然取得了有益的经验和积极的进展，但从全国层面上看，工作推进具有显著的不平衡特征。一些地区校长教师交流的覆盖面不够广、交流力度不够大、激励保障措施不够完善，个别地区的校长教师交流轮岗工作流于形式，没有取得实效①。政策实施的形式化、替代化、选择性等现象依然存在。相关机制的不健全导致校长交流轮岗动力难以被激发。例如，优质学校和城市（县城）学校对于目标规划本身的无声抗议，而农村学校和薄弱学校对于目标规划虽持赞成态度，但由于本身处于被动状态②，交流轮岗的运行机制不畅，各部门尚未达成共识。当前我国基础教育阶段采用"省级统筹，以县为主"的管理机制，县级政府和教育行政部门应该承担起编制核定、岗位设置、培训培养、聘用管理等职责，但当前校长管理制度中出现教育、人事、编制多头管理，使县级教育行政部门无法对学校领导人员的配备进行统筹，制约了交流轮岗的推行。访谈结果显示，学校之间由于办学规模、学生来源等方面差异对于学校领导人员配备要求不同，推动双向互动交流的精准性和长效机制还不够完善。一些地方编制、岗位、职称评定等资源配置落实还不到位，激励保障机制不足，交流的氛围还不够浓厚。此外，激励保障机制在现实中无法得到保障，尤其是新冠疫情后整体经济形势低迷，县域内教育财政也受到极大影响，交流轮岗所带来的学校环境适应、工作文化适应等问题使其宁愿选择放弃职称晋升和评优评先的优惠政策。

党组织领导的校长负责制亟须明晰权责清单。落实党组织领导的校长负责制，致力于回应中小学治理体系和治理能力现代化，贯彻落实立德树人根本任务，加强党对学校发展、人才培养等工作的全面领导，保障党的教育方针和党中央决策部署在中小学切实得到贯彻落实。自 2022 年《关于建立中小学校党组织领导的校长负责制的意见（试行）》实施以来，各省区市县及学校在出台配套文件、构建党组织体系、修订完善校内规章制度等方面取得了一定成效，但是在思想共识、权责界定、党政人才队伍培养、工作时间分配等方面仍存在一些现实困难，阻碍了领导体制改革推动教育家型校长成

---

① 刘利民：《加快推进校长教师交流轮岗》，《中国教育报》2013 年 12 月 2 日。

② 徐玉特：《校长教师交流轮岗体制机制的困境与破解》，《教育理论与实践》2016 年第 4 期。

长的实效。访谈结果显示，当前党组织领导的校长负责制主要存在以下问题：第一，在思想共识方面，思想认识尚未达成统一。部分地区的教育行政部门负责人和校长对于党组织领导的校长负责制的体制优势和内涵特点认识不够深入，从而导致在落实过程中存在偏差，比如有的学校书记把校长架空、学校内部教师存在"站队"问题。同时，部分中小学校内部的党教融合不充分，基层学校的党组织领导的校长负责制在执行中存在党建与教育教学、学校管理工作相脱离的"两张皮"现象，学校管理者尚未理解到党组织领导的校长负责制对提高学校发展质量的好处，导致实践这一制度的热情不高，未能发挥党领导教育全局的战略性优势。第二，在权责界定方面，书记和校长的权责划分不清晰，学校议事规则和决策程序尚不完善，导致校长与书记在工作配合上不够顺畅、事倍功半。不同省（区、市）在校长、书记的权力划分上存在差异性认知，校长与书记的权责划分标准不清导致基层出现了令出两端的问题，学校中层领导的具体事务处理受到了一定的影响。与此同时，党务与事务分开的学校管理新体系，对集团化办学而言会带来管理上的困难，对总校长增加了较大的管理负担。党组织领导的校长负责制要求校长与书记进行权责协商，这种协商及对团结的追求导致了大部分教育改革无法贯彻。有校长表示"书记和校长之间各自有各自的想法，所以没有能够办法或者说是没有能够很好的达成一致，因而在这个里面就出现那种有人会站队，有人会找空子。他去找书记说可能书记不同意，他就会去找校长做，然后就会在这里面就会找这种空子等这样子。如果在上面的想法不一样以后，这个工作以后就很难办了，就很麻烦了"。第三，在人才方面，基层学校的党政人才不足。学校的管理层绝大部分由一线教师组成。教师工作重心是教学业务，这就导致了学校党政领导人才的数量和质量上都难以支撑一个严密的党组织架构。同时，校内培育的管理人才难以得到组织部认可，党务人才培养的体系难以建成。基层学校内部以书记为首的党组织队伍不够完善，书记所能调动的学校资源不足，阻碍了书记在学校中的权责履行。部分学校还存在人才错配问题，即让学校管理能力强的校长担任书记，做党建工作，由其他学校管理能力弱的校领导担任校长，负责学校管理，降低了学校管理的质量。第四，在时间分配层面，党政任务繁重，影响正常教学工作。为大力贯彻党组织对中小学的领导，各地方政府对当地中小学校提出了相当多的党建活动任务量，且事事需留痕。学校行政与党建的双重工作带来大量形式化、纸面化任务，在中小学校原本繁忙的行政任务之外增添了新的工作量，导致部分学校管理层高压运转，对学校正常的教学工作开展造成了一定的影响。

（三）制度环境对教育家型校长成长的影响

本研究主要采用 Spearman 进行相关性分析，检验当前制度环境是否对教育家型校长具有统计学意义上的影响。

研究发现（见表 1），职级制管理、交流轮岗、培训项目、党组织领导的校长负责制均对中小学校长管理决策具有显著的正向相关，其中各类培训项目对中小学校长管理决策的影响系数最大，但是对中小学校长的社会交往不存在显著相关。这说明随着各项制度改革的不断推进与深化，尤其是培训政策支持，有助于教育家型校长管理决策水平的显著提高。其中，职级制管理与中小学校长管理决策水平的相关系数为 0.409，这说明职级制管理每提高 1 个单位，中小学校长管理决策水平就提高 0.409 个单位。交流轮岗与中小学校长管理决策水平的相关系数为 0.319，这说明交流轮岗每提高 1 个单位，中小学校长管理决策水平就提高 0.319 个单位。培训项目与中小学校长管理决策水平的相关系数为 0.439，这说明参加培训项目每提高 1 个单位，中小学校长管理决策水平就提高 0.439 个单位。党组织领导的校长负责制与中小学校长管理决策水平的相关系数为 0.299，这说明党组织领导的校长负责制每提高 1 个单位，中小学校长管理决策水平就提高 0.299 个单位。

同时，职级制管理、交流轮岗、培训项目、党组织领导的校长负责制均对中小学校长课程领导力具有显著的正向相关，其中职级制管理对中小学校长课程领导力的影响系数最大。这说明随着各项制度改革的不断推进与深化，尤其是职级制改革，有助于教育家型校长课程领导力水平的显著提高。

其中，职级制管理与中小学校长课程领导力水平的相关系数为 0.291，这说明职级制管理每提高 1 个单位，中小学校长课程领导力水平就提高 0.291 个单位。交流轮岗与中小学校长课程领导力水平的相关系数为 0.133，这说明交流轮岗每提高 1 个单位，中小学校长课程领导力水平就提高 0.133 个单位。培训项目与中小学校长课程领导力水平的相关系数为 0.245，这说明参加培训项目每提高 1 个单位，中小学校长课程领导力水平就提高 0.245 个单位。党组织领导的校长负责制与中小学校长课程领导力水平的相关系数为 0.165，这说明党组织领导的校长负责制每提高 1 个单位，中小学校长课程领导力水平就提高 0.165 个单位。

表 1　制度环境与中小学校长成长的相关关系

分类	1	2	3	4	5	6	7
1. 管理决策	1						
2. 课程领导力	0.568 **	1					
3. 社会交往	0.097	0.158 *	1				
4. 职级制管理	0.409 **	0.291 **	0.073	1			
5. 交流轮岗	0.319 **	0.133 **	0.111	0.363 **	1		
6. 培训项目	0.439 **	0.245 **	0.062	0.538 **	0.564 **	1	
7. 党组织领导的校长负责制	0.299 **	0.165 **	0.083	0.568 **	0.452 **	0.458 **	1

注：** $P<0.01$，* $P<0.05$。

三　教育家型校长成长的制度环境优化

当前，世界范围内的教育改革浪潮不断推进，迫切需要有更多具备教育家精神的校长来承担改革重任，以制度建设改革成效推动基础教育综合改革的深入开展，加快构建"政府依法管理、学校自主办学、社会广泛参与"的现代教育治理体系，助力教育家成长。教育家型校长的成长不仅需要校长主动修炼自身的专业理想、专业能力、专业情感、专业伦理等内生动力，更需要管理部门创设完善的管理体制、培训制度、评价体系等适宜的制度环境和生态环境。

（一）完善顶层设计，健全运行机制

目前从国家层面来看，当前中小学校长职级制、交流轮岗、党组织领导的校长负责制等管理制度改革的推进已势在必行并做出了一些探索，但是从全国范围来看，当前改革的推进速度较为缓慢，主要原因在于顶层设计需要进一步完善。

第一，完善教育家型校长评审标准，规范选任程序。一方面，在国家层面明确教育家型校长选任标准，可以在已有的中小学校长专业标准基础上，制定具有可操作性的教育家型校长评选标准和实施方案，为地方政府评选和培养教育家型校长提供权威依据。如明确教育家型校长准任条件；建立中小学校长"人才库"，规范选拔任用方式与程序；加强对教育家型校长任职后的管理考核，采用情境考察、实践考察、学术考察、民意考察等多维考核方式确保客观准确。另一方面，充分运用职级制的导向作用，不片面地以统考、中考或高考成绩或是所在学校头衔（如名校）作为评价依据，而是以校长对学校发展做出的贡献和学校的进步发展作为标准，全面衡量教育家型校长的职业素养，彰显教育家办学的社会贡献。

第二，完善政策实施细则，保障有章可循。在校长职级制层面，需要国家层面进一步出台校长职级制的实施细则方案和配套支持举措，明确职级序列、职级晋升程序、职级待遇等规定，打通校长晋升交流通道，拓宽职业发展空间，为地方教育部门提供参考依据。同时，建立校长任期的灵活机制，一切以有利于学校发展需要为前提，根据其所任职学校发展的实际需要灵活处理，保障校长能够潜心钻研，总结提炼办学思想，经得起时间和实践双重锤炼，不断获得积累与沉淀。在交流轮岗层面，应进一步细化方案内容，增强实施方案的可操作性，制定具有科学性、计划性、合理性的实施规划和阶段性目标，明确加快推进的时间表、路线图、任务书、责任人，并尽可能确保轮岗校长的个人特长风格和薄弱学校特色要相匹配，使交流轮岗工作的开

展有章可循，提高校长交流轮岗的规范化水平和有效性。在党组织领导的校长负责制层面，中央层面需要出台更为细致的指导性政策，划清校长与书记的权责范围，确定教育教学实践中的党政功能职责分工，以便学校工作的正常开展。在此基础上，突出党组织的政治功能，发挥集体领导的作用，通过党政联席会议充分协商凝聚共识，对制定学校发展规划和各项决策进行有效领导，为校长管理决策能力的提升提供制度支持。充分发挥党组织跨组织、跨部门、跨单位统筹协调优势，凝聚政府、社区、家庭多方力量，整合利用优质资源，化解困境与难题，使校长能够潜心做好教育教学工作，更好地激发学校办学活力。

第三，加强制度完善与基层实践创新的互动互鉴。一方面，优化政策扩散，发挥基层学校的创造力，明确地方政府应当扮演政策目标分解者、政策任务创新执行者角色，依据中央政府授权范围，结合地方探索校长职级制、交流轮岗、党组织领导的校长负责制等重大制度改革的有效推进模式和鲜活实践经验，细致分析不同地区推进模式和实践经验的相同与不同之处，把握重大制度改革推进的共性规律和个性特色，充分借鉴其他地区实践探索的鲜活经验。因地制宜，充分考虑本地基础教育改革与发展的现实条件和发展诉求，积极开展校长职级制实践探索的自主创新。另一方面，借鉴推广经验，总结改革试点工作的成效，提炼党建工作融入教育教学、学校管理工作的宝贵经验，研究解决试点中出现的新问题、新情况，形成可复制、可推广的典型经验；发挥示范引领作用，指导学校开展试点工作使试点工作逐步覆盖到各（市、区）及各类型学校。同时，鼓励基层学校"走出去、请进来"，学习借鉴成功经验。

（二）加强宣传引导，提升政策认同度

加强政策解读与榜样宣传，提高政策的价值认同。有效的宣传能够加深校长对政策的价值认同并提高其参与意愿。社会的广泛讨论和政策宣传力度的加大会进一步增强社会各界对于推进教育家办学对促进义务教育均衡发展重要价值的认识。教育家办学不仅是政府与社会的期待，也是"教育家"

的题中应有之义。一方面，具有崇高教育使命感、独特教育思想体系、卓越教育创新能力和广泛社会影响力的教育家型校长理应将他们的办学成功经验和教育思想辐射、惠及更广泛的人群。鼓励教育家型校长积极参与到帮扶薄弱乡村学校发展的工作中，开展了多种形式的、富有成效的交流轮岗活动，使其感受自己在政策实施中的"主体地位"，在社会责任感的熏陶中实现从"被迫"到"自愿"的观念转变，明晰自己的权利和义务，通过对教育思想的凝练与传播，帮助薄弱学校加强更新理念，加强学校精神建设等。交流轮岗是促进教育家型校长自身领导力提高的过程，更是其教育情怀升华的过程。另一方面，加强学习培训，达成思想共识。认真做好政策文件的宣传工作，让广大教职员工了解文件精神和改革要求。例如，在党组织领导的校长负责制实施前，通过培训学习理解党组织书记、校长，党组织会议、校长办公会议（校务会议）的职责权限，为积极推进党组织领导的校长负责制改革创造良好的工作环境；加大宣传力度，提升各地区对中小学党组织领导的校长负责制的认知与执行热情；举办教育行政部门、中小学校领导等相关人员的专题学习培训。通过对文件进行深度解读，让广大教育部门、中小学校领导等深刻领会文件精神，准确把握文件要求，加深对党组织领导的重要性的认识，增强科学制定有关会议制度、议事规则和学校章程的能力。

（三）深化简政放权，充分保障办学自主权

当前，现代学校制度建设需要改革者根据时代发展的要求，设计和构建与各方面改革相适应的规则体系。在现代学校制度框架下，厘清了政府和学校的关系，简政放权，将更多的实权下放给学校。现代学校制度建设需要政校分开，管办评分离，将学校内部治理、绩效考核、学校发展规划和特色发展的权力适宜地赋予校长，从而为教育家型校长成长创造制度空间，为教育家型校长办学提供自主空间，即在制度上为教育家型校长成长、成熟，为学校发展提供自主、能动的空间。具体来讲，按照现代学校制度的要求，进一步推进职级制改革，严格落实党组织领

导下的中小学校长负责制，把副校长的提名、中层干部聘任等人事权交给校长；将教师岗位聘任、职称评聘、评优表彰、考核评价、绩效工资分配等管理权，招生录取、学生评优等学生管理权，课程设置、教学规划、课堂改革等教学管理权还给校长。政府的教育职能主要是"掌舵"，确保国家教育方针政策的贯彻落实，监督落实党组织领导的校长负责制，能够确保学校办学的正确方向，规范学校的办学行为，维护师生的合法权益和教育公平，推进教育均衡发展等，因此，政府可以将监督校长的办学行为放权到学校内部的党组织进行监督。办学自主权不能简单地理解为校长自主权，需要进一步完善学校内部治理体系，教育主管部门根据当地的实际情况要进一步明确中小学校内部决策权、执行权与监督权的分离与制衡，明晰校长的权责划分，积极推进学校依法自主办学，努力改变校内"科层制"组织管理结构，推行扁平化管理，推进了学校管理的民主化和科学化，充分激发和释放了学校办学活力。政府可以出台相关指导纲要或权责细则，推行目标管理、项目管理、清单管理、风险管理、契约管理等，在简政放权的基础上管住底线，由学校自主用人、定岗竞聘、优教优酬，让校长根据学校发展实际和目标定位，充分自主地探索现代教育理念，全面规划学校发展战略和步骤，主动开展教育教学创新，积极构建适合学生全面、个性、主动发展的课程体系，全力打造具有本校特质并且契合教育现代化理念的学校特色，破解"一管就死、一放就乱"的现象。

此外，在现代学校制度框架下，还需要进一步完善外部监督机制，重视和推进专业团体、家长委员会、社区等第三方社会组织的监督作用，充分尊重和发挥他们在教育公共治理中的参与需求，以及在专业评估、教育管理和社会服务中的结构优势，引导建立科学合理的评价观，为教育家型校长的成长提供系统支持。例如，进一步完善家长和社会参与监督办学的体制机制，构建教育重大决策协商听证和会议文件效能评估制度、办学理事会制度、办学满意度调查制度、家长委员会制度以及教育惠民服务机制等，使广大的利益相关者参与到学校教育教学和决策管理工作中，及时掌握学校信息并拥有更多的监督权和话语权，形成了党组织领导的校长负责制与民主参与制度之间相互制约、相互协作的良性机制①。

（四）完善评价激励，多措并举激发校长改革创新活力

改革创新是发展进步的动力之基、活力之源。激发校长的改革创新活力、自我发展的内在积极性和主动性，调动校长立志终身从教、坚定追求教育理想的精神动力，培养校长思考教育、研究教育和探索教育的兴趣，引导校长在教育创新创业的道路上走得更加坚定与执着，是实现教育家办学的关键要素。

积极探索多样化的激励方式，多措并举，统筹推进。一方面，统筹实施校长交流轮岗、校长职级制管理、党组织领导的校长负责制等重要举措，形成整体推进工作的合力，优化激励机制，进一步探索创新更加多样化的激励方式，在编制核定、岗位设置、职务（职称）晋升、聘用考核、薪酬待遇、评优评先等方面提供一系列优惠政策，鼓励校长依靠创新提高发展质量，勇于改革创新。实施适度激励的薪酬体系，弱化绩效与待遇的关联，明确教育家型校长"教育改革责任人"的定位，让校长能够从教育坚守获得的成果中享受适当的经济收益。例如，江苏省实施校长职级制的地区，申报高等级校长应有多所学校任职经历。倡导"校长+教师"组团交流，有计划地从优质学校选派管理干部和骨干教师组成团队交流到薄弱学校和乡村学校，将优质学校先进的教育理念与管理制度、丰富的课程资源与教学经验整体植入薄弱学校和乡村学校。吉林省通过增发补贴工资激励校长的交流轮岗，由县城学校交流到乡镇学校的校长、教师，享受"乡镇工作补贴"（在乡镇工作 6 个月以上）等农村学校教师同等的津补贴等待遇。同时，参与交流轮岗在职称竞聘、干部任用、评优评先等方面给予加分政策，甚至纳入必选项。另一方面，聚焦教育家型校长的培养与成

---

① 包金玲：《教育去行政化与现代学校制度建设——以中小学教师人事管理为例》，《教育发展研究》2012 年第 12 期。

长，将校长的专业发展与各项制度改革结合起来，引导校长通过职级选任、交流轮岗、培养培训、党组织领导的校长负责制等制度变革增加应对教育改革的管理决策能力、课程领导能力、思想提炼能力、理论研究能力、创新能力等提高，丰富教育教学经验、更新教育观念、提高领导力、厚植教育家精神，让更多的校长真正愿意参与各项教育改革、主动推动改革，化阻力为动力，变消极因素为积极因素。改革创新是好事也是难事，需要通过多样化的激励保障，鼓励校长坚定理想信念，善于将改革化为动力，通过创新释放办学活力，在实践中涵养和践行中国特有的教育家精神，从而使各项政策支持成为迈向成长为教育家型校长的持续动力。比如，上海完善一系列提升校长专业地位的激励机制。包括完善校长聘期考核制度，在有条件的区试点实施优秀校长到龄延聘制度；加强特级校长基地建设工作，充分发挥特级校长的带教作用；引导特级校长参加市、区督学工作，充分发挥特级校长智囊团作用；给予优秀校长委托管理职责，发挥名校长的示范辐射作用[1]。此外，建立健全教育家型校长荣誉制度和评价信息公共制度，通过社会监督和舆论监督保障评价的公平公正，特别是教育同行在评价中的作用，推动教育家型校长逐步承担教育改革的主体责任，实现从"量化考核""考分考核"转向"多元考核""贡献考核""增值考核"。

---

[1] 李永智：《深化中小学校长职级制改革的"上海经验"》，《中小学管理》2020 年第 2 期。

B.13
中学校长国家级培训年度调研报告[*]

田爱丽[**]

摘　要： 为建强校长/书记培养培训体系，推进校长/书记培养培训的精准化，打造高素质校园长队伍，受教育部教师司国培项目办的委托，教育部中学校长培训中心以中学校长培训中心近五年来参加过"国培班"的学员为对象，开展了"中学校长培训现状"调研。调研表明，当前的中学校长培训工作取得了良好成效，参训校长无论是理念观念还是思想情怀、改革创新能力等都得到了应有的拓展和提升。然而，面临数智化时代新的需求和要求，现有的校长培训模式、师资队伍等都面临较为严峻的挑战，培训的针对性、系统性、个性化等要求进一步提高。培训机构唯有瞄准教育改革与发展的趋势、校长培训的要求以及校长成长的需求，积极变革培训模式，提高师资队伍、课程设计以及培训环境的适应性，才能进一步提升培训质量。

关键词： 校长培训　培训模式　培训内容　培训质量

　　为建强校长/书记培养培训体系，推进校长/书记培养培训的精准化，打造高素质校园长队伍，受教育部教师司国培项目办的委托，教育部中学校长培训中心（以下简称"中学校长培训中心"）于2023年9～10月开展了"中学校长培训现状"调研。调研围绕校长培训的整体满意度、培训类型、培训内容、培

---

* 本报告是时任教育部中学校长培训中心主任代蕊华牵头、副主任田爱丽具体负责、培训中心全体教师参与的研究成果。报告撰写过程中，教育学部博士研究生王钰彪、姜学艺对网上数据的整理和分析以及初稿的撰写做出了贡献。特此致谢！
** 田爱丽，华东师范大学教授、博士生导师，教育部中学校长培训中心副主任，主要研究方向为教师教育、教育管理。

训形式、培训目标的达成、培训教师队伍的建设等几个维度展开，并以中学校长培训中心近五年来参加过"国培班"的学员为对象，发放问卷 650 份，回收有效问卷 605 份，回收率为 93.08%。在此基础上访谈了部分校长学员以及长三角地区的校长培训组织者。以下分别从参与调研的学员特征、整体的培训成效、需要改进的问题以及今后的改进路径四个方面详述。

一　问卷调研对象特征分析

调研的对象包括中学的校长和书记两类人群，为行文的便捷，以"校长"做统称。

1. 中学校长性别特征

参与调研的是中学校长，男性校长参与人数多于女性校长，其中，男性校长占比 75.7%，女性校长占比 24.3%（见图 1）。

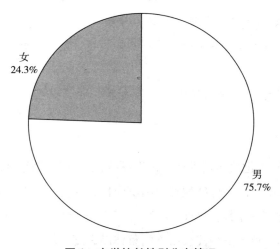

图 1　中学校长性别分布情况

2. 中学校长年龄段特征

参与调研的中学校长中，50~59 岁的校长最多，占比 57.1%；其次是

40~49 岁的校长，占比 39.2%；再次是 30~39 岁的校长，占比 2.5%；60 岁及以上的校长占 1.2%（见图 2）。

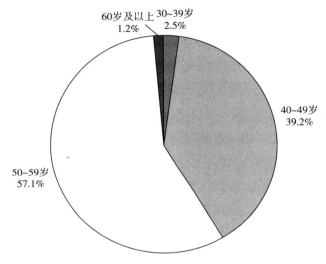

图 2　中学校长年龄段分布情况

3. 中学校长教龄特征

中学校长教龄在 11~20 年的人数最多，占比 48.93%；其次是 21~30 年，占比 42.31%；再次是 10 年及以下的校长，占比 8.43%；31 年及以上教龄的校长人数最少，仅占 0.33%（见图 3）。

4. 中学校长职称特征

参与调研的校长的职称大多数是中学高级，占调研群体的 72.6%；其次是中学正高级，占 23.8%；再次是中学一级，占比 3.0%；最后是其他，占比 0.6%（见图 4）。

5. 中学校长最高学历特征

参与调研的校长最高学历人数最多的是大学本科，占调研群体的 75.4%；其次是研究生或在读研究生，占比 23.8%；再次是大专，占比 0.5%；最后是高中及以下，占比 0.3%（见图 5）。

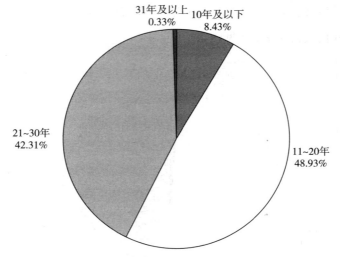

图 3　中学校长教龄分布情况

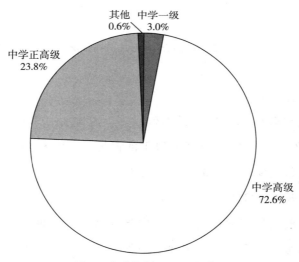

图 4　中学校长职称分布情况

6. 中学校长最高学历种类特征

参与调研的中学校长中，从师范类普通高校获得最高学历的人最多，占59.06%；排名第二的是通过函授的学习方式获得最高学历，占比19.67%；排名第三的是通过自考，占比10.08%；排名第四的是在非师范类普通高校

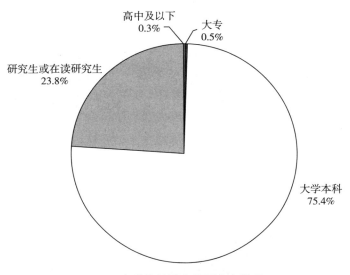

图 5 中学校长最高学历分布情况

学习而得，占比 6.45%；排名第五的是在党校中学习获得，占比 2.31%；排名第六的是在电大学习获得，占比 2.10%；通过夜大学习获得的人数最少，占比 0.33%（见图 6）。

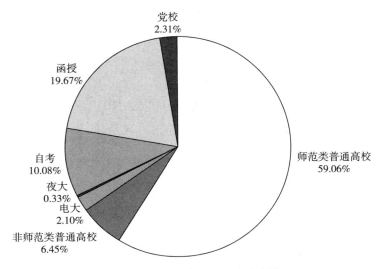

图 6 中学校长最高学历种类分布情况

7.中学校长职务特征

参与调研的中学校长中,任职书记兼校长的最多,占比41.49%;排名第二的是只担任校长,占比21.65%;排名第三的是只担任书记,占比16.03%;排名第四的是担任副校长或副书记,占比13.39%;排名第五的是担任校长兼副书记,占比6.45%;担任书记兼副校长的人数最少,占比0.99%(见图7)。

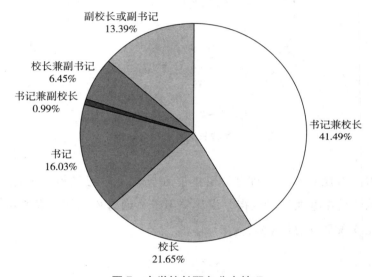

图7 中学校长职务分布情况

8.中学校长担任现职务的年限特征

参与调研的中学校长担任现任职务年限在10年以上的最多,占比39.4%;其次是3年及以下,占比21.0%;再次是7~9年,占比20.3%;4~6年的人数最少,占比19.3%(见图8)。

9.中学校长所在学校的类型特征

参与调研的中学校长来自独立初中的人数最多,占比36.71%;第二是来自完全中学,占比22.15%;第三是来自独立高中,占比21.16%;第四是来自九年一贯制学校,占比13.86%;来自十二年一贯制学校的人数最少,占比6.12%(见图9)。

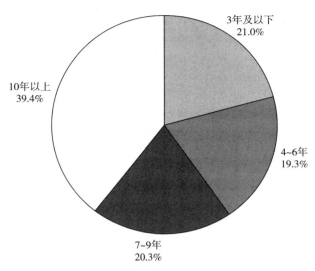

图 8　中学校长现任职务年限分布情况

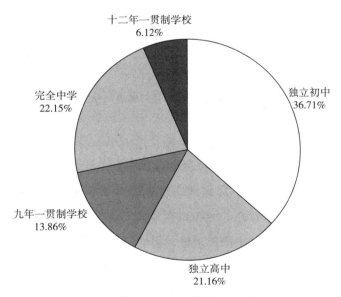

图 9　中学校长所在学校类型分布情况

10. 中学校长所在学校所属级别特征

参与调研的中学校长任职学校的所属级别最多的是区（县）直管，占比 63.5%；第二是地级市直管，占比 28.6%；第三是乡镇直管，占比 4.6%；第四是省级直管，占比 2.8%；最后是教育部直属，占比 0.5%（见图 10）。

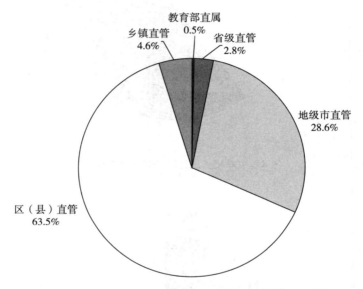

图 10　中学校长所在学校所属级别分布情况

从以上数据可以得出当前在中学校长培训中心参训学员的群体画像为：参加培训的多数为 50 岁左右、男性、本科学历、具有高级职称、任现职 7 年及以上、区（县）直管、在当地有着显著办学业绩和实践成效的中学骨干校长。当然这其中也存在区域和城乡差异，就性别而言，东部地区的初中校长中，女性多于男性，中西部地区，男性多于女性；高中校长群体中，男性普遍多于女性；而小学校长群体中，女性多于男性；城乡方面，城市中女性担任校长的比例普遍要高于乡村；就学历和职称而言，高中的校长群体中，高学历、正高职称校长的比例高于初中校长等。

二 中学校长培训的成效

在各级领导的指导与社会各界的大力支持下，经校长培训工作者的共同努力，当前的中学校长培训工作取得了良好成效，无论是对校长理念的更新、办学情怀的提升，还是实践的改进等，都提供了很好的助力，学员总体的满意度很高。

（一）校长培训满意度很高

图 11 显示，校长对参加培训项目的总体满意率为 96.8%，其中 36.9% 的校长对培训非常满意，59.9% 的校长对培训比较满意，表明培训效果整体较好。

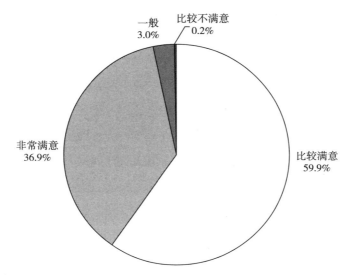

图 11　中学校长对参加培训项目的总体满意度

在确定培训总体满意度的前提下，课题组探讨了不同培训类型、培训模式、培训内容对中学校长专业发展与学习效果的影响，结果如表 1、表 2、表 3 所示。

在培训类型方面，校长认为不同的培训类型均能有效促进自身专业发展（认同重要的人数占比均高于70%）。具体而言：①骨干校长培训（91.3%）、优秀校长培训（80.7%）、名校长培训（75.5%）等高级研修，有助于校长深化教学改革，弘扬教育家精神，为基础教育事业优质发展发挥示范引领作用；②在职提高培训（86.8%）、专题培训（83.6%）等素养培训，有助于更新参训校长的教育观念，针对性提升其理论素养和实践能力；③任职资格培训（82.8%）、职前培训（70.9%）等岗前培训，有助于校长及时转变角色定位、增强自身管理意识和领导力。

表1　校长对不同培训类型影响自身专业发展重要程度的评价

培训类型	非常重要	比较重要	一般	比较不重要	非常不重要	未参加过
骨干校长培训	459人（75.9%）	93人（15.4%）	7人（1.2%）	1人（0.2%）	1人（0.2%）	44人（7.3%）
优秀校长培训	386人（63.8%）	102人（16.9%）	10人（1.7%）	2人（0.3%）	0	104人（17.2%）
在职提高培训	368人（60.8%）	157人（26.0%）	33人（5.5%）	5人（0.8%）	2人（0.3%）	40人（6.6%）
名校长培训	359人（59.3%）	98人（16.2%）	9人（1.5%）	2人（0.3%）	2人（0.3%）	133人（22.0%）
专题培训	359人（59.3%）	147人（24.3%）	41人（6.8%）	3人（0.5%）	0	55人（9.1%）
任职资格培训	336人（55.5%）	165人（27.3%）	58人（9.6%）	4人（0.7%）	3人（0.5%）	39人（6.4%）
职前培训	274人（45.3%）	155人（25.6%）	55人（9.1%）	6人（1.0%）	0	113人（18.7%）

在培训模式方面，校长认为不同的培训模式对提升自身学习效果均有重要影响（认同重要的人数占比均高于50%）。具体而言：①校长思想凝练（91.9%）、专题讲座（90.6%）、校长思想论坛（84.2%）、读书分享

（76.2%）等以知识学习为主的培训模式，对增强校长理论素养有积极的效果；②教育考察（95.8%）、学校管理诊断（88.4%）、跟岗培训（86.3%）、对话交流（87.3%）、现场教学（84.1%）、情景模拟（83.3%）等以探究发现为主的培训模式，对提高其解决学校复杂情景中的实际问题具有重要作用；③案例研究（89.5%）、课题研究（82.0%）、政策研讨（81.3%）等以科学研究为主的培训模式，对提升校长教学改革创新和课堂研究的能力具有积极影响。

值得注意的是，从统计数据来看，诸种培训模式中，"教育考察""校长思想凝练""经验分享"被认为是最重要的三种模式。

表2 校长对不同培训模式影响自身学习效果重要程度的评价

培训方式	非常重要	比较重要	一般	比较不重要	非常不重要	未参加过
教育考察	451 人 (74.5%)	129 人 (21.3%)	13 人 (2.1%)	4 人 (0.7%)	0	8 人 (1.3%)
校长思想凝练	417 人 (68.9%)	139 人 (23.0%)	14 人 (2.3%)	2 人 (0.3%)	1 人 (0.2%)	30 人 (5.0%)
经验分享	407 人 (67.3%)	164 人 (27.1%)	24 人 (4.0%)	3 人 (0.5%)	1 人 (0.2%)	6 人 (1.0%)
学校管理诊断	391 人 (64.6%)	144 人 (23.8%)	29 人 (4.8%)	4 人 (0.7%)	0	37 人 (6.1%)
跟岗培训	378 人 (62.5%)	144 人 (23.8%)	31 人 (5.1%)	1 人 (0.2%)	0	51 人 (8.4%)
案例研究	361 人 (59.7%)	180 人 (29.8%)	29 人 (4.8%)	2 人 (0.3%)	0	33 人 (5.5%)
专题讲座	358 人 (59.2%)	190 人 (31.4%)	49 人 (8.1%)	2 人 (0.3%)	1 人 (0.2%)	5 人 (0.8%)
校长思想论坛	358 人 (59.2%)	151 人 (25.0%)	45 人 (7.4%)	5 人 (0.8%)	0	45 人 (7.4%)
对话交流	346 人 (57.2%)	182 人 (30.1%)	53 人 (8.8%)	2 人 (0.3%)	2 人 (0.3%)	20 人 (3.3%)
现场教学	327 人 (54.0%)	182 人 (30.1%)	48 人 (7.9%)	3 人 (0.5%)	0	44 人 (7.3%)

续表

培训方式	非常重要	比较重要	一般	比较不重要	非常不重要	未参加过
课题研究	309 人 (51.1%)	187 人 (30.9%)	68 人 (11.2%)	7 人 (1.2%)	2 人 (0.3%)	32 人 (5.3%)
政策研讨	306 人 (50.6%)	186 人 (30.7%)	70 人 (11.6%)	6 人 (1.0%)	0	37 人 (6.1%)
情景模拟	305 人 (50.4%)	199 人 (32.9%)	54 人 (8.9%)	3 人 (0.5%)	0	54 人 (8.9%)
影子校长	276 人 (45.6%)	156 人 (25.8%)	50 人 (8.3%)	2 人 (0.3%)	1 人 (0.2%)	119 人 (19.7%)
返岗指导	268 人 (44.3%)	197 人 (32.6%)	48 人 (7.9%)	3 人 (0.5%)	0	87 人 (14.4%)
拓展训练	256 人 (42.3%)	208 人 (34.4%)	86 人 (14.2%)	12 人 (2.0%)	2 人 (0.3%)	41 人 (6.8%)
读书分享	249 人 (41.2%)	212 人 (35%)	105 人 (17.4%)	9 人 (1.5%)	1 人 (0.2%)	28 人 (4.6%)
红色之行	244 人 (40.3%)	208 人 (34.4%)	92 人 (15.2%)	11 人 (1.8%)	0	50 人 (8.35%)
境外研学	217 人 (35.9%)	144 人 (23.8%)	70 人 (11.6%)	5 人 (0.8%)	1 人 (0.2%)	166 人 (27.4%)

在培训内容方面，校长认为不同的培训内容对提高自身素养均有重要影响（认同重要的人数占比均高于75%）。具体而言：①在规划学校发展方面，校长认为学习教育政策（95.9%）、国际教育（76.8%）对自身熟悉国家教育方针、国际教育动态以及学习借鉴优秀校长办学经验有重要帮助；②在营造育人文化方面，校长认为学习心理学知识（93.8%）、中华优秀传统文化（93.0%）、哲学素养（91.4%）等内容对自身了解校园文化建设的基本理论、提升学校文化建设有重要帮助；③在领导课程教学方面，校长认为学习创新思维（97.2%）、领导学知识（96.0%）、教育学知识（90.3%）、前沿科学（学习科学与脑科学）（90.6%）、数字化技术（91.2%）对推进教育数字化转型有积极影响；④在优化内部

管理方面，校长认为学习管理学知识（97.5%）对自身掌握学校管理的
基本理论与方法有正向促进作用。

表3　校长对不同培训内容提高自身素养帮助程度的评价

培训内容	非常重要	比较重要	一般	比较不重要	非常不重要	未参加过
管理学知识	463 人 （76.5%）	127 人 （21.0%）	14 人 （2.3%）	1 人 （0.2%）	0	0
创新思维	458 人 （75.7%）	130 人 （21.5%）	14 人 （2.3%）	2 人 （0.3%）	1 人 （0.2%）	
教育政策	447 人 （73.9%）	133 人 （22.0%）	24 人 （4.0%）	1 人 （0.2%）	0	0
领导学知识	443 人 （73.2%）	138 人 （22.8%）	21 人 （3.5%）	2 人 （0.3%）	1 人 （0.2%）	0
心理学知识	347 人 （57.4%）	220 人 （36.4%）	34 人 （5.6%）	3 人 （0.5%）	1 人 （0.2%）	0
教育学知识	332 人 （54.9%）	214 人 （35.4%）	55 人 （9.1%）	3 人 （0.5%）	1 人 （0.2%）	0
中华优秀传统文化	327 人 （54.0%）	236 人 （39.0%）	40 人 （6.6%）	2 人 （0.3%）	0	0
前沿科学 （学习科学与脑科学）	323 人 （53.4%）	225 人 （37.2%）	49 人 （8.1%）	6 人 （1.0%）	2 人 （0.3%）	0
哲学素养	322 人 （53.2%）	231 人 （38.2%）	48 人 （7.9%）	2 人 （0.3%）	2 人 （0.3%）	0
数字化技术	314 人 （51.9%）	238 人 （39.3%）	47 人 （7.8%）	4 人 （0.7%）	2 人 （0.3%）	0
国际教育	221 人 （36.5%）	244 人 （40.3%）	132 人 （21.8%）	5 人 （0.8%）	3 人 （0.5%）	
中西文明	210 人 （34.7%）	277 人 （45.8%）	108 人 （17.9%）	7 人 （1.2%）	3 人 （0.5%）	0

此外，为明晰培训的具体作用效果，课题组进一步考察了高级研修班对
校长专业发展与实践的具体影响，结果如图12所示，可以看出：在专业精
神方面，培训丰富了校长的教育情怀（68.1%）、增强了校长的教育使命感
（67.3%）；在专业知识与方法方面，校长更新了观念（94.2%）、形成了系

统的办学思想（85.5%）、习得优秀同行经验（88.9%）、丰富了知识（71.1%）；在专业能力与行为方面，校长增强了问题解决能力（83.1%）、增强了实践创新能力（75.4%）和增强了示范引领能力（70.9%）。

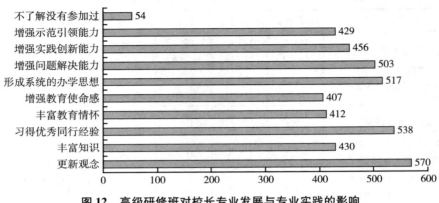

图12　高级研修班对校长专业发展与专业实践的影响

（二）校长的教育理念得到了更新

教育理念，是指校长在教学管理实践及教育思维活动中形成的对教育应然的理性认识和主观要求，[①] 包括教育宗旨、教育使命、教育目的、教育理想、教育目标、教育要求、教育原则等内容。校长作为一个学校的核心领导，其教育理念对学校发展、教师成长与学生学习具有重要影响。调研数据显示，高达94.2%的参训校长认为在培训中学习领导学知识（73.2%）、教育学知识（54.9%）、管理学知识（76.5%）等有助于其更新教育理念，尤其体现在校长逐渐从传统的应试教育观念转向素质教育观念，到今天对于学生核心素养发展的高度重视。参加过培训的校长都非常重视学生的全面发展，注重培养学生的创新精神、实践能力和道德品质；表现在学校管理上，校长意识到学校管理需要与时俱进，注重运用现代管理理念和方法，提高学

---

① 谭曙光：《一流大学校长的教育理念：经验与启示》，《当代教育论坛》（校长教育研究）2007年第5期。

校管理的科学化、民主化和规范化水平，服务于学生核心素养的发展与教师综合素养的养成。

（三）校长习得了优秀同行经验

校长在培训过程中学习借鉴到了其他同行的优秀经验、做法以及教育教学理念，吸收其精华融入自己的工作中，进而提高自身教育管理水平，为学校发展提供了更好的指导。调研数据显示，有88.9%的参训校长认为在培训中习得了优秀同行经验。经验分享（67.3%）、校长思想论坛（59.2%）、对话交流（57.2%）是学习优秀同行经验的几种重要方式，在这些培训方式中，校长能够了解同行在规划学校发展、营造育人文化、领导课程教学、引领教师成长、优化内部管理、调适外部环境等方面的经验与做法。"自己正在纠结的问题和困惑，在同伴那里已经有了系统的做法和经验，尽管不能直接拿来用，但是给了自己很大的启发"，一名参训学员如是说道："结识了一批志同道合的教育同行，办学实践中既能立足于学校本身实践情况，又能使其他学校办学的经验为自己所用，方便的时候还能带着老师到同学所在的学校去考察学习，对学校发展和学校教师队伍建设都十分有益……"可见，经验分享是校长们在培训中的一大收获。

（四）校长形成了自己的办学思想

初来培训的校长，会发出这样的疑问，我有思想吗？我的一些对教育和管理的想法，够得上思想吗？对此疑问，我们认为，每个人都有思想，更何况是从事多年教育教学和管理工作的校长。法国哲学家帕斯卡尔曾言："人只不过是一根苇草，是自然界最脆弱的东西；但他是一根能思想的苇草……我们全部的尊严就在于思想。"[①] 知名的全球教育实践和教育理论家苏霍姆

---

① 〔法〕帕斯卡尔：《思想录》，何兆武译，商务印书馆，1985。

林斯基说过："校长领导学校，首先是教育思想的领导，其次才是行政领导。"① 校长的办学思想是以校长为首的学校领导团队，基于学校具体情况和已有办学经验而确立的、系统的指导思想。它是教育思想与管理方略相互融通、理念体系与实践体系相互支撑的知行系统。调研数据表明，有85.5%的参训校长认为通过参加培训，逐渐形成了系统的办学思想。培训实践中，校长思想凝练（68.9%）是校长形成系统的办学思想的主要方式。现实情景中，许多校长拥有丰富的办学实践经验，但其办学思想还处在模糊、隐性和不自觉状态。思想凝练的过程是痛苦的过程，也是校长最为有收获的体现。在校长思想凝练这种培训方式中，能够促使校长将办学思想从模糊、潜在和不自觉的状态转化为清晰、显性和自觉的状态，即将感性认识理性化、隐性认识显性化、零散认识系统化、个人认识普遍化，从而促进自身专业素养与能力的提升。②

（五）丰富了校长多方面的知识

校长作为学校的主要领导，具备多方面知识是增强领导力的基础，也只有具备多学科的知识，才能胜任这一角色。调研数据显示，有71.1%的参训校长认为在培训中通过专题讲座（59.2%）、读书分享（41.2%）等方式丰富了他们的领导学知识（73.2%）、教育学知识（54.9%）、管理学知识（76.5%）、心理学知识（57.4%）、教育政策知识（73.9%）、前沿科学（学习科学与脑科学）知识（53.4%）、中华优秀传统文化知识（54.0%）、中西文明知识（34.7%）、哲学素养知识（53.2%）和数字化知识（51.9%）。访谈中，有校长表示："道德领导以前不熟悉这一概念，经过老师的讲解，感觉和我们的思路和做法很接近，看来我们也是处于前沿的，当然老师的讲解也让我更加系统了解了道德领导的内涵和要求。""马斯洛需要层次理论，多元智能等方面的理论，我们经常在用，看来还是有不严密的

---

① 〔苏〕B. A. 苏霍姆林斯基：《和青年校长的谈话》，赵玮等译，教育科学出版社，2009。
② 郅庭瑾主编《教育家观察·教育治理的秩序与逻辑》，华东师范大学出版社，2023。

地方，理解需要更为深入……"这些知识有助于校长更好地引领学校发展，提升教育教学质量，为学生创造更好的学习环境。

（六）提升了校长解决问题的能力

问题导向、实践为本，是校长培训的基本遵循，也是校长培训不同于本科和研究生教育的重要区别。校长在学校管理中，常常会因为社会的变革、形势的变化、教育改革的要求与学校条件的不到位等而出现各式各样的问题。面对问题，校长需具备将不能办到的问题转化为可以办到的问题、将复杂的问题转化成简单的问题、将自己陌生的问题转化成熟悉的问题、将别人的问题转化成自身问题的能力。校长的学习是基于问题的，有助于解决实践中的问题，经过培训解决了实践中的问题的培训才是有效的培训。调研数据显示，有 83.1% 的校长认为通过教育考察（74.5%）、学校管理诊断（64.6%）、跟岗培训（62.5%）、现场教学（54%）、情景模拟（50.4%）、影子校长（45.6%）、返岗指导（44.3%）、拓展训练（42.3%）等提升了自身的问题解决能力。

（七）提升校长实践创新与示范引领能力

能来到教育部中学校长培训中心的校长，一定程度上都是在当地办学卓有成效的校长。如何在培训的过程中，进一步提升校长的创新能力，从高原走向高峰，从优秀走向卓越，是一大课题。同时让优秀校长的办学实践和经验在更大范围内发挥引领和示范的效应，不仅能让自己学校办好，也能让其他学校办得更好，是优秀校长和卓越校长的社会责任。因而，在原有基础上，提升校长的实践创新能力和示范引领能力，是校长培训的一大使命。校长实践创新能力是校长在实际学校管理过程中，运用创新的思维和方法，推动学校在教育教学、教师成长、校园文化建设、学校内部管理等方面实现创新与发展的能力。调研数据表明，有 75.4% 的参训校长认为在培训中通过学习创新思维知识能增强自身实践创新能力。校长示范引领能力一方面是在校内，校长在教育教学和管理工作中，发挥示范和引导作用，带动教师和学

生提高自身能力素质，从而促进学校整体发展；另一方面，在校级之间，通过指导和示范，引领其他学校的办学水平提升和其他校长的专业发展。调研数据表明，有 70.9% 的校长认为参加培训有助于增强自身示范引领能力。

（八）升华了校长的教育情怀

教育部中学校长培训中心原主任陈玉琨教授曾经说过：相比于之前，今天的不少校长不缺知识缺情怀，不缺能力缺担当，"只有校长把今天学校所做的一切与国家'两个一百年'的宏伟目标联系起来，才有可能成为教育家。眼里只看着自己学校的一亩三分地，心里只惦记着学生考分小数点的后一位，那是办不好教育的"。[①] 因而，相比于知识的增加、视野的拓展、理论的提升等，校长教育情怀的升华、使命担当意识的增加，是更为困难的培训任务。校长的教育情怀是校长对教育事业的热爱、执着和担当，具体表现在全心全意地为学校、教师、学生发展服务等方面。调研数据表明，68.1%的参训校长认为在培训活动中深华了自身教育情怀，且案例研究（59.7%）、读书分享（41.2%）、政策研讨（50.6%）等是丰富校长教育情怀的重要途径。通过案例研究，校长深入了解优秀学校的先进教育理念和实践经验，从中汲取教育情怀的精神内涵；通过读书分享，引导校长深入阅读相关教育书籍、文章，从中吸收教育智慧；加强对校长的教育政策法规培训，能确保校长的教育情怀与国家战略相一致。

三　中学校长培训需要改进的问题

我国各地存在一定的地域经济、政策、文化等的差距，进而导致学校办学现状存在诸多差距，校长参与培训的机会以及对培训的需求亦不尽相同，如何满足每一位校长的培训需求，切实提升各所学校办学质量，是亟待深化研究的实践课题。本调研发现，当前的校长培训还有以下几个方面的问题需要改进。

---

① 陈玉琨：《教育因时而变，教育家应势而起》，《教育家》2023 年第 15 期。

（一）校长培训机会有待进一步增加

从调研群体已有培训经历看，校长参与各级各类培训机会还较少。在区县级培训类型方面，在职提高培训参与人数最多（28.5%），优秀校长培训最少（10.9%）；在市级培训类型方面，任职资格培训与在职提高培训占比一致，均为23.9%，优秀校长培训最少（10.7%）；在省级培训类型方面，在职提高培训最多（19.4%），优秀校长培训最少（12.2%）；在国家级培训类型方面，骨干校长培训最多（37.6%），名校长培训最少（8.7%）；在境外培训类型方面，不同培训类型比例较低且相差不大。这些数据（均低于40%）表明校长普遍参加各级各类培训机会不足。为此，各级教育行政部门和相关机构、高等学校等亟须增加中小学校长的参训机会（见表4）。

表4　校长参与各级各类培训的情况

培训组织部门	任职 资格培训	在职 提高培训	骨干 校长培训	优秀 校长培训	名校长 培训	总和
区县级	0	186人 （28.5%）	110人 （16.9%）	71人 （10.9%）	72人 （11.0%）	439人 （67.3%）
市级	213人 （23.9%）	213人 （23.9%）	139人 （15.6%）	95人 （10.7%）	120人 （13.5%）	780人 （87.6%）
省级	133人 （15.4%）	168人 （19.4%）	157人 （18.2%）	105人 （12.2%）	134人 （15.5%）	697人 （80.7%）
国家级	57人 （7.6%）	75人 （10.0%）	282人 （37.6%）	156人 （20.8%）	65人 （8.7%）	635人 （84.7%）
境外	32人 （5.1%）	38人 （6.1%）	32人 （5.1%）	30人 （4.8%）	41人 （6.6%）	173人 （27.7%）

（二）理论学习与办学实践的融合还需加强

校长培训是一种成人学习，成人学习的目的是解决现实中的问题，因此校长的培训学习是以解决问题为目的，其培训应该是为"实践"服务的。然而，校长培训在具体开展过程中还存在教育理论学习与教育管理实践融合关系较弱的问题。调研结果显示，有41.8%（占比最高）的参训校长认为理论学习与教育管理实践脱节是当前校长培训中最突出的问题（见图13）。此外，在问及校长培训还存在哪些问题时，部分校长反映"理论与实际联系不够紧密""理论与实践脱节""高大上的理论不契合教育实际""理论传授很难适应发展需要""培训内容要理论联系实际，少一点高大上的内容"等。综上所述，加强教育理论学习与教育管理实践间关系的融合仍然是未来校长培训工作改进的关键。

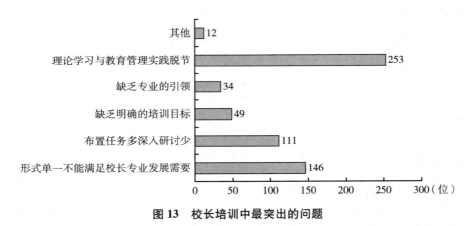

图13 校长培训中最突出的问题

（三）培训内容的针对性有待进一步明确

考虑到参训校长所在学校的地域、类型、办学水平等的不同，因此，在满足校长培训需求方面，培训课程应"因人因校施训"，不断探索个性化培训模式。然而，调研数据显示，有63%（占比最高）的参训校长认为培训内容缺乏针对性是当前培训存在的共性问题，具体见图14。通过了解校长参加任职资格培训、在职提高培训与高级研修培训三种不同层次的培训经历发现，还有19.2%的校长不清楚参加培训的层次，如图15所示。此外，在问及校长培训还存在哪些问题时，部分校长反映"对各类学校管理提供更有针对性指导""不同地域间的差异性关注不足""如果能因应不同层次学校的实际情况分类组班,培训可以更有针对性""为了培训而培训,针对性不强"等,这表明培训内容缺乏针对性是校长培训中仍有待进一步解决的问题。

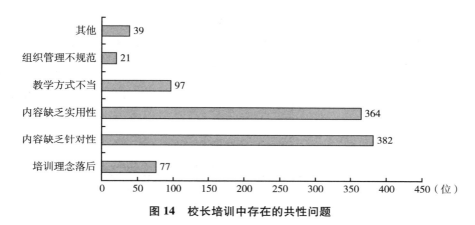

图14 校长培训中存在的共性问题

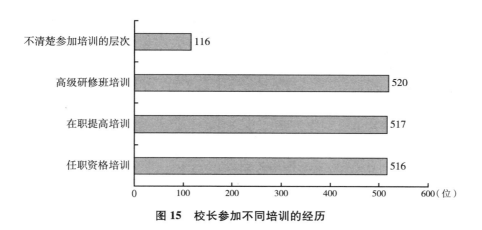

图15 校长参加不同培训的经历

(四)培训内容的实用性有待进一步增强

校长工作的专业特点和职业要求使得其在选择培训内容时首先着眼于本职工作的需要。调研数据表明,与教育基本知识和心理学方面的知识相比，参训校长更倾向于学习学校管理类的实践性知识（见表3），该结论也与其领导管理的角色职责相一致，说明中学校长注重培训内容的实用取向和问题导向。此外，通过了解校长对不同方面问题解决能力的需求程度发现，有高达84.6%的参训校长认为教师队伍建设能力非常重要（见表5），其次是学校文化建设，且77.2%的参训校长认为"学校管理中的实践问题或困惑"是学员之间展开交流研讨最感兴趣的话题（见图16）。综合上述调研数据，充分说明校长对实用性培训内容有较高的需求，然而在培训开展过程中，仍有37.1%的参训校长认为培训内容缺乏实用性。

表5　校长对不同方面问题解决能力的需求程度

问题解决能力	非常重要	比较重要	一般	比较不重要	非常不重要
教师队伍建设	512人 （84.6%）	80人 （13.2%）	11人 （1.8%）	2人 （0.3%）	0
学校文化建设	477人 （78.8%）	115人 （19.0%）	11人 （1.8%）	1人 （0.2%）	1人 （0.2%）
教师激励机制建设	474人 （78.3%）	120人 （19.8%）	10人 （1.7%）	1人 （0.2%）	0
学校问题诊断分析	446人 （73.7%）	142人 （23.5%）	16人 （2.6%）	2人 （0.3%）	0
课程与教学管理	441人 （72.9%）	149人 （24.6%）	13人 （2.1%）	2人 （0.3%）	0
应急管理	408人 （67.4%）	163人 （26.9%）	33人 （5.5%）	1人 （0.2%）	0
学校制度设计	407人 （67.3%）	172人 （28.4%）	25人 （4.1%）	1人 （0.2%）	0

（五）培训内容的系统性有待进一步改进

中学校长培训经历了较长时间的发展，但培训改革成效需进一步凸显。其中的原因之一是中学校长培训内容既缺乏整体、系统和持续的课程，也缺

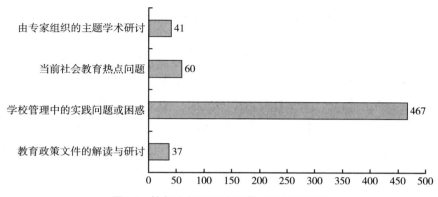

图16　校长之间展开交流最感兴趣的话题

乏课程设计的整体框架。针对特定的参训群体而言，由于时间和课时的关系，培训难以系统化。"拼盘式"（即随意零碎）的知识培训并不能帮助参训校长有效建构系统化的认知结构。调查结果显示，有38.8%的参训校长认为"浅尝辄止，学得不系统，不深入"是业务培训学习存在的突出问题（见图17）。此外，在问及校长培训还存在哪些问题时，部分校长也补充道，"没有充分的训前学情调研，课程不够系统与全面""培训内容设置缺乏系统性""培训缺乏系统性，零敲碎打"，以上调研结果都表明当前校长培训内容的系统性还有待提高。

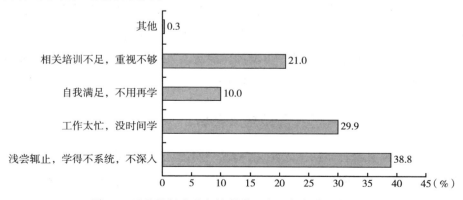

图17　目前校长在业务培训学习方面存在的突出问题

（六）对培训效果的持续跟踪与反馈有待增强

培训后的实践改进效果是我国中学校长培训质量的直接体现。真正有效的培训是被培训者在实践中对于培训内容的迁移应用，即通过校长对学校的管理、对教学的领导，学校教师给予的反馈，学生学业成就的提升等方式，来反映其培训的效果。目前，教育部已经把训后跟踪指导列入承担国培项目的培训机构评估指标体系，但在实际培训计划中却难以落实，无法有效跟踪培训的实施效果。此外，在问及校长培训还存在哪些问题时，有校长也补充道，"后续跟踪缺乏""后续跟进不足""调研和跟岗培训考察偏少"，这些结果充分说明中学校长培训后续再指导还有待加强。

（七）中学校长群体的工学矛盾有待进一步缓解

在校长的日常工作流程中，事务性工作占据了大量的工作时间，开会、巡查、接待和会议等内容是中学校长日常工作的经常性项目。虽然大多数校长对于工作岗位有着较强的责任感，但是能够用来自我学习和自我提升的时间极其有限，也难以避免以较为应付的态度对待培训活动。上述影响培训效果的因素调查也显示，有29.4%的参训校长认为个人工作负担重对培训效果有影响；校长在业务培训学习中存在的突出问题显示，有29.9%的参训校长认为工作太忙，没时间学。此外，在问及校长目前面临最大的挑战时，部分参训校长指出"教育工作的各方面压力大，与教育教学无关的工作太多""非教育领域工作太繁杂，影响学校和校长的专业发展"。这些调研结果都反映出校长培训中还存在工学矛盾问题。

（八）校长培训线上学习效果有待提高

随着大数据、云计算、区块链、人工智能、元宇宙等技术的不断发展，信息技术在校长培训领域正逐步渗透与融合。线下集中面授辅以网络研修平台、手机App和信息化管理平台等载体，构成了线上线下相结合的混合式培训模式，该培训模式能将丰富的网络学习资源与集中面授有效结合，增强培训的即时性、针对性和实效性。在本次调研中，中学校长对线上直播或录播课程的学习效果评价不高，其中有 55.7% 的参训校长认为线上学习效果"一般"，17.0% 的参训校长认为线上学习效果"比较差"，只有少数人认为线上学习效果较好（22.0%），具体如图 18 所示。这些数据从一定程度上反映出校长培训线上学习效果仍有待提高。

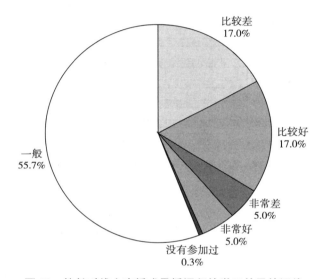

图 18　校长对线上直播或录播课程的学习效果的评价

（九）培训教师队伍水平还需提升

培训质量与培训教师的教学水平密切相关，再好的培训设计、培训内容终归要通过培训教师的教学和指导来实施完成。为此，要取得良好的培训实效就必须遴选匹配度高、有实力、高水平的培训教师来开展课程教学和实践指导。根据调研材料可知，培训教师水平还有提升空间。通过对培训实践环节存在问题的调查发现，有 214 位参训校长认为实践培训导师精力不够，193 位参训校长认为实践导师对实践环节重视不够，148 位参训校长认为实践导师指导能力有限，具体见图 19。影响培训效果的因素调查也显示，10.4% 的参训校长认为主讲教师水平有限是影响

培训效果的关键因素。此外，在问及校长当前培训还存在哪些问题时，部分校长指出"讲座质量高的不多"，这些数据反映出培训教师的水平还需进一步提高。

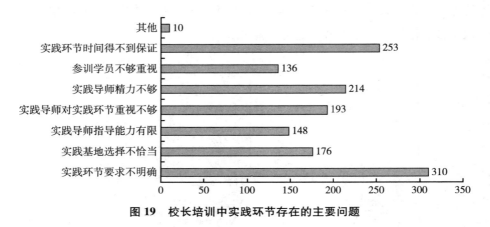

图19　校长培训中实践环节存在的主要问题

四　中学校长培训的改进路径

为弘扬落实教育家精神，进一步提升校长培训质量，努力造就一支政治过硬、品德高尚、业务精湛、治校有方的校长队伍，[1] 支撑新时期教育高质量发展，从调研问题的几个维度，结合上述调研结果并进行综合分析，本课题组认为，进一步提升校长培训质量，需要从如下几个方面分别突破，综合施策。

（一）优化校长培训机制，增加培训机会，做到普及与提高相结合

良好的校长培训机制是培训高质量开展的重要保障。针对培训的第一个、校长们普遍缺乏培训机会的问题，具体可从以下几方面解决：一是完善

---

[1]　《中共中央　国务院关于全面深化新时代教师队伍建设改革的意见》，中国政府网，2018年1月31日，https：//www.gov.cn/zhengce/2018-01/31/content_ 5262659. htm。

中学校长培训财政投入制度。各级政府和教育行政部门进一步加大对中学校长培训的财政支持力度，确保有足够的培训经费用于组织高质量的培训活动，既有普及培训的保障，更有提高培训的支持。二是与上相对应，需要进一步完善不同培训主体间的合作机制。促进不同培训主体间开展合作是拓展培训资源的一种方式，为此要充分挖掘国内外优质培训资源，鼓励校长培训中心与其他教育机构、高校、专业培训机构等合作，共同开展校长培训项目。三是完善校长培训等级准入推荐规则，规定校长定期开展培训工作并拟定阶段考核项目，通过介入增值量化考核法对校长综合能力的提升进行定级考核后，推荐进入更高级别的校长培训项目。四是鼓励社会力量参与，吸引社会资本投入校长培训领域，开展多样化的培训项目，以为校长提供更多高水平培训机会。

（二）完善校长培训课程结构和体系，增强培训的针对性和实践性

针对校长们普遍反映培训的个性化不在、实效性不强的问题，需要进一步优化各类培训的课程体系与结构。课程的本质是结构化的知识体系。完善校长培训课程体系建设重点关注以下两个标准：一是效用标准，要求"有用"。效用标准要求培训课程能为校长从事学校管理活动提供有效的智力支持，有助于校长提高管理效率和效能。当前中学校长所需要的更多是实践性知识，而不是学术性知识。前者是现实导向的、问题中心的，是对实践的认识，后者是理论导向的知识建构。值得注意的是"实践性知识"意指能帮助校长提升职业"实践"水平的知识，既包括可操作性知识，也包括能改变校长思维方式和办学理念的理论知识，甚至是抽象程度很高的理论知识。因此，不能狭隘地理解"实践性"，即不能完全把理论知识排斥在校长专业化的知识基础之外。二是数量标准，要求"够用"。校长培训课程提供的知识不需要面面俱到，但应能够覆盖校长的工作领域，这些"足够数量"的知识所构成的知识体系能为校长全面推进学校管理提供有力支持。"不面面俱到"和系统性并不矛盾，针对特定的培训群体，在兼顾系统的基础上有重点、有特色，是培训课程设计的出发点和落脚点。

（三）加强训后跟踪指导，坚持校长发展与学校发展并重

训后效果，即通过参加培训后学校的发展成效，是我国中小学校长培训质量的重要体现，然而当前校长培训仍缺乏对训后成效的系统性关注。培训结束了，基本该项目就结束了。为此，亟须完善"训前+训中+训后"培训模式，建立训后跟踪指导制度。一方面，应明确培训项目主管单位、承训机构、学员及学员所属单位不同主体的责任和义务，对指导年限、阶段形式、指导内容、指导方式和考核评价等予以规定，将开展训后跟踪指导纳入培训项目的申报和审核环节。另一方面，应积极搭建训后跟踪指导研修平台，有计划地开展各种形式的定期指导和训后研修，通过任务驱动和问题提出等多种方式跟进校长培训效果，不断扩大训后跟踪的范围，提高训后跟踪指导的针对性和实效性。与此同时，应相应地采用"训前+训中+训后"的全程评价方式，尤其是加强对"训后跟踪"环节的评价。为此，加强"导师入校指导"已经被纳入了中学校长培训的重要环节。

（四）丰富培训方式，多措并举破解校长的工学矛盾

由于工作安排特别是学校重大活动接待等原因，不能准时全程参加培训，是当前校长培训管理中的突出问题，也是校长的工学矛盾问题。校长培训中的工学矛盾问题是培训时间安排欠合理性、培训形式单一、校长办学自主权弱化等多因一果的表现。为进一步缓解校长培训的工学矛盾问题，可以从以下几方面着手：一是在培训时间安排方面，教育主管部门与培训机构应合理安排校长的培训时间，避免在学期开始、结束或重要活动期间安排培训，以减少校长工作与培训之间的冲突。二是进一步丰富培训形式。根据校长的年龄、性别、工作背景、业务能力等因素，更多地采用多元化的培训形式，如角色扮演培训法、实地考察、案例分析、校本改进等，让校长在不同的学习环境中获得知识和经验。三是落实学校办学自主权，减少上级部门的不必要干涉。有校长谈道："各种大小会议都要校长或书记出席和参加，校长出席就代表重视，不出席就不重视，给了校长和书记很大的压力。"全国

教书育人楷模陈立群校长曾指出，"学校是育人的地方，不是政府下属的行政单位，行政部门不应经常给学校下达与教育教学无关的行政任务，更不能将完成情况与年度考核挂钩并以此施压"。① 所以，关涉学校发展的权利应尽量回归其本位，减少对学校自主办学的干扰，最大限度地给予校长宽广的空间和释放潜力的机会，使其在办学的过程中能够有更多的独立思考和自主的安排。

（五）顺应数智化时代需求，采用多种方法提高校长线上培训的学习效果

《新时代中小学名师名校长培养计划（2024～2027）》特别强调指出，要"将数字化融入名师名校长培养的全过程，加强名师名校长的数字化素养和能力培养，在国家中小学智慧教育平台为名师名校长建立线上工作室，吸纳全国教师参加，开展远程备课、线上教研，共享优质教育教学资源。"② 实践中，校长线上培训学习效果会受到自身学习动力、学习资源质量、学习支持是否到位、培训安排是否合理等因素的影响。为进一步提高校长线上培训学习效果，可从以下几方面入手：一是引入激励机制，提高校长线上学习动机。通过积分累计、评选线上优秀学员等方式，激励校长积极参与线上培训。二是在保证培训内容实用性、前沿性和拓展性的前提下，应积极选用具有良好用户口碑和较高影响力的线上培训平台，以提升学习的稳定性和流畅性。三是鼓励学员间交流互动，构建在线学习支持服务体系。为此，一方面应积极创设线上学习社群，通过设计并提出实践性问题，引导学员进行基于问题、基于项目、基于探究的协同创新活动；另一方面可加强在线答疑、辅导、咨询等支持体系建设，及时为校长解决学习过程中遇到的问题。四是在培训管理方面，对校长的学习进度、成绩等进行跟踪管理，确保培训目标的实现，对未能完成培训任务的校长，采取相应的措施进行督促和指导。

---

① 陈立群：《我在苗乡当校长》，浙江人民出版社，2021。
② 《新一期新时代中小学名师名校长培养计划启动》，教育部，2024 年 5 月 15 日，http://www.moe.gov.cn/jub xwfb/gzdt gzdt/s5987/202405/t202405151130677.html。

（六）不断提升校长培训教师队伍的业务水平，进一步提升培训质量

构建高度专业化的培训教师队伍，应遵循专职与兼职相结合、理论与实践相结合的原则，积极构建开放的、高层次的、跨区域的培训师资网络。具体包含以下三个方面：一是根据专职与兼职相结合的原则，增加专职教师的数量，并且根据培训对象的实际状况配备特长、年龄、知识结构不同的培训团队。二是根据理论与实践相结合的原则，外引优质师资。具有实践经历的优秀校长应该成为校长培训的重要师资力量，可以把这些熟悉中学教育教学实际、懂得和掌握学校教学管理经验的优秀校长吸收到中学校长培训的师资队伍中来，进一步发挥他们在发现问题、解决问题、分析问题方面具有的能力优势。三是盘活已有的培训教师存量，有效激励授课教师，一方面可将授课教师承担的培训任务计入其教学工作量；另一方面可开展教师培训精品课程评比、教师培训专业技能比赛、学员最喜欢的教师培训者评比活动等，以不断提升培训者的专业素养。

综上所述，在各级教育行政部门、培训机构以及校长学员的共同努力下，现有的校长培训质量得到了较好的保障，参训校长无论是理念观念、思想情怀还是改革创新能力等都得到了应有的拓展和提升。然而，面临数智化时代新的需求和要求，现有的校长培训模式、师资队伍等面临较为严峻的挑战，培训的针对性、系统性、个性化等要求进一步提高，培训机构唯有瞄准教育改革与发展的趋势、校长培训的要求以及校长成长的需求，积极变革培训模式，提高师资队伍、课程设计以及培训环境的适应性，才能进一步提升培训质量，继续攀登新的高峰。

案 例 篇

B.14
办学的战略意识与战役本领
——"人民教育家"于漪办学的十个历史镜头及当代启示

马玉文*

摘 要： "树中华教师魂，立民族教育根"，是人民教育家于漪矢志不渝的追求。研究新中国教育家的成长规律，于漪是最具代表性的人物之一。本文以于漪办学的时间线为经，以教育管理的重要命题为纬，纵横交叉，精心选取于漪办学过程中的十个历史镜头进行"管锥式"解读，具体而微地展现了她办学治校的"战略意识"与"战役本领"。于漪身上所展现的这种宏阔的"气""识"，源于超越个人之小自觉担当民族复兴大任的胸怀之大，源于跳出学科局限所筑就的思考格局之广，源于不懈学习所赋予的思想起点之高。这深刻蕴含着教育强国背景下我国中小学校长的成长规律。

关键词： 立德树人 于漪 中小学校长成长

---

* 马玉文，上海市育才中学校长，正高级教师，静安区第二届领军人才。

于漪，著名语文特级教师、上海市杨浦高级中学名誉校长、人民教育家。一辈子扎根基础教育，始终坚持教文育人。从教 70 年来，于漪是素质教育坚定的倡导者、实践者、创造者。面对功利化的教育风气，于漪始终强调教育的根本目的是增强人的精神力量，始终坚持"全面育人观"，认为全面发展是实施素质教育最本质的反映，德智融合是立德树人的正途。研究新中国教育家的成长规律，于漪是最具代表性的人物之一。

一 立德树人七十载

1929 年，于漪生于江苏镇江，早年饱受艰辛。母校镇江中学的校训"一切为民族"对她影响至深，成为她铸造师魂、教育强国的不竭动力。1947 年考入复旦大学教育系。工作后先是教历史，后改行教语文。如何做一名合格的语文教师？于漪"以死求活"，硬是杀出一条生路。她先是用两三年时间把应该具备的基础知识统统过了一遍，然后努力把每一节课都当成一件艺术品去反复打磨。她上了近 2000 节公开课，课课不重复。1977 年，于漪在电视上进行直播教学，反响甚佳。1978 年，她被评为中学语文特级教师。1983 年被评为全国"三八"红旗手、全国优秀教师。1989 年被评为全国先进工作者。2018 年 8 月，《于漪全集》（八卷 21 本）正式出版，同年获得"改革先锋"称号。

"教书"是为了什么？于漪说："'人文说'是我向当今教育贡献出的一颗赤诚之心。"[1] 1979 年，于漪发表《既教文，又教人》一文，提出语文教育要实现思想内容与表达形式的辩证统一。20 世纪 80 年代初，于漪大声疾呼："育人"是大目标，"教书"要为"育人"服务。1995 年，她发表《弘扬人文 改革弊端》一文，强调语文教育要突出"人文性"，在语文教育界引起巨大反响。2001 年，在她的大力推动下，"工具性与人文性相统一"被

---

[1] 《新一期新时代中小学名师名校长培养计划启动》，中华人民共和国教育部网站，2024 年 5 月 15 日，http：//www.moe.gov.cn/jyb_xwfb/gzdt_gzdt/s5987/202405/t20240515_1130677.html。

写入全国《义务教育语文课程标准》。21世纪，于漪在"教文育人"的基础上，进一步提出"德智融合"的教育主张，推动将立德树人真正落实到课堂主阵地，获得广泛认可。2010年9月，于漪获得"全国教书育人楷模"荣誉称号。

1985年，于漪被任命为上海市第二师范学校的校长，在教书育人之外，开启了"于漪教育管理学"的实践征程。1986年，创建"上海市教师学研究会"，积极开展有关教师学的学术研究与成果推广，形成了一部活生生的"教师学"。2021年9月，《于漪教育教学思想概要》出版。

"树中华教师魂，立民族教育根"，是于漪矢志不渝的追求。从教70年，她始终坚持"生命与使命同行"，致力于建构具有中国特色的教育学。她立足中国大地，兼具世界眼光，提出并发展了许多开创性的教育思想，为推动全国基础教育改革作出突出贡献。2019年9月，于漪被授予"人民教育家"国家荣誉称号。如今，95岁高龄的于漪仍在热切地关注着中国教育。

（一）1985年的再出发

纵观于漪70年的教育人生，"爱"是主旋律：爱中国、爱教育、爱语文、爱学生、爱教师。她像着了魔一样扑在教育上，心无旁骛，如痴如醉。在每一个重要的历史阶段，她总是在出发、在求索、在突破，创造了一个又一个教育奇迹，培养了一个又一个大写的人。回顾于漪的成长历史，聚焦于漪办学的经典片段，对于探究新中国教育家的成长规律具有重要的学术价值。

对研究于漪的人来说，1985年是一个特别值得注意的年份。

1985年1月国家确定每年9月10日为教师节；1985年5月《中共中央关于教育体制改革的决定》颁布；1985年8月开始实行教师教龄津贴制度。这一切共同构成了那个时代教育破除积弊、万物欣欣向荣的峥嵘气象。其中尤以《中共中央关于教育体制改革的决定》最具有历史性意义，决定提出：教育体制改革的根本目的是提高民族素质，多出人才、出好人才；争取在5年或者更长一段时间内使绝大多数教师能够胜任教学工作；从幼儿师范到高

等师范的各级师范教育，都必须大力发展和加强；坚决实行简政放权，扩大学校的办学自主权。① 同年 8 月，于漪被任命为上海市第二师范学校校长。她在办学治校的过程中，形成了对校长素质的认识和一整套办教育、办学校的思想方法。

时势造就英雄，英雄助推时势。正是在这一激动人心的时代氛围下，于漪勇于实践锐意进取，科学地探讨了在党的全面领导下办学治校的一系列重要问题：教育观、办学观、育人观、学习观等，逐渐形成了具有于漪特色的学校管理观，其中最显著的一点，是办学的"战略意识"与"战役本领"的有机结合。其办学实践呈现出鲜明的个人特质，蕴含着普遍的教育智慧，更透射出强烈的民族精神与国家意识，展现出当代中国教育名家的独特风姿。②

（二）办学智慧的当代解读

于漪是独特的"这一个"。为了更好地解析于漪在办学治校过程中的独特智慧，探讨教育强国背景下中小学校长的成长之道，本文以于漪办学的时间线为经，以教育管理的重要命题为纬，纵横交叉，精心选取于漪办学过程中的十个历史镜头进行"管锥式"解读，旨在揭示其管理内涵与当代意义。每一个历史镜头的解析都自成结构：历史镜头、管窥之见及当代启示。

这十个历史镜头前呼后应，相互联系，具有内在的逻辑关联。镜头一探讨的是校长如何下好第一手棋，这是办学治校的激越前奏；镜头二探讨的是校长如何创设"小气候"，这是办学治校的重要基础；镜头三探讨的是校长的态度作风，这是办学治校的管理定位；镜头四探讨的是校长如何增强战略意识，这是办学治校的关键引领；镜头五探讨的是校长如何解决问题，这是办学治校的思维锤炼；镜头六探讨的是校长如何铸就组织能力，这是办学治校的重中之重；镜头七探讨的是校长如何调动人的积极性，这是办学治校的

① 《中共中央关于教育体制改革的决定》，上海市人民政府教育督导委员会办公室，1985 年 5 月 27 日，https：//edu. sh. gov. cn/jydd_ zcwj_ flfg/20101202/0015-jydd_ 264. html。
② 王荣华、王平主编《于漪教育教学思想概要》，上海教育出版社，2021。

基本立场；镜头八探讨的是校长的第一使命，这是办学治校的力量培育；镜头九探讨的是校长如何用好人才，这是办学治校的文化塑形；镜头十探讨的是校长领导力的核心，体现的是教育家型校长的使命担当。

进一步梳理发现：这十个历史镜头所探讨的，其实是从特殊到一般、从个体到群体深度揭示校长的成长之道，即在教育强国的大背景下，进一步探讨我国中小学校长尤其是教育家型校长的角色定位、作风态度、第一使命、领导艺术、领导力核心、日常修炼等重要命题。希望能对我国当代中小学校长的成长有所启示。

历史镜头1

1985 年 8 月，于漪被任命为上海市第二师范学校校长。学校当时处于发展的最低谷，于漪面临着极大的困难。"尽管如此，于漪还是抱定了必胜的信念，要立足学校的育人功能，追求理想的教育境界，把学校办成亮丽的中国师范学校的样子。在全校教职工大会上，于漪没有讲系统的'施政纲领'，而是提出两点要求：一是恢复坐班制，每名教师须准时上下班；二是明确学校工作没有不可告人的秘密，什么事情都可以拿到台面上说清楚，背后的话她一句也不听。"①

管锥之见

于漪 70 年的从教精神，可用"一身正气，为人师表"来概括。这在她出任校长之初，就淋漓尽致地展现了出来。本镜头可观察的点有：一是敢于直面困难。尽管校园荒芜、校舍破旧，人员四分五裂，经费匮乏，内部矛盾重重，质量一直上不去，但于漪没有抱怨，没有气馁，而是敢于直面，这需要勇气，也需要底气。二是心怀愿景。面对烂摊子，于漪不忧不惧，不等不靠，而是抱了必胜的信念，立志要把学校办成亮丽的中国师范学校的样子。这是于漪的志气与骨气。三是移风立信。像商鞅"徙木立信"一样，于漪深深懂得"立信"的重要性，所以一出手就志在移风易俗，要重建风清气正的文化生态。四是分寸感极强。领导者要善于下先手棋，第一手棋下在何

---

① 董少校：《红烛于漪》，上海交通大学出版社，2020。

处、如何落子，于漪的选择充满智慧：有高度但能落地，有难度但可实现。一句话，要敢啃硬骨头，也要啃得下硬骨头。

当代启示

用心下好第一手棋。当我们执掌一所新学校，或者即将开启一项大改革，首先要下好的第一手棋是什么？何时落子？如何把握好分寸？这其中蕴含着领导艺术的基本方法。詹姆斯·麦格雷戈·伯恩斯在其经典著作《领袖》的扉页上引用毛泽东的话说："我们应该深刻注意群众生活的问题，从土地、劳力问题，到柴米油盐问题……要使他们由这些问题出发，了解我们提出的更高的任务。"然后，伯恩斯加上自己的评论说："这就是领导艺术的基本方法。"① 由此可见，领导艺术的基本方法，首先是要从群众密切关心的问题出发，关键是平衡好第一手棋的"力"与"度"，兼顾高与低、轻与重、难与易等辩证关系。于漪显然是个中高手，通过恢复坐班制、遏制告状风，重建学校风气，无疑奏响了治校的激越前奏，为后续工作奠定了坚实的基础。

历史镜头2

20世纪80年代，办学的大环境很不理想：在社会上，金钱拜物、享乐思想流行一时，不断冲击着师生的思想。在教育领域，普遍推崇知识教育，高度重视"双基"训练，而在思想道德教育和行为规范教育方面有所缺失。在学校内部，学生缺乏足够的学习动力，缺乏积极进取、奋发向上的精神状态；教师地位待遇不高，纪律松散、工作懈怠屡见不鲜。② 于漪四措并举，打出了一套利落的组合拳：首先要"敢"字当头，敢抓敢管。其次是深谙学生的心态，坚持正面引导，在"善于"上下功夫。再次是制定一系列校纪校规，强化对行为规范的训练。最后是统一认识，统一步调，形成教育合力。特别是在思想政治教育上，形成了"三线一面"的格局，即政治课、年级组（班主任）、团与学生会三条线有机结合，对学生进行思想政治教

---

① 〔美〕詹姆斯·麦格雷戈·伯恩斯：《领袖》，常健、孙海云等译，中国人民大学出版社，2016。
② 王荣华、王平主编《于漪教育教学思想概要》，上海教育出版社，2021。

育；面上，各学科根据学科特点在课内外渗透思想政治教育，提高教育效果。①

管窥之见

于漪在骨子里是一个务实的理想主义者：大环境是外在的，不可控的，小气候却可以自己创设。与其哀叹，不如自救，这正是于漪区别于其他人的独特心性。本镜头可观察的点，首先是勇于担当，当时办学的社会环境并不好，无论是社会大环境还是教育中环境，抑或学校小环境，都面临着世俗功利、精神涣散的极大冲击。大环境不好，那就自己创设"小气候"，于漪展现了极为果敢的一面。审视于漪的教育人生，她都展现了这种可贵的硬骨头气质。其次是善打硬仗。打硬仗需要选准突破口坚持打组合拳，当年于漪正是以校风建设为突破口，强调"两代师表一起抓"，多措并举：敢于管理、善于疏导、用制度管、形成合力。经过努力，学校创设的这种良好的"小气候"，影响不断扩大，最终成为师范教育的"大气候"。当今之世，变乱交织，学校教育面临着前所未有的挑战。作为中国基础教育的一校之长，以何种心性推进教育改革，值得细细思量。

当代启示

善于创设"小气候"。于漪认为：不能把学校文明的水平降低到社会上的一般水平。社会上允许的，学校不能都允许；社会上流行的，学校也不一定都提倡。② 面对严峻的育人环境，于漪勇敢与智慧兼备，充分展现了一校之长卓尔不群的一面。什么样的人可以当校长？于漪说，要德、才、识、能兼备。③《孙子兵法》云：将者，智信仁勇严。二者的表述有异曲同工之妙，三军之帅，一校之长，面对风云变幻的外在环境，确实需要这种德才兼备、智勇双全的领袖气质。于漪在创设"小气候"的过程中，将"敢"与

---

① 于漪：《于漪全集》（第 1 卷），上海教育出版社，2018。
② 于漪：《于漪全集》（第 1 卷），上海教育出版社，2018。
③ 《人民教育家先进事迹：于漪》，中华人民共和国教育部网站，2021 年 5 月 11 日，http：//www.moe.gov.cn/jyb_ xwfb/moe_ 2082/2021/2021_ zl37/shideshiji/202105/t20210511_ 5308 39.html。

"善"处理得恰到好处，淋漓尽致地展现了古之将领智慧、诚信、仁义、勇猛、威严这五种品格，值得今天的中小学校长好好学习。

历史镜头3

于漪总是满腔热忱地培养青年教师，与他们在感情上沟通，百般爱护，政治上关心、生活上帮助。青年教师宿舍床底下散着乱七八糟的啤酒瓶，于漪就去帮着他们收拾。对学生同样如此，于漪说："学生是家庭的宝贝、国家的宝贝，我当教师，要把他们当宝贝一样来教育。不求他们能显赫，但一定要成为社会的好公民，服务国家，服务人民。"① 学生吃饭浪费现象严重，于漪就从泔水缸里把馒头等食物捞到脸盆，一个班一个班去现身说法，讲述我国是人口大国、粒粒粮食皆辛苦的道理。班主任和食堂工作人员分别开展不浪费粮食教育，在管理上分班就餐，桌子上的情况一目了然，学生购饭可一两、一两半、二两，按需购买，减少浪费。②

管窥之见

在于漪眼里，孩子是宝贝，青年教师也是宝贝，对他们的教育事关大局，绝不可轻轻放过。本镜头可观察的点有四，首先是"小"题大做，小习惯虽小，但若关乎"育人"大计，那校长肯定要高度重视，明察秋毫，格外予以关注，同时要注意以情为先，大做但不硬做。其次是以上率下，对于事关校风建设的大问题，校长在必要时要敢于突破科层限制，亲自上阵，现身说法，不但带领大家解决难题，而且以最佳实践教会大家如何做事。再次是"两代师表一起抓"，要通过管理实践把重要理念落在实处、小处、细处，绝不能停留在纸上、嘴上、墙上。最后是"实"，重要的事情不但要真抓、实抓、抓到点子上，而且要上下同欲一抓到底，不破楼兰终不还，这正是于漪教育管理学的重要特征。

当代启示

管理要像钉钉子一样。当下中国的教育管理，缺的不是理念与主张，而是

---

① 董少校：《红烛于漪》，上海交通大学出版社，2020。
② 董少校：《红烛于漪》，上海交通大学出版社，2020。

建立在深耕细耘基础上的最佳实践，缺的是从自己土地上生长出来的管理学。学校领导者要像大国工匠一样，在治校这件事上要像钉钉子一样，选准目标，重锤敲定，恰到好处地处理好何时、何地、何以、何度等问题。因此，校长在办学治校过程中立场要坚定不移，作风要专业细致，不能被时风流弊所影响，左右摇摆，虚浮无根；同时在关键问题上要通过亲身示范向广大师生传达一种鲜明的态度与作风。如何钉钉子呢？重要的点有三：一是以上率下，校长要以身作则，带领大家锤炼态度作风。二是重锤敲打，关键问题要重锤反复敲打，绝不能轻描淡写。上课如此，管理亦是如此。三是以情动情，在管理中要重视情感情绪的调动，以情为先，情理兼备，绝不能孤零零地讲道理。

历史镜头4

通过重建学校秩序、创设良好小气候和狠抓师风校风，于漪终于为教育改革奠定了坚实的基础。于漪乘胜追击，带领班子确立了三个办学制高点：时代的制高点、战略的制高点、与欧美先进国家竞争的制高点。这一举突破了学校的微观定位，把办学治校与国家前途命运紧紧联系起来，高屋建瓴，大气磅礴。与此相应，于漪认为办学要做到三个瞄准：一是瞄准 21 世纪的教育，努力把 80 年代的师范生培养成为 21 世纪的教育骨干；二是瞄准国外基础教育先进国家的教育，从严治校，发愤图强，办出水平；三是瞄准国内、市内兄弟学校的办学经验，博采众长，力求少走弯路，办出特色。① 为第二师范学校的发展描绘出清晰的战略愿景。

管窥之见

什么样的校长能够成为教育家？于漪说：要有丰富的智力生活，学而不厌；思维要十分活跃，审时度势，因时辨势，宏观上能打开视野，居高临下，微观上能扎扎实实，一丝不苟。② 这点出了宏观战略的价值与来源。本镜头可观察的点，首先是时机选择，重大战略的实施，必须讲基础，讲时

① 董少校：《红烛于漪》，上海交通大学出版社，2020。

② 《人民教育家先进事迹：于漪》，中华人民共和国教育部网站，2021 年 5 月 11 日，http：//www. moe. gov. cn/jyb＿xwfb/moe＿2082/2021/2021＿zl37/shideshiji/202105/t20210511＿530839. html。

机，时机一到则乘胜追击，时机不对则厚积蓄势，万万不能仅凭一腔热血大干硬上。其次是描绘愿景，"三个制高点"与"三个瞄准"正是于漪居高临下为学校制定的战略愿景，用以凝聚人心，点燃希望，为大家提供了关键引领：二师将去哪里，会成为谁。最后是高低相应，"三个制高点"是高峰，"三个瞄准"是云梯，后者使前者完美落地，更具可操作性。能落地的战略才叫战略，不能落地的战略大可忽略。

当代启示

增强战略意识。何为战略？众所周知，战略是用于指导全局性、长远性、重大性问题的方略，是组织意志的高度凝聚，是组织政策的集中体现，是组织活动的主要依据。战略又有何用呢？没有战略，学校不也一样活着吗？哈佛商学院教授约翰·科特曾经讲过一个生动的故事：公园内有三组人，正值午饭时间，大雨将至，如何带领大家解决问题呢？三组人又会采取怎样的行动呢？第一组是行政命令式，简单生硬，效果一般；第二组是细节管理式，千叮万嘱，效果略好；第三组是愿景引领式，通过战略远景牵引大家的行动，效果绝佳。"还有几分钟就下雨了，我们到那边苹果树下去吧。这样我们就不会被淋湿，还有新鲜的苹果可以吃。""不会被淋湿，还有新鲜的苹果可以吃"展示的正是诱人的战略愿景。简言之，战略，就是让所有人都知道去哪里、成为谁。在今天这样一个热闹的时代，战略更是对学校发展显示出关键性的引领价值。增强战略意识，就是增强凝聚人心的力量。

历史镜头5

在1990年的上海市中小学师资工作会上，市教育局领导提出：建设一支德才兼备、素质优良、数量足够、结构合理、相对稳定而又充满活力的师资队伍。在这次大会上，于漪代表学校做了《两代师表一起抓，创造良好的学校小气候》的主题发言。时任上海市副市长谢丽娟连用三个"应当"称赞说："第二师范学校提出的'一身正气，为人师表'，应当成为本市90年代中小学教师的行为准则；他们提出的'三个制高点'，应当成为各级领导发展基础教育、规划师资队伍建设共同的出发点；他们提出的'三个瞄准'，应当成为师范院校、中小学深化改革提高教育质量的共同努力方向。"①

管窥之见

相关资料显示："1990 年各级教育部门和学校加强师资队伍建设，注重教师政治素质和业务素质的培养，教师总量基本保持稳定……师范教育得到发展，师资培训也得到加强。"② 在此历史背景下观察这一镜头，可见二师当年在师资培养上所取得的成绩之大，在整体发展上更是气势如虹，学校于 1988 年被评为"上海市文明单位""上海市花园单位"，1991 年被评为"全国中等师范学校办学成绩显著单位"。三个"应当"带给我们的重要启示有，一是基起点入手，九层之台起于累土。治理二师这样的乱校，首先要做好基础性工作，夯实地基，如重建教学秩序、澄清学校风气、狠抓教师队伍建设等。二是高立意设计，打好了基础，校长更要瞄准育人大目标高立意、前瞻性地规划学校的未来发展，为学校发展指明方向。三是高质量发展，地基建好了，战略规划清晰了，千方百计谋发展就是关键中的关键。既登高望远，又低头行路，这就是于漪解决问题的方式。

当代启示

要居高临下解决问题。于漪说：治理乱校，绝对不能陷入矛盾，做调解员，而是要抓住育人工作为主导，抓紧抓实，牢牢不放，创建良好的校风、教风、学风。③ 可见，在办学治校的过程中，重建学校口碑的关键，是超越矛盾居高临下解决问题，要透过表象触摸实质，透过问题探寻良策，否则只能陷入一个又一个解决具体问题的泥沼。譬如家长在网络上发帖吐槽学校，给学校声誉带来负面影响，真正解决问题的方式不是强行删帖，而是对症下药：通过解决实际困难促使家长自行删帖；加强主动沟通，形成育人合力；创设有效机制，学会管理家长；主动倾听意见，提升办学满意度。只有超越预期解决问题才能带来好口碑，才能赢得学生（家长）、行政、社会的一致

① 董少校：《红烛于漪》，上海交通大学出版社，2020。
② 《1990 年全国教育事业发展统计公报》，中国教育网，2001 年 8 月 23 日，https://www.eol.cn/shuju/tongji/jysy/202007/t20200721_1739487.shtml。
③ 于漪：《岁月如歌》，上海教育出版社，2007。

认可。在构建高质量教育体系的大背景下，校长必须像于漪那样站在山峰上看问题，这样才能超越一人一事、一时一地的得失，坚持全局全域思维，积极主动开展工作，不断提升学校的办学高度。

历史镜头6

20世纪80年代，于漪突破单一的必修课模式，实现了必修课、选修课、课外活动、教育实践的有机结合。在必修课上，于漪加强德育渗透，促使教学目的更加明确，教学过程更加科学，教学手段更加先进，力求融知识传授、能力培养、智力发展和思想情操陶冶于一炉，追求立体化、多功能的育人效应。在选修课上，总的做法是排入课表，全面普及，长短结合，逐步到位。在课外活动上，以服务性、教育性、发展性、系统性、可行性为原则，因地制宜，规范开展相关活动。在教育实践上，于漪强调要讲究整体效应，要坚持理论与实践相结合、学校师资与小学师资力量相结合、分散与集中相结合的原则，做到计划落实、检查落实。①

管窥之见

在语文课上，于漪追求立体化、多功能的综合育人效应。在学校管理上，于漪同样展现出注重整体的思维特征。本镜头可观察点有：其一，重塑质量观，科学的质量观，是要心怀大局，着眼未来，既见分又见人，既见局部又见整体，既见眼前又见长远。没有科学的质量观，育人就是一句空话。其二，做强关键点，必修课、选修课、课外活动、教育实践，事关育人大局，其中任何一点，都值得做强做大。连最易忽略的课外活动，于漪也要求做到"七定"，定时间、定地点、定项目、定教师、定年级、定标准、定考核，其思虑之深、规范之严、要求之高，令人叹为观止。其三，打赢综合战。这是一种过硬的战役本领，更是一种可贵的组织能力——为了育人这个战略目标，校长要具有在特定时间特定地域，协同多种资源，同时发动多场战斗，开展立体式、综合化育人行动的能力，即必修课、选修课、课外活动、教育实践，多点开花，一个不落。

---

① 于漪：《于漪全集》（第1卷），上海教育出版社，2018。

当代启示

铸就"能打胜仗"的组织能力。能打胜仗，是基于战略的一种战役本领，是至关重要的组织能力。这是一种把胜仗因素整体性地落实在每个人身上的能力。校长绝不能把办学的希望寄托在单个要素上，如抢夺几个尖子生、打造一两个名师、建造几间实验室。铸就强大的组织能力，关键在于筑牢三根支柱：心智模式、教师能力、智力支持。"心智模式"影响整个学校的精气神，"教师能力"决定系统的攻坚力，"智力支持"促进学校的发展力，三者相互影响，共同铸就"能打胜仗"的组织能力。在此三者之中，"心智模式"的影响是首要的、关键的。所谓"心智模式"，是指深植于教师心中，指导其理解世界、采取行动的一种思维定式，如开放进取、合作共赢等等。于漪就具有这种开放进取的心智模式，她说："我常为自己是中华民族的一员而感到自豪和骄傲，更始终意识到自己重任在肩，要终身进取，做一名'合格'的教师。"[①] 心智模式在潜移默化中影响教师的观察、思考与行动。

历史镜头7

原杨浦区委组织部副部长卜健回忆说：当年的二师校园没有一名保洁工，保洁工作全部由学生以班级为单位轮值完成。每天早上七点不到，学生们拿着扫把、拖把等开始忙碌起来，甚至两人一组"挑大粪"，为校园绿化带的麦冬施肥。在大城市里长大的学生没有受过这种苦，发牢骚的同学不在少数。为此，于校长语重心长地说："国家培养我们读师范学校，不仅学费全免，每月还有补贴，我们要心怀感恩和使命，让'自力更生、艰苦奋斗'成为一种行动自觉，用双手创造良好的校园环境，培养责任意识、家国情怀。"

管窥之见

"教得顶好就是教做人。"于漪在教育教学中始终强调，教书育人，管理育人，环境育人，"育人"才是根本目的。为此，她非常注重学生的全面发展，强调德智体美劳的有机融合。本镜头可观察点有：一是在劳动中学

---

① 《人民教育家先进事迹：于漪》，中华人民共和国教育部网站，2021 年 5 月 11 日，http：// www. moe. gov. cn/jyb＿ xwfb/moe＿ 2082/2021/2021＿ zl37/shideshiji/202105/t20210511＿ 530839. html。

习。创造机会让学生走出教室，自己动手，亲身实践，保洁施肥，自力更生，开展多途径、全方位的育人实践。二是强化学生主体。学校是学生的学校，学习是学生的学习，任何时候都必须强化"学生"这个主体——自己的校园自己建设，自己的学习自己用心。三是德教法治并用。劳不劳动，按要求办；碰到问题，德教为先。这符合于漪一贯的教育主张，她说：面对青少年学生，"要强调德教为先"①"靠的是自我教育""靠的是思想先行，说清道理"②"管理要思想先行，制度到位，要让学生懂得为何要定制度，为何要遵守制度"。③

当代启示

要充分调动人的主观能动性。教育学是人学——对象是人，主体是人，目的也是人，教育的过程更要深谙人性，通达人情，可见教育学的本质就是把"人"置于中心位置。无论是教育教学，还是管理实践，都要充分调动师生的积极性，这是立德树人的基本立场。就学习而言，关键不是教师对学生做了什么，而是学生自己做了什么。对学生来说，自己的事情自己干，自己的校园自己建。对学校来说，管理中最核心的一条，就是想方设法把成长的责任与智慧释放给学生，充分调动他们的主体自觉性。那么如何调动学生的主观能动性呢？首先要在价值与意义上下功夫，要让学生明白：做这件事对我有什么用，能解决什么问题。其次是调整关系，在要素不变的情况下，关系的调整至关重要：为自己干，往往会激发起"自己要干"的激情，这既是一种行动自觉，更是一种实践智慧。

历史镜头8

于漪认为，没有一个职业像教师那样意义非凡，没有一个工作像教师那样对人的一辈子起作用。教师职业是继承人类传统和面向未来的职业，关系千秋万代，关系千家万户。教师必须是一个"表里俱澄澈"的思想者，首

① 于漪：《于漪全集》（第1卷），上海教育出版社，2018。
② 于漪：《于漪全集》（第1卷），上海教育出版社，2018。
③ 于漪：《于漪全集》（第1卷），上海教育出版社，2018。

先要做一个可敬的、高尚的人，做一个智力生活一刻也不停的学习者。① 青年教师如果有学习的意愿，于漪总是全力支持，必要时支付学费：参加短期培训，去国外进修，在职攻读研究生……有人问，教师经过培养有了本领，不怕他们"跳槽"吗？于漪对此淡然一笑："跳就跳吧，跳来跳去都在中国。""调到国外呢？""那还在地球上。"②

管窥之见

在于漪看来，"社会上并不是什么人都可以做教师的，选择了教师，就选择了高尚，选择了与国家前途命运紧密相连的伟大事业"。"他们也不是生下来就这样的，完美的人格、渊博的学识，也是一辈子不断地追求、不断地修养自己的结果。"③ 鉴于此，于漪对教师培养极为重视，把教师培养抓得很实。本镜头可观察点有四：其一，坚持价值引领。无论是把"一身正气、为人师表"作为全校师生的座右铭，还是在教师培养中强调团队为上，都体现了于漪教师培养的价值导向。其二，用心培养青年。"青年教师培养是教师队伍建设的中心工作，对他们要真心实意地百倍爱护"，在感情上沟通，政治上关心，生活上帮助，岗位上练兵；注重发挥中老年骨干教师的重要作用，开展高水平的师徒带教。④ 其三，干部要身先士卒。干部是身边的榜样，因此必须以身作则，冲锋在前，在教学与管理上都要硬气。其四，师生双向促进。用监督机制把教学相长落到实处，教与学互促共进，形成一种良性互动的氛围。

当代启示

校长的第一使命是培养教师。教师是教育发展的第一资源，是核心竞争力。叶澜教授说："没有教师生命质量的提升，就很难有高的教学质量，就难以有学生精神的解放。"可见教师培养的极端重要性。它不仅是一个

---

① 《人民教育家先进事迹：于漪》，中华人民共和国教育部网站，2021 年 5 月 11 日，http：//www. moe. gov. cn/jyb＿ xwfb/moe ＿ 2082/2021/2021 ＿ zl37/shideshiji/202105/t20210511 ＿530839. html。

② 董少校：《红烛于漪》，上海交通大学出版社，2020。

③ 陆宏亮、沈一敏主编《教师：让青春在讲台闪光》，上海教育出版社，2017。

④ 于漪：《岁月如歌》，上海教育出版社，2007。

"知"的问题，更是一个"行"的问题，知行合一，教师质量才能真正立起来。于漪认为，要做一名好老师，关键在于内心的深度觉醒，把自己的命运前途与国家的命运前途、老百姓的命运前途紧密联系在一起，"一旦觉醒，人就会变得聪明起来，就会站在比较高的地方思考问题，而且心中总是有一团火，有旺盛的经久不衰的内驱力"。① 于漪抓教师队伍的五字真经"引、爱、练、带（研）、督"，充分体现了她对教师培养的认知高度与实践力度，给我们以巨大的启示。它让我们明白：教师首先是"人"，然后才是"师"；教师培养首先在于点燃，而不是规训；培养是非常专业的，而不是想当然的；培养是非常全面的，而不仅仅是专业上的；培养是非常具体的，而不是笼统抽象的——要特别关注教师的热望、需求与困难。

历史镜头9

在办学治校的过程中，于漪非常注重把老师放在最合适的位置上，激励他们实现生命的价值。② 一位语文教师酷爱钢笔字，下课后整天在办公室写字。于漪就和他商量，改教书法，目标是研究硬笔书法教学规律，提高学生的粉笔字、钢笔字、毛笔字水平。工作合乎兴趣爱好，这位老师干劲更大了，带领全校学生写出端正、美观的字，还在于漪推荐下到电视台讲课。后来，他被评为特级教师。这样的事例不止一则，于漪偶然看到学校一位图书管理员手工制作的小玩意儿，就跟教导处商量，聘请她担任兼职手工老师，这位图书管理员的积极性一下子爆发出来，为各个年级设计了数十种手工制品，富有技巧和艺术性。学生围着她，老师长老师短叫个不停，还有的学生作品获奖，她收获了名气和成就感，与同事的关系也更好了。③

管窥之见

在于漪的管理实践中，类似知人善任、点石成金的例子还有很多，不少

---

① 《人民教育家先进事迹：于漪》，中华人民共和国教育部网站，2021 年 5 月 11 日，http：//www. moe. gov. cn/jyb ＿ xwfb/moe ＿ 2082/2021/2021 ＿ zl37/shideshiji/202105/t20210511 ＿ 530839. html。

② 董少校：《红烛于漪》，上海交通大学出版社，2020。

③ 董少校：《红烛于漪》，上海交通大学出版社，2020。

教师通过转型转岗走上了教育生涯的巅峰时刻。这充分展现了一位教育家型校长的胸怀与智慧。本镜头最重要的观察点，是坚守人文主义。弘扬人文主义，是于漪教育管理学的文化精髓。何为人文主义？什么是真正的人文主义？如何弘扬人文主义？它不是一句写在词典里的抽象词条，不是一种待人接物的谦和之风，也不是一种功利实用的管理手段，更不是有意无意地把人当作生产资源，而是要像于漪那样始终做到目中有人，心中有爱——善待每一个人，即使是弱者也有不可替代的光华；善于发现每一个人，尽力创造条件让他成就自己，展现他的智慧和力量，使之有尊严、有成就，能够兑现自己的天赋。人文主义的魂，是让人成为人。

当代启示

要像下象棋一样用好人才。世界著名职业经理人马库斯·白金汉说："平庸的经理人下跳棋，伟大的经理人下象棋。"跳棋的特点是每一个棋子都是相同的，相同的功能，相同的玩法。唯一不同的是，在特定的场景中有的棋子是铺路石，有的棋子是飞跃者。象棋则不同，每一类棋子都有独特的功能，也有独特的玩法，车直行，马走日，象走田，仕斜行，炮要架起来打；卒虽然只能向前拱，不能后退，但过了河的小卒又多了很多可能，威力大增，等等。在选人、育人、用人、留人方面，校长也要努力做一个伟大的经理人。基于每一位教师的天赋，创造良好的生态环境，让每一位教师都能找到自己的"能"与"路"，从而充分发挥自己的独特价值。如何"选育用留"人才，直接展现的是学校文化的高度，但归根结底展现的是校长的胸怀与见识。

历史镜头10

上海市教师教育学院谭轶斌回忆说，2006 年，77 岁的于漪老师担任了上海市"双名工程"中学语文名师培养基地主持人。一次基地的听课评课活动安排在位于金山的华东师大三附中，大家费了不少口舌想说服于老师不必去远郊，可她坚持要去，而且要和我们坐同一辆面包车。那天清晨，于老师一上车就从包里掏出十几个鸡蛋，"这是我早晨起来刚煮的，大家快趁热吃了吧！"一路颠簸，到校后她一头扎进了教室连听三节课，但还是有一个班级的课没法听到。中午，于老师快速地扒拉了两口饭，撂下筷子就往那个

教室赶去,她说要去和同学们见见面。这辈子她最见不得的就是学生失望的表情。

管窥之见

于漪的一生,"总是勇担使命、坚守信仰,总是'先天下之忧而忧',总是在与时间赛跑,已成为她生活乃至生命的姿态"。[1] 勇者前行,从不止步,这正是"大先生"于漪的生动写照。本镜头可观察点有三:首先是勇于承担责任。只要祖国需要,教育需要,无论年寿多高,身处何地,始终敢于上前一步,勇于承担重任,站在时代前列!其次是带领解决问题。已是77岁高龄,于漪却始终身先士卒,冲在一线,带领大家听课评课,提高教学技艺。最后是呵护每一个人。无论是煮蛋给青年教师吃,还是抽空与学生见面,都生动地诠释了于漪"仁者爱人"的教育家风范。

当代启示

领导力的核心,是承担责任,带领大家解决问题。于漪从教70年,从一名普通教师成长为共和国的人民教育家,最重要的动力何在?高度自觉的使命与信仰![2] 一个校长有没有领导力?领导力有多强?不是看他年寿几何,身居何位,才识多寡,首先是看他面对责任敢不敢上前一步,面对难题敢不敢挺身而出,带领大家解决问题。这需要勇气,也需要智慧。世界变乱交织映衬下的中国教育,正面临前所未有的严峻挑战:高质量育人的挑战、优质均衡的挑战、拔尖创新人才培养的挑战、人工智能的挑战……时代呼唤更多的校长能以教育家精神进行办学,呼唤更多的校长能自觉展现非凡的领导力。我们要向于漪学习,要像她那样面对时代课题,敢于挺身而出,担当使命,承担责任,并且亲自上阵引领、带领、率领大家解决难题。这正是校长领导力的精髓所在!

---

① 《人民教育家先进事迹:于漪》,中华人民共和国教育部网站,2021 年 5 月 11 日,http://www.moe.gov.cn/jyb _ xwfb/moe _ 2082/2021/2021 _ zl37/shideshiji/202105/t20210511 _ 530839.html。

② 《人民教育家先进事迹:于漪》,中华人民共和国教育部网站,2021 年 5 月 11 日,http://www.moe.gov.cn/jyb _ xwfb/moe _ 2082/2021/2021 _ zl37/shideshiji/202105/t20210511 _ 530839.html。

二　教育家型校长的自我修炼

于漪办学的十个历史镜头，具体而微地展示了她办学治校的"战略意识"与"战役本领"，表现出一位基层教育管理者的担当与作为，更展现出一位人民教育家的勇毅与智慧。我们不禁要问：什么样的校长能够成为教育家？教育家型校长应该具有怎样的自我修养？教育家精神是怎样炼成的？于漪的办学实践作出了生动的解答：教育家并不是天生的，而是立足丰饶的教育土壤，在实践中浴火淬炼的结果。他们勇于担当使命，坚持实践创新，不断淬炼自己的战略素养与战役本领，最终在中国大地上写出了属于自己的育人华章。以下试从六个方面简言之。

在角色定位上，校长不要满足于做一个行政官僚，惯于发号施令；或者做一个谨慎的舵手，规规矩矩地扬帆出海。应像彼得·圣吉所指出的那样，首先是做一个高明的设计师，对学校的形态与发展进行设计。其次是做一个老师，教导广大教工提高思想认识，努力达成目标。最后是做一个公仆，为学校发展、师生成长做好服务与支持。明确自己的角色定位，是教育家型校长的首要职责。

在态度作风上，校长应像钉钉子一样，能够深入关键问题的最深处，并对此做专业、到位的管理，切忌浮游无根，浮于表面。碰到特别难啃的硬骨头，校长也需要亲自上阵，用最佳实践来教导大家如何做人做事。像钉钉子一样管理，实际上是为学校的管理风格定锚，引导管理提质升级。强化自己的态度作风，是教育家型校长的基础素养。

在领导力核心上，校长应勇于承担责任，带领大家解决问题。在教育改革渐趋深入的关键阶段，"给我上"还是"跟我上"，直接体现了校长领导力的段位高低。在新的历史时期，面对构建高质量教育体系的时代要求，一位追求卓越的校长要敢于扛起责任，弯下身子带领大家勇敢破局。敢于带领大家解决问题，是教育家型校长的使命担当。

在领导艺术上，校长既要登高望远，又要扎实不苟，充分抓好学校的内

部治理。具体而言就是做到以下七点：用心下好第一手棋；善于创设小气候；确定恰当的办学战略；要居高临下解决问题；铸就"能打胜仗"的组织能力；充分调动人的主观能动性；像下象棋一样用好人才。不断磨砺领导艺术，是教育家型校长的日常功课。

在第一使命上，校长应大力培养教师，尤其是青年教师。教育是立国之本，教师是兴教之源。袁振国教授指出："校长的第一使命是促进教师的专业发展。校长的工作没有比促进教师专业发展更重要、更基础、更持久的了。"能培养"人师"的校长才是好校长，更多人师才能铸就强大的组织能力。始终坚守第一使命，彰显的是教育家型校长的见识与定力。

在日常修炼上，校长应做到日日精进、孜孜不倦。这体现的是校长的精神境界。具体包含以下三点：始终沉在实践深处，准确了解第一手资料；以"气""识"为先，切实提升理论修养；始终坚守人文情怀，做到目中有人、心中有爱。学习反思，日新又新，是校长日常修炼的密钥，加强日常修炼，是教育家型校长的文化自觉。

如上，于漪办学的十个历史镜头，生动展现了她学校管理观中最显著的一点，即"战略意识"与"战役本领"的有机结合。这种"战略意识"与"战役本领"源自何处？或许源于她身上丰沛的"气"与"识"：办学首先要有一股"气"，气魄、气概、志气、骨气；关键是有"识"，眼光敏锐、思维活跃、见识不俗。① 再进一步追问：这种"一切为民族"的宏阔"气""识"又是源自哪里呢？于漪对此曾深情地说："一颗狭小的心有浩浩荡荡的学子，有多情的土地，有伟大的祖国，胸怀就会无限宽广，无处不是学习的机会，无处没有智慧的闪光""休戚与共、血肉相连时，你就可以站得高看得远，你从平凡工作中能够洞悉不平凡的意义和价值。"② 诚哉斯言！于

---

① 王荣华、王平主编《于漪教育教学思想概要》，上海教育出版社，2021。
② 《人民教育家先进事迹：于漪》，中华人民共和国教育部网站，2021 年 5 月 11 日，http：//www.moe.gov.cn/jyb _ xwfb/moe _ 2082/2021/2021 _ zl37/shideshiji/202105/t20210511 _ 530839.html。

漪身上所展现的这种宏阔的"气""识",源于超越个人之小自觉担当民族复兴大任的胸怀之大,源于跳出学科局限所筑就的思考格局之广,源于不懈学习所赋予的思想起点之高。笔者以为,这三个"源于",深刻蕴含着教育家型校长的成长规律!

B.15
一位75岁"全国最美教师"的
50年教育人生及启示
——记张人利校长

陈悠然　郅庭瑾*

摘　要：　培养一批教育家、倡导教育家办学，是教育高质量发展时代对教师和校长队伍建设的期望。为探究教育家型校长的成长规律和培养路径，本文选取上海市静安区教育学院附属学校校长张人利进行个案研究，结合文本分析、访谈和观察，描述一位75岁"全国最美教师"的50年教育人生，解读一位卓越校长的教育思想和教育智慧，包括教育观、学生观、教师观、教学观、科研观、职业观等。张人利校长的教育经历和思想，能够为教育家型校长的成长和培养提供如下启示：教育家型校长的成长和培养源于对教育理想和教育规律的不断追寻，其本质是办学实践创新和教育思想建构相统一的过程，其核心是培育课程领导力。

关键词：　教育家型校长　校长成长　张人利

张人利，上海市特级校长，上海市静安区教育学院附属学校原校长，上海市后"茶馆式"教学研究所所长，华东师范大学特聘教授，教育部中学校长培训中心兼职教授，首批"国培"专家，上海市"双名工程"名校长

---

* 陈悠然，华东师范大学教育学部硕士生，主要研究方向为教育政策；郅庭瑾，华东师范大学教授、博士生导师，教育部中学校长培训中心副主任，国务院学位委员会第八届学科评议组成员，主要研究方向为教育政策与管理。

基地一至三期主持人、第四期高峰计划导师。曾为上海市静安区教育学院院长，全国中小学整体改革专业委员会（现中国教委学会下）副会长，上海市区县教育学院院长理事会会长，全国地级教育学院院长理事会副会长，上海市第十一、十二届人大代表。享受国务院政府特殊津贴，获全国"五一劳动奖章"，2023 年获评全国"最美教师"。2004 年曾获时任中央宣传部部长刘云山和国务委员陈至立批示，其办学实绩被《人民日报》、《光明日报》、中央电视台、中央广播电台、《中国教育报》等报道，以及美国纽约时报、新加坡联合早报、日本读卖新闻等国际媒体报道。

今年 75 岁高龄的张人利已深耕教育教学 50 余年，不仅在静安区教育学院依托后"茶馆式"课堂教学改革，创造了将薄弱校发展为优质校的"奇迹"，而且将其办学经验和教育智慧传播到全国乃至世界各地，足以称作"教育家型校长"。研究教育家型校长的成长和培养，张人利是最具代表性的案例之一。

一　案例选择与研究过程

培养一批教育家、倡导教育家办学是新时代对教师和校长队伍建设的期望和要求，是教育高质量发展的重要依托。探寻教育家型校长的成长和培养之路，需要我们在名校长之中找寻经验、获得启迪。为此，本文选择上海市静安区教育学院附属学校校长张人利为案例开展研究，主要依据包括三个方面：其一，张人利具有丰富的教育经验和杰出的办学成效，今年 75 岁的他已经深耕教坛 50 余年，是上海市特级校长，曾任上海市静安区教育学院院长及附属学校（以下简称"静教院附校"）校长、高中物理教师、年级组长、教研组长、教导主任、副校长，他依托后"茶馆式"教育教学改革，创造了将薄弱校发展为优质校的办学"奇迹"；其二，张人利在教育界产生了广泛而深远的教育影响，这不仅表现为他拥有华东师范大学特聘教授、教育部中学校长培训中心兼职教授、上海市"双名工程"名校长基地主持人、首批"国培"专家等身份，以及获国务院政府特殊津贴、全国"五一劳动

奖章"及拥有 2023 年全国"最美教师"等头衔，而且体现为他广泛传播其办学经验和教育智慧，推动了全国各地各类学校的教育教学改革和优化；其三，张人利具有独特的教育理念和教育思想，撰写《聚焦有效教育十年》《构建学校德育课程体系的研究》《后"茶馆式"教学》等专著，发表论文百余篇，主持 5 项教育部和多项上海市教委教育科研重点课题，曾获教育部教学成果一等奖、国家级教学成果一等奖，具有深厚的教育智慧。据此，张人利符合"教育家型校长"的评判标准，其 50 余年教育人生和成长轨迹值得研究。

本文对张人利校长进行案例研究，通过梳理和阐述张人利的 50 余年教育人生及其教育思想，试图总结其作为教育家型校长的成长轨迹，为教育家型校长成长和培养提供启示。主要采取三种方法开展案例研究：一是文献法，搜集和整理张人利所公开发表的专著与文章，以及他人对张人利的案例研究、访谈、报道等（包括文本和视频），从多种角度理解和分析张人利的教育思想和教育经历；二是访谈法，对张人利本人及其所在学校的副校长、主任、教师等开展半结构式访谈，引导其分享具体的故事或观点，从而能够更细致且深入地描述张人利的教育人生和教育思想，探讨其对教育家和教育家精神的思考及身体力行；三是观察法，实地考察静教院附校的新校区，观察课堂教学的开展和师生的精神面貌，感受张人利的办学实绩和教育思考。研究期望以张人利校长及其 50 年教育人生为案例，归纳教育家型校长成长和培养的经验和启示，激励更多的教育工作者朝着教育家型校长的发展目标不断奋进。

二 张人利校长的教育思想

回顾自身的 50 年教育人生时，张人利常说："我的教育人生里有特别多的故事，我是一个爱讲故事、会讲故事的校长。"作为一名教育思想者、实践者和研究者，张人利的教育故事背后蕴藏着深刻的教育思想和教育智慧。本文以张人利办学的时间线为经、以教育管理的重要命题为纬，呈现了张人利办学过程中的关键故事，并解读其背后的教育理念和思想，包括教育观、学生观、教师观、教学观、科研观、职业观等，以期揭示一位名校长的教育智慧、办学经验与成长轨迹，为教育家型校长的成长与培养提供启示。

（一）教育实践必须基于教育规律

作为课程改革的领跑者、轻负高质的倡导者，张人利常被称为"走在教育改革前沿的校长"。他将自己的办学成效归功于"遵循教育规律"："其实也不一定是我特别超前，无非是我一直在追寻着教育本质的规律。可能当我们按照教育规律来办事的时候，你往往就超前了，你的方向就对了，就会少走一些弯路。"① 张人利基于50年教育人生的感悟，从教育实践效果的视角，将"教育规律"阐释为"教育中成功的大概率事件"。他认为，基于教育规律开展教育实践，应注意如下四个关键。②

第一，教育成功与否应具有明确的价值取向。张人利担任静教院附校校长，首要任务是明确了学校改革的目标和价值取向：实施"轻负高效"的教育教学改革，提升学生的学习效能，促进学生的全面发展和幸福成长。在这一价值导向下，他领导静教院附校进行教育教学改革，并非片面要求学生业成绩的提升，而是在提高学生学习效能的基础上提升学业成绩，是面向全体学生的发展，是在关注智育的同时关注学生的学习过程和实践能力、情感与价值观的全面发展。③ 在"双新"背景下，基础教育尤其要注重学生核心素养和关键能力的发展，持续推动学校育人方式转变和教学方式优化。

第二，遵循教育规律不能保证人人都成功。一次物理高考前，一位学生请张人利解答两道选择题。正式考试中，其中一道题恰巧是考试试题，这位学生却仍做错了。这说明了一个认知规律：教师讲解的不一定是学生学会的，要使学生真正学会知识，教师需要引导学生暴露已有的问题，通过对话

---

① 《一个总是走在时间前面的"超级校长"——上海市静教院附校校长张人利》，《上海教育科研》2022年第3期。

② 张人利：《教育规律浅识——我的50年教育经历感悟与思考》，《现代教学》2023年第23期。

③ 张人利：《后"茶馆式"教学》，上海教育出版社，2012。

和碰撞建构知识。后"茶馆式"教学便是遵循了这一规律，但它也只能让学会的学生更多，仍然无法保证每堂课让所有学生学会。

第三，不遵循教育规律也可能取得成功。静教院附校有一名学生，进入中学后突然对数学产生了浓厚兴趣，每天必须做两至三小时的数学题，并在初三时获得了全国高三数学竞赛二等奖、最终进入哈佛大学数学系本科学习。显然，这位学生的成功只是一个特例，而中央所提出的"双减"政策要求减轻学生课业负担则是符合教育心理学的"高原现象"规律的。对此，张人利总结道："教师和校长在指导个别学生时不应固守教育规律。"

第四，公共教育必须遵循教育规律。尽管按照教育规律进行教育并不能保证每个人都能成功，甚至不按教育规律进行教育也可能有人成功，但是公共教育必须按照教育规律实施教育，以提升教育成功的可能概率。张人利特别强调了习近平总书记谈及教育家精神中所说的"因材施教的育人智慧"，其所开展的分层作业、独立学习和合作学习、个别辅导等教育教学改革实践无不遵循着因材施教的教育规律。

从某种角度上说，张人利的 50 余年教育人生实际上是探索、遵循、验证和创造性实践教育规律的历程。基于教育规律进行教育实践，首先要求校长通晓和准确理解各种"教育规律"，成为教育专家，掌握教育教学的专业知识和技能，并通过持续学习来增进知识、更新观念；同时，遵循教育规律也要求校长密切关注教育环境变化、发展和政策动向，使其教育实践遵循国家教育目标与发展方向。而从上述四条实践建议来看，基于教育规律进行实践并不等同于盲信规律，因为教育规律只是教育中成功的"大概率事件"而非"绝对事件"，这也体现了张人利严谨的科学态度和办学艺术。

（二）学生是教育的逻辑起点和终极目标

"我始终关注学生，把学生放在第一位"，"我推动的所有改革都是以学生为逻辑起点，并以学生的终身发展为终极目标"。[①] 张人利领导静教院附

---

① 罗阳佳：《改革始终发生在课堂：专访静安区教育学院附属学校校长张人利》，《上海教育》2011 年第 2 期。

校聚焦课程与教学改革，根本目的是要提升学生的学习效能，促进学生主动学习和全面发展。

一是课程与教学改革立足于对学生学习的研究，主要攻坚"学些什么""怎么学会""如何会学"三个问题。① 张人利提出"按'最佳发展期'设课，创'最近发展区'教学"的理念，成为课程与教学改革的理论支撑。他认为，同一学生，学习同一学科，要达到同一目标，在不同的年龄阶段所花费的时间是不一样的，并将"学生在学习某一门学科效益最高的年龄段"称为"最佳发展期"。据此，他领导静教院附校实施了课程设置的"两个重心移位"：抽象思维比较强的学科或部分内容向高年级移位，形象思维比较强的学科/部分内容向低年级移位。具体体现为：一年级开设英语课，但只是听、说，不要求书写；语文学习扩大识字量，但一部分词汇也不要求书写；一年级不上数学必修课，而是每周只上一节"英数课"，融合英语口语课和趣味数学活动，培养学生的形感和数感，激发学生兴趣，二年级再开始系统学习数学。多年跟踪调查表明，学生中考的数学成绩和其他学科成绩都很好，证明了这一理念和教改实践的实效。张人利反复强调："学生并不是一张白纸，课堂教学不是将水倒在各个容器里，而必须研究学生如何真正学会知识、了解学生之间的'不同'，并把研究成果积极转化到课堂教学中，才能提升学生学习效率。"

二是着眼于学生的主动全面发展，关注学生的生活质量。一次，担当初三体育课的教师请了10天婚假，张人利本想随口将体育课"让其他教师分了"，却收到了初三多名学生的联名反对信，题目为《还我们体育课》，要求补回缺少的体育课。张人利非常赞赏学生的做法，同意了他们的要求。他曾说："成年人讲究生活质量，未成年人也要有生活质量，我们反对牺牲今天的生活质量换取明天的生活质量。"② 在他的领导下，静教院附校呈现出独特的教学面貌：学校没有早自修，而是改为"每日一刻"，学生到校第一

---

① 张人利：《课程与教学改革成就了静教院附校》，《上海课程教学研究》2018年第Z1期。
② 张人利：《后"茶馆式"教学》，上海教育出版社，2012。

件事就是"玩";没有晚自习,周末坚决不补课;学校没有"两张课表",初三毕业班仍开设音乐课、美术课;开设50余门校本课程供学生选择,这些课程绝大部分与中高考没有直接关联,有的还是由学生自己开发、实施和评价;学校实行作业量的"两个举手制度",即班级学习委员对当天全班作业超量举手、家长对自己孩子当天作业超量举手,不订购市教委规定之外的教辅材料;保证每位学生平均每天一小时的体育活动,坚持一年四季长跑,即"接龙跑";学校每周都有一次全校文艺演出,即"明星闪亮30分"……张人利还亲自参与了静教院附校新校舍的设计,将其打造为"一个有灵魂的校园",①"到处都是教育理念",获得2022年"RICS中国"年度建造项目优秀奖:40个教室全都朝南、南北通透、不沿马路、不沿操场,给学生最好的环境;图书馆四面通透,分别设有低年级学生的阶梯式阅读区、高年级学生的圆桌讨论或自习区;留出一片屋檐并配备室内篮球馆、体育馆,保证学生在阴雨天的运动时间;设置10个跨学科教学实验室、师生交流的"议空间"。正如亚里士多德所言,"教育的意义在于闲暇",静教院附校处处为孩子的生活和成长考虑,孩子的玩也具有了完整成长的意义,是身体、心灵和精神的全面成长内容之一。

三是通过建立校长和教师的平等关系,促进教师和学生之间的平等和谐关系。一次,张人利在学校食堂用餐,碰见外语教研组组长金老师。她说道:"今天我在班里做了一张卷子,其中有一道题目,要学生回答我金老师在学校里最怕谁。对于那些回答张校长的学生,我全部扣了分,因为我从来不怕张校长。"张人利对这样的"挑衅"一笑置之,在全校大会上讲述了这个故事,并补充道:"其实不是老师怕校长,而是校长怕老师。一个校长最大的任务就是让老师高兴,因为老师高兴了、学生才会高兴。"在他的领导下,静教院附校的师生共同构建教师与学生、校长与教师平等和谐的生态环境,共同追求学生的幸福生活和全面发展。

---

① 《静教院附校新校区探访:这是一所"有灵魂"的校园》,上海教育新闻网,2020年11月6日,http://www.shedunews.com/xiaoyuan/con/2020-11-06/c4264.html。

四是关注全体学生，促进教学的个别化和因材施教。首先是后"茶馆式"教学所倡导的按学生学习的逻辑结构组织教学，以及独立学习、合作学习的教学方式，实际上是将学生的差异转变为教学资源，使不同学生能够根据自己的需求进行学习，其本质就是一种班级授课下的个别化教学。[①] 此外，张人利还着眼于教学全过程的优化，尤其是在作业管理上实行作业的分层分类，包括荣誉作业、整体作业、基础作业，以及长作业、短作业，文本作业、实践作业，独立作业、合作作业，单学科作业、跨学科作业等，[②] 为具有不同需求和学习水平的学生提供多种选择；在辅导方面，提倡"全班补课坚决反对，个别辅导积极提倡"，要求辅导要以师生对话、生生对话为主要教学方式，不仅要了解学生错误的地方在哪里，还要了解错误的原因何在，[③] 从而促进因材施教和实现。

上述故事生动地展现了张人利的学生观：其一，学生是学习的主体，教育教学改革必须将对学生的研究作为逻辑起点，促进学生学会、会学、爱学，致力于提升学生的学习效能；其二，学生发展是教育教学改革的根本目的，且学生发展是身心的全面发展、主动个性的发展，它不仅包括学生的学业成绩，还应该包括学生取得学业成绩的过程与方法、与学业成绩相关的其他方面；其三，教育教学要关注全体学生，以研究不同学生的多样化发展特征和教育需求为基础，因材施教。这种学生观为静教院附校的全体教师所认同，成为其实现办学的"轻负高质"的关键，也是张人利作为一名卓越校长办学成功的观念基础和经验。上海市教委"学业质量绿色指标"综合评价等结果表明，与市、区的平均指标相比，静教院附校学生睡眠时间多，体艺科活动多，课外作业少，近视率低，学业成绩好，彰显了聚焦学生的教育教学改革成效。

---

① 张人利：《班级授课制下的个别化教学》，《教育发展研究》2013年第12期。
② 高燕、张人利：《撬动分数至上的"固土"——综合评价促进教学"绿色"发展的校本研究》，《上海教育科研》2021年第11期。
③ 张人利：《后"茶馆式"教学》，上海教育出版社，2012。

（三）从教育实践中提炼思想、构建概念

依据教育规律和学生发展规律来领导教育教学，张人利创造的后"茶馆式"教学范式，成为其最具代表性的办学实绩和教育影响。他以课堂教学改革为核心，一方面，聚焦问题——静教院附校课堂教学所存在的弊端，包括教师讲得太多、学生学习问题的暴露和解决不够、教学行为的价值取向不清晰、学生之间的差异不受关注等；另一方面，广泛借鉴和归纳教育理论以及以往课程和教学改革的优秀成果，尤其是汲取和继承了 20 世纪 80 年代段力佩校长所提出的"读读、议议、练练、讲讲""茶馆式"教学的精髓，结合"最近发展区"等理论和新课程理念探索这一教学方法的发展，从而形成了后"茶馆式"教学。其中，"后"主要体现为对"茶馆式"教学在三个方面的发展：其一，教学方式更加完善，从"书中学"一种方式，到"书中学""做中学"两种方式并举；其二，教学方法更加灵活，从"读读"开始，到"读、议、听、练"等多种方法选择；其三，教学手段更加现代，教学手段的创设从"讲台"之上延伸到"讲台"之下。通过在各个学科、不同学段内的完善和推进，基于教学实践案例的积累，张人利领导静教院附校逐步构建起了后"茶馆式"教学的概念操作体系，包括："一个核心"，以"议"为核心；"两个教学特征"，在教学论方面"学生自己能学会的，教师不讲"，在认识论方面"尽可能暴露学生的潜意识，关注'相异构想'的发现与解决"；"四种教学方式"，包括独立学习、合作学习两种组织方式和"书中学""做中学"两种认知方式；"八个教学策略"，包括学生先学引导性策略、课堂教学与教学评价融为一体策略、关注有价值的生成性问题策略等；"两个教学手段"，即"脚手架"的创设和信息技术应用。[1]这一体系将后"茶馆式"教学这一概念具体化为可供操作的标准和要求，以及教学方式、策略和手段，从而更好地指导课程与教学实践改进。

在学校改革实践层面，后"茶馆式"教学聚焦课堂教学效能的提升，

---

[1] 张人利：《后"茶馆式"教学为何有影响力》，《中国教师》2016 年第 20 期。

同时也影响了课堂之外的其他领域——不仅覆盖了备课、作业、辅导等教学的全过程，而且引发了教学管理的改进、教科研方法的创新、校本研修方式的创生等等，贯穿了学校管理的各个方面，这也进一步丰富了这一概念的内涵。2010年后"茶馆式"教学获教育部颁发的"基础教育课程改革教学改革成果一等奖"，2014年"后'茶馆式'教学——走向'轻负担、高质量'的实践研究"获首届国家基础教育教学成果奖一等奖，并为全国乃至国外的媒体所报道，为各级各类学校所仿效，产生了广泛而深远的影响。

为了贯彻落实"双新"要求、推动教学方式的全面转变，2015年，张人利又领导静教院附校开展了深度整合式教学的实践研究。他认为，国家课程可以分为分科课程与综合课程，而知识有系统式和主题式两种组织方式：分科课程（如数理化）应该按照知识系统来组织，而综合课程（如信息技术、劳动技术、社会、科学）则更适合主题式教学；但是，系统学习中也应该穿插一些跨学科的主题学习，如物理可以采用"专题复习"的方式（1991年提出）。[①] 张人利在研究各种新兴教学范式（如体验式教学、STEM和STEAM教学、项目式学习、问题导向学习等）的基础上，从教学实操角度，将其归纳为4种教学方式：主题（Theme）学习、研究性（Research）学习、跨学科（Interdiscipline）学习和实践性（Practice）学习，把国家课程中的综合类课程予以整合实施，创立了"趣谱（TRIP）"课程。TRIP课程以主题为引领，全员、全面、全程整合多门综合课程内容、多种教学方式和多样教学评价；同时TRIP可解释为旅行，体现了这样的学习强调过程和经历。[②] 这一课程是对"双新"培养学生核心素养和关键能力、推进育人方式转变和教学方式优化的回应，实际上是一种国家课程的校本化实施，其开设全面转变了教学方式，包括组织方式、认知方式、内容方式和活动方式；提升了学生的关键能力，包括认知能力、合作能力、创新能力和职业能力，使学生更加全面、更加深入地学会学习。2022年，《深度整合式教学——国

① 张人利：《高中物理"专题复习"的研究》，《物理教学》1991年第12期。
② 张人利：《教学方式视角下的课堂教学研究》，《上海教育科研》2023年第3期。

家综合课程统整实施新样态》荣获上海市教学成果特等奖和国家级教学成果二等奖。

后"茶馆式"教学与深度整合式教学（TRIP 课程）的提出和实践作为独创性的教育成果，鲜明地体现了张人利独到的教育理念和思想，是对张人利办学实绩和成效的高度凝练，也彰显了一名校长从办学实践中总结、提炼和创造概念，不断思考和创新，形成自己的教育思想的能力。这是教育家型校长的基本特征之一，也是一名普通校长成长为教育家型校长的关键路径。

（四）教育科研是教育改革和学校改进的关键依托

"教育是一门科学，教育改革要有科学态度。"高中教师、教导主任、教育学院院长和附属学校校长等多重身份，使张人利具有极强的研究意识。在张人利担任教师、院长时，就开始了做研究、做课题。他自信地说："我的很多课题都是自己写的，都有手稿。"他谈道："做课题没什么难的。我当时想了 20 个选题，天天拿着两个馒头到图书馆去，通读了物理教学的五本权威期刊，看它们的主题、内容、范式，再筛选出几个选题，一个月下来就写了一大片东西。""没什么难的"的背后，实际上是日复一日地钻研和探究，是孜孜不倦地对教育规律的探索。正是这种勤学笃行、求是创新的躬耕态度和探索精神，使他在 30 年前就提出了"物理学科的专题学习"这一如今新课改所倡导的综合、整合的教学方式，在 20 年前就提出了"轻负高效"这一"双减"所提倡的教育目标。

作为院长、校长，科研引领则是张人利领导学校取得跨越式发展的重要途径。1998 年，张人利开始兼任静教院院长和附校校长时，地区教育学院刚被取消大专建制，遭遇着种种质疑乃至生存危机。张人利不假思索地接下了两份担子，确立了静教院的定位："地区教育学院应致力于应用性研究和实践，服务于区域内教育发展和教师发展的需求。"在此基础上，他领导静教院的教研人员亲自参加教学实践，努力体现实践性、先进性和科学性的有机统一，致力于以研究为依据推动学校教育教学改革。静教院附校所秉持的课程理念"按最佳发展期授课，创最近发展区教学"，以及其办学成果的辐射、推广，便是静教院开展应用性研究和实践的显著成果——"应用性研究与实践为静教院的教育科研打开了一扇洒满金色阳光的窗口，更打开了区域教育通向和谐优质发展美好愿景的一扇门"。①

而进入静教院附校，后"茶馆式"教学的实施、验证、推进与完善便是依托于教育科研方法的改进和创新，即"循环实证"的教育科学研究方法。后"茶馆式"教学起源于副校长周骏的三堂物理课：张人利请周校长上两节内容相同的物理课，两个班学生学业基础相仿，都没有预习的要求。第一节按传统的方式、方法上，基本上以教师认为的学科体系为线索进行讲解；第二节则以后"茶馆式"教学的基本要求施教。课后，由其他教师命题，对学生进行测评，结果第一个班成绩不如第二个班。周校长有所触动，却尚未"服气"，要求用第一节课的方式再上第三个班，并有意突出了试卷的"重点""难点"，但第三个班的成绩仍然不如第二个班。这一结果终于让周校长有所震动，领导物理教研组教师运用如上的"循环实证"研究方法，在初二物理课上开始了后"茶馆式"教学的实施研究。② 此后，为了确证后"茶馆式"教学对于不同学科、学段和年级、生源、教师水平等的普适性，张人利仍充分应用"循环实证"研究方法，促进了后"茶馆式"教学在学科、学段和学校层面的推进。其操作流程为：③ 教学班的学生和授课教师不变，教学内容和教学目标的侧重面相同，教师依据原有的教学设计进行授课，由所有研究人员参与观课，通过校本研修、聚焦后"茶馆式"教学的两个关键因素提出教学设计的建议，再进行下一个班的课堂教学和研修，多次进行、形成循环。从本质上说，"循环实证"不仅是一种科研方法，而且把教研、科研、教师教育、校本研修、课堂教学融为一体，④ 既促

① 栾兆祥、陶小青：《地区教育学院的定位：致力于应用性研究与实践——访上海市静安区教育学院院长、静安区教育学院附属学校校长张人利》，《现代教学》2008 年第 5 期。
② 张人利：《后"茶馆式"教学》，上海教育出版社，2012。
③ 张人利：《后"茶馆式"教学（一）——"轻负担、高质量"的教学研究与实践》，《现代教学》2010 年第 9 期。
④ 张人利、李凌倩：《后"茶馆式"教学（三）——"循环实证"教育科研方法》，《现代教学》2010 年第 11 期。

进后"茶馆式"教学设计的提炼和改进、学生学习效能的提高，又增加教师的文化认同，带来了教师专业发展等其他方面的研究与实践。

教育科研不仅是静教院附校成功推进教学改革的关键因素，也是学校教师专业发展的重要途径。张人利认为，教育科学的成果他人应用往往不能完全照搬，需要结合不同的教育实践进行修正，甚至再创造，① 这就要求广大教师真正进入教育的研究领域。他高度评价教师进行教育科研的意义，认为教师"没有立项的科研也可以很精彩"。他将课堂教学研究划分为上位的教育思想与理念研究、中位的教学方式和策略研究、下位的教学方法和手段研究三个层面，并强调教学方式研究的重要性。② 他领导发起了"基于后'茶馆式'教学的教学微技术研究"，③ 鼓励教师把握课堂教学转型方向，聚焦教学方式策略、内容环节等微手段、微方法，提出有意义的研究问题，自主设计研究方案并开展研究，进而通过教育研究改进课堂教学、提升自身的专业素养。张人利还倡导超越狭义的课堂教学，用广义的教育教学改革思路来进行研究，提出了"需要研究学生作业的量和质"④ "学生评价是一项难题"⑤ 等论断，引领教师广泛开展教育研究。"当更多的一线教师真正投入教育科研，真正解决了他们身边的具体问题时，这个研究的水平不会低，科研对教育的贡献会更大。"⑥

在张人利看来，教育科研具有丰富而深刻的价值：它彰显了地区教育学院的定位和作为，推动了教育教学改革的理论构建和实践推进，促进了教师专业发展和文化认同、研究意识。而对于张人利自身而言，教育研究不仅是他领导学校进行教育教学改进和师资队伍建设的重要力量，也是他进行反思性研究、提炼和确证自身的教育思想与理念的重要途径，是其成长为卓越校长的关键条件。

---

① 张人利：《后"茶馆式"教学》，上海教育出版社，2012。
② 张人利：《教学方式视角下的课堂教学研究》，《上海教育科研》2023 年第 3 期。
③ 张人利：《没有立项的科研也可以很精彩》，《上海教育科研》2015 年第 10 期。
④ 张人利：《需要研究学生作业的量和质》，《现代教学》2022 年第 Z1 期。
⑤ 张人利：《智慧育人：关键领域校本学生评价变革》，《中国基础教育》2023 年第 4 期。
⑥ 张人利：《没有立项的科研也可以很精彩》，《上海教育科研》2015 年第 10 期。

（五）以校本教师教育促进教师专业发展和文化认同

张人利认为，教育要有专业性、更要有社会性，学校管理者尤其需要深刻洞悉教育的社会性，注重调动教师的积极性和能动性，增进教师的文化认同和文化自觉。[①] 高专业水平的师资队伍是静教院附校推行改革、实现跨越式发展的后备力量。考虑到教育应用性研究的差异性、复杂性，教师专业发展不能仅仅依靠国家、省、区、市的教研、培训，而关键在于"基于学校、通过学校、为了学校，但又不限于学校"的校本教研、校本培训。[②] 将此二者相整合，静教院附校创立了"茶馆式"校本研修的教师专业发展方式，[③]形成了校本教师教育的新样态。"茶馆式"校本研修与后"茶馆式"教学一脉相承，以"议"为核心，提倡教师之间的对话、合作和学习共同体的构建，其由三个部分组成：（1）校本研修活动方案设计；（2）研修活动中进行全程录音或录像；（3）研修活动之后的回顾与反思（包括原设与生成、精彩片段摘录、理性思考）。这种研修方式使教育研修回归到以教师为主体、以解决教育教学中的实际问题为起源和目的，提供清晰的研究路径，强调教师等教研人员基于平等地位的对话与合作，引导教师进行反思性实践，既能促进教研与培训相辅相成、推动教师专业发展，又能激发教师参与教育科研和专业发展的积极性，强化教师作为学校教学改革主体的文化认同和文化自觉。

谈到教师在教学改革中的作用，张人利讲道："教学改革特别是课堂教学改革，仅靠行政命令是远远不够的，要想真正改变教师的教育行为，需要校长和教师的相互影响。"要重点通过文化管理、讲解和对话，向教师阐释与传达学校改革的愿景及其意义，以证据支持教学改革的有效性，激发教师对改革的信心和文化认同，这实际上体现了校长的课程领导力。静教院附校

---

① 陈之腾：《2023"最美教师"张人利：探索教育规律的智慧践行者》，《上海教育》2023年第28期。

② 张人利：《校本教师教育新样态研究》，《上海教师》2023年第2期。

③ 张人利：《后"茶馆式"教学》，上海教育出版社，2012。

教学改革的推进过程，实际上也是基于文化认同的教学管理和教师管理改进的过程。以后"茶馆式"教学为例，其形成首先是学校领导"班子"内部形成教育教学改革的目标和愿景，利用三节物理课的实证研究证实其有效性，形成文化认识，然后从校级到中层、从中层到学校教学骨干，再到全体教师，逐步在更大范围内推动教师对后"茶馆式"教学的文化认同和教学行为改变。①

在价值观传递之外，张人利也非常重视对教师的物质激励，除了绩效工资以外，还设置了专项资金用于奖金发放。一次教工大会上，张人利讲述了一位女教师为学生放弃婚假的事例，评价道："女教师结婚是大事，不提倡不请婚假。但是，这位教师是为了学生而不请假，应该表扬；不仅要表扬，还应该奖励。"借此，在教师的支持下，他将一定比例的学校资金作为"校长奖励基金"，用于奖励前沿工作、突发事件中表现优秀的教师或团队。在深度整合式教学的实践研究中，这部分"校长奖励基金"便起到了教师激励的作用，有效地提升了教师进行课程研究和教学改革的积极性。

作为"国培"专家、上海市"双名工程"名校长基地主持人，张人利还致力于名校长的培养培训。对名校长的培训仍然沿用"茶馆式"研究模式，并结合注重问题解决的学校现场诊断培养模式和身临其境的"浸润式"研究模式，倡导培训的个性化、问题导向、对话实践。由于事务繁忙，张人利把师徒研讨安排在了每周四晚自己家里，通过"相约星期四"的活动模式促进师徒交流和教学相长。② 他带教的学员谈及这名导师，常提到他的讲座理念前卫、案例丰富、干货多，而且"有点石成金的艺术"，善于点拨、指导后辈，③ 在学员原有课题报告的基础上提出具体的修改意见。④

---

① 张人利：《后"茶馆式"教学》，上海教育出版社，2012。
② 陈之腾：《2023"最美教师"张人利：探索教育规律的智慧践行者》，《上海教育》2023 年第 28 期。
③ 魏其濛：《全国"最美教师"张人利：走在教改前沿深耕育人沃土》，《中国青年报》2023 年 9 月 14 日。
④ 陈之腾：《2023"最美教师"张人利：探索教育规律的智慧践行者》，《上海教育》2023 年第 28 期。

上述教育故事彰显了张人利的教师观和管理观：一是注重教师的专业发展，倡导通过校本研修的方式提升教师的专业水平，并在培养培训中充分促进教师在平等基础上的主动积极参与；二是尊重教师的主体地位和能动性，以文化管理取代行政强制手段，重在促进教师对学校教育教学改革的文化认同和文化自觉，使其主动地改变自己的教学观念和教学行为；三是尊重教师的劳动成果，努力提升教师的物质和精神待遇。这实际上体现了一位卓越校长对学校的课程领导力和变革型领导力，即在对"人"的管理方面，通过愿景激励、动机激发、潜能培养等方式向学校教师团队传递校长的价值理念，使他们主动改变自身的教学行为、提升专业水平，共同为学校改革和发展而努力。

（六）教育家型校长要有课程领导的专业能力和奉献教育的热忱之心

谈到做校长、办学校，张人利说道："办好学校的关键是实现教育家办学，而不是军事家办学、企业家办学。这之中最大的区别就在于校长的课程领导力。"从内容上看，课程领导力的本质是要解决学生学什么、怎么学的问题，以及学生和教师怎么评、教师队伍怎么培养、五育怎么融合等一系列问题；从方式上看，课程领导力不仅是对"课程"这一"事"的领导，而且是对"人"的领导，体现校长的影响程度和影响力，是要激发教师的文化认同。在新课标的要求下，教育家型校长的课程领导职责是依据其自身对课程的理解、课程实施的方式方法的掌握，将抽象的教育规律、宏观的中央文件予以操作化，设计学校课程实施方案，并通过课程与教学改革、师资队伍建设、校本教研和文化管理等直接或间接的方式予以落实。张人利特别强调，习近平总书记所说的"教育家精神"有一个前缀"中国特有的"。在课程领导方面，所谓"启智润心、因材施教的育人智慧"，与国外的"个性化"相比，除了认同与尊重学生之间的差异之外，还强调教育的方向引领，也就是培养什么人、为谁培养人的问题。据此，校长要提高课程领导的教育站位，"讲好中国话"，做好课程的价值引领，

准确理解和严格贯彻"双新""双减"等国家教育政策，重点把握国家课程的校本化实施工作。

从张人利自身来看，他50余年深耕教育教学实践，直至75岁高龄仍坚守教育岗位，不仅是对课程领导力的亲身诠释和践行，也深刻体现了一位教育家型校长对教育的热忱之心和弘道追求。在获评"全国最美教师"时，张人利说道："我是有意识地，或者无意识地在享受办学的乐趣。"他自豪地补充道："这一乐趣有两个来源：一是我遇到了富有挑战性的问题——教育学院改制和薄弱学校改进，这两个问题，我已经基本解决了；二是我遇到了一个相当复杂的问题——教育问题。教育问题，尤其是基础教育的问题，其复杂之处不在于学科，而在于人的复杂性，所以教育从某种角度上说是一种人学。教育的复杂性是一个长期问题，是要一直研究的问题。正因为我遇到了富有挑战性的问题和相当复杂的问题，所以我感觉到我是一种享受，几十年来一直在做、没感觉到负担。"这种对教育问题的持续研究，不仅展现了一名校长对教育规律和真理的恒久追寻，更体现了一名教育工作者对学生发展的奉献态度、以文化人的弘道追求，是对教育家精神的深刻诠释。

三 对教育家型校长成长与培养的启示

张人利50余年教育人生的生动故事，蕴含了他身为卓越校长的教育理念、思想和智慧，展示了一名"最美教师"的教育作为，体现出一位教育家型校长的精神品格和治校风范。归纳张人利的教育人生、思想与实践，能够为教育家型校长的成长和培养提供如下启示。

（一）教育家型校长的成长源于对教育理想和教育规律的不断追寻

心有大我的理想信念、以文化人的弘道追求是教育家的重要精神品质，也是教育家型校长成长的最初起点和力量源泉。张人利深耕教育50余年，倾情付出，卓有成效，正如他自己所说："我要用自己的生命改变自己脚下的这方土地，照亮孩子多姿多彩的人生。"这是一位名校长对自己的教育理想的深刻诠释，展现了其赤诚的教育热情和深厚的爱生之心。这种创新学校教育、奉献教育事业、呵护学生成长的教育理想，成为校长不懈地投身教育、成长为教育家的内驱力，并在其教育实践的过程中不断得到强化。[①] 在教育理想的指引下，校长才能萌发对教育事业的弘道追求、热忱之心；在教育理想的支撑下，校长才能不断攻坚克难、持续不懈地奉献于教育事业；在教育理想的驱动下，校长才能在实践中终身学习、自我修养、积极进取，朝着教育家型校长而不断努力。

如果说教育理想与信念是教育家型校长成长的灯塔，那么教育规律便是其成长道路上的指路明灯。"按照教育规律办事，你的方向就对了"。这是张人利所总结的教育感悟和经验，是他一直遵循的教育信条。遵循教育规律，本质是遵守教育的科学性。校长要基于扎实的教育专业智能，明晰、理解和研究各种教育理念和教育规律，研读和贯彻国家教育政策和教育方案，用教育规律指导教育实践，在教育实践中验证规律，推动教育实践的成功，并逐步积累办学经验与智慧。

教育家型校长的成长源于对教育理想和教育规律的不断追求，其实质是遵守教育的科学性和艺术性。教育的科学性要求校长追寻教育规律，按照教育规律来开展办学实践；教育的艺术性则呼唤校长的教育理想和信仰，在其指引下奉献教育事业、守候学生的美好未来。正是持之以恒地追寻着教育理想和教育规律，教育家型校长"享受着办学的乐趣"，在长期的教育实践中不断地产生创新的火花。

（二）教育家型校长的成长是办学实践创新和教育思想建构相统一的过程

教育家型校长是指能够坚持教育思想与教育实践并重，对教育有系统的理论研究，拥有独特的治校理念，在学校领导岗位取得了卓越的办学成就，

---

① 沈玉顺：《校长教育家成长机制解析》，《教育发展研究》2010年第12期。

并在教育思想和教育实践领域同时产生重要社会影响的校长,[①] 其本质属性是办学实践创新与教育思想建构的深度对话者。[②] 张人利的 50 余年教学和办学实践,无不受到其教育思想和理念的指引,蕴含着教育观、学生观、教师观、教学观等深厚的教育智慧;他将这些教育规律和办学思想创造性付诸实践,又在实践中深化思想、提炼概念,创造了"最佳发展区""后'茶馆式'教学""深度整合式教学"等概念,积累了个性鲜明的教育思想,对教育理论和实践界都产生了广泛影响。教育家型校长亲力亲为于教育实践,在实践中施展其专业智能和教育智慧,创造出重要且有影响力的办学成效和成果;同时,校长善于从实践中凝练独特而系统的教育思想、概念和理论成果,并将其付诸实践。在此意义上,教育家型校长成长的本质是"实践—认识—实践"的循环前进、螺旋上升的过程。

校长要实现办学实践创新和教育思想建构的相互统一与深度对话,教育研究是关键路径。校长要善于从教育实践中发现问题、提出问题,在行动中进行反思,通过教育研究和专业研修,探究办学实践的优化方案、提升自我的实践性知能。"教育研究是一件大事,学校的校本教研是一件大事。"张人利高度重视教育研究对于学校改进和教师发展的价值,领导学校运用循环实证的研究方法、后"茶馆式"教育研修等方式广泛开展研究,从而逐步构建和深化了后"茶馆式"教学等概念的操作体系,并在教育理论和实践界得到广泛传播。教育研究是教育家型校长解决教育实践问题的关键依托,也是教育家型校长从实践中凝练独特而系统的教育思想的重要基础。校长成长为教育家的过程,是其依靠教育研究而逐步丰富专业知识、完善办学思想、产生办学成效、积累专业声望的过程,是校长作为办学者通过立身、立言、立行、立德、立功持续不断的专业发展过程。[③]

---

① 王珏:《近代教育家校长的办学特征及其当代启示:基于教育管理学视角》,《教育发展研究》2016 年第 8 期。

② 于慧、龚孝华:《教育家型校长培养的理性追问与实践行思》,《中国教育学刊》2021 年第 1 期。

③ 沈玉顺:《校长教育家成长机制解析》,《教育发展研究》2010 年第 12 期。

（三）教育家型校长成长和培养的核心是培育课程领导力

张人利的教育经历和教育思想证明，课程领导力是教育家型校长的核心能力，这不仅指对学校课程和教学改革的战略规划和改进实施，而且包含校长直接或间接影响学生学习的一切行为和能力，包括价值引领、教师发展、团队凝聚等等，是一种综合能力和专业影响力。

就"课程教学"本身而言，其实施过程包含了备课、上课、作业、辅导、评价等环节，校长的课程领导力不仅发生在课程之内，而且覆盖了课程实施和教学改革的全部环节，是一种系统性、全程性的领导；从纵向来看，课程包括理想的课程、正式的课程、理解的课程、运作的课程和经验的课程五个层次，校长的课程领导力便体现在抽象课程理论具体化和国家宏观课程政策操作化的过程，体现在通过教师教育、研究和管理等方式使其为教师所领悟和认同的过程，体现在通过教学改革和改进而使学生真正掌握课程内容、获得自由发展的过程。

就"领导力"而言，课程领导力作为一种综合能力和专业影响力，体现了教育家型校长多元的角色定位，[1] 包含价值领导、愿景确立、动机激发、教师发展等领导职责。以张人利为例：作为价值领导者，张人利把握教育规律和时代需求，通过"讲故事"向教师澄清和传递自己的教育理念和价值观，"将心比心，你希望自己子女遇到什么样的老师，你就做什么样的老师"，进而激励他们共同为教育改善和学校改进而献身献力；作为变革领导者，张人利善于把握和阐明学校办学和改革的核心——静教院以应用性研究为核心、静教院附校以课堂教学改革为核心，建立起学校改进的共同愿景和战略规划；作为学习领导者，张人利始终以学生为中心，对学生的学习和成功负责，并通过校本教师教育促进教师的专业发展；作为动机激励者，张人利将文化管理和激励手段相结合，尊重与认可教师的专

---

① 徐蕾：《教育家型校长成长：内生性主体养成与外生性制度培育》，《教育科学研究》2016年第 3 期。

业地位、工作贡献和发展需求，激发教师开展教学改革、促进学生发展的能动性与积极性。

课程领导力是教育家型校长的关键能力，也是教育家型校长成长和培养的核心。校长要基于课程领导力的多重内涵，在办学实践和专业研修的过程中，夯实自身的教育教学专业智能，通过扮演多元角色实施对学校课程和师生的课程领导，不断提升其课程领导力。

B.16

由氤氲书香，悟教育之道

——记"全国人大代表"邵志豪校长的读书致成长之路

柳欣源*

摘　要： 挖掘成名教育家型校长成长经历中的可复制经验，可为引领优秀校长成长提供借鉴和精神指引。本文综合运用文献法、田野调查法、访谈法，以邵志豪校长读书学习成长线为主线，深入剖析邵志豪校长读书学习做研究的专业发展过程，可以看出，文字之书和生活之书相得益彰，相互碰撞、内化、升华，共同助推邵志豪逐步成长成为教育家型校长。启示是：持续读书与终身学习是教育家型校长专业成长的精神引领，自我反思与规划驱动是教育家型校长专业发展的关键路径，坚持本色与自律自觉是教育家型校长专业提升的不竭动力。

关键词： 读书　学习　教育家型校长　邵志豪

　　办好人民满意的教育，培养和造就一批杰出的教育家型校长，不仅是党和国家领导人提出的要求，也是基础教育改革需要。教育必须按教育规律办事，必须由懂得教育规律的内行管理，教育家型校长的成长和引领对助推学校优质发展、提高育人质量尤为重要。因此，教育家型校长培养已然成为基础教育改革发展以及建设教育强国的基本要求。

　　时代赋予了教育家型校长新的使命和担当，努力成为按教育规律办学、

---

* 柳欣源，管理学博士，教育部中学校长培训中心助理研究员，主要研究方向为教育管理、教育评价。

形成系统办学思想、全面提升治校能力、推动基础教育持续发展的教育家型校长，成为校长专业发展的崇高目标和内在动力。校长成长成为教育家是一个长期且漫长的过程。代蕊华教授认为，当一个校长具有完整的自我认识、卓著的智慧品质、高尚的道德情操与坚定的教育理想和信念，能进一步将教育理念和教育思想转接于教育实践，就可以表明其正在向教育家型校长成长①。本文通过挖掘成名的教育家型校长成长经历中的亮点和闪光点，力图寻找其成长过程中可复制的经验，为推动优秀校长逐步成长为教育家提供一定的现实借鉴和精神引领。

一 案例选择与研究设计

本文所选择的教育家型校长成长案例，是地处吉林省长春市的东北师大附中校长邵志豪。邵志豪是一位从学校基层岗位成长起来、始终奋斗在一线教学的中学校长。选择邵志豪校长有以下三方面的原因：其一，邵校长具有较深厚的学术专业背景以及丰富的教学经验。他是东北师范大学教育学博士，清华大学马克思主义学院博士后，现为东北师范大学教育学部博士生导师，正高级教师，有着近30年的地理学科教学经验。承担国家社会科学基金"十三五"规划课题等研究项目30余项，在《新华文摘》《社会科学战线》《课程·教材·教法》《中国教育学刊》等刊物上发表论文70余篇，出版专著5部，当校长期间获全国基础教学成果奖一等奖、吉林省基础教学成果奖特等奖等多项奖项。其二，在躬耕教学和科研的同时，邵校长资政育人、服务社会，同时也具有广泛的社会影响力，他是第十三届、第十四届全国人大代表，中国教育学会常务理事，吉林省学科带头人，参与了如国家教师教育咨询、大中小思政课一体化建设、基础教育教学的管理和改革等方面的诸多国家重大教育政策的决策过程。其三，邵校长与笔者本人有着奇妙的渊源，笔者是邵校长1996年在东北师大附中从教后的第一届学生，邵校长

---

① 代蕊华、阚粤红：《以教育家精神引领教育家型校长成长》，《人民教育》2023年第23期。

伴随了我的整个初中学段和高一学段，从某种意义上来讲，我亲身经历了邵校长从教初期四年的教学成长。犹记得邵校长上课时的意气风发和奇思妙想，以及课后的伏案改卷和刻苦钻研，见证了邵校长初登讲台的局促青涩到公开课的满堂喝彩；工作多年以后，邵校长与我的缘分又有了新的交叉点，他成为我现有工作单位——教育部中学校长培训中心的资深培训学员，在中心举办的第 12 期全国优秀中学校长高级研讨班中，助其完成了优秀的教育思想的提炼；现在他又参与了"新时代中小学名师名校长培养计划"班，成立了名校长工作室，通过教育共同体和教育帮扶继续为建设教育强国发光发热。这些珍贵且独一无二的回忆以及学生和培训者的身份转变，让我可以有更加独特的视角来观察和解读邵校长。

为了更好地剖析和撰写邵志豪校长的成长历程，本报告先后采用了文献研究法、田野调查法、半结构式访谈法等研究方法。应用文献法搜集了中国知网等网络上的科研文章，结合邵校长转发的 20 余篇日常随笔，从理论上系统地梳理了邵校长工作以来的教育教学研究发展历程，深入了解了其教育思想的起源、发展、升华、实践及再思考，同时通过其平时撰写的随笔更是生动地反映了工作生活中的趣事和轶事。应用田野调查法让研究者置身于被研究者的生活工作环境中，通过参与观察等手段，获得丰富而细致的现场资料，动态、直观地了解其工作、学习、科学研究及生活的各种样态，对于理解人物在实际社会结构和文化背景中的行为模式至关重要，特别是在研究特定对象时，田野调查提供了深入而全面的视角，帮助研究者揭示人物的内心世界和社会关系。最后，基于上述调查法对邵校长的理论和实践方面的系统了解，设计文章逻辑框架和访谈提纲，与邵校长进行更为深入的半结构半开放式访谈，期望挖掘出过往资料和田野调查中无法显现的育人故事或育人智慧。

二 读天下、思教育、跃发展——邵志豪的成长之路

在人生的成长过程中，有两本重要的书要读：一本是文字之书，另一本是生活之书。这两者共同构成了个体知识和智慧的重要基石。书本是知识和

智慧的来源，为我们提供了深入理解世界和解析社会的关键工具；而生活之书，其变幻莫测的情节，不断锤炼我们的应变能力，雕琢我们的性格、品质与能力。两本书互联互通，相互影响，构成了个人的成长，塑造了个人的未来。在我看来，邵志豪经历的四个成长阶段，便是在这"两本书"的共同作用下逐步展开的。在这过程中，他不断地从书本中汲取智慧，同时在生活的舞台上锤炼自我，实现了自我成长的蜕变，建构了自己的教育思想，成长成为具有广泛社会影响力的教育家型校长。

（一）邵志豪与书相伴的四重学习成长

1. 无畏少年：独上高楼，望尽天涯路

少年的自我认知架构及习惯养成，往往决定着一个人的成长路径和方向。独上高楼，望尽天涯路，意指追求远大，目标明确。读书学习是少年邵志豪最执着的目标，勤奋读书给予了邵志豪无穷的成长动力，这是他对广阔世界向往与探索的起点，也培养了他的高度自律和综合思维能力。

"门前的小路上，一个孩子踽踽而行。那时候的故乡，真的很大，大得没有尽头。远处起伏的山峦背后，应该是大海。"① 当时江南水乡的一位普通少年，从未想过能够成为今天的校长，他所能想到的就是去"山的那边"，逃离这个童年时怎么也走不出去的故乡。

邵志豪从小就特别喜欢读书。究其原因，一是对读书人有着崇高的敬意，觉得读书人懂得特别多；二是小孩子说自己最喜欢读书是一件让父母听了后会很高兴的事儿；三是最为重要的，书本中描述的是山那边的世界。从心理学视角来看，儿童在成长过程中，对权威、知识、智慧的崇拜过程，也是其自我认知建构和成长的过程。书本知识代表山那边的世界，是幼小的心灵对知识的渴望以及对未知世界的好奇，是驱动邵志豪热爱读书学习的动力。

小学五年级毕业后，邵志豪开始了 6 年初高中的寄宿制生活。在此期

---

① 邵志豪：《见己知人 立己达人 强国有我》，《人民教育》2023 年第 17 期。

间，他不仅广览文字之书，还体会了生活之书。邵志豪校长曾经回忆："6年寄宿生活，我养成了独立的学习和生活品格，基本上什么事都自己拿主意、自己协调。每周才能回家一次，生活上的事吃穿得自己统筹，和同学相处交流，就得保持自己独立生活的能力。这对后来当老师很有意义。我们平常讲关起门来靠自己，一堂课全靠你自己，因为老师是一个相对独立的工作。"寄宿生活期间，邵志豪非常独立，具有很强的荣誉感，养成了自律的良好习惯。

在这期间，邵志豪感触最深的就是读书与写周记。他不记得自己在中学晚自习上写了多少周记，做了多少练习题，只记得周记是他最持之以恒的事情。他说自己写周记，就是为了看到老师在日记里画的红色波浪线和评语。在这一时期，邵志豪对"山那边的世界"的单纯独白，逐步在与老师的批语中走向对话。"山的那边"愈加让他着迷。邵志豪读书与做笔记的习惯一直延续到考上大学。如同邵志豪所说，"读书培养了我的自律，也是我对山那边的告白方式"。

1992 年 9 月 1 日，邵志豪以优异的成绩考入大学，实现了从农村到城市的跨越。按照他的话说，终于去到了"山的那边"——斯大林大街一百一十号，吉林长春的东北师范大学。大学的专业课对邵志豪的工作和思维习惯有着深远的影响。邵志豪大学学习的是地理专业，他回忆说："地理学科最大的特点就是区域性和综合性。思考问题的时候，区域的视角很重要，比如担任校长之后，在处理工作时，我会非常关注不同空间和地域的学校。"他还特别提到地理学的综合思维对自己管理学校的影响。综合思维模式对全面、周密地考虑问题和决策大有帮助，校长工作的复杂性正需要这种综合性的思考方式，因为校长不仅要处理学校运营的各个方面，还需与多方人员沟通协作，特别是要关注学生与教师的共同成长。地理学科的综合思维促使他在决策时可以更加周到、稳健和全面。

读书学习培养了邵志豪对知识、智慧的崇敬之心，促使他自我期待、自我理想、自我思考和自我形象的建构。书本中的知识满足了他对未知世界的好奇心，成为他持续学习和成长的重要动力。更重要的是，读书为他擘画了

山那边的世界，不仅培养了他的高度自律性，也塑造了他的领导风格和人生态度，为他后续成为杰出的名校长奠定了坚实基础。

2. 从教为师：衣带渐宽终不悔，为伊消得人憔悴

初为人师的邵志豪，完成了从学生到教师的角色转变，但不变的是他对于读书的挚爱和对教育教学实践的思考，并通过硕士、博士的阶梯式、研究性学习逐步丰富自己的教学方式和提升专业素养，逐步地思考教书育人的意义。近三十年的从教之旅，邵志豪一直"不悔"的是缘于进阶式读书、深度化学习而产生的对教学实践的持续思索，以及矢志不渝的教育育人坚守，就算为伊"憔悴"也在所不惜。

教育教学是一项付诸实践的工作，无论理论多么高深莫测，都要经受实践的检验，要通过具体实践来实施。适逢东北师大附中大力鼓励教师进行课堂教学改革实验，刚刚工作的邵志豪率先投身其中。他边读边思、熟读精思，探索如何通过激发学生的课堂学习兴趣，进而强化学生的区域认知。偶然间，他想到可以用硫酸纸勾勒地图的方式进行大胆的尝试。渐渐地，学生愈加地被这种动手操作的课堂活动所吸引，不自觉地期盼着每周地理课的到来。学生在硫酸纸上，用笔跟着线条描绘东南亚的海岸线、河流线，再画巴基斯坦、印度等国家的边境线。一次课堂活动结束了，一幅幅课堂作品完成了，一点点的区域认知便在学生内心建立起来。非常幸运，我也是邵校长当年课程改革的第一批体验者和受益者，那一张张硫酸纸不仅记录着我的学习成果，更是承载着邵志豪老师的课堂教学规划和思考。这其实就是当下所提倡的学科实践，就是杜威实用主义"做中学"的具体体现。

这些源自教学灵感迸发的实践探索，令邵志豪不断积累教学经验，进而总结出课堂教学的一些规律和原理。到2001年，国家推出"强师计划"，邵志豪成功考取了第一届东北师范大学的在职教育硕士，结识了导师袁孝亭教授，开始了新一轮的学习，真正去了解地理学科课程与教学的核心观点，进入了学科学术研究领域的新境界。在硕士研究生学习期间，因为地理学科本身的实践性特征，邵志豪开始思考如何把地理学科的实践性和课堂教学结合起来。他曾经连续一个月带领学生观察月相，记录每天月亮的方位、形状

等信息，总结月相的变化规律和原理，最终成为他硕士论文"高中地理学科的研究性学习"中的实例，也成为当时高中新课程改革实施的典型案例。随着研究生学习的深入，邵志豪形成了诸多自己独特的教学方法和教学风格。

此后，他思考的不仅仅局限于提炼高中地理学习的一般规律和方法的学科教学范畴，更重要的则是对于学科育人的深思。他深感中学课堂教学还有许多内容值得去探索，仍有许多领域值得去挖掘。如何从学科教学上升到教材、课堂、评价综合的教育体系的建设，是他一直求索而不停歇的内容。邵志豪总是这样知足，而又知不足。他对于地理学科本质的追问，并没有止步于此，在获得硕士学位之后，他又攻读了地理课程与教学论专业的教育学博士学位，开始从每个具体的学科育人内容，上升到如何系统地构建学校的教育体系。从教育目标的设定到课程内容的选择，再到课堂教学组织形式的开展，到最后的学生评价，由此构成了完整的学校教育体系链条。

这一时期的阶段式深化学习，对邵志豪的成长至关重要。他发觉持续学习、做学术研究对一名中学教师的重要性和必要性，除了能大大改进自己的课堂教学效果、提升育人成效外，更有意义的是，自己的思维逻辑已经跳脱一般的课堂教学范畴，而向着学校育人方式变革的方向进阶。

3. 担责校长：蓦然回首，那人却在灯火阑珊处

成为校长以后，邵志豪开始从更高的站位和更宏观的角度，追寻教育的本质、育人的本质，并以此为依据规划自己的学校、教师的定位，逐步生成自己的教育思想。蓦然回首，邵志豪对自己、对事业保持追问的背后，看似是外在的，其实都源于内心对读书学习最纯粹的热爱，对教育事业最无私的奉献，这是灯火阑珊处始终明亮的存在，既是一种教育初心的回归，也是教师本色的显现和延续。

从 2017 年就任东北师范大学附属中学校长以来，邵志豪始终在思考最重要的三件事：学生怎么发展？老师怎么发展？学校怎么发展？

2019 年，邵志豪参加了教育部中学校长培训中心举办的第 12 期全国优秀中学校长高级研修班，担任班级的班长。相对集中的进修机会，让他的读

书境界进入了一个新的高度，广览有字与无字之书、中国与外国之书、历史与现实之书、专业与跨界之书。并在与各位优秀校长的相互学习和专家的指导下，邵志豪逐步走向教育理论深化、架构学校育人体系，最终通过无数次的提问和打磨，凝练出自己的教育理念和思想体系。

这段培训经历对邵志豪意义非凡，因为此次的深入学习让他对教育理解得愈加深刻，他将目光聚焦在了最核心的问题上，即关注人的成长、学生的发展。他在辨析学术型中学所培养的学术型人才，是不是国家发展所需的高素质人才、是不是等同于拔尖创新人才？每个人的生命都是独特的，教育应该成就这种"生命的独特"，去帮助学生达成自我成全、自我完善与自我成就。同时，他也深刻地认识到教师专业成长的必要性和关键性，站在教育与人类发展的角度，追寻教师发展的意义和价值，教师不仅仅是完成教学任务，更重要的是需要有自己的学术发展，最终实现教书匠和教育家的统一。邵志豪更是以身作则，通过公开发表学术论文、作学术报告等方式，传递了"传承学术精神，为教育家成长铺路"的立场。

除了系统的培训和学习，在邵志豪的工作和生活间隙，读书和学习既可以有计划地安排，也可以随时随地地发生。特别值得一提的是，邵志豪在承担繁忙的校长工作之余，一直乐于参与各种学术报告的展示活动。打开邵志豪的电脑，我看到了将近1000场报告的PPT文稿。"这是我的一个特别隐形的学习任务，好多人把这当作一个麻烦事，但是我将这个当作学习提炼的一个好机会。"邵志豪深以为傲地说道。不仅如此，在飞机上、高铁上，邵志豪在旅途中身边一定有一两本书随身携带，只要坐下来，他就会抽空阅读和思考，并将读的好书在学校大会上推荐给全校教师，至今为止已经推荐了上百本。这些极其优秀且自律的学习品质令人动容和钦佩。

邵志豪多年来的学习、探索、反思与创新，从未停歇。而这背后其实也是邵志豪对自己内心的追问。在他内心最纯净最安静的一部分，是他留给自己的学术追求。在纷繁喧嚣的周遭中，依然不忘保有冷静的时间与空间，去思考教育的本质、育人方式的创新。无论时代如何发展，自律的探求、自觉的要求、自信的追求，在育人的过程中永远都是一种坚守的存在，这些坚守是他造就并擦亮的人生底色。这份自觉、自律、自信，也在不知不觉中，传递给了东北师大附中的每一名学子、每一名教职工。

4. 形塑新质：心所欲，不逾矩，创新范，教育家

从 2017 年至今，邵志豪通过不断的努力和提升，逐步成长为教育家型校长，这一过程不仅需要时间的积淀、经验的积累，更要有从广阔天地中超脱他人的教育精神引领，要有善于从过往历史中挖掘未来发展方向的慧眼，要有敢于开天辟地、凿石创新的决心，要有乐于辐射带动、服务社会、实现区域共同发展的家国情怀。这一切，正是习近平总书记提出的教育家精神的现实体现。

在我国建设教育强国战略的背景下，大学正在建设"双一流"高校。那么中学又该如何创建？这是一直萦绕在邵志豪心里的疑问，也是引领他不断向前的动力追寻。心向何方？学校的发展愿景又在何处？如果大学是龙头，那么中学便是基点，要发挥基础性的奠基作用。世界一流大学与世界一流中学是贯通的，没有世界一流中学也很难成就世界一流大学。这就为建设世界一流中学，找寻到了必要性依托。那么，世界一流中学，又应该是什么样子？这个概念又稍显抽象而模糊，它不像"双一流"大学具有清晰的指标体系。世界一流中学的根本目标，就应该是为一流学科建设储备一大批有学科志趣、能扎根学科研究的学术型人才。经过一系列长时间的思考，"扎根中国大地，建设世界一流中学"的愿景逐步清晰起来，即建设学术型中学，把它作为高质量学校的样态，把它作为世界一流中学的样态。可以说，这是一个大胆的勾勒，是一次"心所欲，不逾矩、创新范"的蓝图描绘。

邵志豪在学校第一轮十年规划即将完成的时刻，已经着手进入第二轮的十年规划，与他的团队一同为学校面向未来的高质量发展，谋划了三个有力的支撑点。一是校园建设的数字化和人工智能化。借助获评全国人工智能教育基地的契机，大力推进学校数字化与人工智能化建设，在教学辅助、学习评估、教学内容开发和学生管理等方面，提高教学效果和学生学习体验，同时也为学校管理提供新的思路和方法，并最终指向人的思维方式的现代化跃迁。二是科学教育和跨学科学习。借助申请全国科学教育实验校的契机，把

科学教育、STEAM 教育和跨学科主题学习紧密结合起来，三者是相互促进、相互依存的。科学教育和 STEAM 教育可以为跨学科学习提供基础和支撑，而跨学科学习可以帮助学生将科学知识和科学方法进行整合和应用，提高学生的综合能力和创新能力，进而培养面向未来的复合型人才。三是大中小学一体化建设。人的培养虽然有不同的学段归属，但是站在国家教育现代化发展层面来看，人都是一体化的，是不区分学段的。在已经建立起大中小学思政课一体化的基础上，在教育资源整合、教育内容协调、教育管理协调和教育服务协调等方面，推进大中小学一体化建设，形成一个有机的教育体系，提高教育质量和效益，促进学生德智体美劳综合素质的全面发展。

除此之外，邵志豪力图将学校的发展放在更高的站位中进行规划，从东北师大附中这一所学校出发，依托名校长工作室，借助教育帮扶的路径，将学校的优质发展与区域教育的整体发展相结合，树立为党育人、为国育才的学校发展理念，从而达成个体学校发展与教育强国建设的同向同行。不难发现，邵志豪对于教育强国的建设、对于教育事业的发展，不是简单地基于一所学校，而是基于教育对民族、对国家、对未来的影响，教育格局由此得到了升华。

学校的第二轮十年规划，与 2035 年的教育现代化目标是高度一致的。《中国教育现代化 2035》明确提出，2035 年要总体实现教育现代化，迈入教育强国行列，推动我国成为学习型大国、人力资源强国和人才强国，为到 21 世纪中叶建成富强民主文明和谐美丽的社会主义现代化强国奠定坚实基础。邵志豪正带领着东北师范大学附属中学，谋划并落实着学校的第二轮十年规划，向着 2035 年的教育现代化目标，砥砺向前，阔步前行。邵志豪从未停止思考的脚步，一直随心而生，致力于回答时代的追问，面向更远的未来。

（二）从读书中反思，从反思中生成——邵志豪校长的教育思想

在东北师大附中躬耕教学近三十载，邵志豪逐一地体会了耕耘的芬芳、开拓的闪光、奉献的充实和强国的担当。在这个过程中，邵志豪从未止步，

读书、学习、实践、反思在其成长之路相伴左右，文字之书和生活之书水乳交融，相得益彰，共同助推邵志豪逐步成长为教育家型校长。作为东北师大附中建校70年来最年轻的校长，邵志豪在首任校长陈元晖先生的"附中是一所实验性、研究型中学"的历史定位中，生成了"建设学术型中学"的教育主张，为学校的特色发展寻找到合适之路，这是对实验性、研究型办学特色的传承和凝练，同时也与邵校长从读书学习研究中获益的过往人生密不可分。从邵校长的教育主张中，我们不难体会到，读书学习和学术研究对其习惯养成和思维锤炼的助推作用。

邵校长说："我觉得作为一所中学的校长，需寻找学校文化和学生个性的交汇点，带领学校走上特色发展的道路，为不同天赋的孩子提供适合的土壤，选择适合的培土之法，让他们成长为自信的样子，让他们成长为对社会有用的人。这是我25年杏坛之思的凝练，也是我所谓教育思想的答卷。"

1. 学术型中学的概念界定

东北师大附中自创建以来一直秉承"实验性和研究型"的学校文化，后人不断赋予这种文化以时代特征，以寻求既有深厚的学校文化根基，又符合现实需求的独特教育表现形式，邵志豪找到的这种独特的教育表现形式就是"学术"。因此，2017年，附中明确将建设"现代化、国际化的学术型中学"确立为学校的特色发展定位。

邵校长提出，学术型中学应通过教育各个环节对学术文化的塑造，培育教师的学术精神，培养学生的学术素养，造就学校学术品质的一类学校。用学术的态度办学，尊重教育规律，建立科学、高效的现代治理体系，塑造学校的学术品质，引领一批学校高质量发展；用学术的方式育人，尊重学生的成长规律，培养全面发展个性优长的人，培养一大批未来创新人才；用学术的思想引领教师发展，尊重教师的主体性，发展教师的学术精神，造就一批教育家型教师。

基于以上学术型中学的核心特征，邵校长提出了"以自觉为基础、以友善为环境、以学术为核心、以创新为动力"的教育思想体系。

2. 学术型中学的核心目标是培养学术型学生

学术型学生是指在不同领域内具备学术兴趣、学术素养和学术能力的学生。邵校长指出，学术型学生是未来创新人才、国家重大战略发展领域优秀后备军的具体化，学生的学术性发展是一种个性发展，附中应以全面发展为基础，以个性发展为方向，实现全面发展和个性发展的内在统一，从教师队伍、课程体系、社会平台等方面搭建学生学术性发展体系。

邵校长认为，用学术的方式育人，尊重学生主体性，尊重学生成长规律，为每位学生的个性发展提供适合的教育，把时间还给学生，把空间留给学生，这样，学生就会学会自主发展，逐步成长为自觉自律、全面发展的具有创新能力、国际视野和社会责任感的优秀人才。

3. 学术型中学的核心要务是培养学术型教师

教师是立教之本、兴教之源。教师的成长才是提高教育质量的关键、教育改革的原动力、学生发展的根本保障。首任校长陈元晖先生已经深刻地认识到这一点，提出"附中教师要做教育家，不要当教书匠"的理念。经过70年的沉淀，邵志豪在优秀传统的基础上，积极思考教师队伍建设新突破，抓住教师发展的关键点，创新实践路径，积极探索与实践基于教育家办学理念为指导的学术型教师的培养。

学术型教师是指既在教育理念、学科教学、课程评价和实施、学术研究等方面能够进行积极的探索、思考、创新，又具有高尚师德师风的教师。邵校长认为，附中的教师具有较好的成长平台、较高的教师素养，也具有更宽的眼界，应努力把教书育人作为学术进行研究，运用教育规律、学生成长规律培育人，不断提高专业水平。因此，教师不仅应在教育实践上娴熟，更要能集合教育学、心理学、哲学、个人理论创新等相关内容，构建出新的教育实践范式和理论基础。这就是教师的"学术性成长"。学术型教师是新时代对教师的新定位，对教师角色的新期待，赋予教师发展的新内涵。基于以上思考，学校以教育家办学理念为引领，激发教师发展的主体意识，从教师发展路径、发展阶段、保障制度和发展成果四个方面对教师发展的外部环境进行了系统打造，以确保学术型教师阶段性发展的可操作性。

4. 学术型中学的核心工程是学术型课程

课程是教育理念、教育目标和教育内容的主要载体，是东北师大附中深入推进学术型中学建设、践行学术型学生培养模式的重中之重。

学术型课程的定义，就是致力于培养学生创新能力的学习内容总和，及这些内容的规划和进程。学术型课程意味着传统学科课程从课程内容、教学方法、学习方式等方面进行创新和升级，使其由知识的获取功能为主向具有更强的创新能力培养功能转变。邵校长认为，学术型课程体系改革是一项系统工程，其基本宗旨就是在增强现有课程的学术性和创建学生学术发展的新课程的基础上，通过结构的优化和功能的定向，以最佳教育效能实现对学术型学生的培养。从学术型学生的培养目标出发，附中的学术型课程体系改革应围绕学术型学生品格培养的课程创新、基础学科课程的学术性改造、独立形态的学术型课程群创建三个维度展开。附中以全面发展、个性优长的课程理念出发，形成基础型课程、拓展型课程和研究型课程相互作用、相互联系而成的一个有机整体。

除此之外，邵校长不仅着眼于本校的独自绽放，而且从区域发展的角度来谋求区域协同的共同进步，提出了：以教育合作共同体促进优质中学共同发展，以教育引领共同体促进有一定办学基础的中学和新建学校较快发展，以教育帮扶共同体促进乡村学校跨越式发展的三维策略。在他看来，这不仅仅是学术型中学的社会责任，更是一名教育者的使命和担当。

三 教育家型校长邵志豪的成长启示

先贤和智者将知识以文字的形式固化在书本中，而读书者则是用书本内的文字重塑自己的理解，规划自己的习惯，锻造自己的品格，锤炼自己的思想，内化于心，外化于行，指引自己现实世界的实践步伐和成长路径，最终实现格局的升华和生命的绽放。这便是笔者前文所述——文字之书和生活之书的碰撞、内化、融合和再生。这，便是邵志豪校长的成长之路。

（一）持续读书与终身学习是教育家型校长专业成长的精神引领

哈佛大学校长查尔斯·艾略特曾说："书本是最安静的也是最恒久的朋友，它常伴我们的左右，它是最易接近、最有智慧的顾问，也是最有耐心的老师。"邵志豪与书相伴多年，书中跳动的文墨见证了他从一个青涩少年到一名青年教师再到教育家型校长的蜕变。上学时，读书让他从乡村里走出来，同时给予他专业的学科知识、基本的学习技能，锻炼了他的综合思维和区域思维。从教后，邵志豪持续学习，从教育学硕士到教育学博士再到博士后，这些专业的学术性、研究型学习让他了解了教学的基本技巧、规律和原理，学习了丰富的教育教学经验，促进了其教学灵感的迸发，形成了自己独特的教学方法和教学风格，更重要的是，学习让他更深刻地思索学科教学、学科育人的现实意义和表现形式。邵志豪深知学习的价值与意义，做了东北师大附中的校长以后，他提出建设学术型中学的教育理念，并构建了完善的教育理念与实践体系，将读书学习做研究打造成全校的有组织的群体性行动，带领全校的教师和学生共同提升和进步，享受知识、学术带来的丰厚硕果，这一切都与其过往的学习经历密不可分。

"书籍是我最忠诚的伙伴，每一次阅读都是一次与先贤对话的机会，在这种对话中我逐渐变得踏实、宁静，逐渐能够独立思考、实事求是。"邵校长如是说。无论走到哪里，邵校长随身带书在旅途中阅读，这曾是他的执念，现在却已经成为内化于心的生活方式。邵校长的书籍内容包罗万象，阅读范围广泛，在他看来，随着领导职责的扩展，工作中不断涉及不同领域、不同学科、不同部门，需要接触人事、财务、预算审计、固定资产等各类不熟悉的领域，这就要求一个校长必须拓宽阅读面，"不仅要学习与你的角色及行业相关的主题，也要涉猎那些让你成为更加全面、更有智慧的人的通识"。

如果说读书是邵志豪与智慧的单向对话，那么参与学术报告和培训交流则是思维碰撞的双向奔赴。邵志豪珍惜每一次的学术展示，他的PPT非常漂亮，赏心悦目、逻辑清楚，对他来说去各地讲学从来不是负担，而是他另一种思维锻炼的学习方式；同样的，参加高端、系统的专业培训，从优秀同行身上吸取实践经验，共同探讨基础教育改革发展的方向，也是他追寻教育育人本质的精神所在。

从某种意义上讲，邵校长的读书学习史，就是其精神成长史，文字之书给予了其源源不断的精神食粮，赋予了他选择、汲取和运用知识的学习能力，开阔了他辨析万物的眼界，锤炼了他的精神意志和自我灵魂，使其可以创造性地对教育的本质做出理性和系统的反馈。读书带来的，不仅仅是物质世界中知识的储备和实践的指导，更可贵的则是认识、辨析和审视自己，同时保持个人的精神世界持续精彩，而这种精神世界的丰盈程度，决定了一名校长能否在浩瀚的知识体系中追本溯源，探究教育本质和教育初心的真谛。

（二）自我反思与规划驱动是教育家型校长专业发展的关键路径

"凡是不能自我发展、自我培养和自我教育的人，同样也不能发展、培养和教育别人。"[1] 一个校长要自我发展和自我成长，不仅要博览群书、广泛实践，更可贵的是要从自己的学习经历中不断地总结提炼并固化下来，最后逐步内生出自己的教育理解和教育理念，邵志豪的学习和工作经历完美地验证了这一点。

2001 年，教龄 5 年的邵志豪，初步积累了教学经验，但他对地理教学中"怎么教"有所疑惑，求知若渴的他选择了攻读学科教育硕士，在这次学习中，他明白了问题的答案，就是"以问题为导向，以实践探索为过程"的研究性学习。2005 年，教龄 9 年的他，对教学实践有了新的思考，想知道地理教学"教什么"，为此他攻读了教育博士，从学科的角度了解如何从学科教学上升到教材、课堂、评价综合教育体系的建设。2013 年，教龄 17 年的他经历了 12 年的教育教学管理工作，对地理教学的"为什么"产生了问题研究的兴趣，这次他选择了博士后学习，主题是青少年思想政治教育，开始了解教育的本质和根本任务。同样的，从教师到干事到年级主任，从副

---

[1] 单中惠、朱镜人主编《外国教育经典解读》，上海教育出版社，2004。

校长、副书记成长为校长的过程，他也会规划自己的实现目标，一学期至少上一节研究课，至少写一篇教学论文。"一学期做这两件事，听起来任务不重，很好实现，但是当你坚持下来，过了5年，你就已经上了10节研究课，写了10篇文章，这样积累下来，5年以后，你一定会成为反思性的教师，坚持10年，你又会上一个新的台阶，你对教育的思考就会完全不一样。"邵校长特别感慨地说道。得益于思索和规划的启迪，在建设学术型中学的教育理念架构时，他也将自身经验融入学校育人建设中，期望学校的教师团队同样规划学术之路，实现教育自觉。

一路走来，伴随着邵志豪学术提升和教育思想格局变化的，是孜孜不倦的反思和追问。《学记》云："学然后知不足，教然后知困。"邵志豪在实践中不断发现问题、提出问题，继而规划自己的学习之路，从书本中寻求智慧和能量，并继续在实践中寻求解决办法。这种反思和规划，并不来自外界因素的逼催，更多的是源于内心自发性、自律性的自我观照。这种反思和规划，也并不是一蹴而就的，而是日复一日、连绵不断、周而复始、往返交融的持续性行为。这种持续反思，像一盏路灯，照亮前方的路，指引着他下一步应走的方向。

（三）坚持本色与自律自觉是教育家型校长专业提升的不竭动力

邵志豪深爱自己的教师职业。在他看来，他的身份首先是一位地理老师，然后才是校长。"地理老师是我一辈子的身份，地理教学是我一生最热爱的事业""教师身份带来的成就感和满足感，能让我一生都感觉到快乐"。因此，教师是邵志豪最引以为傲的身份，也是他愿意为此奉献一生的伟大职业。从教师到校长，虽然身份发生了改变，但不变的，依然是那颗"为学生未来奠基、对民族未来负责"的炙热红心。"当老师最幸福的事，莫过于你花了心思，就会得到学生温暖的回报，而这种温暖萦绕于胸，给予你动力，继续为之努力和创造。"为教育者，于人，要把孩子的成长放在首位，把时间还给学生，把空间还给学生，为其创造条件让其全面且有个性地生长，寻找适合自己的路，这是教师身份下的追求和责任；于社会，要积极发挥优质教育资源的辐射优势，促进乡村振兴，推进城乡一体化，努力实现教育的均衡发展，这是校长身份下的家国情怀和使命担当。校长作为一所学校的灵魂，作为学校教师的引领者，需时时回望初心、追寻本色，在喧嚣纷扰的尘世寻一片宁静天地，思考教育者的本真和意义，从历史中汲取经验，从现实中实践反思，最终实现为未来奠基和筹谋。

纵观邵志豪过往的成长经历，他具备的自律自觉的优秀品质，既来源于外部环境，也受益于其教育经历，最终实现自我觉醒。环境和经历对一个人的成长起着至关重要的作用，绕开这些仅谈个人觉醒是非常片面的。邵校长坦言，童年时艰苦的学习条件塑造了其自律自觉的底色，让他明白，凡事必须独立思考和解决，才能领悟生存之道，中学六年的寄宿制生活更加固了他独立自主的处事风格，自我控制、养成习惯和坚持理想的信念在此时萌生。工作以后，受附中整体的学术熏陶和影响，他走上了漫漫的求学之路。他从书中系统地汲取知识，并通过教案设计、随笔、论文、著书等方式记录下来，他愿意参加各类的研讨活动和报告展示，来汇报他的教育理念和思想，在他看来，这些学习方式可以促使他在思考和实践中不断创新，坚持不懈，从未停止。这些不间断的成果积累过程正是邵志豪高度自律的现实体现，也促进了其专业素养的不断提高和教育自觉的自发生成。

人是教育的主体，在当前社会不断转型、发展和进步的时代，作为教育者，仍固守让环境来适应你的观念已无可能，而是要主动接受、适应乃至拥抱整个教育环境的变革，这时候自律自觉的优秀品质就凸显出来。更重要的是，生活之书雕琢一个人自律自觉品格的过程中，其个人获得的习惯、方法、智慧、成就、荣誉等外显的表征催生了另一个优秀品格的萌发，即自信。这种自信可以是文化自信、教育自信乃至民族自信。自信是个人对自我成绩的肯定，是对自己能力的认可，是对自我价值的确信。同自律自觉一样，自信也是一个人走向成功的重要内生力。校长的自律催发自觉，自觉衍生自信，而自信使人变得强大而无所畏惧，敢于面对时代巨变下学校内涵式发展的艰难挑战。校长从自律到自觉再到自信，其内生力养成的过程同样鼓舞人心，学校教师和学生在相互学习和勉励中携手前进，勠力同心，最终实

现共赢共生。

见己知人，立己达人，躬耕教坛，强国有我。这是邵志豪宏大的教育理想，"随心常念之，但此生却未必达"。但，志无休者，虽难必易，行不止者，虽远必臻。邵志豪坚信，尘至微，结而成山岳，川不息，聚而为沧瀛，余生为此奋斗，望同人常勉励之。

在本文即将收笔之际，我收到了邵志豪校长寄给我的书《学术型中学建设的理论与实践研究》，在书的首页写着："志存高远，学求博深，请柳欣源老师雅正。"手捧书本，心潮澎湃，思绪万千。"志存高远，学求博深"，是我的母校——东北师大附中的校训，这是每一个东师附中人孜孜不倦、奋斗创新的精神之源。在母校学习的一点一滴历历在目，在母校生活的欢声笑语，犹在昨天。邵志豪的身份从我曾经的地理老师转变成现在的母校校长，但对我来说，称呼他为邵老师而不是邵校长，显得尤为熟悉和亲切。一个月前，我发消息给邵老师，告知他我要写他的成长启示，他第一时间打电话给我，激动地跟我说，"是真的吗？老师很高兴！"最近的一次访谈结束分别时，邵老师又对我说："欣源，老师为你感到骄傲！我们附中的孩子都很优秀！"当老师最幸福的事，是收到学生温暖的回报，当学生最幸福的事，是得到老师的教诲和勉励。曾经，我通过邵老师的教授获取地理学习的知识和技巧，现在，我又从他书香满路的过往经历中获得教育家型校长的成长启示。他的学习从未止步，我的学习也不曾停止。

谨以此文献给躬耕教学、笔耕不辍、勤学笃行、心有大我的邵志豪老师、邵志豪校长：愿，前途无限向阳开，春来花开满路埃，温暖萦绕于胸，幸福信手拈来！

B.17

走向教育自觉:"成功教育"思想首倡者刘京海校长的教育家成长路径

马晓丽　王红霞*

摘　要:　本研究选取上海市首届教育功臣,闸北八中原校长刘京海为研究个案,以教育自觉理论和生命历程理论为支撑,就校长走向教育自觉的发展历程、影响因素与实践智慧展开探析。研究发现:走向教育自觉是教育家型校长的成长本质;教育家型校长走向教育自觉的过程,经历了从自发走向自觉,进而走向自由的动态发展过程;教育家型校长走向教育自觉的生命历程,是环境熏陶、教育引导和主体觉醒等因素相互作用的结果;教育家型校长走向教育自觉的实践智慧可从凸显价值取向的教育追求、追求人格完善的德性实现以及指导实践改善的行动智慧这三部分进行讨论。建议从以下三方面开展教育家型校长培养工作:一是激活教育家型校长主体意识,强化教育认同;二是构建教育家型校长培养体系,引领自我提升;三是优化教育家型校长成长环境,鼓励大胆实践。

关键词:　教育自觉　教育家型校长　刘京海

一　问题提出

拥有教育家精神是校长成长为教育家的前提与基础。[①]　与普通校长相

---

* 马晓丽,上海师范大学研究生院培养办干事,主要研究方向为教育管理;王红霞,教育部中学校长培训中心副教授,主要研究方向为教育领导与学校变革、校长专业发展。

① 张晓峰:《教育家精神特质研究——以民国时期著名教育家为例》,《教师教育研究》2014年第5期。

比，教育家型校长拥有超越世俗的教育情怀，[①] 能够自觉担负起教育使命，在尊重教育规律、洞察教育发展趋势的基础上进行教育理论创造和教育实践创新，这些均指向教育家型校长教育自觉的精神品质。当代中国基础教育改革在一定程度上体现教育自觉的同时，校长角色定位的转变也呼唤着校长教育自觉的生成，而现有的教育实践与研究却缺乏对校长教育自觉的关切。唯有当自我对教育事业产生了使命感与责任感，校长工作才不会成为"谋生"的手段；唯有在正确认识、深刻理解教育规律的基础上行动，教育实践才能成为有价值的存在。因此，本研究聚焦于对教育家型校长如何走向教育自觉这一问题的追问上。

二　概念界定和研究设计

（一）概念界定

1. 教育家型校长

基于对教育家及教育家型校长的内涵和特征相关研究的文献梳理，本研究认为，教育家型校长是懂得教育规律、富有教育使命感和责任感、具有个性化教育思想与卓有成效的教育实践，并产生广泛而深刻的教育影响的学校领导者。教育家型校长既是教育家又是校长。作为教育家，与普通校长相比，他们往往对教育有深层次的独到而深刻的认识和理解，有个性化的教育思想及广泛的教育影响。作为校长，与其他类型的教育家相比，他们因长期扎根于办学实践当中，在办学实践中表现优异并因此受到同事和社会的尊重与认可。

2. 教育自觉

基于"自觉"的词源解释、已有文献对教育自觉的理解，以及教育家型校长的群体特征，本研究认为，校长的教育自觉是作为教育主体的校长，

---

① 魏宏聚：《教育家核心价值：超越世俗的教育情怀》，《中国教育学刊》2013 年第 1 期。

基于自我概念的确认、对教育的认知而发自内心地愿意主动参与办学实践、担负教育责任、实现自我价值的思想状态和实践行动。教育自觉的人，不仅要有卓越的教育精神追求、坚定的教育理想信念，还需要有投身教育事业的实践能力。教育自觉包含教育使命自觉、教育思想自觉和教育实践自觉三个维度。

（二）研究设计

1. 研究对象的确定

依据"典型、方便"这两个目的性抽样策略[①]，本研究将上海市的一位教育家型校长刘京海作为主要研究对象。

刘京海校长，1950 年出生于一个军人家庭，他跟随父母从上海市前往江苏省生活。他自幼聪明，1964 年考入了江苏省一所重点初中，在校期间成绩优异。刘京海校长从小一直有成为军事科学家的梦想，但因为"文化大革命"，没有机会上高中的他到知青农场插队劳动。在这一时期，刘京海虽饱受苦楚但从未放弃，抓住当年上海市中小学到农场招教的机会，通过面试回到上海市，选择成为一名教师。由于工作勤奋，深得校长信任，在担任教师一年后便升任党支部副书记，后被调到闸北八中担任副校长，又调入教研部门展开了九年的研究之旅。在教研部门工作期间，刘京海校长取得了令人瞩目的教育研究成果。然而，此时的刘京海校长"反向流动"，选择前往闸北八中做校长，力图带动学校、区域甚至是更大范围内的学校取得发展。纵览刘京海校长的职业发展历程，可以清晰地发现：他始终坚持在教育实践一线岗位上深耕，自觉开展教育创新，并于实践研究中产生了广泛的教育影响。当前，退休后的他也依然活跃在教育创新的舞台之上。因此，本研究选择以刘京海校长为例，展现教育家型校长走向教育自觉的动态过程。

研究对象选取主要基于以下几点考虑：（1）典型。本研究需要从典型个案中发现教育家型校长走向教育自觉的成长历程，因此必须选择一个具备

① 陈向明、朱晓阳、赵旭东主编《社会科学研究：方法评论》，重庆大学出版社，2006。

教育自觉的精神品质、有着丰富教育理论与实践成果的教育家型校长。刘京海校长便符合这一要求。刘京海校长从1972年进入中文培训班开始，一直活跃在教育舞台上，其中包括3年的进修学习经历，1年的教师经历，9年的教育研究经历，以及36年校长任职经历。经由理论学习和实践锻炼，刘京海校长对教育有独到而深刻的看法，其教育思想和教育实践得到了国内外教育同行的认可。刘京海校长在学校任职期间，不仅让本校的整体教育质量有了显著提升，还自觉地担负起农村学校改善和教育均衡发展的使命，经由委托管理实践，让一大批学校走向成功。在实践过程中，刘京海校长曾被授予"上海市首届教育功臣""当代教育名家""上海市特级校长"等多个有分量的荣誉称号，是具有很强代表性、典型性的先进人物。（2）方便。在对刘京海校长进行前期调研时发现，他是一个真实导向的校长，对人坦诚，也敢于发表自己的看法。在正式调研过程中，刘京海校长对我的研究非常支持，且提供了大量的研究资料。刘京海校长的真诚坦荡和无条件支持，为本研究的开展提供了极大的便利。

2. 研究资料的收集

为了保证资料的丰富性，本研究收集资料的方法包括：访谈资料收集（见表1）、实物资料收集（见表2）和观察资料收集（见表3）。并将访谈资料、实物资料和观察资料等所有资料进行归类编号，在此基础上建立起编码系统。其中，将访谈资料和观察资料以"资料来源—时间"的形式进行编码，将实物资料以"资料来源—资料类别—时间"的形式进行初步编码（见表4）。

表1　访谈资料汇总

访谈对象	访谈时间	访谈地点	访谈时长	访谈内容
刘京海校长	2021-11-30	刘京海校长家中	2小时23分钟	详细了解刘京海校长的成长经历
刘京海校长	2022-2-12	线上（微信）	51分钟	详细询问刘京海校长对教育的认识与看法

表2　实物资料汇总

序号	资料类别	资料份数	资料来源
1	论文资料	72篇	知网下载
2	书籍资料	6本	校长赠予
3	视频资料	13个	校长提供
4	受访资料	19篇	校长提供

表3　观察资料汇总

授课时间	授课方式	授课对象	授课内容
2021－4－16	面对面	在职校长	因材施教因人导学——智能背景下的教与学治理的实践与思考
2021－9－18	面对面	EMBA在读学生	重返教育——让每个孩子成为负责任的成功者

表4　资料编码示例

序号	资料来源	资料内容	编码示例
1	访谈资料	第一次访谈	F－2111
2	实物资料	书籍资料	W－S－0811
3	观察资料	第一次观察	G－2104

三　研究结果与分析

（一）刘京海校长走向教育自觉的发展历程探析

为了在微观层面上直观理解和把握个体校长教育自觉的生成过程，本研究分别从使命自觉、思想自觉和实践自觉三方面对教育家型校长走向教育自觉的发展历程进行回溯研究。

1.使命自觉：从"被迫选择"到"自觉担负"

从使命自觉的生成视角看，刘京海校长在早期的成长过程中，受到父母的影响而确立了"军事科学家"的职业梦想，但因"文化大革命"转而成

为一名教师；在经历了多元化的教育实践后，刘京海校长对于薄弱学校和学习困难生有了感知与关注，陶行知平民教育思想加深了他对教育价值的理解与认同；对教育现状与教育政策的敏锐观察也让他坚定了未来的教育选择，他选择成为教育问题解决者，将自己的一生奉献到教育事业当中。在校长实践过程中，随着对师生成长、学校发展和教育改革认识的逐步深入，刘京海校长也在其中逐渐形成了教育使命感和责任感，且在时代的发展过程中自觉担负起薄弱学校改进的历史使命。

刘京海所肩负的历史使命是让薄弱学校和学习困难学生得到发展，让教育真正实现有教无类的本真价值以及均衡发展的现实样态。刘京海校长把自己视为孜孜不倦地研究有教无类的普通校长，坚守教育均衡的教育实践道路，并随着时代发展做出相对应的教育实践。依据资料可知，刘京海校长因提前对闸北八中存在的问题有所了解，且在教育研究中形成了成功教育初步成果，所以在入职后便投入"成功教育"实践的推广研究当中，试图通过"成功教育"成果的对内推广，改善闸北八中的办学质量。在有效提升学校办学质量之后，刘京海校长没有满足于已有的办学成绩。步入21世纪，为支援农村教育发展，刘京海校长在这一时期自觉担负起农村学校改善的教育使命，恰逢浦东新区教育改革的需要，刘京海校长借此时机在全国推广了城市学校委托管理农村薄弱学校的经验，将自身的教育理念传递到其他学校，并通过委托管理实现优质教育资源的跨区流动。步入教育信息化时代，智慧教育成为教育界关注的焦点。刘京海校长自觉担负起智慧教育发展的教育使命，自2012年起一直致力于信息化教学研究当中，希望借助信息化的手段，让优秀教师的经验更加快速地流动到落后学校落后地区。退休后的刘京海校长回绝了民办学校的高薪聘任，专职做信息化服务教学的研究探索，希望能够实现"现代版的复式教育"。刘京海校长将自己的能量倾注于教育发展之中，坚守在实现教育均衡发展的路上。

2. 思想自觉：从"适应教育教学常规"到"引领基础教育改革"

刘京海校长的教育思想生成路径大体呈现以下趋势：在刚成为教师时，主要在适应教育教学常规，并未对教育现状进行反思；在关键事件的激发下，刘京海校长开始对教育的结果进行反思与追问；通过教育理论的学习，刘京海校长对教育理论有了清晰的认知；而教育研究实践的探索让刘京海校长的成功教育思想越发澄明。

从教育思想内容角度来看，刘京海校长的教育思想并非一成不变，也随着时代的变迁经历了明显的变化过程。"培养什么人"这一问题，始终是一个国家全部教育实践活动的前提性和基础性问题。[①] 对于校长而言，"培养什么样的学生"亦反映着校长不同时期的教育理念、对自身角色以至对学校功能的认知转变。作为当代中国基础教育改革的见证者，刘京海校长的教育思想内容的变化过程既适应着基础教育改革的步伐，又在一定程度上超越于基础教育改革。"文化大革命"结束后，教育回归教学成为当时的教育发展潮流。刘京海校长在致力于恢复学校秩序、注重学生知识能力提升的同时也尊重学生的生命本性，注重培养学生的自尊与自信；面对"二期课改"的提出以及学生主体性的凸显，刘京海校长开始关注学生的人格完善，并提出了"人格教育大于知识学习"的教育主张；而面对教育功利主义盛行、学生责任感缺失的现实状况，刘京海校长意识到成功不仅仅是学生个体的成功，还应该和社会相联系，于是将育人观修订为"培养负责任的成功者"。此时的刘京海校长更关注教育的社会价值。总的来看，刘京海校长的教育思想经历了从尊重生命本性到关注社会价值的转变。

3. 实践自觉：从"自发探索"到"自主创新"

在对刘京海校长的职业历程进行纵向分析的过程中发现，刘京海校长的教育实践呈现从自发探索到自觉开展、再到自主创新的发展特点；教育实践的关注点也发生了从注重教到注重学的转变。在教育实践的自发探索中，刘京海校长积累了丰富的教育管理经验，明晰了教育问题；在教育理论学习之后自主开展教育研究与实践，刘京海校长的研究能力得以提升、研究成果得以显现；而在担任校长之后，刘京海校长不断进行着教育创新，扩大着教育影响范围。刘京海校长在教育实践过程中，首创委托管理方式，采用信息化

---

① 石中英：《"培养什么人"问题的 70 年探索》，《中国教育学刊》2019 年第 1 期。

赋能教育的方式，推动"互联网+教育"的有机融合，推行智慧校园建设，都属于教育创新的实践体现，成为引领教育变革的典范。

在刘京海校长的办学实践中，我们可以看到贯穿于刘京海校长实践始终的是其对教师和学生成功的关注，但关注的重心发生了转变：从注重教到注重学。在办学初始，刘京海校长认为，"成功教育"实践的推广需要提升教师的教学水平，因此，他将重点放在了研究教师成功上，试图通过传统的手段提升教师的专业发展水平，以此推进教学质量的提升；面对教师发展缓慢以及优秀教师流失的问题，刘京海校长意识到需要先解决教师"学什么"和"怎么学"的问题，于是开启了优秀教师经验过程化、信息化、显性化的实践探索，将关注的重点转向了教师的学；而在因课堂没法控制而徘徊的过程中，刘京海校长逐渐意识到教学的主体不仅仅是教师，还包括学生，学生"如何学"也是需要关注的重点，于是通过数字化资源开发和教育 App 的开发运用实现教学融合，并以此实现学生自主成功和教育均衡发展的目标。

（二）刘京海校长走向教育自觉的影响因素分析

教育家型校长走向教育自觉的过程贯穿整个生命历程始末，是一个持续更新的过程，会受到诸如时代发展、家庭环境、关键事件、个人特质等一系列复杂因素的影响。刘京海校长走向教育自觉的影响因素可归纳为环境熏陶、教育引导和主体觉醒三个方面。

1. 环境熏陶：刘京海校长教育自觉生成的促发因素

教育主体无法独立于外在环境而存在，因而教育自觉的生成不仅依赖于个体主观努力，也受到个体所处的外在环境的影响。基于对刘京海校长职业历程的考察，主要从宏观、中观和微观三个角度对刘京海校长教育自觉生成的环境因素进行分析。宏观环境重点关注发展变化的时代背景对刘京海校长教育自觉生成的影响；中观环境重点关注开放包容的周边环境对刘京海校长教育自觉生成的影响；微观环境聚焦于影响刘京海校长教育自觉生成的重要他人或关键事情。

孩童时期的刘校长是一个聪明但又有些调皮的孩子，在上课前几分钟听懂课堂内容后便会开始"捣乱"。幸运的是，他遇到了两位好老师：小学四年级的语文老师和五年级的班主任。语文老师在了解刘校长的学习进度后，提供给他更多可阅读的书籍；班主任在发现他具有绘画天赋后，鼓励他绘制班级黑板报，也由此培养了他做事的耐心和执着。这两位老师的举动让刘校长毕生难忘。正是因为这两位老师的鼓励，他没有变成"坏人"，在获得自信的同时，也明白了"差的学生其实不是坏，而是看老师怎么引导"这一道理，更是他之后研究"差学生"的启蒙。

在参与学校教育管理工作的初期，刘校长也曾多次尝试过失败的滋味。在自己气馁时，前辈校长或学校老师的支持与鼓励，让他感到暖心，也给了他继续前行的勇气。回忆起这段成长历程，刘校长在书中写道，"我打心眼里感激我的那位老校长，没有他对我的工作失败后的鼓励，哪里会有我今天的成功"。在最初成为党支部副书记主持学校工作的五年里，刘校长就是在老校长的鼓励下不断试错，不断积累实践经验。也正是在老校长的支持下，刘校长在工作中积累实践经验，由此进入职业发展的新阶段。

刘校长对教育的自觉反思可追踪至 1980~1983 年，此时的他在闸北八中担任副校长。在此期间，在一位已毕业的学生身上发生的不幸事件直接触动了他对教育的反思。这位学生聪明且善良，毕业后也常常回到学校看望老师，却在帮助朋友打架的过程中无意伤人致死，自己也因此付出生命的代价。刘校长在震惊的同时，也开始深刻反思，教育的结果究竟应该是什么，更直接触动了其对教育教学常规进行思想及行动上的变革。

通过对刘京海校长的叙述分析可以看到，自刘京海校长进入教育事业之后，他的育人观呈现了下列的发展样态：从关注学生知识能力提升，到关注学生人格完善，再到关注学生责任意识和创新能力的形成。这些育人观念的形成是校长个人与其所处的时代环境互动的结果，亦是刘京海校长回应时代问题的生动体现。从中观环境上看，区域文化与教育环境和家庭支持环境也为刘京海校长施展教育抱负提供了良好的支持环境。在微观环境上，影响刘京海校长一生的好教师、鼓励刘京海校长实践的老校长以及发生在刘京海校

长学生身上的不幸事件是影响刘京海校长教育自觉生成的重要他人与关键事件。

2. 教育引导：刘京海校长教育自觉生成的保障因素

从少年早期的家庭教育到以提升技能为目的的职前教育，再到以自我提升为目的的自我教育，这些都为刘京海校长理解教育规律提供了契机，也是教育自觉得以生成与发展的保障因素。

家庭教育奠定了刘京海校长的精神底色。刘京海校长的父母坚守职业信仰，坚持为社会做贡献，刘京海校长以父母为榜样，也希望自己能够成为一个为社会做贡献的人。刘京海校长的父亲是一位敢于直言的人，这对刘京海校长影响很大。刘京海校长在一生的教育生涯中，在关注教育发展、思考教育现状的同时，也敢于提出自己的想法。纵览其后续的职业生涯，为社会做贡献的价值观念和个体主观能动性的发挥是刘京海校长走向教育自觉、推动教育改革与发展的重要内因。

职前教育开启了刘京海校长的教育理性认知。结合刘京海校长的实际情况，刘京海校长所接受的正式的教育活动主要有三段：在中文培训班进行的为期一年半的脱产学习，在教育管理学系接受的为期两年的脱产学习，以及在教育心理学硕士课程班接受的为期两年的非脱产学习。这三段学习经历开启了刘京海校长的教育理性认知。

自我教育引领自我实现不断更新，也由此助力教育自觉的生成与发展。通过对刘京海校长职业历程的描述发现：刘京海校长在办学实践当中，自主学习意识强烈，学习、实践、研究、体悟都是他用来自我发展的途径。多年办学实践的历练，帮助他积累了成为教育家型校长、实现教育自觉所需要的职业发展经验与人力资本。自我教育引领自我实现不断更新，也由此助力教育自觉的生成与发展。

3. 主体觉醒：刘京海校长教育自觉生成的内核因素

教育家办学的提出意味着对校长主体性的省思。[①] 主体意识的觉醒，是

---

① 王飞、王运来：《从"官场主体性"到"学场主体性"——教育家办学语境下大学校长主体性生成场域的转向》，《学术探索》2012年第3期。

校长形成自我概念的前提，也是校长得以觉察师生与教育的关键。结合教育家型校长成长的一般性因素和教育自觉生成的特性，教育主体觉醒是教育自觉生成的根源所在。本研究中，刘京海校长的主体觉醒体现在：以正气、大气和勇气为要素的个性特征；以行不苟合的自主精神、淡泊名利的奉献精神和知行合一的践履精神为要素的精神品质；以感召力、前瞻力、共情力为要素的领导力。正是在主体意识的影响下，刘京海校长坚定教育信念，自觉走在追求教育均衡发展的教育实践道路上。

（三）刘京海校长走向教育自觉的实践智慧讨论

实践智慧关注"成己"与"成事"的统一，其重心不在于给出"是什么"的解释，而在于探讨"应当如何"或"怎么做"的价值关切和理性判断①，即校长的实践智慧既体现蕴含目的正当性的价值关切和理性判断，又外化为追求人格完善的德性实现和指导教育实践的行动智慧。根据访谈资料可知，刘京海校长把"成人"作为成功教育的价值追求，在"成己"和"成事"的过程中，切实推进教育实践的整体改善。

1. 准确把握教育规律，将"成人"作为成功教育的价值追求

"成人"，即以人为中心，关注的是个体的成长。教育以"促进人的成长"为己任②，把人的发展作为目的。③ 在成功教育思想与实践中，"成人"是其基本价值追求。实现人的发展的育人观、走向无限学习的教学观、追求优质均衡的教育观是"成功教育"以人为本的具体落实。

"实现人的发展"是刘京海校长育人观的核心思想，深刻体现其对人的尊重与关照。刘京海校长关于"人的发展"主要有两个方面的释义：第一，在发现孩子特点的基础上教育；第二，利己与利他的统一。

"有限的教育应该走向无限的学习"是刘京海校长教学观的核心思想。

---

① 田海平：《"实践智慧"与智慧的实践》，《中国社会科学》2018 年第 3 期。
② 鞠玉翠：《论"人作为目的"的教育理想》，《南京社会科学》2011 年第 2 期。
③ 周增为：《当代学校教育目标的合理性与价值追求》，《上海师范大学学报》（哲学社会科学版）2017 年第 3 期。

其在"成功教育"研究初期便提出了"成功是成功之母"的教育观点。此后，尊重学生的学习主体性成为刘京海校长在"成功教育"实践过程中所坚持的教育准则。激发学生主体意识、关注学生自主成功都是刘京海校长尊重学生学习主体性的具体体现。基于对学生主体性的尊重，刘京海校长强调教育与自我教育的结合。

"实现教育优质均衡"是刘京海校长教育观的核心思想。其实现教育优质均衡的观念在发展的不同时期也有不一样的体现：在改革开放之初，上海市闸北第八中学学校发展落后的背景下，刘京海校长追求"把每位孩子都教好"，重点放在学习困难学生的学习质量提升上；21世纪以来，刘京海校长在提升自身学校教育质量的基础上，致力于带动乡村教育振兴以及区域教育协调发展。

2. 将教育事业与自身发展相结合，在教育实践过程中实现"成己"

"成己"即成就自己。依据儒家思想，"成己"主要指通过修身养性不断完善内在美德，最终实现个人至善。① 关于"成己"的具体内涵，儒家从不同维度进行讨论：《大学》所提出的"格物、致知、诚意、正心"体现了自觉的理性意识和真诚的道德意识的交融，张载提出的"为天地立心、为生民立命、为往圣继绝学，为万世开太平"既涉及"应当追求什么"的理想追求，又突出"应当承担什么"的使命意识，其背后是社会责任意识的彰显②。在哲学的视域中，成己意味着自我经由多方面的发展而走向自由、完美之境。③ 其中，自由的、理想的人格可以理解为德性和能力的统一，既包括引领价值创造方向的理想追求与使命意识，又离不开为价值创造提供内在力量的人性能力。④ 也就是说，理想追求、使命意识和人性能力是"成己"的关键因素。下面尝试从这三维结构出发，理解刘京海校长修身

① 曹孟勤：《在成就自己的美德中成就自然万物——中国传统儒家成己成物观对生态伦理研究的启示》，《自然辩证法研究》2009年第7期。
② 杨国荣：《政治实践与人的德性——儒学视阈中的为政和成人》，《道德与文明》2017年第2期。
③ 杨国荣：《成己与成物——意义世界的生成》，《学术界》2008年第5期。
④ 杨国荣：《哲学的意义》，《湖北大学学报》（哲学社会科学版）2019年第6期。

之道。

执着追求教育公平。刘京海校长在确认自身存在意义和方向的基础上，将教育公平作为教育的真正意义，并将其内化为自己的教育意志。他秉持"实现人的发展"的育人观，将自己的一生倾注在实现学习困难学生发展的教育事业当中；他坚持"三不抢"原则，安心于教普通的学生、做普通学校的校长；他以"实现学生、教师、学校成功"为己任，全身心投入教育公平与师生发展的追求当中。不计报酬、乐于奉献，这正是刘京海校长一心一意投身教育事业的生动体现，亦是刘京海校长纯粹的教育情怀的彰显。

乐于担当育人使命。通过承担责任与义务，人既超越了有限的生存目的，也使自身不同于其他存在的本质规定而得到展现。① 借刘京海校长之言，在浮躁功利的时代风气之下，教育更要守住一份宁静和淡定，需要教育者恪守教育的良心和责任。具体来说，教育家型校长刘京海所肩负的育人使命是让薄弱学校和学习困难学生得到发展，让教育真正实现有教无类的本真价值以及均衡发展的现实样态。

勇于追求自我超越。自我超越有利于促进个体教育追求在实践层面的有效落地。从刘京海校长走向教育自觉的实践样态中可以看到，刘京海校长将自我超越融入生命历程当中。他始终坚持真实导向，并在此基础上通过多元学习实现自我更新与超越。第一，在优秀文化中汲取力量。博大精深的中华优秀文化为刘京海校长教育自觉的生成提供了丰富的养料。第二，在反思性学习中提升自我。刘京海校长坚持终身发展理念，将学习融入生活之中，他会在历史与现实的对话中思考，在国外与国内的对比中思考，在教育与生活的联系中思考。第三，在教育研究中把握方向。刘京海校长在教育实践的过程中，始终坚持研究国内外教育发展趋势与方向，并研究当前学校教育所遇到的问题。也正是在研究的基础上把握教育问题，使得"成功教育"思想和行动与时代同行。

---

① 杨国荣：《论意义世界》，《中国社会科学》2009 年第 4 期。

3.立足教育实践，在教育改革的成功探索中实现"成事"

"成事"是"成己"的外在表现[1]，以认识与变革对象世界为内容。[2]从实践观的角度看来，认识实然不仅仅在于透过现象把握本质，更在于对实然的应然建构，从而为改造世界服务[3]。对教育家型校长而言，"成事"指向的是将其对教育的理想、教育的责任转化为实践的创生，实践智慧也正是在教育改革与实践活动当中凸显。

激发学生潜能，推广名师经验。关于师生发展，刘京海校长的实践智慧可总结为：追求学生成功潜能的激活与实现、以优秀教师经验促普通教师发展。基于对教育的理解，刘京海校长认为教育是以基因为前提的，教育是让人天生的潜能被激发和表现。在这一思想的指引下，刘京海校长坚持"在发现孩子特点的基础上教育"，追求学生成功潜能的激活与实现。为促进教师专业发展，刘京海校长创建了以信息技术为支撑的教与学电子平台，以优秀教师经验推广带动普通教师成长。至于优秀教师的专业提升，刘京海校长及其团队重点推广以"自我展示、自行诊断、自定目标、自找措施"的教师自主发展计划，并在此基础上邀请校外专家来校指导。

依托教学改进，实现自主学习。"教学改进"贯穿刘京海校长教育实践始末。从"成功教育"课堂教学改革路径来看，刘京海校长的实践智慧体现在：以学生思维能力培养为核心、以实现自适应学习为目标。基于对人的特点的理解，刘京海校长认为，学生成功的关键在于形成学习主动性。而学生学习主动性的实现离不开学生的成功学习体验。在这一思想的指引下，刘京海校长依托课堂改革激活学生思维，即通过组织教师研究学生，更新教师教学理念；以鼓励式教育的方式培育学生的成功心理；以启发式教学为主线，以问题设计点拨学生思维。面对生活在移动互联网下的学生，教育应该

---

① 曹孟勤：《在成就自己的美德中成就自然万物——中国传统儒家成己成物观对生态伦理研究的启示》，《自然辩证法研究》2009年第7期。

② 杨国荣：《意义世界的生成》，《哲学研究》2010年第1期。

③ 戴莹、杨道宇：《成己与成物："生命自觉"的教育学内涵》，《现代大学教育》2013年第1期。

也必须满足时代变革的需要。为此，刘京海校长通过信息化赋能教育的研究，以技术促变教育，在提升教学效率与教育质量的同时，实现自适应学习。

聚焦学校实践，引领教育发展。教育家的实践智慧是化解教育理论与实践失谐关系的关键所在。① 在闸北八中的学校具体情境中，刘京海校长采用问题解决、经验发现和研究探索的方式进行教育改革，由此推动了闸北八中的成功。刘京海校长的实践智慧体现在如下方面。

第一，在问题解决中开展教育实践。刘京海校长是在不断地发现问题、解决问题的过程中开展教育实践工作。其思路可以总结为："遇到问题—寻求经验—开展实践—反思实践—得出启示/产生新问题—开展实践—遇到问题"一个循环过程。也正是在这一循环过程中，教育问题得到不断地解决，教育实践成果不断地创生。可以看到，他的课题都是来源于实践中的真问题，他的问题解决方法也来源于实践当中。

第二，在经验发现中推行教育改革。刘京海校长在教育改革的过程中并不会跟着口号走，而是在发现已有经验的基础上进行教育改革，这也是改革容易得到师生认可的关键所在。刘京海校长还提出，由于经验本身具有局限性，因而需要将经验学理化、过程化、信息化，由此解决教育问题、引领学校发展。他认为解决问题的经验在教师当中，校长的责任在于通过及时点拨，帮助教师发现经验、总结经验。从经验中找规律是刘京海校长的实践智慧之一。

第三，立足于理论指导的实践研究。刘京海校长认为，自己是一名"孜孜不倦地研究有教无类的普通校长"。"研究"一词在访谈过程中高频出现，也贯穿于刘京海校长整个的教育生涯当中。刘京海校长在访谈中多次强调研究的重要性，也对研究进行了深入的阐释，其主要观点包括：充分利用教育理论，用以解释与预测教育实践；将理论指导和实践研究两者相结合是

---

① 侯云燕、王晋：《实践智慧——教育理论与教育实践交融的桥梁》，《中国教育学刊》2014年第12期。

研究的智慧所在，真正的研究是需要从实践经验当中概括理论；管理的实践智慧便是面对不完美的现实，找到一条曲径通幽的走向理想目标的路径。实践研究一定是阶梯式的，从师情、生情、学校出发。

四　研究结论与建议

（一）研究结论

本研究试图在分析典型个案的基础上形成教育家型校长成长本质和发展规律的一般性规律，兼顾探讨教育研究个案成长的影响因素和实践智慧。

1.走向教育自觉是教育家型校长的成长本质

精神世界的丰富与充盈是教师成长的关键。[①] 作为教师的教师，校长的精神成长也是专业成长的关键因素。从已有文献可知，坚定的教育信仰、个性化的办学思想、突出的教育实践成果和广泛的教育影响是教育家型校长有别于普通校长的主要标志。从这个角度来看，教育家型校长的成长过程是形成坚定教育信仰和个性化办学思想，并产生教育实践成果和广泛教育影响的过程。也就是说，教育家型校长作为教育家群体的一种类别，理应具备教育家精神，对教育知识有清晰的认识，并自觉投身于教育实践当中。从这个意义上来看，校长成长为教育家的过程一定是走向教育自觉的过程。

从我国中小学校长选拔制度来看，大多数校长经历了从教师到学校中层领导干部，再到校长的职业发展历程。虽然本研究中的研究个案刘京海校长因在执业初期所处时代背景比较特殊，他在担任一年的教师之后便升任为党支部副书记，但他在学校教育系统内部有多年的任职经历。正因为有职前教育经历和学校任职经历的积淀，刘京海校长得以形成对教育规律的初步认

---

①　姜勇：《论教师的精神成长——批判教育学视野中的教师专业发展》，《中国教育学刊》
2011年第2期。

识。这也为其走向教育自觉奠定了基础。而后，随着教育实践探索的深入，在时代环境、教育引导和主体觉醒等多重因素下，校长逐渐加深对教育规律和意义的把握，提升领导学校的实践能力，并渐趋成为教育家型校长。结合对教育家型校长刘京海成长实际样态的探讨，教育家型校长成长本质上是校长在教育实践活动中不断走向教育自觉的过程。

信仰充满人的意志、感情和愿望。[①] 教育信仰指的是教育工作者对教育事业的意义与价值的信服和尊崇，是教育家型校长的关键品格之一，其表现在对教育事业的精神诉求。教育家又不同于普通的教育工作者，在他们身上背负着社会所赋予的教育使命，且这一使命是随着社会变迁而与时俱进的。也就是说，教育家型校长拥有坚定的教育信仰，并自觉担当时代赋予的教育使命。而这又是教育家型校长教育自觉的内在表征，是使命自觉的生动体现。教育家型校长的使命自觉是校长对自我、对教育、对他人的责任认知，是在内在精神力量驱动下，自愿、自觉承担推动教育发展的时代重任和历史使命。作为一种精神觉醒，使命自觉激励着校长坚定信念、担当责任，推动着校长教育思想的形成和教育实践的开展。

20 世纪 90 年代以来，国际教育管理学界渐趋重视校长的教育者角色，新时代也在呼唤着校长形成并更新个性化的办学思想。[②] 校长的教育思想是校长在明确教育规律与价值的基础上，在开展教育实践的过程中所形成的关于"什么是教育、为什么要办教育、如何办教育"等问题的答案[③]。拥有独特的教育理念和个性化的办学思想是教育家型校长的重要特征之一[④]。而教育思想的生成过程贯穿教育家型校长成长的始终。作为教育实践的指引，思想自觉是教育自觉的关键所在，指明校长教育实践的前进方向。

---

① 〔苏〕巴·瓦·科普宁：《马克思主义认识论导论》，马迅、章云译，求实出版社，1982。
② 李伟胜：《校长办学思想的内涵、形态及更新策略》，《教育发展研究》2005 年第 13 期。
③ 田爱丽：《校长教育思想基本特性及形成路径分析——以几位苏浙沪名校长办学思想为例》，《中国教育学刊》2012 年第 2 期。
④ 王俭：《教育理念的凝炼与个性化办学思想的生成》，《教师教育研究》2014 年第 5 期。

实践是人的自我确证的本质。[①] 教育家型校长刘京海的成长与发展植根于实践当中,从薄弱学校改进的初步探索到"成功教育"研究的主动开展,再到"成功教育"经验的自觉推广,直至智慧教育的自主创新。正是在教育实践的开展过程中,教育思想得以落地,教育成果得以显现,教育影响得以形成。也就是说,这些实践行动也使教育家型校长的教育自觉得以彰显与发展。因此,实践自觉是校长教育自觉的行动表征,为校长教育成果和教育影响的形成提供支撑。

综上所述,走向教育自觉是教育家型校长的成长本质,基于情意的使命自觉、彰显认知的思想自觉和知行合一的实践自觉是教育自觉的构成要素。

2. 教育家型校长走向教育自觉的成长路径

基于研究个案,本研究从整体和部分两方面对教育家型校长走向教育自觉的成长路径进行阐释。

(1) 教育家型校长教育自觉生成路径的整体性阐释

从整体来看,对于教育家型校长群体而言,走向教育自觉的过程,就是其从自发走向自觉,然后再走向自由的过程。

入职初期的校长,对教育的认知更多源于对职前教育和以往的教育实践经历,所持有的大多是受情意等非理性因素影响而形成的零散化的教育观点和理想化的教育信念,这些都与校长自身所具有的个性品质、道德情操等有密切的关联。但此刻的信念和观点都是脆弱的,他们对于教育本身的规律还未有一个准确而又深刻的把握,对于如何实现教育理想、如何坚守教育信念尚无清晰认知。因此,这一时期的校长处于自发状态。

随着实践的深入,校长积累了丰富的教育实践经验,掌握了科学的教育发展规律。此时的校长在对自身身份产生认同的基础上自觉把工作重点从适应工作环境转向引领学校发展,他们积极主动地探究促进学校发展的可行性道路,并在探究过程中逐步形成个性化的办学思想。这一阶段是教育自觉生

---

① 代立梅:《论马克思主义视域中的主体自觉》,《武汉科技大学学报》(社会科学版)2014年第 5 期。

成的关键期。

进入自由阶段的校长，除了能够把自己所认识到的教育规律自觉运用到实践当中以外，还可以按照自己的意愿自主行动。此时的校长已然将教育发展当作自己的终身追求，进入"我的一切都是教育，教育就是我的一切"①的融合状态，一辈子孜孜不倦地追求着自身教育理想的实现，同时也保持着无私奉献、与时俱进的教育态度。

（2）教育家型校长教育自觉生成路径的结构性辨析

从组成部分来看，使命自觉、思想自觉、实践自觉的生成便是教育家型校长走向教育自觉的生动体现。

使命自觉的生成，遵循着从产生教育需要到唤醒教育情感、再到坚定教育意志、直至自觉承担教育使命的过程。一般而言，我国的校长大多是在政府任命或个人争取的基础上成为校长的。② 此时的校长出于功利、声望或是自我提升、教育发展的目的选择接纳自身的职业身份。入职之后，校长在真实的教育情境中开始明晰学校存在的问题，并产生教育发展需要；而在教育实践探索过程中，由于成功的教育实践体验，校长产生了积极的教育情感，这种情感体验会让校长对教育事业产生认同，愿意继续投身于教育实践当中；当积极的教育情感上升为校长个体的教育信念，并将其视为行为准则与义务时，就会产生坚定的教育意志，此时的校长能够积极克服教育实践过程中的困难，以坚定的决心主动承担教育使命，自觉推动教育发展。

思想自觉的生成，遵循着从适应教育教学常规的无思想阶段到出现零散性教育观点、形成整体性教育理念、再到生成个性化办学思想的过程。适应教育教学常规的无思想阶段一般存在于入职前期或初期。因其并未对教育有系统的学习与了解，或者受制于特定时代或周边环境，此时的校长适应教育教学常规，并未对教育现状进行反思；零散性教育观点形成于对教育的初步反思，此时的教育认识是自发形成的，存在无意识的、零散的特征；整体性

① 陈玉琨：《卓越校长的追求：陈玉琨教育评论集》，华东师范大学出版社，2012。
② 陈玉琨：《卓越校长的追求：陈玉琨教育评论集》，华东师范大学出版社，2012。

教育理念的形成离不开教育理论的习得和对教育实践的探索；个性化办学思想的生成离不开对已有教育观点和教育理念的系统梳理。

实践自觉的生成，呈现从自发探索到自觉开展、再到自主创新的发展特点。自发探索期的校长能够主动开展教育实践活动，但因未对教育规律有准确、清晰的把握，所开展的教育实践活动存在方向不正确或效果不明显等问题；随着对教育规律理解的深入，校长的教育实践活动进入自觉发展期，能够自觉开展符合教育规律和学校发展需要的教育实践活动；当进入自主创新期时，校长的教育实践活动可以成为引领教育变革的典范。

3. 教育家型校长走向教育自觉的影响因素与实践智慧

由于个体成长环境和发展历程的复杂性和独特性，教育家型校长走向教育自觉的影响因素和实践智慧也呈现鲜明的个性化特征。因此，此部分将从研究个案的实际出发，尝试对影响因素和实践智慧进行梳理分析。

（1）教育家型校长走向教育自觉的影响因素

总的来说，教育家型校长走向教育自觉的职业历程，是环境熏陶、教育引导和主体觉醒等因素相互作用的结果。

环境熏陶是教育家型校长走向教育自觉的促发因素。教育主体无法独立于外在环境而存在，因而教育自觉的生成不仅依赖于个体主观努力，也受到个体所处的外在环境的影响。基于对个案校长职业历程的考察，主要从宏观、中观和微观三个角度对教育家型校长教育自觉生成的环境因素进行分析。"时势孕育教育家"，从宏观环境上看，教育家型校长往往产生于社会的巨大变革之中，时代变迁会对教育家型校长产生较大的影响。考之于刘京海校长，其走向教育自觉的关键因素之一便是时代变迁。刘京海于新中国成立之初出生，于"文化大革命"期间从教，于改革开放后开展"成功教育"研究，直至今日，虽已退休，依旧活跃在教育创新的舞台之上。作为基础教育改革的见证者，刘京海校长的教育观念亦是回应时代问题的生动体现。而从中观环境角度分析，区域文化与教育环境、家庭支持环境也为刘京海校长施展教育抱负提供了良好的环境。最后从微观环境角度分析，影响刘京海校长一生的好教师、鼓励刘京海校长积极实践的老校长以及发生在刘京海校长学生身上的不幸事件是影响刘京海校长教育自觉生成的重要他人与关键事件。

教育引导是教育家型校长走向教育自觉的保障因素。从少年早期的家庭教育到以提升技能为目的的职前教育，再到以自我提升为目的的自我教育，这些都为刘京海校长理解教育规律提供契机，也是教育自觉得以生成与发展的保障因素。结合资料可知，家庭教育奠定了刘京海校长的精神底色，职前教育开启了刘京海校长的教育理性认知，自我教育带领自我实现不断更新，也由此助力教育自觉的生成与发展。

主体觉醒是教育家型校长走向教育自觉的内核因素。与普通校长相比，教育家型校长的教育主体意识非常强烈。主体意识的觉醒，是校长形成自我概念的前提，也是校长得以觉察师生与教育的关键。结合教育家型校长成长的一般性因素和教育自觉生成的特性认为，教育主体觉醒是教育自觉生成的根源所在。本研究中，刘京海校长的主体觉醒体现在：以正气、大气和勇气为要素的个性特征；以行不苟合的自主精神、淡泊名利的奉献精神和知行合一的践履精神为要素的精神品质；以感召力、前瞻力、共情力为要素的领导力。也正是在主体意识的影响下，个案校长坚定教育信念，自觉走在追求教育均衡发展的教育实践道路上。

（2）教育家型校长走向教育自觉的实践智慧

实践智慧既包括蕴含目的正当性的价值关切和理性判断，又外化为追求人格完善的德性实现和指导教育实践的行动智慧。理念是行动的先导。对于教育家型校长群体而言，首先要对教育有一个清晰的认识和正确的理解，在此基础上形成向善的教育理想与个性化的追求，这是走向教育自觉的第一步。其次便是将善的理念内化为自身的德性，转化为真实的图景。也就是说，教育家型校长能够在自己的生活中坚守这些善的理念，以切实行动展现自身的德性，并追求自我完善与发展。实践自觉是教育自觉的行动表征。作为引领教育发展的教育实践工作者，教育家型校长教育自觉的生成更需要在教育实践中得以验证。因此，教育家型校长走向教育自觉的实践智慧可从凸显价值取向的教育追求、追求人格完善的德性实现以及指导实践改善的行动

智慧这三部分进行讨论。

以此分析研究个案，发现：首先，刘京海校长准确把握教育规律，将"成人"作为成功教育的价值追求，具体可表征为实现人的发展的育人观、走向无限学习的教学观、追求优质均衡的教育观；其次，将教育事业与自身发展相结合，在教育实践过程中实现"成己"，表征为执着追求教育公平、乐于担当育人使命、勇于追求自我超越；最后，立足教育实践，在教育改革的成功探索中实现"成事"，具体体现在师生发展、教学改进、教育发展三方面的行动智慧。

（二）研究建议

1. 激活教育家型校长主体意识，强化教育认同

较之而言，教育家型校长的成长更强调的是个体主观能动性的发挥。教育自觉的生成前提和关键也在于校长教育主体意识的觉醒。校长必须在观念上明确自己的教育主体地位，认同校长身份的教育价值，自觉担负推动教育发展的主体责任。为此，在教育家型校长培养工作中，应首要关注校长主体意识的激活，强化校长对教育事业的认同。

一是建议培养校长的教育自立意识，引导校长在正确认识自我概念的基础上，认识到学校教育对学生发展的意义和价值，由此鼓励他们形成教育理想和教育需要，立足于生命成长和教育发展的角度，主动追求学校教育质量的提升；二是建议培养校长的教育自主意识，充分相信校长的发展愿望和发展潜能，鼓励校长以教育主体身份参与到学校教育领导之中，通过创设教育实践体验，唤起校长对教育事业的情感和认同；三是建议培养校长的教育自律意识，引导校长正确审视教育价值，以教育规范约束自身行为，并在教育实践探索的过程中自主反思教育惯性，树牢全面育人的教育理念。

2. 构建教育家型校长培养体系，引领自我提升

思想自觉是教育自觉的核心要素之一。而实现思想自觉的关键在于对教育有清晰深刻的认知。结合本研究中刘京海校长思想自觉的生成历程可知，教育因素是思想自觉得以生成的有力牵引，其中包括家庭教育、职前教育和

自我教育。其中，对深化教育认知最有帮助的莫过于职前教育和自我教育。因此，该部分主要针对职前教育和自我教育提出建议。

一是建议构建职前培养与职后培训一体化的教育家型校长培养体系，有效引导储备校长和在职校长在专业知识、专业能力、专业情意等多方面得到有力提升，关注校长对教育价值的准确把握、对教学理论的深刻掌握，以及对研究能力的有效锻炼。在培训中，要通过系统性的顶层设计，依靠长时间、持续性的培养造就可持续发展的教育家型校长；在把握整体性的同时兼顾差异性，依据其个性提供相适应的鼓励与支持条件。

二是建议校长个体通过自我教育实现自我增能。首先，主动进行专业成长规划，并付之于实践行动去实现自己量身定制的成长蓝图，在实践过程中逐步成长为一名不断超越自己的教育家型校长；其次，在教育内容和方法选择上，校长可以在对传统教育理论的传承创新中学习，在对国外教育理论的甄别借鉴中学习。① 同时，也可以在教育与生活的联系中学习，在理论与实践中学习。

3. 优化教育家型校长成长环境，鼓励大胆实践

教育主体无法独立于外界环境而存在。主体教育自觉形成于一定的外部环境之中，在良好环境的熏陶中得以发展。因此，为实现教育自觉的生成，必须优化外部环境，营造开放、宽松的环境氛围，通过硬环境和软环境有机融合，以实现教育自觉的有效形成与发展。

硬环境主要包括宽裕的经济环境、完善的学校教育教学设备。硬环境为教育自觉的生成提供了物质支撑。从马斯洛需要层次理论来看，生存需要是最低层次的需要，只有满足了生存需要，更高级的发展需要才会出现。对校长群体而言，他们肩负着推动师生发展、实现学校变革的责任。而这一责任的实现，离不开坚实的物质基础。为此，我们在满足校长群体的基本生存外，也需要给予校长一定的财力支持，以促使其开展师生与学校发展的研究与实践。此外，需要完善和定时更新学校教育教学设备，为校长推动学校教

---

① 范纯琍:《道德自觉及其实现》，武汉大学博士学位论文，2017。

育发展提供良好条件。

　　软环境主要包括先进的教育文化环境、宽松的教育制度环境。在教育软环境的优化过程中，要重点关注建设先进的教育文化环境，增强全社会和校长群体对"以人为本"的科学教育理念的认同、对中华优秀教育文化传统的自信;① 在制度方面，要切实落实学校办学自主权，适当延长校长任期，让校长能够静下心来开展深层次的学校改革，要建立容错机制，鼓励校长大胆实践、支持校长科学进行学校教育创新。

---

① 王湛：《教育家成长的环境建设与政策推动》，《中国教育学刊》2013 年第 1 期。

B.18
大美育厚植大情怀
——"江苏省人民教育家"培养对象杨培明校长的成长启示

邓　睿*

摘　要：　研究采用个案研究法，通过文献回顾、政策分析、深度访谈等方式，聚焦于杨培明校长的职业成长轨迹及其教育思想，对其倡导的"大美育"理念进行了深度的价值与逻辑剖析，阐释对美育的全面理解。研究回溯杨培明校长的成长历程，凸显了持续学习与深度反思在其个人成长中的核心作用，体现了对教育美学的深刻洞察及对教育事业的不懈追求。从杨培明校长成长经历得到的启示：全局视野与领域专注的领导策略、前瞻性思维与执行力对于新时代名校长的培养具有重要的理论与实践意义，同时也为校长群体的专业发展提供了宝贵的经验借鉴。

关键词：　教育家型校长培养　校长专业发展　大美育

时代呼唤和提倡"教育家办学"，培养和造就一批杰出的教育家型校长，不仅是党和国家领导人提出的要求，也是回归教育本质的重要体现。名校长是建设高质量教师队伍的核心，这个群体应该是怎样的、怎样的校长有可能成长为名校长、如何帮助优秀校长成长为名校长，是建设教育强国进程中应该高度关注并予以积极回应的问题。

理论上，每位校长都有成长为名校长的可能，我们也期待所有的校长都

---

* 邓睿，华东师范大学教育部中学校长培训中心主任助理、讲师，管理学博士，主要研究方向为名校与名校长研究，教师专业发展。

将"成为名校长"视为自身的职业发展目标。诚然,在不同语境下对名校长的理解各不相同,本文所提倡并关注的名校长不是对个体工作能力、工作业绩进行肯定的"荣誉称号",不是对某个特定个体的"歌功颂德",更不是由名校长称号而带来的"个人利益",而是投身于学校教育、致力于师生的成长、影响更多的校长,为高质量教育体系建设做出贡献的校长群体。基于此,对校长群体进行识别、培养,促成更多优秀校长成长为名校长成为一个值得关注的问题。

一 案例选择与研究过程

政策文本是政策存在的物理载体,是政府政策行为的反映,也是记述政策意图和政策过程的客观凭证,[①] 在名校长培养方面,我国各级教育行政部门出台了一系列名校长选拔、培养的文件,其中的筛选标准从某种程度上代表了我国教育行政部门对名校长的要求和期待,是对于"谁更有可能成长为名校长"这一问题的回应。[②] 因此,本研究收集了近年来中华人民共和国教育部及各省、自治区、直辖市共 33 份关于名校长培养工程的文件(文件均来自教育部及各地教育厅官方网站)作为分析对象(见表 1)。经过初步筛查,尽管表述不尽相同,但是每一份关于名校长培养的政策文本都明确提出了培养对象选拔的依据、标准或原则。本研究将每份政策文本该部分内容进行提取,根据其具体表述进行分类整理。

通过对 33 份文件中有关名校长选拔条件的内容进行梳理,运用NVivo11.0 软件进行分析,共建立了 264 个参考点,依据扎根理论原则,自下而上进行三级编码。在开放式编码过程中,对名校长选拔条件中特征相同或相近的语句进行归类、命名,并形成了 32 个三级节点。随后进行主轴编码,通过反复分析比较三级节点之间的类属关系,将它们进一步归类

---

① 李钢等编著《公共政策内容分析方法:理论与应用》,重庆大学出版社,2007。

② 说明:在文件搜索中出现了"杰出校长""教育家型校长""卓越校长"等不同表述,本文统称为"名校长"。

并命名 15 个二级节点。最终通过进一步概括和抽象，形成政治过硬、身心健康、能力为先、成绩显著 4 个一级节点，因篇幅有限，以一级节点中的"成绩显著"为例，对编码内容进行呈现（见表 2）。通过梳理分析可以发现，我国各级教育行政部门对名校长主要是从政治修养、身心素质、能力素养和办学业绩这四个方面来衡量的，并重点关注名校长的思想理念、办学能力和社会影响力。[①] 此外，笔者还从名校长自身和已有的文献梳理两个维度对名校长特质进行了研究，名校长是一群具有强烈内在成就动机的人，并且他们具有积极人格特质，"积极人格特质是任何事情成功的基本要素。这类灵性资产包括乐观、毅力、勇气、勤奋等"。[②] 综合上述三个视角，笔者将新时代名校长的特质总结为在广学勤思的"成文"中形成思想力，在善作善为的"成事"中塑造变革力，在立己达人的"成人"中彰显辐射力。[③]

表 1　教育部及各省、自治区、直辖市关于名校长培养工程的文件

序号	发布年份	文件名称
1	2010	《湖北省教育厅关于印发〈关于实施"楚天中小学教师校长卓越工程"的意见〉的通知》
2	2012	《宁夏回族自治区关于在全区启动实施"中小学名师名校长工程"的通知》
3	2013	《云南省教育厅关于实施未来教育家成长计划的通知》
4	2015	《安徽省教育厅关于实施中小学好校长好教师梯级培养工程的意见》
5	2015	《海南省中小学"好校长、好教师"培养工程（2015—2020 年）实施方案》
6	2016	《重庆市卓越校长工程中新合作培养计划》

① 邓睿、陆超：《新时代中小学名校长的特质及其培养路径》，《教师发展研究》2024 年第 2 期。
② 任俊、叶浩生：《积极人格：人格心理学研究的新取向》，《华中师范大学学报》（人文社会科学版）2005 年第 4 期。
③ 邓睿、陆超：《新时代中小学名校长的特质及其培养路径》，《教师发展研究》2024 年第 2 期。

续表

序号	发布年份	文件名称
7	2016	《辽宁省中小学名优教师校长成长计划(2016—2020年)的通知》
8	2017	《福建省教育厅关于印发"十三五"中小学名师名校长培养工程实施方案的通知》
9	2018	《教育部教师工作司关于组织实施"国培计划"——中小学名师名校长领航工程的通知》
10	2018	《关于实施第五批"河南省中小学名校长培养工程"遴选工作的通知》
11	2018	《上海市教育委员会关于开展第四期"上海市普教系统名校长名教师培养工程"的管理暂行办法》
12	2018	《天津市中小学"未来教育家行动计划"学员遴选工作实施方案》
13	2019	《北京市教委关于公布第三批北京市中小学名校长(名园长)发展工程人选名单的通知》
14	2019	《广西壮族自治区教育厅办公室关于开展第二批广西基础教育名师名校长领航工程培养对象遴选工作的通知》
15	2019	《青海省教育厅关于印发昆仑名校长名班主任名教师培训选拔管理办法的通知》
16	2020	《江西省教育厅关于组织实施第五期"中小学名师名校长培养计划"的通知》
17	2020	《四川省新时代中小学卓越校长培养计划(试行)》
18	2021	《山西省教育厅关于实施第二期山西省中小学名校长培养计划的通知》
19	2021	《广东省教育厅关于开展新一轮(2021—2023)中小学教师、名校长工作室主持人遴选工作的通知》
20	2022	《教育部办公厅关于实施新时代中小学名师名校长培养计划(2022—2025)的通知》
21	2022	《浙江省教育厅办公室关于做好"名师名校长培养计划"培养对象选派工作的通知》
22	2022	《山东省教育厅关于印发齐鲁名校长齐鲁名班主任齐鲁名教师培训选拔管理办法的通知》
23	2022	《关于实施湖南省新时代基础教育名师名校长培养计划(2023—2025)的通知》
24	2022	《贵州省教育厅办公室关于推荐新时代中小学名师名校长培养计划(2022—2025)培养候选对象和基地的通知》

序号	发布年份	文件名称
25	2022	《陕西省教育厅办公室关于做好新时代中小学名师名校长培养计划（2022—2025）培养对象选拔工作的通知》
26	2022	《吉林省教育厅关于推荐教育部新时代中小学名师名校长培养计划（2022—2025）培养对象的通知》
27	2022	《江苏省教育厅办公室关于做好新时代中小学名师名校长培养计划（2022—2025）人选推荐工作的通知》
28	2022	《内蒙古自治区关于遴选中小学"卓越校长"和"领航校长"候选人的通知》
29	2022	《天津市杰出校长、杰出班主任、杰出教师支持计划》
30	2022	《黑龙江省教育厅关于推荐教育部新时代中小学名师名校长培养计划（2022—2025）培养对象的通知》
31	2022	《甘肃省教育厅关于遴选新时代中小学名师名校长培养计划（2022—2025）候选人的通知》
32	2022	《河南省教育厅关于组织实施中原名校长领航工程和青年骨干校长培育工程的通知》

表2 一级节点"成绩显著"的编码

核心编码	主轴编码	开放编码
成绩显著	1. 办学治校业绩突出	1.1 改革富有成效
		1.2 办学特色鲜明
		1.3 办学理念先进
		1.4 管理方式先进
	2. 在培养青年教师（校长）方面成绩显著	2.1 对中青年校长的成长具有指导性和示范性
		2.2 支持设立在本校的省市县级名校长工作室
		2.3 在培养中青年教师方面成绩显著
	3. 社会影响力广泛	3.1 在区域内影响力大、示范性强,具有较高知名度
		3.2 受到同行、学生、家长和社会的广泛认同和好评

在上述研究分析基础上,本文选取江苏省南菁高级中学杨培明校长作为个案研究对象。

杨培明,江苏省南菁高级中学党委书记、校长,正高级教师,江苏省特

级教师，"江苏人民教育家培养工程"培养对象，教育部"新时代中小学名师名校长培养计划"培养对象，教育部基础教育教学指导专业委员会劳动教学专委会副主任委员，教育部中考改革专家组成员，义务教育课程方案和课程标准专家组成员，国家乡村振兴重点帮扶县教育人才"组团式"帮扶工作专家顾问委员会委员，西北师范大学博士生导师；获得国家级教学成果一等奖、第五届全国教育改革创新杰出校长奖、第五届全国教育科研优秀成果奖二等奖、江苏省教学成果特等奖、第四届明远教育奖和江苏省有突出贡献中青年专家等；在《课程·教材·教法》《中国教育学刊》《人民教育》等国家核心期刊发表教育教学论文120余篇，多篇文章被人大复印报刊资料中心全文转载；主编学术著作《涵养八讲》《审美八讲》《创思八讲》《美育：从理念到行动》《南菁高品质高中的文化品格》等多部；主持多项全国、省级课题，相关研究成果丰硕。

本研究的案例选择主要出于以下三点考虑：第一，杨培明校长既是"江苏人民教育家培养工程"的培养对象，也是教育部新时代中小学名师名校长培养计划（2022～2025）的培养对象，因此完全符合上述政策文本所要求的名校长培养对象的标准。第二，杨培明校长具有广泛的影响力，首先体现在他所领导的学校在其带领下在美育领域进行了卓有成效的探索并取得了有目共睹的成效；其次体现在他所公开发表的120余篇论文、主持的多项国家级和省部级课题以及国家级教育成果奖，呈现了其在教育教学领域的丰富经验和理性思考；最后体现为他拥有的多项学术兼职，其教育教学管理经验已经走出江苏在全国范围内产生了辐射引领作用。第三，杨培明校长在其多年教学管理和学习成长过程中，不断通过理性思考、系统梳理，对自己的办学思想进行了较好的总结，也在教育部中学校长培训中心组织的全国优秀中学校长教育思想研讨会上为来自全国各地的中学校长同行介绍过办学思想。由此可见，杨培明校长在"思想力"、"变革力"和"辐射力"方面都具有较为突出的表现，对其教育思想的解析和成长经历的研究对总结提炼名校长成长路径具有启发意义。

在案例研究的过程中，笔者查阅了杨培明校长公开发表的论文以及媒体对杨培明校长进行的报道，设计了访谈提纲以期从综合的视角呈现杨培明校长的教育思想，杨培明校长以文字的形式对访谈提纲进行了回答，更加系统地对教育思想的形成、主要观点和未来展望进行了梳理。在成长经历方面，笔者回顾了杨培明校长从做学生到做老师再到管理者、领导者的成长经历，从"关键人""关键事"入手探寻影响名校长成长以及教育思想形成与发展的主要因素及有效路径，据此提出对校长群体专业成长有借鉴意义的经验。

二　杨培明校长的教育思想

在吴韵楚风、钟灵毓秀的江阴大地，坐落着一所欣欣向荣、向美而行的百年名校——江苏省南菁高级中学。它背靠文山，俯览长江，山环水绕，娴静优雅，美景荟萃，远离喧嚣，清新脱俗，"一园尽揽江南之美"，游览其间，白墙黑瓦，草木掩映，灵秀清新，如在画中游。抬首，阔远深邃的学校天空上，高扬着"以美育重构校园生活，让学校教育走向美学境界"的美学旗帜，擎旗者正是学校现任校长杨培明。自 2003 年到南菁高中 20 多年以来，杨培明带领师生漫步美学世界，回归本源，在尊重、关爱中寻找生命的意义，在探索、创新中追寻生命的美好。他以中华美学精神为指引，旗帜鲜明地将美育作为学校发展的特色，在"研索""筑境""淬炼"的交相辉映中不断地书写着百年南菁的美学故事。

（一）研索：整体观照中的美学理解

2013 年 8 月，45 岁的杨培明成为南菁高中第 45 任校长，南菁高中厚重的平台，给了他施展才华的广阔空间，也为其压下继往开来的发展重任。机遇与挑战并存，压力与动力同在，他开始研索身处的这座城市和学校。江苏省江阴市地处我国苏南沿江苏锡常"金三角"的几何中心，北枕长江，南近太湖，因地处"大江之阴"而得名，历来是大江南北的重要交通枢纽，江海联运、江河换装的天然良港。作为无锡市辖的县级市，江阴的综合经济实力始终领跑全国县域经济。正是在这样的背景下，拥有 140 年历史的南菁

亲历了社会经济发展方式的加速转变。沿着历史的景深回溯，杨培明发现，自工业社会以来，机器加速运转，社会生产力迅速发展，人类社会发生深刻变革，教育发展面临着种种挑战：首先，教育面临着物质和技术至上的冲击。工业化以来人类社会物质生产方式发展与人类精神世界的丰富之间不平衡的矛盾导致人被异化和束缚，这种社会问题也影响到教育发展，造成教育生活中的师生的紧张和压抑；其次，教育依然面临着过度应试的压力。应试至上的教学理念使学生的全面发展不能得到切实的保证，过度张扬的教育工具主义让师生的校园生活充满了紧张感和压抑感。

作为教育人，杨培明禁不住去思考：教育究竟能为追求美好生活做些什么？普通高中究竟要培养什么样的人才？是被迫迎合社会对升学率的现实期待？还是顺应国家和民族长远发展的理想诉求？面对种种诘问，经过多方论证，他将目光锁定在"美育"二字。他期待通过美育来指引学生，使其能够审美地对待自然、社会与自我，避免坠入经济发展与科技进步所带来的社会沉沦与心灵空虚的深渊。

经过一番思索之后，杨培明主张，将美育从指称单一的美育认知中解放出来，以一种全新的角度审视美育。他所理解的美育不是一门高高在上的学问，而是培养热爱生活、情感充沛，能随时把自己投身于自然与社会"大美"之中去的芸芸众生的教育样态。经过充分的民主酝酿和讨论，他对"大美育"内涵做了如下界定："大美育"是普泛意义上的美育，是面向全人培养、面向全体学生进行的全程渗透的美育，是感性教育和理性教育的统一，旨在提升人的审美素养，潜移默化地影响人的情感、趣味、气质、胸襟，让教育过程成为学生体验美、欣赏美、表现美、创造美的过程，成为学生正确的世界观、人生观、价值观的形成过程。在杨培明看来，"大美育"以中华美学精神统摄学校教育，让美育面向全体学生，贯穿高中教育全程，涉及全部学科，融入学生日常生活。对于"大美育"理念与以往的美育观点的区别，杨培明有着理性的判断，他认为"大美育"理念具有美育内涵的深刻性、美育内容的广泛性以及美育实施的融合性等特征，它关涉学校教育的各个方面，旨在让教育呵护"完整的人"，回归师生对生命幸福和精神家园的期盼，体现教育对"美好生活"的引领、诠释与促发。

（二）筑境：形象追问中的愿景诠释

美好的愿景具有感召人心、激人奋进的力量。学者彼得·圣吉在《第五项修炼》中将"共同愿景"作为组织的五项修炼之一，指出它是"人们内心的愿力，一种由深刻难忘的影响力所产生的愿力"。杨培明深知，只有当每一位南菁人都具有对美的关切时，大家才能因热望和抱负凝聚在一起，坚定地向美而行。自就任南菁高中校长以来，他就一直在思索南菁所要绘就的美学图景——一所具有美学精神的学校是怎样的？南菁学子应该具有怎样的精神风貌？南菁教师应当树立怎样的形象？无数的追问萦绕在杨培明的心头。他大量阅读哲学和教育著作，从时代语境和现实困境出发，探寻南菁"大美育"的战略构想。杨培明认为，一所具有美学精神的学校首先应有诗意隽永、寓意深远的校园文化景观，校内建筑、园林、景点等的设计和建造中都应蕴含着学校的美学追求，充满着文化内涵和美感，校园每时、每处、每物都要具有深刻的教育意义，让人陶醉其中并受其浸润。正如南菁校门口的"南方之学，得其菁华"巨石告诉学生进入的是一所什么样的学校；正学亭对联"辅世长民莫如德，经天纬地之谓文"告诉学生离开学校后应该做什么，什么样的人生最有价值；正学亭另一副对联"由正学生正识，以实心行实事"告诉学生"行正求实"是学习和做人的根本……

美国教育家里克纳说："世界上任何一个国家都为教育树立了两个伟大的目标：使受教育者聪慧，使受教育者高尚。"[1] 培育"南菁气质"，塑造高尚人格，让学生追求灵魂的高贵和行为的儒雅，正是南菁美育所追求的目标。在广泛研讨和征求意见的基础上，杨培明将"南菁气质"概括为"有思想会表达，有爱心能宽容，有责任敢担当"这十八字箴言，深刻回答了"培养什么人"这一问题。他经常对教师们强调，要努力营造一种氛围，让

---

[1] 〔美〕托马斯·里克纳：《美式课堂：品质教育学校方略》，刘冰等译，海南出版社，2001。

学生独立思考和理性表达；要培养学生健康的情感，培育学生完善的人格，让学生树立责任意识，担负起对自己、对家庭、对社会、对国家和人类未来的责任；要弘扬优秀传统文化，润泽学生的精神世界，让他们满载爱心，播撒爱的种子，传递爱的力量，在人格的自我完善和奉献社会的行动中诠释生命的意义。与江阴百川归海的城市气质一样，南菁高中的教师们来自天南海北，都葆有奔流向前的热情，他们将杨培明校长对教师发展的期盼视为自身教育行动的基本遵循——积极反思实践，探寻教育规律，成为塑造学生品格、品行、品位的"大先生"，传递南菁教师独有的良师气质，带领学生在诗性圆融的审美教育中探索和成长，过一种有尊严、有意义、有品位、有品质的教育生活。

（三）淬炼：与美同行中的实践探赜

跨越了三个世纪的南菁，于历史中传承了丰厚而具有鲜明特色的审美积淀，以"美育"为生长点，一路深度思考、探索并经由"关注师生生命幸福的教育"之实践淬炼，收获了一路似锦繁花。2014年起，杨培明发动全校师生参与讨论建构美育课程，充分挖掘书院文化美学精神，以丰富的文化艺术资源为载体，对原有课程做整合、融合、综合，构建出"涵·养·创"特色美育课程体系。这一体系与中国学生发展核心素养框架中的社会参与、自主发展和文化修养等具有内在一致性。2016年，在中国教育科学研究院和教育部中学校长培训中心专家团队的指导下，南菁师生也参与其中，共同为学校课程整体设计添砖加瓦。经过方案征集、多次讨论，"大美育课程体系"最终出炉——"两轴、三级、五域"的总体结构，寓意十全十美。"两轴"指学校建筑群排布中的两条核心轴线："历史轴"和"现代轴"，分别代表南菁书院的历史和未来，"两轴"也象征着钟的时针和分针：从"百年书院"走向"大美南菁"，寓意南菁教育传承历史、跨越时空、面向未来；"三级"指向基础课程、拓展课程和综合课程；"五域"指课程架构的五大领域，分别是人文社科、科技创新、生活健康、艺术创造、公民社会，基本包括了学生核心素养的全部领域。"两轴、三级、五域"所构建的课程体系，彰显着南菁对理想教育的追求。所谓理想教育，是促进身心的和谐发展，是历史传承与创新意识、科学精神和人文品质平衡发展的教育，是凝练真善美意境的教育。

在课程的基础上，杨培明进一步提出以"审美课堂"作为美育实施的主阵地。2015～2023年，南菁连续九年与中国教科院举办全国高中"审美课堂"教学论坛，提出了审美课堂建构的实施、评价细则，倡导课堂教学由封闭式、接受式、输入式、讲解式转向开放式、体验式、发现式与合作式（即非认知式）转变。何为"审美课堂"？"在特定的情境中创设审美经验在师生、生生之间传导"，杨培明这样诠释。在他看来，"审美课堂"就是要让师生能够身处其中而实现自适，在知识传递过程中获得审美愉悦，让学生实现感性与理性的和谐发展。换言之，课堂不只是知识传递的场所，也是情感交流的空间，老师和学生都能够在其间实现自我与他者的情感融合，内在的生长动力得到激发，那就是实现了审美课堂。

"审美课堂"全国研讨会启动后，"教学审美化"逐步内化为南菁高中师生的专业自觉，其内涵日渐明晰、样态愈加多样、成果更加丰硕、范式基本塑成。杨培明和教师们将教学审美化界定为：在尊重学科本质与学科核心素养的前提下，将所有教学要素都转化为审美对象，将教学过程转化为以学生为主体、师生协同，发现—感悟美、体验—表现美、探究—创造美的过程。这是以中华美学精神统摄课堂教学，使教学成为内在思想美与外在形式美统一的和谐体，从而实现立德树人的根本任务，唤醒师生生命感、幸福感、价值感的一种理念和模式。经过多年的深耕细耘，南菁逐步探索构建出了教学审美化"一体两翼"实施范式。"一体两翼"是指实施范式由"一体"——教学主轴和"两翼"——文科特色模块、理科特色模块组合而成。其主轴又分为"三环六步一补充"多个模块——"三环"即"感美启学、立美导学、创美成学"三环节，"六步"即唤醒、感知、分析、综合、掌握、拓展如此逐层深入的六个步骤，"一补充"是课堂教学之后的STREAM综合化学习。"三环六步"的每个步骤都观照情感和认知，情感六步与认知六步激荡交融，推动学生在思辨论证中学习，有助于生成高阶认知、高阶思

维，情感与认知的交融，也能够促进学生和谐发展、全面发展、健康发展。

回望南菁"大美育"的发展历程，杨培明坦言，他们的教师曾一度沉溺于"分数至上"的机械教学，对教学效率的追求造成教师精神紧张，难以产生审美体验，甚至陷入了因规施教的"教育苦旅"。何以破解？杨培明校长认为要努力塑造教师的审美素养。一是以意义体认激发审美自觉。审美自觉是指教师认识到自己的审美行动目的，调整和控制自我意识朝着审美的方向发展的意志品质。审美自觉是个体内在的精神性内容，包含思想、情怀、情感等等。他引导教师在思想上树立"成为大先生，不做教书匠"的崇高理想，在心灵中涵养以爱为本质的教育情怀，让教师逐步体会到教育的意义不在于纯粹的知识传授，而在于如何让每一个人都能在思想、情感和精神上得到提升，成为更好的自己。二是以自由创造鼓励审美行为。为了推进由"知"向"行"的深层转化，杨培明校长通过名师引领、同伴互助、课例演示、论坛交流、项目周会等方式，不断激发教师内心深处的创造力，鼓励教师从教与学开始的地方——课堂——出发来思考和行动，比如，如何用创意的教学方式、艺术的教学语言来激发学生的灵感和潜能；如何用鼓励和赞美的话语，激发学生的自信和积极性；如何以艺术家的眼光，发现学生的独特之处，引导学生通过思考和表达，展现自己的个性和才华，等等。三是以专注深耕跃升审美品格。审美品格是整体性的，其具有较高的稳定性，它决定了教师回应审美课堂实践的思想、情感和行为模式。为了更好地形塑审美品格，杨培明校长引导教师以"超越"的眼光（超越自己、超越过去）来看待自身的审美意识和审美能力，并倡导教师通过专注与深耕而不断走向卓越，最终实现从黯淡无光的"教书匠"到熠熠照人的"大先生"的进阶蜕变。

雅思贝尔斯认为，教育就是引导"回头"即顿悟的艺术。出于对更高品质学校美学范式的期待，杨培明校长在教育旅途中回眸寻美历程，聆听他者声音，不断进行自我叩问与澄思——审美的文化氛围对学生的思想、情感、人格等发挥着怎样的建构作用？一次次的美学文化建设活动到底让学生获得了什么，能否涵育出他们独特的南菁气质？教学审美化的思想是否已根植于师生心中，落实于师生的行为之中，能否成为他们生命的一部分？如今，这样的反思与观照已经成为每个南菁人的内在自觉。同时，随着时代的变迁，杨培明校长还在不断思考这些问题：当下学生核心素养的提出，为南菁"大美育"实施提供了哪些机遇，提出了哪些挑战？在信息化社会中，南菁"大美育"又会面临哪些新要求？这些问题将指引其携着"以美育重构校园生活，让学校教育走向美学境界"的崇高使命和真切期盼继续深耕，与美对话、相携同游。

三 杨培明校长的成长经历及启示

杨培明校长，作为江苏省无锡市南菁高级中学的杰出领导者，他的成长经历可谓一部充满激情与奉献的教育之歌。他的人生轨迹，如同一条蜿蜒曲折但始终奔涌向前的河流，每一个细微的波澜，都映照着他坚定的教育信念、对美的执着追求以及不懈的奋斗精神。他的成长之路，可以用"生发""沉潜""领航""蓄能"这四个词来概括呈现，这四个词不仅描绘了他的成长经历，也彰显了他作为教育者的卓越精神与大美品格。他以坚定的信念、执着的追求与不懈的努力书写着属于自己的教育传奇，用实际行动向世人展现了什么是真正的教育者。

（一）生发：江南农村孕育教育火种

杨培明出生于无锡市江阴一个偏僻的农村，与所有的江南村落一样，古朴灵秀与贫瘠落后共存。然而，正是这片看似贫瘠的土地，却孕育了他坚韧不拔的性格和对知识的无限渴求。他深知，只有通过努力学习，才能改变自己的命运，为家乡带来希望。

小时候，尽管村小校舍简陋、课桌破旧，但在杨培明眼里，学校依然是美丽的。上课的钟声，是他童年最美的乐曲。村小只有两个班，实行复式教学，语文老师丁榴华会先安顿好教室一半的学生写生字，再教另一半学生上课。也正因如此，杨培明有着过人的专注力，直到现在，他仍然能在嘈杂的

环境中阅读、思考，就是那时养成的习惯。

高中时期，因为家庭的变故、青春的叛逆以及学业的偏科，杨培明曾有过一段消沉的日子，不知道身处何境，也不知道该何去何从，但骨子里的不屈性格又让他时常陷入挣扎与痛苦之中。彼时，澄西中学的老师们给他带来了希望，给予他温暖的鼓励与教导，将他从青春的沼泽中拉起，并在他心底埋下了教育的种子。

1986年，杨培明参加了高考，考入了一所师范院校。初入学校的他饱含着对教育理想的憧憬，而在实现梦想的路上，遇到困难是在所难免的。他清楚地记得，自己初到无锡教育学院汉语言文学专业学习的第一天，就因为口音问题而闹了笑话。"我把'昨天'说成了'ca天'（江阴方言），引得全班哄堂大笑。"在老师的鼓励下，为了练习普通话、治好口吃的毛病，此后每个清晨和黄昏，杨培明都会站在学校旁边的古运河边含着石块高声朗读，这一段经历也直接增强了他从事教育事业的信心。

（二）沉潜：矢志不渝追寻教育理想

大学毕业后，杨培明开启了自己的教育生涯。当时的他被分配到江阴市西石桥初级中学担任语文老师，对于新手教师而言，最痛苦的莫过于在教学上有疑问却无从求解。这时，杨培明想起了实习时的师父——江阴市青阳中学语文教师郁洪千老师。彼时的郁洪千虽是青阳中学的年轻教师，却已在无锡语文教育界崭露头角。为了学习请教，杨培明每到周末都会骑一个半小时的自行车去青阳听他的课，听完后再与其进行交流。很多时候，来不及回去，他就干脆住在郁老师家中，晚上继续聊语文、聊教学。整整三年，在郁老师的指导下杨培明完成了一轮初中语文教学循环，带出了学校历史上中考成绩最好的班级。这段求教的经历也在江阴界被传为佳话。

杨培明自1988年开始参加工作，至今已有长达三十余年的从教经历。他的职业生涯跨越了多个学校，包括江阴市西石桥中学、江苏省江阴高级中学，以及现在的江苏省南菁高级中学。在这些学校中，他历任语文教师、班主任、团委书记、教导主任、教务主任、副校长，并最终担任校长一职。

情系教学的杨培明在语文学科领域耕耘多年、成就颇丰。任教以来，他深研经典、精研前沿，大胆进行语文教学改革，始终坚持"中学语文教学要关注语言、关注生命、关注人的发展"的教学原则，并创造出"注重情感、注重方法、注重创造"的教学风格，不断丰富和诠释语文学科独特的教学意义。与此同时，他积极投身科研创新，主动将自身的教学风格和教育主张提炼为教学理念和教育话语，收获了丰硕的科研成果。这些在教学和科研中所取得的果实无疑为杨培明成为校长后的锐意改革奠定了坚实的基础。

（三）领航：寻本溯源开辟教育美学

初任校长的第一个元旦，杨培明在与班子成员北上前去名校考察的路上曾发生过这样一件事：在考察首站天津时，出租车司机得知他是位校长，就指着前面的几个学生说："他们一看就是南开中学的。""你怎么判断的，他们又没穿校服？"司机回答他："我只要看他们走路的姿势和脸上的神情就可以判断出来。"张伯苓先生当年所订立的《南开镜箴》以这样的故事展现在杨培明面前，带给他很大的触动，"我当时就想，如何让江阴的老百姓在大街小巷看到我们的学生也能认出这是南菁人"。抱着这样的想法，杨培明时常自问：学校到底要培养什么样的人？学校到底要走怎样的发展道路？

作为这所百年名校的校长，杨培明肩负着传承和发扬学校优良传统的重任。他深知一所学校的可持续发展不能仅仅是换一任校长、换一个思路、换一套做法，而应该建立在对自身历史传统的正确理解基础之上。因此，他深入校史室，认真收集整理这所学校130多年走出的优秀校友资料，试图从中总结出一些共性。最终，杨培明发现了从传统书院到现代化高中，"审美"已经融入南菁的文化血脉之中，这一发现更加坚定了他对教育立德树人的理解，也使他更加坚信美好的教育能够成就生命的美好和人生的幸福。在回望历史的过程当中，疑问也有了答案。南菁高中的学子要具备"有思想会表达、有责任敢担当、有爱心能宽容"的独特"南菁气质"；南菁高中的发展要注重历史文化的传承和传统教育的时代转换，要以美育重构中学生活，让教育走向美学境界。

　　为了让美育落地，杨培明开始思考如何将美学与教育相结合。他认为，教育不仅是一种传授知识的过程，更是一种培养学生审美能力、创造能力和幸福感的过程。对于学生的培养不能局限于传统教育所强调的整齐划一和强制归顺，教育的实践属性和情感属性应当得到相应的重视。因此，杨培明开始尝试将美学理论融入教育实践中，探索教育的新型范式。在美学精神的指引下，杨培明对课程进行了重构，整体构建了包括120余门课程的"大美育"课程体系。

　　在学校"大美育"理念的引领下，各个学科的教师积极挖掘自身学科的美育元素，积极开发校本课程、研究生本课堂，探索总结美育下的学科新生长点。十余年间，教师们快速成长起来，学校18个项目获批为省级及以上重要课题，杨培明领衔完成的"重构校园生活：普通高中大美育课程体系建构"课题于2018年荣获基础教育国家级教学成果奖一等奖。

　　（四）蓄能：韬光养晦拉长育人航线

　　杨培明认为，学校的发展、课程的建设不仅需要全体师生的艰苦奋斗，还需要明晰时局、多方引智。在引智工作的开展过程当中，学校多次邀请著名校友、著名教育家顾明远先生回校指导教学改革与美育课程体系的建设。作为推动"大美育"理念如火如荼展开的"背后推手"，顾明远先生所提出的教育理想不仅发人深思，并且许多思想观念与他产生了强烈的共鸣。顾明远先生常说："没有爱就没有教育。没有兴趣就没有学习。教书育人在细微处。学生成长在活动中。"这几句话刻在南菁白墙青砖间，也刻在南菁师生心里。杨培明深谙，教育的本质是培养人，必须让每位学生都能成长为一个"大写"的人，学校所作的工作不应当是急切地追寻成绩与名利，而应当为促进每位学生的优质发展打下坚实的基础，让教育充分发挥出长期、永恒的效能。此外，顾明远先生关于教师发展的观念，也在一定程度上助推了杨培明带出一支高素质、专业化、创新能力强的教师队伍。在南菁高中，有一条不成文的规定，教师要出书，由学校出钱；教师外出听课、参加研讨，学校一律放行；其他学校认为浪费精力、财力的学术活动，南菁高中乐于承办。

杨培明认为，"一所学校的教科研能不能搞起来，关键在于校长"。也正因杨培明的大力推动，学校的教科研氛围愈加浓厚，教师搞科研的积极性也愈加高涨，在不断的探索实践与研讨反思中，如今的南菁高中积累了丰厚的教科研经验与硕果，走到了全省中学的前列。

如此说来，对于杨培明而言，对于南菁高中而言，"大美育"理念的建设路途似乎是一帆风顺的，然而，事实却并非如此。杨培明回首从教的几十年来，如果说哪段经历能让他如今回想起来仍是心有余悸，无疑是2012年课程基地始建、初评受挫的事情。彼时，南菁高中顺应时代需求，响应政策号召，积极推动开展"高中课程基地建设"。得益于精心的准备与组织申报，南菁高中一鸣惊人，获批为江苏省首批高中课程基地，也是唯一一所美育课程基地。当时，正值学校130岁华诞之际，整个学校都展现出欣欣向荣之势。然而，在省教育厅组织专家对首批设立的课程基地展开中期检查视导工作时，给出的评审结果却是"黄牌警告"，这对大家无疑是当头棒喝。教育厅要求对"基本合格"的学校加强跟踪指导，而南菁高中的评审结果就是"基本合格"！也相当于亮出了"黄牌"。专家的评审意见直指南菁高中美育课程建设的软肋——课程，课程建设的转型迫在眉睫。在这样的情况下，杨培明没有气馁，反而更加坚定地发展和完善对于美的教育的追求。他迅速从受挫的心情中抽离出来，对学校基地建设的现状进行了总结反思，他深知这样的意见才更能让他清楚地认识到学校的建设到底缺了什么，到底要向哪走。经过多方的反思总结，学校领导班子一致认为，今后南菁高中的美育建设要做到不盲从、不随意、有品质。随后，在杨培明的组织领导下，领导班子向多方求教、学习、借鉴，最终凝练总结形成了这样的核心思想：

教育哲学：办师生生命幸福的教育；

育人目标：涵育南菁气质，培养未来强者；

发展路径：以美育重构审美的校园生活；

课程资源：书院文化积淀、社会文化资源、馆藏艺术资源、专家智库资源……

在推进"大美育"建设的过程中，常有人会发问，在"唯分数论"的

学校困境之中，为什么杨培明能够坚定不移地以"大美育"统整高中课程教学？其实答案源于春秋时期老子的一本哲学作品《道德经》。其结束语"天之道，利而不害；人之道，为而不争"使杨培明对教育的本源进行了深刻的思考，也获得了启迪与智慧，他得知，教育真正的伟大之处在于它赋予了生命无限的可能性，在心灵对话中完成了灵魂的再生，成就生命的美好与人生的幸福。在这样的人才观、质量观的指导之下，杨培明认识到好的教育应当是浸透生命气息的教育，分数并不是一切，学校的质量教育应当是可持续的，让学生终身得益的。基于这样的认识，杨培明更加坚定了教育美学的理想信念，强调教育一定要彰显美学精神，重视教育的精神培育和人格塑造功能，培养学生成为完整的人，永远具备向美而行的能力。

回首读书求学，为站稳讲台而努力走过的路途，杨培明时常感叹，自己并没有深厚的教育背景，幸运的是一路上遇到了一些好老师、好学生，让他更加坚定学校是他愿意去的地方，是值得坚守的地方。后来参与、主持学校的工作，角色的转变也让他一直努力想把学校打造成师生愿意去的地方。这段坎坷的成长经历告诉他，无论面临怎样的挑战与困难，都不能放弃自己的梦想和追求。村小时丁榴华老师播下的种子，在澄西中学四位班主任的悉心呵护下破土发芽，在西石桥中学、江阴高中、南菁高中等校的从教经历中奋发成长，一路上虽然屡遭风雨，仍有直指参天大树的势头。恩师们在他求学的路上给予关爱与启发，坚定了他向着讲台奔跑的决心，而南菁高中的历史传统和文化底蕴，则为他提供了丰富的教育资源与灵感，对教育美学的价值也有了深刻的感悟。在从语文老师、班主任、团委书记、副校长到校长的角色转变中，从底层向上的经历更让他认识到坚守教育初心，稳扎稳打，持续学习、探索与实践的重要性。审美化教学与实践这样创新性的教育理念和实践与他个人的努力与钻研密切相关，但更离不开的是对教育的热爱与执着，只有真正热爱教育、关注学生，才能在教育的路上走得更远、更稳。

教育是具有层次性的。至少可以划分出两个不同的层次来：第一个层次的教育是关于知识、技能、技术、阶级意识等的教育，是浅层次的教育，是训练劳动者（力）和培养人才的教育。第二个层次的教育是深层次的教育，是针对人的心灵深处进行的教育，是关于精神的教育，关于人生的教育，关于灵魂的教育，关于生命的教育，在于培养一种思想、一种精神、一种胸怀、一种人生境界，使人成为一个真正的人，具有健全人格的人，能够透彻领悟人生的真谛与生命的意义，从而能够把个人生命的意义与社会责任感、使命感联系起来，自觉地去奋斗。第一个层次的教育追求的是教育的工具价值，第二个层次的教育追求的是教育的本体价值。杨培明校长所倡导的美学教育思想所表现出来的对"真善美"的追求无疑表明他所带领的南菁中学团队超越了对教育工具价值的追求，是一种追求教育本体价值的教育。

从杨培明校长的成长经历以及他所提出的教育思想所反映出的这种精神境界，除了个体自有的生活环境、成长经历、天赋、个性等因素外，可迁移借鉴的经验，至少有以下三个方面。

第一，持续学习与深度反思。"当你的才华还撑不起你的野心的时候，你就应该静下心来学习；当你的能力还驾驭不了你的目标时，就应该沉下心来历练。"从杨培明校长的成长历程中可以发现，从幼时开始形成的阅读与思考的习惯不仅带给他不断丰富的学识，还带给他作为教师的专业自信，帮助他在教师生涯中突破重重障碍，在不断的自我成长和超越中从发音不标准被人嘲笑的师范生成长为高中语文特级教师，更给了他坚持做正确的事的勇气，在面对当下社会普遍存在的急功近利的浮躁心态时，能够坚定教育美学的理想信念，持之以恒地探索实践。哪怕已经胜任教育教学管理工作并小有成绩，杨培明校长仍始终坚持学习，除了坚持阅读、向大师学习外，他还参加各级各类的培训，向专家、向同行学习，在日常的工作中向师傅、向同事、向学生学习，在与不同人对话的过程中不断反思、自省、重构，从而不断向"理想的我"逼近，成为"最好的自己"。"经验+反思"，是教师专业成长的秘诀。自觉的"反思"与持续的学习是不可分割的，"学然后知不足"，只有建立在"知不足"基础上的"反思"才能真正达到杜威所提倡的"对问题持续、深入、反复的思考"①。身处日新月异的智能时代，校长作为

---

① J. Posner，"Field Experience：Methods of Reflective Teaching"，*Longman*（1989）：22.

学校的引领者，如何适应快速的变化，如何在快速变化中保持清醒，如何积极回应快速变化带来的新挑战，持续学习、深刻反思尤为必要。

第二，胸怀全局与谋好一域。2023年9月9日，习近平总书记致信全国优秀教师代表，希望广大教师"大力弘扬教育家精神"，并深刻阐释了"中国特有的教育家精神"之内涵：心有大我、至诚报国的理想信念，言为士则、行为世范的道德情操，启智润心、因材施教的育人智慧，勤学笃行、求是创新的躬耕态度，乐教爱生、甘于奉献的仁爱之心，胸怀天下、以文化人的弘道追求。这六个维度的阐述无论从精神境界、道德情操还是育人智慧、办学态度，都要求校长要成为拥有大格局、大视野、大智慧的大先生。杨培明校长在二十年前就高扬美育旗帜来回应应试教育对学生精神世界的异化和束缚，从顺应国家和民族长远发展的视角思索教育究竟要培养怎样的人这一根本问题，期待"通过美育来指引学生，使其能够审美地对待自然、社会与自我，避免坠入经济发展与科技进步所带来的社会沉沦与心灵空虚的深渊"。他领导的大美南菁致力于培养的是"有思想会表达，有责任敢担当，有爱心能宽容"的学生。站在今天的视角看杨培明校长二十年前的抉择，我们感受到的不仅是作为名校长"胸怀全局"的境界与格局，还有将宏观要求与微观实践相结合的"谋好一域"的智慧。这也是在名校长成长过程中特别需要关注的能力与素养。

第三，高预见性与强行动力。杨培明校长的教育理想生动、感人、令人振奋，而在笔者看来更难能可贵的是他三十多年的教育生涯始终致力于将理想转化为现实，把他对教育的思考转化为可能的教育实践在学校进行探索的行动力。可以说杨培明校长的教育思想和他在南菁中学的实践是高度统一、密不可分的。今时今日似乎每个人都能对学校教育指点几句，有的批评，有的畅想，这其中不乏许多观点在较为广泛的人群中产生认同和共鸣。然而具有教育家精神的名校长最突出的特点就在于他们不仅不回避对教育的批评与指责，具有反思与超越的精神，还具有"教育的乌托邦精神"，敢于以现实为依据展开合理想象，更重要的是他们不会以"大环境不好""现实很骨感""缺人缺钱缺……"为借口，"知行脱节"或是"知而不行"。王阳明先生认为知行合一，知行应当相互渗透、相互融合、相互作用。"知"并不难，很多人都可以做到，但"行"更加艰难。我们很多校长其实都知道教育和学校应该去追求什么，但是在实践中极易屈从于功利性的现实目标，造成知行脱节、知而不行。来自政府的、社会的、家长的对于升学指标的考量成为我们校长们不得不面对的关键问题。校长其实不单单要回应政府的、社会的、家长的要求，更重要的是要引导上述主体的教育观念。也只有这样，校长才能走出"知而不行"的尴尬境地。正如王阳明认为的那样，"知行合一"就是既然知道这个道理，就要去践行这个道理。如果只是自称为知道，而不去实行，那就不能称之为真正地知道，真正的知识是离不开实践的。也正是因此，中国的一批名牌大学至今把"知行合一"作为校训的一部分。笔者以为这也是从优秀走向卓越，成为具有教育家精神的时代大先生不可或缺的修炼。

B.19
守护深爱："上海教育功臣"
李百艳成长经历及启示

李大印*

摘　要：　培养更多的教育家型校长以及帮助更多校长成长为名校长，回应时代对"大先生"的热切期望，需要在名校长的成长经历中吸取经验智慧。本研究采用个案研究法，通过实施半结构化访谈，深入探讨和分析李百艳校长职业发展历程中的关键经验与成长机制，了解李百艳校长对教育家精神的践行以及对培养教育家型校长的看法。李百艳校长的成长经历以及其对名校长培养的观点，给教育家型校长培养带来的启示是：在成长中热爱教育，从小爱走向大爱；在教育探索中积淀，并久久为功；坚持顿悟式学习，保持终身成长，是普通校长成长为名校长，并最终能够实现发光发彩的必要过程。

关键词：　教育家型校长　名校长　李百艳

　　教育应由谁去立？学校应由谁去办？校长应由谁去当？蔡元培认为理应交由"教育家""大先生"去办①②。"教育家"和"大先生"因其具有独到的教育理念、深厚的学识以及对教育的深刻理解而被视为教育引领者和实践者。在追求高质量发展、建成教育强国、实现中华民族伟大复兴的关键时刻，我们比以往更加需要"大先生"。事实上，培养"大先生"是国家领导

---

　　* 李大印，华东师范大学教育学部博士研究生，主要研究方向为教育政策、教育评价。
　　① 张学敏、胡雪涵：《何以"左右逢源"：教育家型校长办学的双重逻辑》，《教育学报》2023年第5期。
　　② 殷爱苏、周川主编《校长与教育家》，福建教育出版社，2004。

人一直关心的问题。在 2016 年，习近平总书记在全国高校思想政治工作会议上首次提到"大先生"①，2021 年 4 月，习近平总书记在清华大学考察时再次提到"大先生"②，以及在第三十九个教师节，习近平总书记提出教育家精神③，"大先生"逐渐从概念化走向具体化。这一方面体现的是国家领导人对提升我国教师队伍素质的殷切关注，同时也是当前国家对于培养、需要什么样的人来引领教育的直接回应。为落实"大先生"办学的理念，在 2023 年 8 月，怀进鹏部长在《人民日报》发表题为"以教育之强夯实国家富强之基"的文章，明确提出弘扬教育家精神，倡导"为学、为事、为人的'大先生'"办学理念④。校长作为学校的领导者，其教育理念和个人修养直接影响到学校的文化、教育质量以及学生发展，甚至是未来"大先生"的成长。当前，如何践行"大先生"办学的理念、如何培养大先生，以及如何帮助更多校长成长为教育家型校长是亟待回答的问题。

一　案例选择与研究设计

培养更多的"大先生"，回应时代的呼唤，需要在"名师"中寻找经验。中国既有关于教育家精神的文化传统，也有践行教育家精神的榜样人物⑤。培养教育家型校长，满足时代对"大先生"的需求，需要从名校长那里汲取经验，以此获得智慧启迪。为此，本文选择上海市浦东教育发展研究院院长李百艳为人物案例。主要原因有三个方面：一是李百艳具有丰富的教学经验，是上海市浦东教育发展研究院院长、特级校长、特级教师、正高级教师，从事教学工作超过 30 年，曾任上海市建平实验中学校长、党总支书

① 杨明全、岳鑫：《习近平新时代教师队伍建设重要论述的丰富内涵——兼论我国教师培养的时代使命》，《教师教育研究》2023 年第 6 期。
② 《习近平在清华大学考察时强调 坚持中国特色世界一流大学建设目标方向 为服务国家富强民族复兴人民幸福贡献力量》，《思想政治工作研究》2021 年第 5 期。
③ 习近平：《习近平致全国优秀教师代表的信》，《河南教育》（教师教育）2023 年第 9 期。
④ 怀进鹏：《以教育之强夯实国家富强之基》，《人民日报》2023 年 8 月 31 日。
⑤ 杨德广、宋丽丽：《潘懋元先生的教育家精神》，《重庆高教研究》2024 年第 3 期。

记、浦东新区初中教育指导中心主任等职，具备丰富的一线教学和学校管理经验；二是李百艳具有广泛的社会影响力，享受国务院政府特殊津贴，是上海市教育功臣，"上海教育年度新闻人物""上海市先进工作者"，教育部"国培计划"名师领航工程李百艳工作室主持人；三是李百艳具有自己的教学理念和学校管理经验，有自己对于教育的独特见解，她曾经出版《上海名师课堂李百艳卷》《用父母心办教育》《对话与超越》等专著，有作为名校长的育人智慧。

此外，为更好地洞悉李百艳的成长经历，本文选择半结构式访谈展开研究。该方法的优势在于，它允许研究者根据访谈进程的自然发展引导对话，同时保持对讨论主题的控制，从而能够更深入地探讨李百艳的成长历程、对教育家精神的践行，以及对培养教育家型校长的个人看法，以此达到透视李百艳的成长历程，以及在李百艳的成长历程中获取智慧启发的双重目的。此外，本研究遵循预设但开放式的问题设计，引导受访者分享具体的故事和观点，以此进行资料收集。综合来看，半结构式访谈有助于本研究超越李百艳公开发表的作品或档案材料，揭示李百艳作为一名名校长的成长经历，以期望春风化雨，能够对更多的普通教育工作者的成长产生积极影响。

二　成长与经历

李百艳的成长是一个由"懵懂"到"觉知"的过程，始于自己在同侪学习过程中的知识分享。当爱之芽在心田萌生，教师这一神圣的职业使命便在心中根植。此后，一切皆围绕着对教师职业的深爱以及对内心誓言的坚定和守护展开。

（一）热爱和分享：躬耕从教的萌芽产生

李百艳躬耕从教的萌生，实质上是一个由"懵懂"到"觉知"的过程。她在早期学习生涯中，并未意识到自己对教育的深厚情感和与生俱来的教学能力。李百艳从小就对知识分享以及帮助学业困难的同学有着极大的热情。

特别是在同侪学习过程中，李百艳对于知识分享总感觉有着无穷的乐趣。当看见同班同学完成作业有困难，自己在分享好多次都没有达到预期效果的情况下，李百艳索性直接帮助那位学习困难的同学完成作业。尽管这一事件后来遭到老师批评，但并没有妨碍她对教育的热爱和对知识分享的执着，反而帮助了"懵懂"的她懂得了什么是正确的知识分享。

在中学期间，李百艳依旧喜欢同侪学习。不过，她更喜欢的是分享自己的所学，这既是自己享受那一份分享的快乐，但更多的是帮助学习有困难的同学。李百艳分享了自己在中学期间利用假期为同学们组织课程教学的趣事。为了能够与同学分享所学知识，当时的一个中学生在假期里甚至"翻墙入室"到破旧的教室里，仅仅是为同学分享所学知识。李百艳回忆道："当时我们还会偷跑到教室里借黑板讲题，我总是一定要讲到大家都弄懂为止。现在想想，这种对教育的执着和热爱好像是与生俱来的。"如果说"充满朝气，活泼好动，是青少年学生的天性"①，那么李百艳的童年天性里多了一份对于教育的热爱和对知识的分享。时隔多年，李百艳校长谈及此事，仍然流露出无法掩饰的幸福和快乐。这仿佛能让人窥探到当时的幼小心灵对于教师职业的真挚的、由衷的热爱。对于聆听者而言，当年的她，仿佛当时就是教师。这不由得使人想起李百艳校长的那句话，"年少时期是人生的播种期，种下一颗怎样的种子，就会收获怎样的人生"。

随着学习的深入和实践的积累，李百艳开始逐渐认识到自己在教育教学方面的潜能和优势，从而对自己的职业发展有了更为明确的定位。大学期间，李百艳对教育类书籍有着深深的痴迷。李百艳特别喜欢语文，她说过："哪一门学科能有语文那样的灵动蕴藉，哪一片天地能有语文世界那样的斑斓多彩。"此时的她已经深刻意识到，自己深深地爱上了教师这份崇高的职业，对语文学科产生了浓厚的兴趣和热爱，尽管她在其他学科上也取得了优异的成绩，但这份对语文的热爱显得尤为突出。

---

① 丘乐威：《〈国家学生体质健康标准〉测试的影响因素与实施对策》，《高教探索》2013 年第 4 期。

爱是有动力的，爱是会成长的。成为一名教师后，李百艳对于教育的热爱上升到了新的高度，上升到由兴趣到热爱教学、热爱学生的新高度，表现为更加注重付出，以及体现在"寓教于乐"中。李百艳对于教育事业的热爱不仅局限于对知识的传授，更是本着父母心办教育，在教学中把学生当作自己的孩子来教育。李百艳有一句非常爱说的口头禅，谈及学生时极少说学生，更多的是说"这孩子"。心理学有这样一种观点，无意识的语言表达可以为了解个体的真实想法、感受和潜在心理动机提供窗口，因为它反映了个体在没有过滤或编辑下的自然个体的心理状况、冲突或需求。难能可贵的是，这份爱不仅仅是在语言的无意识表达上，在实践中更是为人师，但操的是为人母的心。当她是一位语文老师时，每天早上给孩子教数学课。如果是为了追求更高的教学成绩，李百艳仿佛教错了科目。正是因为在职责岗位上有着深厚的同情心和责任感，学生亲切地称她为"李妈妈"。爱是可以传染的。因为她深爱着教育，她的学生在爱中学习，因此是快乐和幸福的。因为有爱，在李百艳校长的眼中，教师不仅是一份职业，更是一种内在的召唤和对于自我心灵价值的追求与回应。

（二）步入职业：李百艳职业生涯的四个十年

人生可能就是一个"无心插柳"的过程。对李百艳校长来说，曾经的她从未想过能够成为今天的教育名家。但聆听李百艳校长的成长经历，又仿佛是必然的结果。笔者把李百艳校长的成长历程整理为四个十年。从1993年从教开始，李百艳校长的成长经历了十年磨一剑的锻造教学胜任力期，成为中层干部提升个人引领力期、成为上海教育功臣的蝶变期。此外，李百艳校长不仅谈及了她前30年（1993~2023年）的职业历程，同时也分享了自己未来十年的发展规划。

1. 第一个十年（1993~2003年）：十年磨一剑，锻造教学胜任力

职业生涯的第一个十年，是李百艳校长的职业筑基期。这一时期，李百艳校长的成长主要在于修炼职业技能，锻造教学胜任力，萌生自己的教育理念，形成自己的教学风格。李百艳校长特别谈到在1999年的时候，教育部

基础教育司司长李连宁到她的班级里听课的故事。李百艳回忆道，当时自己为学生上作文课，李司长现场命题作文题目，李百艳指导学生一起完成作文。也是在这堂课上，李百艳将自己对于教育的理解、育人方式和教学方法展示了出来。事后李百艳的教学水平和教学方式得到李连宁司长的高度评价。李司长评价李百艳校长讲课能够"左右逢源"，并用一桶水做比喻提到，李百艳校长讲的这节课，在表面上是"一杯水"，实际上是"一桶水"或"一缸水"。李百艳校长拿这个例子来说明，教师不是简单地按照教科书或课本内容进行教学，而是能够根据学生的具体问题和需要灵活调整教学策略。教师教学应当具备的能力可以称之为"左右逢源"的能力，教师需要能够从多方面找到解决问题的方法，尽管教师在课堂上可能只展示出有限的知识（一杯水），但他们实际拥有的知识和理解（一桶水）远超出了这个范围。因此，在职业生涯的首个十年里，李百艳特别注重培养、深化自己的知识储备，同时注重教学的能力创新，这成为李百艳自我成长、自我修炼的重点。

此外，第一个十年也是李百艳校长摸索与学生建立深厚师生关系，以及探索用父母心办教育的十年。一位教师与学生的师生关系可以亲密到何种程度，反映的是一个学生能够在多大程度上走进教师的心里。李百艳校长分享过这样一个例子，"有一次在机场碰到我一个学生，看见她的背影，听到她的声音，我就知道她是我的学生"。这件事也恰恰说明，一位优秀的教师，是时时刻刻、真正把学生放在心底的。

回顾起自己职业生涯的第一个十年，李百艳校长把它称之为十年磨一剑的"教学胜任期"，也正是在这一时期，李百艳校长开始逐渐成长为一名骨干教师，从"他者"的视角来看，在工作的第一个十年，李百艳校长不仅将教育视为一份工作，更是把它当作生命中成长的重要部分。在这十年，李百艳校长探索用父母心办教育，她用为师者的大爱，对每一个学生都给予了深切的关注和爱护。

2. 第二个十年（2003~2013年）：走上管理岗位，修炼中层领导力

职业生涯的第二个十年是李百艳成为中层干部、进入个人发展的关键

期。这一时期不仅是职业晋升或角色的转变，更是一场深刻的苦修之旅，是个人能力的提升、价值观塑造和自我认知养成的关键时期。李百艳校长现在回想起那段难忘的时光，还把它称为人生最难的一段时光。这一段时光是李百艳校长既要教课也要管理，又要读书，还要照顾家庭的交汇期。可以这样认为，这一时期的每一件事情都不容易。

李百艳校长认为最苦最难的是中层干部。中层干部不仅要管理团队，承担着重要的职责，还要在组织内部寻求资源和支持，同时也要面对来自上级的压力和期望。李百艳校长回想起那段时光，不禁感慨道，"中层干部太难了，中层管理不知道咋这么多问题，没有人告诉你当中层干部有多难，中层干部是最苦的，你又不能什么都到领导那里去诉苦，而且领导告诉你的解决方案也不一定奏效"。也是在这一时期，李百艳领悟到自己解决问题的办法：一是在"学"和"做"中知不足；二是在"干"中成长智慧。在谈及学校中层干部如何有智慧生成时，李百艳校长谈到了自己的看法，她认为"在实践场景中有具体的任务和问题之后，然后你悟出来的那个管用的东西叫智慧"。智慧的本质不仅仅源于理论知识的学习，而且是在面对实践场景中具体的任务和问题时，通过亲身体验和深刻反思所获得的有用知识和解决问题的能力。换言之，真正的智慧是在实践中经过挑战、尝试和错误之后，悟出来并应用的有效方法。李百艳把这种经验获得的方式称为"顿悟"式学习。这种通过实际经验获得的智慧，比单纯的理论知识更为深刻和实用。也正是在这段时期的摸索中，李百艳校长开始逐渐形成了自己的管理理念。担任中层干部期间悟出的管理理念，为她后来成长为一名校长积累了宝贵的管理经验。

如果说担任中层干部，磨炼了李百艳校长的管理能力和个人韧性、拓展了人生宽度，那么在困难中坚持不断学习的精神品质则提高了她人生的高度。在职业生涯的第二个十年，已经是教学名师的李百艳仍然在探索学习。这一时期，她不仅读了硕士，而且考取了华东师范大学的博士（2013 年）。在职业生涯的关键节点，成为中层干部并进入个人发展的关键时期，李百艳校长仍然坚持继续深造，这是一种超乎寻常的智慧、毅力和品格。在困境中对知识的渴望、对个人能力提升的不懈追求是李百艳校长能够不断超越自我，最终能够成为名校长的关键。人生只有不设限，学会苦中作乐，方能够不断成长。李百艳校长的人生经历就是如此。

3. 第三个十年（2013~2023年）：走向校长岗位，提升办学思想力

2013年开始，李百艳校长的角色再次发生转变，即从支部书记成长为一所学校的校长。这次的转变不仅是职位的晋升，更是一次深刻的自我变革和成长。在这个过程中，她不仅应对了学校的经营危机，还成功地将自己的专业知识和领导才能融会贯通，融入学校管理，达到学以致用，带领学校办学质量实现飞跃。现在回想起来自己如何能够做到，李百艳校长感谢自己在个人发展期的历练。然而，从支部书记到校长的角色转变，不仅是个人角色的转变，同时也是学校管理能力的转变。也是在这一时期，她不仅认识到了领导力的重要性，更加意识到知识的力量，同时也是她重新认识领导职位的关键时期。她认为领导不仅仅是地位的象征，更是要应对全方位挑战和承担责任。如何快速提升自己以及尽快适应校长岗位，那就要不断地学习。

第三个十年也是李百艳校长开始在华东师范大学读博的时期。李百艳校长还特别提到自己的学习和别人不一样的地方。她说道，因为自己担任着校长的职务，所以她本着"学用结合，用以致学"的原则，将理论与实践相结合，不断地优化和提升自己的思维方式、学校管理水平，并内化和形成自己对于管理的理解。可以这样认为，这一时期是李百艳校长个人在更高层次上的成长，是她探索学校管理经验、形成自我管理理念取得进步的关键阶段。在谈及具体的做法时，李百艳校长认为自己主要通过深入文献研究和对实践案例的总结、摸索以及构建了教育理念、学校管理理念，将其应用到学校管理和教学实践中，并通过取得的效果来不断总结和完善。她的领导力和教育思想得到了广泛的认可和推崇，本人不仅被评为正高级职称，还获得特级校长和教育部名师领航项目等荣誉，同时在2023年荣获上海市"教育功臣"称号，这是对她在教学、办学和教研方面成就的高度认可。因此，李百艳校长将她的第三个十年称为人生的"蝶变期"，认为是她职业生涯中的一个重要转折点。

4. 第四个十年（2023年至未来）：君子豹变，其文蔚也

在谈及未来十年时，李百艳校长表示第四个十年非常关键，并借用了易经中的"君子豹变，其文蔚也"的典故来形容自己在下一阶段的发展。她希望自己能够像豹子换毛一样继续做出改变，实现对自我的超越。为此，李百艳校长谈及了以下几个方面的内容。

首先，李百艳校长表示自己赶上了一个最好的时代。习近平总书记提出的教育家精神是对自己的勉励，表示自己要有更高的站位，要用教育家精神激励自己，以此突破小我成就大我。她表示自己要做的事情主要有以下几个方面：一是坚定理想信念，传承老一辈教育家的家国情怀，为国家培养人才。二是培养自己的道德情操。李百艳校长认为师范就是师者的"可模""可范"，自己要在这个方面严格要求自己和提升自己。三是追求有智慧的育人和培育有智慧的人。在人工智能冲击、社会变革、少子化现象、老龄化社会以及国际竞争、世界越来越不确定的背景下，教育问题变得更加复杂，校长要有智慧，教师要有智慧，学校教育更要有智慧，培养出来的学生才会有真智慧。她认为在这一时期要深入地研究教育规律，保持定力，避免教育的摇摆现象，只有具备了通过教育生成智慧的能力，才能有效解决教育问题，实现教育的长远发展。四是持续躬耕。李百艳校长认为只有坚持不懈、长期投入，才能在教育实践中不断突破自己，在教学实践中取得实际成效。五是保持仁爱之心。李百艳校长认为，仁爱之心是教育的灵魂，是促进学生成长和社会进步的基石。未来十年她将继续秉持以父母心办教育，以小爱成就大爱、成就教育的博爱、理性之爱。六是传道授业，自己将继续倡导超越功利的教育，弘扬中华优秀传统文化精神。其次，她认为教育者应该是文化传播者和育人之道的践行者，承担着移风易俗的责任。最后，李百艳校长提出了自己对于弘道的追求。她强调教育者应追求更高的境界，认为教育不是单向度的教书，而是多角度、全方位的育人。完整的生命是均衡的生命，是不断拓展、不断成长的生命。教师教育生命，唯有实现长度、阔度与高度的均衡发展，才能去唤醒其他生命，去成全其他生命的完整。

（三）躬耕践行：教育家精神的理解与弘扬

教育家精神与教育家相互塑造、相辅相成。缺少了教育家所应该具备的精神气质的人，不能被称为教育家；没有教育家的躬耕践行，更不会有教育家精神的特质外显。李百艳校长认为教育家精神是一个多维度、深层次、时代性强的概念，它既融合了中国传统的教育思想，也吸收了新时代的教育理念，对每一位从事教育工作的人都有着重要的指导意义。李百艳校长从对教育家精神的理解、教育家精神的实践、教育家精神对个人的要求，以及教育家精神的时代价值等方面谈论了自己的观点。

第一，在对教育家精神的理解上。李百艳校长认为，教育家精神深植于中华优秀的师道文化之中，历代教育家如孔子、孟子、朱熹、王阳明等教育思想贯穿着"修身、齐家、治国、平天下"的家国情怀，展现了中华师道文化的深厚根脉。教育家精神是习近平总书记对新时代教师素养的高度概括，强调了理想信念、道德情操、育人智慧、躬耕态度、仁爱之心、弘道追求六个方面，这既是对杰出教师特质的概括，也是所有教师应追求的素质。此外，教育家精神不仅是对过去的传承，还需要与时俱进，符合新时代特征特质。这些特质不仅体现在教育理论上，更重要的是在实践中，通过长期的教育工作形成独特而成熟的教育思想。第二，践行教育家精神方面，李百艳校长提出了知行合一的实践者的观点。她认为，教育家不仅有深厚的教育理念，还要在实际的教育实践中不断探索和实践，真正做到知行合一，真正具有深远影响的教育成果是为社会培养出大量的优秀人才。第三，李百艳校长认为教育家精神是对自我的超越，是超越大我精神。真正的教育家能够超越小我，将个人的命运与国家、民族的未来紧密相连在一起，始终关注教育的大问题和国家发展对于人才的需求，这种大我精神是成为教育家的关键。第四，教育家的精神价值方面，李百艳校长认为，教育家精神是教育强国的基础，是新时代教师专业发展的根本遵循，也是每位教师前行道路上的明灯，指引着他们坚定教育理想，坚守立德树人的育人使命。

（四）春风化雨：教育家视角中的教育家培养

不能把学生培养成"教师"的教师很难成为优秀的教师。优秀的教师是懂得代际传承的教师，教育家型校长应比任何人更加关注教育家型校长的培养。对此，如何把更多的校长培养成教育家，李百艳校长谈了她自己的看法。她的核心观点是，"我们要培养教育家型的校长，就要用教育家的标准要求自己，更要忘了自己要成为一个教育家"。

李百艳校长认为，真正的教育家不应过分追求称号，教育家真正的成就也不应该是外在称号，而是内在的教育理念和实践的成果。过分追求称号反而可能失去成为真正教育家的机会。李百艳校长还特别谈到了张桂梅等人。她认为每一位教育工作者都有其自身的工作环境和工作条件，教育的方式和内容都有所不同，但都是为了学生的福祉和发展。教育家的成就不在于个人荣誉的大小，而在于他们对社会和学生的贡献方面。此外，李百艳校长还谈到追求真实的自我与个人荣誉的关系。她认为一个人的价值不应仅仅由外在的标签和荣誉来定义，而是自我价值所决定的。一个人脱离了所有外在标签后的自我，才是最真实的。在谈到居里夫人的例子时，李百艳校长认为，即使是世界级的荣誉也应当保持平常心，不应过度陶醉于荣誉之中。

那么什么是教育工作者的真正成就？李百艳校长认为，教育工作者的成就不仅体现在个人职称或者荣誉上，更重要的是通过学生的成就来体现。无论是哪种背景或条件下的教育工作者，他们的伟大之处在于他们对教育事业的贡献和坚持，而不是个人名声或者地位。此外，李百艳校长还谈到个人、时代和机遇之间的关系，讨论了时代对个人成就的影响，强调了即使在不同的时代和地域条件下，教育家精神的价值、教育家的伟大也在于对教育的持续贡献和对真理的追求，而不是时代给予的机遇和标签。

三　启示

教育家型校长有许多优秀且宝贵的品质，但李百艳校长给人的感觉却有些许特殊。如果热爱教育是普通校长成长为名校长的动力基础，那么李百艳的热爱则是内化于人生成长之中，从小爱走向大爱；如果久久为功是普通校长成长为名校长的路径机制，那么李百艳则多了一份自我构建。如果终身学习是人生发光发彩的必要过程，那么李百艳的学习成长则是兼具了学而知不足的"顿悟"。

（一）在成长中热爱，从小爱走向大爱

热爱教育是教育家型校长成长的起点，也是普通校长成长为名校长的动力基础。教育家的爱是会成长的，是从"小爱"成就"大爱"，从"小我"成就"大我"，是从个人兴趣向家国情怀的方向不断成长。李百艳对于事业的热爱包含三重境界：一是"独上高楼"的那种自我热爱。李百艳校长在青少年时期，心中就已萌发知识分享的种芽，立志要成为一名光荣教师，喜欢知识分享那一刻的愉悦。二是三尺讲台的"衣带渐宽终不悔"，热爱教学，热爱学生。在从教时，李百艳提出了用"父母心"办教育的理念，她说"教育必须有爱，没有爱的教育就像没有水的池塘，不能被称为教育"。三是在"灯火阑珊处"，热爱教育事业。如李百艳校长提出未来十年的规划，要"君子豹变，其文蔚也"。笔者觉得，这不仅是李百艳校长对自己的期待，更是对国家教育事业的热爱和期待，希望能够为所热爱的教育事业继续奉献自己的一份力量。由此可见，教育家的爱不仅局限于对自我兴趣的热爱、对学生的关爱，还包括对教育事业的热情以及对国家教育事业的使命责任。随着对教育事业的认知和理解的不断深化，他们的爱和责任感也会不断扩展。

教育家型校长的成长与个人使命责任相互成就。正如李百艳校长对"成为我所是"的感悟，"正是经由生命中的每一个重要的'你'，才有了今天这个独一无二的'我'，才使得我能够有信心'与你远去'，去完成生命被赋予的重要使命——成为我所是"①。在实现中华民族伟大复兴的关键时

---

① 李百艳：《成为我所是》，《语文学习》2019 年第 5 期。

刻，响应时代对于教育家型校长的呼唤，帮助更多的校长成长为教育家型校长，首先应当呼唤校长心中对教育事业的热爱。唯有热爱才会有责任担当，有真爱的校长才会办一所有温度、有高度的学校。其次是培育他们无私的真爱。李百艳校长认为，"对待自己热爱的教育事业，要始终坚持有心栽花，花不开也要栽；对待外在的名利和荣誉，要一贯保有无心插柳，柳成荫也无心的态度"。唯有真爱，才能唤起一位校长对于学校知识传递的使命责任的担当，激起校长培育生命的热忱，为校长坚持不懈地投身教育事业以及引领学校发展提供不竭的动力；唯有真爱，校长才敢于改革、善于改革，才能够在生活中处处留心以及发现教育规律，进而实现探索创新。最后是爱的成长，培养他们从小爱走向大爱，从对育人的热爱走向对教育事业的热爱。当"爱"具备了成长的特性，爱才会是一个独立的鲜活的生命；当"爱"具备了成长，才会稳定持久，并促使个体实现自我完善和影响他人。

（二）在育人探索中积淀，并久久为功

教育家之所以成为教育家，是因为他们能够在教育实践中久久为功，通过不断总结教育规律，感悟生命，感悟教育，感悟育人，从而总结出自己的教育经验，并通过自觉、自发和自为，构建出自己理解教育的观点，以及对于"育生命自觉"的理解。

李百艳校长是具有影响力的教育名家，其建构的教育双重对话理念对教育界有重大的影响。一是对话教育。李百艳校长说过，对话的本质是语言，教育的关键在对话。李百艳的对话教育理念倡导以对话代替独白和训话，引导学生与自然、社会、自我展开真实对话，在"基于平等，经由沟通，达于理解，形成共识"的对话中遇见更好的"我"和"你"。二是对话生命。哲学家海德格尔说："对话，和由对话所导致的联系支撑着我们的存在。"① 人的存在本身就是一部永恒展开的对话，对话的质量关乎生命的质量。李百

① 〔德〕马丁·海德格尔：《存在与时间》，陈嘉映、王庆节译，生活·读书·新知三联书店，2006。

艳认为教育语境中的对话，"从本质上而言，教育就是一个引导学生通过与自然对话、与他人对话、与自我对话，帮助学生不断健全人格、不断重新建构对世界的认知和成长的过程"。① 归根结底是在与生命对话。如何才能够实现从对话教育到对话生命，李百艳校长提出用"父母心"办教育，在教育公平之外，融入"温度"。可见，李百艳校长在对话的教育理念中，将教育视为与生命的深度、高度对话，致力于帮助学生健全人格，实现生命价值的最大化，体现了她对教育的深刻理解和洞见。

拥有自己的教育理念是大多数教育工作者的理想，中华民族伟大复兴需要构建更多、更加绚丽多彩的育人理念。然而，这又是何其困难的一件事情，需有滴水穿石的毅力，久久为功的品质。不经历"苦寒"，又怎能焕发"梅香"。尼采曾说："杀不死你的会让你更加强大。"② 李百艳校长在人生成长的发展期和蝶变期也遇到许多挑战，正是这些困难和挑战，让她对于"教育"有了更为深刻的认识，是她建构对话教育理念的基础，而后才是自我建构并凝练形成具有影响力的教育理念。由此可见，在成长中感悟教育，理解教育，并久久为功，是凝练教育理念所必不可少的过程。实现这一过程，需要校长具备久久为功、锲而不舍的精神品格，在不平凡的岗位上不断地实践、积累、成长，不断提升和超越自己，最终才能成长为有思想的教育家型校长。

（三）坚持顿悟式学习，并保持终身成长

校长的精神只有成长到一定的高度，他才能成为教育家，我们只有不断提升精神与灵魂的高度，才不会被繁重的事务所捆绑，才不会被物质主义的洪流冲击，才不会被世俗主义的漩涡裹挟。只有自己过上了有天空的生活，才能为学生撑起一片自由翱翔的天空③。

总结李百艳校长的成长历程可以发现，终身学习、终身成长是一位普通校长成长为教育家型校长最好的修炼方式。其中，终身成长有很多种学习方

---

① 李百艳，2024 年 3 月 20 日访谈。
② 沈红：《沧海横流，方显出英雄本色》，《电影文学》2013 年第 2 期。
③ 于漪：《用精神的成长创造使命的精彩》，《人民教育》2014 年第 21 期。

式，李百艳校长的成长方式就是坚持顿悟式学习，在"顿悟"中学习和成长。李百艳校长经常提及"学而知不足"，要在"知不足"中不断学习，认为学习是一个不断发现自我欠缺的过程。从双因素理论视角理解，个人动机与内在因素和外在因素有着密切联系。李百艳校长能够在"顿悟"式学习中保持终身成长，一方面与其"知不足"的好学品格有关，另一方面与其工作中面临的挑战有着密切的联系。令人印象深刻，在2019年就已经是特级教师、正高级职称、知名校长的李百艳，从华东师范大学拿到了博士学位。当被问及为何要学习时，李百艳校长说，"不论是职称也好，荣誉称号也好，还是我的博士身份，它们都是外在的一些机会、一些称号。但对于一名教育工作者来说，最重要的是一旦停止了学习，你就不能指望再教学生什么新东西了"。对于个人修炼而言，"顿悟"式学习帮助她抵制社会同化的压力。特别是对于处于高位的教育家，学习帮助她不沉迷于庸俗的社交活动，保持学习和教学的纯粹性，以及保持其教育使命的专注性。李百艳校长认为，职称、荣誉称号或学位等只是对教育工作者努力的一种认可和尊重，属于外在标识。只有不断学习和成长，才能实现以生命影响生命，践行教育工作者的使命。

从普通校长成长为教育家型校长，是一个不断学习和成长的过程。身处在不断变化的社会之中，终身学习不仅是知识更新和技能提升的必要途径，更是个体适应快速变化社会、实现自我持续成长的关键。在教育家成长的过程中，终身学习是连接理想与现实、知识与实践的桥梁。对于普通校长来说，终身学习不仅让他们能够持续更新教育理念、及时掌握政策动态和科学技术的最新进展，还使他们能够更深入地领悟和反思教育的本质，进而有效提升自身的领导力、创新能力和社会影响力。这种持续不断的学习与成长过程，对于普通校长在思想深度、情感体验以及价值观念上的塑造至关重要，不仅帮助教育者更好地理解和应对教育实践中的复杂问题，更是他们实现自我蜕变、成长为教育家的关键。

Abstract

Annual Report on Chinese Primary and Secondary School Principals' development (2023-2024) is an annual research report published as part of the Blue Book of Education. Principals constitute a critical group in building a leading country in education, and the process of building such a country is inevitably a process in which a large number of educationalist-oriented principals emerge and lead the high-quality development of education. This report takes primary and secondary school principals as its research subject, and focuses on the professional development of educationalist-oriented principals. By examining the principal workforce and their management of schools, the report addresses critical issues in the reform and development of basic education. It provides significant insights and value in discovering and nurturing educationalist-oriented principals and improving the quality of basic education.

The report is structured into five main sections: the General Report, Special Topics, Development, Survey, and Case Study. It presents a multi-dimensional profile of Chinese primary and secondary school principals through data analysis. Based on theoretical research and empirical investigation, the report establishes a framework of core professional competencies and a professional development support system for principals. It reflects on the experiences and management practices of ordinary principals while exploring the development paths and cultivation methods of educationalist-oriented principals. The report focuses on how to promote principals to grow towards educationalist-oriented principals, emphasizing three core professional competencies: school management decision, school curriculum development and teaching reform, and development driven by research initiatives. The professional development support system for principals is

summarized into three aspects: social capital, training and institutional environment. The key findings are as follows: in terms of core professional competencies, while most principals have demonstrated strong abilities in school management decision, they still face challenges in fund allocation and resource integration. While principals actively lead curriculum and teaching reforms, problems such as urban-rural imbalance and insufficient reform momentum cannot be ignored. Imperfect research evaluation systems and insufficient professional strength have become the main factors restricting research in primary and secondary schools. In terms of the development support system, the accumulation of social capital among principals is influenced by factors such as policy support, regional development, and home-school cooperation. While training for principals at various levels has been increasingly intensified, and the training system is tending to be perfected, problems such as repetitive content and insufficient high-quality resources still need to be solved. There is still much room for improvement in the implementation of systems, like the principals ranking system and the teacher rotation system.

In the case section, through text analysis, field research, in-depth interviews or oral histories, and observation, the report conducts case studies on the school management and growth trajectories of six distinguished principals or educators, including Yu Yi, a "People's Educator," and Zhang Renli, a "National Model Teacher." These case studies reveal key experiences and insights into the development of educationalist-oriented principals, providing professional basis and research support for cultivating more educationalist-oriented principals, promoting the spirit of educators and implementing education by educators, and realizing the goal of building a leading country in education by 2035 through leveraging the pivotal role of principals.

Keywords: Principals of Primary and Secondary Schools; Principal Professional Development; Annual Report on Principals; Educationalist-oriented Principal

Contents

I General report

Abstract: This report utilizes data portraiture to delineate specific characteristics of China's principal cohort and employs analytical techniques to uncover the multifaceted attributes of the principalship. Grounded in theoretical frameworks and empirical research, it establishes the foundational competencies and support system dimensions essential for the professional development of principals in primary and secondary schools. The study examines core competencies, including decision-making management, curriculum leadership, and research-driven development, as well as support mechanisms such as social capital, institutional environments, and professional training. It assesses the current status of principal professional competencies and support systems, identifying key issues. The report also analyzes the growth trajectories and instructive experiences of eminent educators like Yu Yi, known as a "People's Educator," to extract insights into principal development. Findings indicate that while there is a positive overall trend in the professional development and support systems for Chinese principals, inter-

dimensional coordination is lacking, and challenges include inadequate policy support, uneven funding distribution, imbalanced development of key elements, a rigid evaluation system, weak professional capabilities, and scarcity of high-quality resources. Case studies highlight the significant implications of diverse development paths for outstanding principals in shaping professional development. Recommendations are proposed to foster and guide the professional development of educationalist-oriented principals by enhancing decision-making in school management, spearheading curriculum and teaching reforms, encouraging research to lead school development, expanding principals' social capital, and refining principal training programs.

Keywords: Principals of Primary and Secondary Schools; Educationalist-oriented Principal; Spirit of Educators; Principal Professional Development; Support Systems for Principals

II Special Topics

B.2 Nurturing the High-Quality Development of Basic Education with the Distinctive Spirit of Educators

Zhi Tingjin, Wu Jing, Jiang Beijia and Xie Haolun / 033

Abstract: The spirit of educators represents a valuable legacy accrued by distinguished educators through extensive engagement in educational practices. The essence of Chinese civilization serves as the distinct foundation for the spirit of educators, embedding the traditional cultural expectations for educational excellence in China. This foundation endows the spirit of educators with a value system, pedagogical capabilities, and ethical underpinnings. Academically, research has concentrated on dimensions such as patriotism, innovation, scientific rigor, and educational cultivation. In practice, experiences have predominantly revolved around the development of exemplary educationalist-oriented teachers and principals, emphasizing case illustrations and reflective summaries. Policy-wise, the core philosophy has been anchored in the construction of teacher ethics and professional demeanor, accentuating the importance of high standards and positive leadership. In the contemporary phase of advancing a leading country in education, upholding the spirit of educators is vital for delivering education that meets the people's aspirations, an essential component of the talent-strong strategy, and a significant catalyst for the rapid development of a technologically advanced nation. Embracing and enacting the spirit of educators necessitates value-oriented guidance to foster a collective dedication to the educational endeavor among teachers; capacity building to nurture an era's spirit that integrates scientific and humanistic values; systemic support to establish an orderly framework conducive to the development of educators; and a synergistic mechanism that merges self-motivation with external impetus.

Keywords: A Leading Country in Education; Traditional Culture; Spirit of Educators

Ⅲ Development Section

B.3 Report on the Development of Primary and Secondary School Principals in Urban and Rural Areas

Abstract: The disparity in education between urban and rural areas impedes the development of a leading country in education. Principals, acting as executors of educational policies and leaders in the high-quality development of schools, play an indispensable role in elevating the standards of educational and instructional quality. This report conducts a comprehensive analysis of the structure, governance capabilities, professional development, and research interests of principals in urban and rural areas, uncovering the developmental disparities within the principal workforce across these regions. The research reveals several key issues: urban principals require enhancement in their ability to optimize the allocation of

educational resources; the diversity of urban students presents principals with complex teaching and management challenges; educational reforms and curriculum innovation pose difficulties for urban principals in effecting school change; county and rural principals grapple with a scarcity of high-quality educational resources; and both county and rural principals face significant challenges in improving school educational quality and accessing advanced educational concepts and technologies. Recommendations focus on optimizing the structure of the urban and rural principal workforce, further strengthening the construction of school party organizations, bolstering the school governance capabilities of rural principals, and cultivating scientific research and management abilities differentially for urban and rural principals. These measures aim to mitigate urban-rural educational disparities, foster high-quality development in basic education, and effectively promote the establishment of a strong basic education nation.

Keywords: Principals; Urban-rural Disparities; Principal Professional Competencies; Principal Professional Development

B . 4　Report on the Development of Principal Team Building in Private Primary and Secondary Schools

Wu Jing / 083

Abstract: Since the 18th National Congress of the Communist Party, private education in China has transitioned through stages of recovery, rapid development, legal regulation, and is now focusing on quality enhancement and innovation, exhibiting a trend towards diversified and high-quality development. The role of principals in the advancement of private education has become increasingly significant. The educational demands of the new era introduce numerous novel tasks and challenges for the professional development of principals in private primary and secondary schools. To sustain the momentum of professional development among these principals, it is imperative that policies provide ample attention and support. Concurrently, principals must ensure the educational quality of their institutions while continually seeking educational innovations to meet the swiftly evolving societal demands. This approach will enable private primary and secondary schools to offer a broader and more personalized range of educational services, thereby fostering the holistic development of China's educational endeavors.

Keywords: Private Primary and Secondary Schools; Principals; Private Education

B.5　The Institutional Context and Development Path of

Principal Professionalization in China

Chen Youran, Yang Quanyin / 105

Abstract: This report provides a comprehensive review of the key policies and events shaping the development of principal teams in the 21st century. It centers on the establishment of principal selection and recruitment mechanisms, principal ranking systems, professional standards for principals, the implementation of the National Principal Training Program, initiatives for principal exchange and rotation, the principal responsibility system under the leadership of party organizations in primary and secondary schools, the creation of platforms for principal exchange, and the launch of programs aimed at nurturing educationalist-oriented principals. The report delineates the institutional trajectory in a detailed manner.

Keywords: Principal Team Building; Professional Development of Principals; National Principal Training Program

B.6　Research Progress and Prospects of Principals' Professional

Development Since the 21st Century

Xie Haolun , Deng Rui / 122

Abstract: This report, employing bibliometric methods, reviews and evaluates the relevant literature on the development of school principal teams since 2000. It finds that the field of primary and secondary school principals in China has received extensive attention. Under the core topic of the professional development of school principals, scholars have conducted in-depth explorations into issues such as principal leadership, competencies, and educationalist-oriented principals. In the future, there is a need to place greater emphasis on integrating empirical research with international perspectives, driving research on the professional development of school principals towards deeper levels and broader fields.

Keywords: Primary and Secondary School Principals; Professionalization of School Principals; Educationalist-oriented Principal

Ⅳ　Survey Section

B.7　Report on Educationalist‑Oriented Principals' School

Management Decisions　　　　　*Li Dayin , Wei Baoning* / 133

Abstract: This report summarizes the decision-making characteristics of educationalist-oriented principals through a literature review and reveals the current decision-making status of primary and secondary school principals in school management through empirical research. The study finds that as they age, primary and secondary school principals exhibit greater confidence and a sense of approval in school management decision-making. Principals with higher educational attainment and those with a background in teacher education demonstrate higher levels of confidence and approval in their decision-making related to school management. Correlation test results indicate a significant positive correlation between the school's operational level and the principal's decision-making ability. To enhance the decision-making ability of primary and secondary school principals, this report recommends focusing on cultivating the principals' development mindset, particularly emphasizing the development of their learning ability in practice; optimizing principal training mechanisms and modes to enhance principals' decision-making abilities through professional and targeted training; and creating an environment by implementing a job rotation system to provide platforms for principals to exchange and share experiences, as well as introducing digital technology to support the improvement of principals' management decision-making abilities.

Keywords: School Management Decision-making; Principal Decision-making; Educationalist-oriented Principal Decision-making

B.8 Report on Educationalist-Oriented Principals

Leading School Curriculum and Teaching Reform

Chen Youran, Xie Haolun and Shen Yushun / 167

Abstract: The core of school reform led by educationalist-oriented principals lies in leading curriculum and teaching reform, which essentially involves principals exercising their professional influence and leadership in curriculum and instruction. This aims to enhance both teachers' teaching effectiveness and students' learning outcomes. The focus is on three aspects: curriculum development, establishment of educational reform mechanisms, and creation of a teaching and research system. Based on empirical investigations, this report indicates that most principals emphasize leading the development of school curricula and the teaching and research system, but have not yet fully established institutional mechanisms for educational reform. Disparity and correlation analyses reveal that principals in urban schools, those with higher school levels, relatively longer teaching experience, and higher professional titles have more advantages in various aspects of curriculum development and teaching reform. The main bottleneck in principals' leadership of

school curriculum and teaching reform lies in a lack of a sense of mission for reform. Recommendations include: centering on the core of teaching and learning, balancing national curriculum implementation with the development of school-based curricula; strengthening the multidimensional, sustained, and collective nature of curriculum and instruction leadership, and focusing on enhancing principals' leadership; cultivating principals' curriculum and instruction leadership through reflective practice; exploring specialized paths for principal training based on the local educational ecology; and jointly driving the enhancement of principals' curriculum and teaching reform abilities through training and incentives.

Keywords: Principal Curriculum and Instruction Leadership; Curriculum Development; Educational Reform Mechanism; Teaching and Research System

B.9 Report on Educationalist-Oriented Principals

Leading School Development through

Scientific Research Leadership　　　*Liu Wenping, Qi Yeguo* / 205

Abstract: Scientific research leadership in school development serves as a pivotal pathway to enhancing educational quality and cultivating innovative talents. Through empirical investigations and in-depth research, this report analyzes the current status, major dilemmas, and challenges faced by scientific research of education in primary and secondary schools. The study reveals that, despite some achievements in school-based scientific research, issues such as inadequate innovation, weak team building, lack of professional guidance, insufficient motivational mechanisms, heavy teaching loads, weak theoretical knowledge, and limited financial support persist. This report proposes establishing a school culture where research empowers teaching, formulating research development plans, strengthening research team construction, promoting the transformation and application of research outcomes, optimizing research evaluation and incentive mechanisms, and enhancing the principal's role in scientific research leadership. These measures aim to assist educationalist-oriented principals in better leading school development through scientific research, thereby elevating the overall educational level and quality of schools.

Keywords: Strengthen the School Through Scientific Research; Scientific Research in the Primary and Secondary Schools; Educationalist-oriented Principal; Principal's Scientific Research Leadership

B.10 Report on the Social Capital of Educationalist–Oriented Principals

Wang Yanan, Wang Jian / 231

Abstract: This report focuses on the investigation of principals' social capital. Empirical findings reveal that, while principals exhibit high levels of interaction skills within school management and teaching activities, thereby enhancing school administrative efficiency and teaching quality, they appear relatively passive and lacking in initiative when engaging with the external world. Notably, significant deficiencies exist in their interactions and collaborations with higher educational administrative departments, research institutions, community organizations, and other educational entities. Differences are also observed in the construction of social capital among principals with varying backgrounds; for instance, younger principals are more active in seeking external support, whereas female principals emphasize internal communication. Further analysis indicates that insufficient policy support, disparities in regional development levels, challenges in home-school cooperation and social divides, as well as limitations in principals' personal cognition and abilities, constrain the enhancement of their social capital. To elevate principals' social capital, this report draws upon the successful experiences of educationalist-oriented principals and proposes the establishment of a supportive environment and mechanisms from multiple dimensions.

477

教育蓝皮书

Keywords: Educationalist-oriented Principal; Social Capital; Public Relations; School Management

B.11 Report on the Support System for the Training of Educationalist–Oriented Principals

Wang Yishan, Wang Jian / 261

Abstract: The enhancement of professional competencies and school governance abilities among primary and secondary school principals in China has benefited from the effective guidance of training policies, the continuous improvement of support systems, and the accumulation and application of practical experiences. Through empirical research, this report unveils the demands of the principal community for improving school administration levels, refining educational philosophies, and enhancing teaching leadership, with a high expectation for personalized and customized training patterns. However, current principal training efforts face challenges such as deviations in policy implementation, overlapping and repetitive content, insufficient supply of high-quality resources, and inadequate translation of practical outcomes. To elevate the quality and effectiveness of principal training, this report recommends: reinforcing a 'principal-centered' training consciousness, providing multi-layered, personalized, and customized training content; leading with the spirit of educators, emphasizing the distillation of principal ideas; highlighting the self-agency of principal development, enriching the supply of high-quality training resources; innovating empowering evaluation models to promote the practical transformation of training outcomes; and deeply studying the development patterns of educationalist-oriented principals, establishing typical exemplars of such principals. Through continuous theoretical research and practical exploration, a more comprehensive and efficient training system should be constructed to serve the development of educationalist-oriented principals.

Keywords: Educators; Educationalist-oriented Principal; Principal Training; Principal Professional Development

B. 12   Report on the Construction of Institutional

Environment for the Development of

Educationalist−Oriented Principals   *Shang Weiwei* / 291

Abstract: Since 2010, the nation has introduced a series of major institutional reforms and policy documents, including the principals rank system, teacher rotation, principal training, and the headmaster accountability system under the leadership of the Party organizations, to facilitate the realization of school administration by educators. These initiatives, progressing from pilot projects to comprehensive promotion, have achieved certain results and provided a favorable institutional ecology for the cultivation and development of educationalist-oriented principals. The empirical survey results of this study indicate widespread agreement among most principals regarding their perception of the institutional environment, with the highest level of agreement observed for principal training policies. Correlation analysis reveals that the principals rank system management, teacher rotation, various training programs, and the headmaster accountability system under the leadership of the Party organizations all exhibit significant positive correlations with the management decisions of primary and secondary school principals. However, several issues persist, including the need to refine the implementation details and evaluation orientation of the principals rank system reform, urgent concerns regarding policy implementation deviations in teacher rotation, and the necessity to clarify the responsibility lists within the headmaster accountability system under the leadership of the Party organizations. Recommendations include further improving the top-level design, enhancing operational mechanisms, strengthening publicity and guidance to elevate policy acceptance, deepening Streamlining Administration and Decentralization to fully

guarantee autonomy in running schools, and refining evaluation and incentive systems to stimulate principals' innovation vitality through multiple measures.

Keywords: Educationalist-oriented Principal; Headmaster Accountability System; Teacher Rotation

B.13 Annual Report on National Training for
Middle School Principals *Tian Aili* / 317

Abstract: In order to strengthen the principal/secretary training system, promote precision in their cultivation and training, and foster a high-quality team of school principals, the National Training Center for Secondary School Principals, Ministry of Education, conducted a survey titled "Current Status of Middle School Principal Training" on behalf of the National training program office of the Department of Teachers, Ministry of Education of the People's Republic of China. The survey targeted participants who had attended "National Training Programs" at the National Training Center for Secondary School Principals over the past five years. The research indicates that the current training for middle school principals has achieved positive results, with participating principals demonstrating expansion and enhancement in their conceptual understanding, ideological sentiments, and reform and innovation capabilities. However, in the face of new demands and requirements of the digital-intelligence era, existing training patterns and faculty for principal training are confronted with severe challenges. There is a need for further improvement in the pertinence, systematicness, and personalization of training. Only by aligning with the trends of educational reform and development, the requirements of principal training, and the needs of principal development, actively transforming training patterns, and enhancing the adaptability of faculty, curriculum design, and training environments, can training institutions further elevate the quality of training.

Keywords: Principal Training; Training Pattern; Training Content; Training Quality

V   Case Study Section

Abstract: "Fostering the soul of Chinese teachers and contributing to the cause of national education" has been the unwavering pursuit of People's Educator Yu Yi. In studying the development patterns of educators in China, Yu Yi stands as one of the most representative figures. This article uses the timeline of Yu Yi's school management as the longitudinal axis and the key propositions of educational administration as the latitudinal axis, weaving them together to carefully select ten historical moments in her career for a "microscopic" analysis. These vignettes vividly showcase her "strategic awareness" and "tactical capabilities" in school management and governance. The broad "vision" and "insight" demonstrated by Yu Yi stem from her grand sense of responsibility in undertaking the national mission of rejuvenation, her expansive thinking that transcends the confines of individual subjects, and the high intellectual starting point attained through relentless learning. This provides profound insights into the development patterns of primary and secondary school principals in the context of building a strong educational nation.

Keywords: Morality and Cultivating People; Yu Yi; Development of Primary and Secondary School Principals

B . 15   The 50-Year Educational Journey and Insights of a

75-Year-Old "National Model Teacher":

A Tribute to Principal Zhang Renli

Chen Youran, *Zhi Tingjin* / 368

Abstract: Cultivating a group of educators and advocating for educationalist-oriented principals are expectations for the development of high-quality education in the current era, particularly in the construction of the teaching and school leadership workforce. To explore the development patterns and training paths of educationalist-oriented principals, this paper conducts a case study of Principal Zhang Renli from the Affiliated School of Jing'an District Education College in Shanghai. Through text analysis, interviews, and observation, it portrays the 50-year educational career of a 75-year-old "National Model Teacher" and interprets the educational philosophy and wisdom of an outstanding principal, including views on education, students, teachers, teaching, research, and the profession. Principal Zhang Renli's educational experience and philosophy provide the following insights into the development and training of educationalist-oriented principals: The development and training of educationalist-oriented principals stem from the continuous pursuit of educational ideals and principles. At its core, it is a process of unifying innovative school practices with the construction of educational thought, with the cultivation of curriculum leadership being key.

Keywords: Educationalist-oriented Principal; Principal Development; Zhang Renli

B . 16   Understanding the Essence of Education Through the

Fragrance of Books: The Development Journey of

"National People's Congress Deputy"

Principal Shao Zhihao

Liu Xinyuan / 389

Abstract: Extracting replicable experiences from the development of renowned educationalist-oriented principals can offer valuable insights and spiritual guidance for fostering the development of outstanding school leaders. This paper employs a comprehensive approach, utilizing literature review, field research, and interviews to explore Principal Shao Zhihao's professional growth trajectory, with a particular focus on his reading and learning journey. The study reveals how the interaction between the "book of texts" and the "book of life" complemented each other, creating mutual collisions, internalization, and elevation, which together facilitated Principal Shao's transformation into an educationalist-oriented principal. The key takeaways are: continuous reading and lifelong learning serve as the spiritual guidance for the professional development of educationalist-oriented principals; self-reflection and planning are crucial paths for their professional development; and maintaining authenticity and self-discipline provides inexhaustible motivation for their professional advancement.

Keywords: Reading; Learning; Educationalist-oriented Principal; Shao Zhihao

B. 17 Toward Educational Awareness: The Development
Path of Advocate of "Success Education"
Principal Liu Jinghai   *Ma Xiaoli, Wang Hongxia* / 407

Abstract: This study selects Liu Jinghai, the first recipient of the "Distinguished Educator" title in Shanghai and the former principal of Zhabei No. 8 Middle School, as a case for research. Grounded in the theories of educational awareness and life course theory, the study explores the growth trajectory, influencing factors, and practical wisdom of an educationalist-oriented principal achieving educational awareness. The research findings reveal that achieving educational awareness is the essential development nature of an educationalist-oriented principal. The process of an educationalist-oriented principal attaining educational awareness undergoes a dynamic evolution from spontaneity to awareness,

and eventually to freedom. The life journey of an educationalist-oriented principal reaching educational awareness is shaped by the interplay of environmental influences, educational guidance, and individual awakening. The practical wisdom of an educationalist-oriented principal in achieving educational awareness can be discussed in three aspects: the pursuit of educational goals that highlight value orientation; the realization of virtues aimed at personal perfection, and the practical wisdom guiding the improvement of actions. Recommendations for cultivating educationalist-oriented principals focus on three areas: first, activating the individual consciousness of educationalist-oriented principals to strengthen their educational identity; second, constructing a training system for educationalist-oriented principals to guide self-improvement; and third, optimizing the development environment of educationalist-oriented principals to encourage bold practice.

Keywords: Educational Awareness; Educationalist-oriented Principal; Liu Jinghai

B . 18 Great Aesthetic Education Fosters Great Vision:

Insights from the Development of Principal Yang

Peiming, a "Jiangsu Province People's

Educator" Candidate   *Deng Rui* / 431

Abstract: This study adopts a case study approach, utilizing literature review, policy analysis, and in-depth interviews to explore the professional growth trajectory and educational philosophy of Principal Yang Peiming. It conducts a comprehensive analysis of the value and logic behind his advocated concept of "comprehensive aesthetic education," offering a deep understanding of aesthetic education. The study traces Principal Yang's development journey, emphasizing the central role of continuous learning and deep reflection in his personal development. This reflects his profound insight into educational aesthetics and his relentless pursuit of education. Insights derived from Principal Yang's experience include leadership strategies that combine a holistic vision with domain-specific focus, as well as forward-thinking and strong execution abilities. These hold significant theoretical and practical implications for the cultivation of distinguished principals in the new era, while also offering valuable lessons for the professional development of the principal community.

Keywords: Cultivation of Educationalist-oriented Principals; Principal Professional Development; Comprehensive Aesthetic Education

B.19 Guarding with Deep Love: The Development and Insights from Li Baiyan, "Shanghai Education Merit Recipient" *Li Dayin* / 452

Abstract: To cultivate more educationalist-oriented principals and assist more principals in growing into renowned leaders, responding to the societal expectations for respected educators, it is essential to draw wisdom from the experiences of outstanding principals. This study adopts a case study method, employing semi-structured interviews to deeply explore and analyze the key experiences and development mechanisms in Principal Li Baiyan's career development. It also examines Principal Li's practice of the educator spirit and her perspectives on cultivating educationalist-oriented principal s. The development experience of Principal Li Baiyan and her insights into the cultivation of renowned principals provide valuable lessons for developing educationalist-oriented principals: fostering a deep passion for education that evolves from personal dedication to a broader mission; accumulating experience in educational exploration through perseverance; and committing to reflective learning and lifelong development. These processes are essential for ordinary principals to develop into renowned leaders who ultimately shine in their roles.

Keywords: Educationalist-oriented Principal; Renowned Principal; Li Baiyan

社会科学文献出版社

皮 书

智库成果出版与传播平台

❋ 皮书定义 ❋

皮书是对中国与世界发展状况和热点问题进行年度监测，以专业的角度、专家的视野和实证研究方法，针对某一领域或区域现状与发展态势展开分析和预测，具备前沿性、原创性、实证性、连续性、时效性等特点的公开出版物，由一系列权威研究报告组成。

❋ 皮书作者 ❋

皮书系列报告作者以国内外一流研究机构、知名高校等重点智库的研究人员为主，多为相关领域一流专家学者，他们的观点代表了当下学界对中国与世界的现实和未来最高水平的解读与分析。

❋ 皮书荣誉 ❋

皮书作为中国社会科学院基础理论研究与应用对策研究融合发展的代表性成果，不仅是哲学社会科学工作者服务中国特色社会主义现代化建设的重要成果，更是助力中国特色新型智库建设、构建中国特色哲学社会科学"三大体系"的重要平台。皮书系列先后被列入"十二五""十三五""十四五"时期国家重点出版物出版专项规划项目；自 2013 年起，重点皮书被列入中国社会科学院国家哲学社会科学创新工程项目。

权威报告·连续出版·独家资源

皮书数据库
ANNUAL REPORT(YEARBOOK)
DATABASE

分析解读当下中国发展变迁的高端智库平台

所获荣誉

- 2022年，入选技术赋能"新闻+"推荐案例
- 2020年，入选全国新闻出版深度融合发展创新案例
- 2019年，入选国家新闻出版署数字出版精品遴选推荐计划
- 2016年，入选"十三五"国家重点电子出版物出版规划骨干工程
- 2013年，荣获"中国出版政府奖·网络出版物奖"提名奖

皮书数据库

"社科数托邦"
微信公众号

成为用户

　　登录网址www.pishu.com.cn访问皮书数据库网站或下载皮书数据库APP，通过手机号码验证或邮箱验证即可成为皮书数据库用户。

用户福利

- 已注册用户购书后可免费获赠100元皮书数据库充值卡。刮开充值卡涂层获取充值密码，登录并进入"会员中心"—"在线充值"—"充值卡充值"，充值成功即可购买和查看数据库内容。
- 用户福利最终解释权归社会科学文献出版社所有。

数据库服务热线：010-59367265
数据库服务QQ：2475522410
数据库服务邮箱：database@ssap.cn
图书销售热线：010-59367070/7028
图书服务QQ：1265056568
图书服务邮箱：duzhe@ssap.cn

社会科学文献出版社 皮书系列
SOCIAL SCIENCES ACADEMIC PRESS (CHINA)

卡号：834218999676
密码：

S 基本子库
SUB DATABASE

中国社会发展数据库（下设 12 个专题子库）

　　紧扣人口、政治、外交、法律、教育、医疗卫生、资源环境等 12 个社会发展领域的前沿和热点，全面整合专业著作、智库报告、学术资讯、调研数据等类型资源，帮助用户追踪中国社会发展动态、研究社会发展战略与政策、了解社会热点问题、分析社会发展趋势。

中国经济发展数据库（下设 12 专题子库）

　　内容涵盖宏观经济、产业经济、工业经济、农业经济、财政金融、房地产经济、城市经济、商业贸易等 12 个重点经济领域，为把握经济运行态势、洞察经济发展规律、研判经济发展趋势、进行经济调控决策提供参考和依据。

中国行业发展数据库（下设 17 个专题子库）

　　以中国国民经济行业分类为依据，覆盖金融业、旅游业、交通运输业、能源矿产业、制造业等 100 多个行业，跟踪分析国民经济相关行业市场运行状况和政策导向，汇集行业发展前沿资讯，为投资、从业及各种经济决策提供理论支撑和实践指导。

中国区域发展数据库（下设 4 个专题子库）

　　对中国特定区域内的经济、社会、文化等领域现状与发展情况进行深度分析和预测，涉及省级行政区、城市群、城市、农村等不同维度，研究层级至县及县以下行政区，为学者研究地方经济社会宏观态势、经验模式、发展案例提供支撑，为地方政府决策提供参考。

中国文化传媒数据库（下设 18 个专题子库）

　　内容覆盖文化产业、新闻传播、电影娱乐、文学艺术、群众文化、图书情报等 18 个重点研究领域，聚焦文化传媒领域发展前沿、热点话题、行业实践，服务用户的教学科研、文化投资、企业规划等需要。

世界经济与国际关系数据库（下设 6 个专题子库）

　　整合世界经济、国际政治、世界文化与科技、全球性问题、国际组织与国际法、区域研究 6 大领域研究成果，对世界经济形势、国际形势进行连续性深度分析，对年度热点问题进行专题解读，为研判全球发展趋势提供事实和数据支持。

法律声明

"皮书系列"（含蓝皮书、绿皮书、黄皮书）之品牌由社会科学文献出版社最早使用并持续至今，现已被中国图书行业所熟知。"皮书系列"的相关商标已在国家商标管理部门商标局注册，包括但不限于LOGO（▨）、皮书、Pishu、经济蓝皮书、社会蓝皮书等。"皮书系列"图书的注册商标专用权及封面设计、版式设计的著作权均为社会科学文献出版社所有。未经社会科学文献出版社书面授权许可，任何使用与"皮书系列"图书注册商标、封面设计、版式设计相同或者近似的文字、图形或其组合的行为均系侵权行为。

经作者授权，本书的专有出版权及信息网络传播权等为社会科学文献出版社享有。未经社会科学文献出版社书面授权许可，任何就本书内容的复制、发行或以数字形式进行网络传播的行为均系侵权行为。

社会科学文献出版社将通过法律途径追究上述侵权行为的法律责任，维护自身合法权益。

欢迎社会各界人士对侵犯社会科学文献出版社上述权利的侵权行为进行举报。电话：010-59367121，电子邮箱：fawubu@ssap.cn。

社会科学文献出版社